D1723717

Helfen Horoskope hoffen ?

Alexander von Prónay

Helfen Horoskope hoffen ?

Felix, qui potuit rerum cognoscere causas —
Glücklich der, welcher die Gründe der Dinge
zu erkennen vermocht hat.

1. Teil: Astrologie und Lebensprobleme
2. Teil: Abbildungen, Farbtafeln
3. Teil: Praktische Horoskopie: Das Aufstellen und Deuten
eines Kosmogramms; die Prognose
4. Teil: Tabellen

Rohm Verlag 712 Bietigheim

2. Auflage
Alle Rechte vorbehalten
© 1973 Rohm Verlag 7120 Bietigheim
Schutzumschlag und Buchgestaltung
Hans Keller, Grafik-Designer, Stuttgart
Gesamtherstellung: Grafische Betriebe Süddeutscher
Zeitungsdienst, Druckerei- und Verlagsgesellschaft mbH,
7080 Aalen, Bahnhofstraße 65
ISBN 3 87683 145 8

Inhalt

1. Teil

Astrologie und Lebensprobleme

Kleine Gebrauchsanweisung für den Leser

Wenn Sie, liebe Leserin, oder Sie, lieber Leser, zu jenen Personen gehören sollten, die schon einiges von Astrologie wissen, oder wenn Sie es gar nicht erwarten können, sich Ihr eigenes Horoskop auszurechnen, aufzustellen, zu deuten und ein bißchen in die Zukunft zu schauen, werden Sie sich nicht lange beim ersten Teil des Buches aufhalten wollen.

Zwar ist der zweite Teil ausschließlich der praktischen Arbeit gewidmet, doch sollten Sie bedenken, daß es in der Natur dieses *Lese-, Sach-* und *Arbeitsbuches* liegt, nicht nur *einen Kursus zur Einführung in das Horoskopieren* zu bringen, sondern daß in nahezu allen Beiträgen *Informationen* geboten werden, auf die Sie nicht verzichten sollten.

Astrologie kommt immer mehr ins Gespräch, und es besteht für mich kein Zweifel, daß vielleicht schon in diesem Jahrzehnt eine breite Diskussion darüber in der Öffentlichkeit erfolgen dürfte.

Meine Meinung soll und kann für Sie kein Maßstab sein. Ich wäre jedoch froh, wenn meine *Orientierungshilfe* Sie dazu bringen könnte, sich durch die Lektüre meiner Ausführungen und durch praktische Versuche in der Horoskopie *ein eigenes Urteil* zu bilden, damit Sie sachverständig mitsprechen können.

Einen besonderen Gewinn erhoffe ich mir für jene Leserinnen und Leser, die bereits im Besitz eines Kosmogramms sind. Sie mögen meine Anregungen als Ermunterung verstehen, sich mit diesem oder jenem *Problem des Horoskops* näher auseinanderzusetzen, das bisher, aus welchen Gründen auch immer, zu kurz gekommen ist.

Alexander von Prónay

Mitglied der American Federation of Astrologers, Washington

Ehrenmitglied des Deutschen Astrologenverbandes

Warum dieses Buch geschrieben wurde

Es ist erwiesen, daß sich immer mehr Menschen für Astrologie interessieren. Naturgemäß geschieht das in Form der sog. Laienastrologie, die sich in den „Horoskop"-Spalten der Zeitungen und Zeitschriften ebenso niederschlägt wie in Kalendern. Aus Unkenntnis messen leider an ihr sehr viele Leute den Wahrheitsgehalt „echter" Astrologie, deren Anliegen es ist, den Zusammenhängen zwischen dem Leben der Menschen und dem Lauf der Gestirne nachzuspüren und sie aufzudecken.

Immer häufiger werden die Fragen aufgeworfen, was Astrologie denn wirklich sei und was sie leisten könne, welche Grenzen ihre Aussagen haben und welche Argumente für sie sprächen.

Einer weitverbreiteten Unkenntnis über die Zusammenhänge ist es zuzuschreiben, daß Unvoreingenommene wie von vornherein ablehnende Kritiker Wissenschaft und Aberglauben durcheinanderbringen und keinen Unterschied machen zwischen Wahrsagerei und der erlernbaren Kunst der Deutung astrologischer Symbolik. Zu ihrer handwerklichen Bewältigung mag gewiß jeder durchschnittlich Gebildete Zugang finden; um ein Könner zu werden, bedarf es jedoch besonderer Begabung.

In einer Zeit, in der mit allem Geschäfte gemacht wird, von dem gerade gesprochen wird, was „Mode" ist, haben es jene Menschen sehr schwer, sich Gehör zu verschaffen, die sich ernst und sachlich darum bemühen, einen eigenen Standpunkt zu gewinnen, der es ihnen erlaubt, Astrologie zu beurteilen. Das gilt z. B. für die große Zahl derer, die sich mit ihr beschäftigen, weil sie mit Goethe der Meinung sind, daß Astrologie „auf dem dunklen Gefühl eines ungeheuren Weltganzen" ruhe.

Vielen fehlt es an Mut, vor allem aber an Argumenten, über Astrologie zu diskutieren, denn noch immer gilt als Außenseiter, wer einer astrologisch begründeten Weltansicht huldigt.

Wer Auskunft haben will, greift leider nur selten zum astrologischen Fachbuch, sondern gibt sich häufig mit Illustriertenartikeln zufrieden. Sie aber werden der Sensation wegen geschrieben und leisten der guten Sache oft einen Bärendienst.

Mangel an Gehalt ist ferner bei dem überwiegenden Teil der Schriften der Kritiker festzustellen. Als angebliche „Sachverständige" äußern sie sich am liebsten in Zeitungen und Zeitschriften, weil der knappe Raum sie der Mühe enthebt, sachlich zu argumentieren und Beweise zu erbringen. Bewußt oder unbewußt wird von falschverstandenen Begriffen ausgegangen und längst Widerlegtes munter aufpoliert. Sie profitieren von der Astrologiefeindlichkeit wissenschaftlicher Kreise, die nach wie vor davon auszugehen scheinen, „daß nicht sein kann, was nicht sein darf".

„Helfen Horoskope hoffen?" gehört zum Urania-Programm des Rohm-Verlages und wendet sich an den interessierten *Laien*. Es gibt ihm die Möglichkeit, *Astrologie als Hobby* auszuüben und stellt das nötige Rüstzeug bereit.

Dieses Buch will seine Leser anregen, sich selbst ein unbefangenes Urteil zu bilden. Deswegen bietet es im ersten Teil Information. Astrologie wird so erklärt, wie es nach unserem heutigen Weltverständnis möglich ist. Der Leser ist mündig genug, selbst zu entscheiden, was er davon annehmen kann und was er ablehnen möchte. Der dritte Teil des Buches soll den Leser anregen, eigene Erfahrungen zu sammeln. Er bringt eine erste, aber ausbaufähige Anleitung zum Horoskopieren.

Es ist auffällig, daß die stärksten Fürsprecher der Astrologie einst große Zweifler und scharfe Kritiker waren, daß sie aber durch die *eigene Erfahrung* überzeugt wurden.

Der große Astronom *Kepler* stellt zutreffend fest:

„Der Glaube an die Auswirkung der Konstellationen kommt vor allem aus der Erfahrung, die so überzeugend ist, daß sie nur von Leuten geleugnet werden kann, die sich mit ihr nie eingehend beschäftigt haben."

Dieses Buch kann ein ausführliches Lehrwerk nicht ersetzen. Die im vierten Teil für die praktische Arbeit bereitgestellten Tabellen sind zum Teil sehr vereinfacht. Ausführlicheres Material müßte den Preis um ein Vielfaches erhöhen und würde den äußeren Rahmen sprengen. Um eigene Erfahrungen zu sammeln, erscheint die gewählte Form ein zweckmäßiger Kompromiß zu sein.

Das Erlernen des Handwerklichen in der Astrologie erfordert ein gewisses Maß an Bereitschaft zu geistiger Arbeit. Für die Lektüre des ersten Teiles mag aufmerksames Lesen genügen. Wer jedoch „Beweise" sucht, sollte den Willen zum Mitmachen aufbringen. Der Lohn wird die Erkenntnis sein, warum eine vom Wust abergläubischen Beiwerks gereinigte und zeitgemäß verstandene Astrologie zur Lebenshilfe werden kann.

Mit einem solchen Anspruch rührt Astrologie als Schicksalspsychologie an die großen Fragen des Seins, auf die Religionen und Philosophie Antworten zu geben versuchen.

Wer Astrologie als eine Hypothese begreift, „daß es so sein könnte", wird nicht nur Wege zur Selbsterkenntnis finden und seine Mitmenschen besser verstehen lernen, er kann auch Ansätze für den Glauben gewinnen, der dort beginnt, wo rationales Denken aufhört.

Möge es recht vielen gelingen, sich durch dieses Buch die Aussichten auf eine glücklichere Daseinsgestaltung zu eröffnen!

Zum Titel des Buches:

Helfen Horoskope hoffen?

Darf ein Buch, das sachlich informieren und den Leser befähigen will, sich ein objektives Urteil über Astrologie zu verschaffen, sein Thema mit der zutiefst menschlichen Regung, dem Hoffen, in Verbindung bringen? Astrologie ist nicht Selbstzweck. Es wird darzulegen sein, daß sie, sinnvoll angewendet, wesentlich dazu beitragen kann, die Probleme unseres Daseins klarer zu sehen, bzw. sie zu bewältigen. Die Hoffnung spielt in unserem Leben eine zentrale Rolle. Seit Thomas von Aquino zählt sie zu den christlichen Kardinaltugenden.

„Entferne die Hoffnung aus dem Herzen des Menschen und du machst ihn zum wilden Tier" – formuliert Ouida.

Wer hofft, setzt Erwartungen in die Zukunft; wer hoffen darf, ist nicht verloren. Unsere Gegenwart ist die schmale Zäsur zwischen

Vergangenheit und Zukunft. Wer unterstellt, was kommen könnte, vermag seinem Lebensweg besser eine Richtung zu geben.

„Wenn du ein sorgenfreies Leben genießen möchtest, denke an das, was kommen wird, als ob es bereits geschehen ist." Diese Erkenntnis des Griechen Epiktet ist heute noch so gültig wie vor zweitausend Jahren.

Im Menschen Hoffnung wecken, heißt also seine Lebenskräfte zu aktivieren, bedeutet aber mehr als ein Elixier im medizinischen Sinne. Schiller setzt die Hoffnung dem Lebensinhalt gleich:

„Die Hoffnung führt ihn ins Leben ein,
sie umflattert den fröhlichen Knaben,
den Jüngling begeistert ihr Zauberschein,
sie wird mit dem Greis nicht begraben;
denn beschließt er im Grabe den müden Lauf,
noch am Grabe pflanzt er – die Hoffnung auf."

Soll Hoffnung ein Heilmittel (Shakespeare), der Anfang der Glückseligkeit sein (Wieland) oder den Menschen aus der Not erretten (Menander), dann muß sie auf einer *realen Basis* gründen. *Begründete Hoffnung aber vermag in den Glauben zu münden,* der bekanntlich „Berge versetzen" und der schließlich auch über das Grab hinausweisen kann. Deswegen muß echte Astrologie auch stets an dem Anspruch gemessen werden, *gerechtfertigt hoffen zu lassen.*

Was ist Astrologie?

Häufig wird die Frage gestellt: Glauben Sie an Astrologie? Meistens beginnt damit gleich das Mißverständnis. Wer so fragt, möchte wissen, ob man daran glaubt, „daß die Sterne unser Schicksal bestimmen". Eine solche Frage ist mit einem Satz gar nicht zu beantworten.

Es kann kein Zweifel bestehen, daß die Sonne uns wärmt, daß sie uns leuchtet, ja, daß sie überhaupt alles Leben auf der Erde erst ermöglicht.

Wer an der Küste wohnt, erlebt augenfällig das Wirken des Mondes, der Ebbe und Flut hervorbringt. Aber solche Gestirneinwirkungen werden damit nicht gemeint. Vielmehr wird die Beziehung zum ganz persönlichen Schicksal erfragt. Deswegen muß stets geklärt werden, was man unter „Schicksal" zu verstehen habe. Ebenfalls muß die Definition des Begriffs Astrologie eindeutig sein.

Es genügt nicht, Astrologie als „Sternenglaube" oder als „Zukunftsdeutung aus dem Stand der Gestirne" zu bezeichnen. Astrologie umfaßt viel mehr. Sie ist die Lehre von den Beziehungen zwischen Menschen und Gestirnen, wobei man unter den letzteren vor allem Sonne, Mond und Planeten versteht. Aber auch eine solche Aussage ist zu knapp. Jede Erweiterung oder ergänzende Interpretation muß berücksichtigen, für welche Zeit Astrologie als Begriff zu klären sei.

Astrologie hat den Menschen von den frühesten Zeiten an durch die Jahrtausende begleitet, wenn auch die im Orient ausgegrabenen schriftlichen Hinweise „nur" knapp fünftausend Jahre alt sein mögen. Es leuchtet ein, daß Astrologie damals etwas anderes gewesen sein muß, als sie es heutzutage ist.

Wir Menschen des 20. Jahrhunderts nehmen zu Unrecht in Anspruch, die am weitesten entwickelte Generation zu sein. Bornierte Fortschrittsgläubigkeit verweist nur zu gern auf Mondflüge und ähnliche Großtaten, übersieht aber festzustellen, in welchem Maße die Menschen unserer Zeit *ein erfüllteres Leben* führen können als die Alten.

Einer der Preise, die wir für den Zuwachs an Zivilisation – die gewiß keiner mehr entbehren mag, mögen auch manche ihrer „Segnungen" recht zweifelhaft sein – zahlen müssen, ist die Entfremdung von der Natur und einer „natürlichen" Lebensweise. Wahrscheinlich fällt es unserer Jugend, die im Neonlicht der Großstädte aufwächst, schwer zu begreifen, daß früher einmal das Leben der Menschen sehr innig mit dem Sternenhimmel verwoben war und daß die Bewegung am Firmament die Menschen beschäftigte wie kaum ein anderes Naturgeschehen.

Es ist ein schwieriges Unterfangen, Schülern oder Heranwachsenden die Vorgeschichte oder die Antike verständlich zu machen, weil unbewußt gegenwärtige Erfahrungen in die Vergangenheit projiziert werden, weil man die Vergangenheit mit der Elle unserer Zeit mißt. Wir Älteren wissen wenigstens noch aus den Zeiten der

Verdunkelung im Kriege davon, wie es ist, wenn Mond und Sterne als einzige Lichter des Nachts leuchten.

Es läßt sich denken, daß in Gegenden wie im Vorderen Orient, wo man die Wiege der zivilisierten Menschheit vermuten darf, die Menschen eine besonders innige Beziehung zu den Gestirnen gehabt haben, da diese dort doch ungleich stärker leuchten als bei uns. Aber auch im kalten Norden gab es Sternwarten, so Stonehenge in England oder die Externsteine im Lipper Land.

Für die Babylonier war Astrologie Religion. Obwohl sie für Gott und Stern *ein* Keilschriftzeichen gebrauchten, waren Gott und Stern für sie nicht dasselbe.

Erst seit etwa fünfzig Jahren steht für die Wissenschaft eindeutig fest, daß Astrologie damals und in der Antike, ferner durch das ganze Mittelalter bis in die Zeit der Renaissance *eine Weltauffassung großen Stiles* war.

Das Wissen lag im Altertum in den Händen der Priester, die den Himmel beobachteten, maßen und seinen Rhythmus im irdischen Geschehen wiederfanden.

Zahlreich waren die Nutzanwendungen dieser Tätigkeiten. So lieferten sie im alten Ägypten die Grundlagen, um das Eintreffen der Nilflut vorauszusagen, von der das Leben des ganzen Volkes abhing.

Erstaunlich, was diese alten Astrologen, die zugleich Astronomen waren, schon alles wußten, z. B. daß Abend- und Morgenstern ein und derselbe Planet waren, die ihn aber dennoch unterschiedlich deuteten.

Eine individuelle Astrologie gab es damals noch nicht. Man setzte das am Firmament sichtbare Geschehen mit dem Leben ganzer Völker gleich oder mit dem ihrer Könige, die sie regierten.

Die Menschen der Vorzeit dachten in Bildern, nicht in Begriffen wie wir. Deshalb fällt es uns heute auch so schwer nachzuvollziehen, was einst die Menschen am Himmel schauten. Er sprach in mythischen Bildern zu ihnen. Für uns ist der Kosmos eine Ansammlung unbelebter Weltkörper. Für die Menschen des Altertums war die Welt voller Harmonie, sie war eine Einheit. Alles hatte seinen Stellenwert im kosmischen Geschehen, in dem sich auch der Mensch beheimatet und somit geborgen gefühlt haben konnte.

Die Griechen waren es, die das mythische Bilderdenken der Babylonier und Ägypter mit ihren Vorstellungen zu einem System verbanden, wonach dem Geschehen „oben" ein solches „unten" entspräche. *Pythagoras* (580–500 v. Chr.), der das Wesen der Harmonie durch die Zahl zu ergründen suchte, gab den Anstoß, die Mythen zu rationalisieren. Seit *Platon* (427–347 vor Chr.) wurde es üblich, die bis dahin mehr oder weniger allgemeinverstandenen Hinweise des Himmels auf den Menschen als Einzelwesen zu beziehen.

Als im Gefolge des Zuges Alexanders des Großen nach Indien (334 v. Chr.) orientalisches Gedankengut nach Europa kam, erhielt die Astrologie jene Form, wie sie um 150 n. Chr. *Claudius Ptolemäus* in seinem „Vierbücherwerk" Tetrabiblos niederlegte, das für tausend Jahre als eine der größten geistesgeschichtlichen Schriften gelten sollte. 1553 gab Luthers Freund *Melanchthon*, der selbst astrologische Vorlesungen an der Universität hielt, das Werk neu heraus. Damals schrieb er in seiner Vorrede u. a.:

„Denn dieses eine steht fest: Wertvoll und wahrhaftig ist die Wissenschaft der Astrologie, eine Krone ist sie des Menschengeschlechtes und ihre ganz ehrwürdige Weisheit ein Zeugnis Gottes. Dieser Schriftsteller (Ptolemäus) hat die Überreste alter göttlicher Weisheit, die aus der Stellung der Gestirne die Anlagen der menschlichen Seele und alle ihre Folgen bestimmt, in einem kleinen Bande zusammengefaßt, den wir aus solchen Gründen studieren und uns zum Nutzen erhalten sollen, damit wir durch ihn zu erkennen vermögen, was in dieser Wissenschaft wirklich alte Erkenntnis ist, und in Bescheidenheit aus den natürlichen Ursachen die vielen Bedeutungen für das Leben erschließen können." (Nach der deutschen Übersetzung von Winkel, Linser Verlag Berlin 1923.)

Bis zu Beginn der Neuzeit war Astrologie also Wissenschaft. Es gab keinen Gebildeten, der sich nicht mit ihr beschäftigt hatte.

Das ptolemäische Weltbild mit der Erde als Mittelpunkt wurde im 16. Jahrhundert durch Kopernikus entthront. Dadurch wurde die geozentrische Betrachtungsweise der Astrologie aber keineswegs betroffen bzw. unrichtig. (Selbstverständlich gilt das kopernikanische Weltsystem auch für die Astrologen.)

Die Begründung dafür ist denkbar einfach: In der Astrologie steht der Mensch im Mittelpunkt aller Untersuchungen. Er lebt aber auf der Erde und nicht auf der Sonne!

Niemand findet etwas dabei, wenn im Bereich der etablierten Wissenschaften kosmisches Geschehen auf die Erde bezogen wird, wie das z. B. die Geophysik tut, die u. a. die Auswirkung von Sonnenflecken oder anderer kosmischer Erscheinungen auf unseren Planeten erforscht.

Der Astrologie aber machen das die Kritiker immer wieder zum Vorwurf.

Es war durchaus nicht so, daß die „Kopernikanische Tat" der Astrologie den Todesstoß versetzte. Kopernikus hat nur wiedergefunden, was seit Aristarch von Samos, Jahrhunderte vor Christus, schon bekannt gewesen war.

Es waren zwei andere Gründe, die zur Abkehr der Wissenschaft von der Astrologie geführt hatten.

Das Aufkommen der Naturwissenschaften im 17. und 18. Jahrhundert bewirkte eine immer stärkere Hinwendung der Gelehrten zum Rationalismus und eine Abkehr von der ganzheitlichen Naturauffassung.

Vor allem aber kam es zum Niedergang, weil die Darstellung astrologischer Wahrheiten ungebildeten Vertretern überlassen wurde oder üble Geschäftemacher das Feld beherrschten.

Seit den Zeiten der Chaldäer, die astrologisches Gedankengut von Babylon über Griechenland bis ins Römerreich trugen, hatte die „Sternenlehre" ein doppeltes Gesicht.

Neben einer „esoterischen" Form, deren Wissen als Geheimlehre nur Eingeweihten zugänglich war, gab es eine weitverbreitete „exoterische", d. h. für das Volk verständlich gemachte Vulgärastrologie.

Nur auf die edle, reine Form trifft zu, was der Erkenntnistheoretiker Ernst Cassirer festgestellt hatte: *„Die Astrologie ist einer der großartigsten Versuche systematisch-konstruktiver Weltanschauung, der je vom menschlichen Geist gewagt wurde."*

Eine solche Astrologie schlug Kaiser und Könige, Päpste und Fürsten, Gelehrte und Wissenschaftler zu allen Zeiten in ihren Bann.

Die Astrologie für das Volk war nur allzubald zum Elixier der Massen geworden. Als Wahrsager ließen sich „Chaldäer" auf dem römischen Forum von ihren Kunden ihre Dienste gut bezahlen, im Mittelalter und noch zu Beginn der Neuzeit schrieben diese geschäftstüchtigen Astrologen Flugschriften für die einfachen und ungebildeten Menschen, nährten die Furcht vor Kometen und Katastrophen, die der Himmel angeblich anzeigte. Dem großen Astronomen *Johannes Kepler* (1571–1630) verdankt die Welt die Kenntnis der Planetengesetze. Er fand sie auf seiner Suche nach den Harmoniegesetzen, nach der „Weltharmonik". Für ihn waren *„die Philosophie und also auch die wahre Astrologie ein Zeugnis von Gottes Werken und also ein heilig und gar nicht leichtfertig Ding"*, wie er in einem Brief an Wallenstein, den Feldherrn des Kaisers, schrieb, für den er ein bekanntes Horoskop ausgearbeitet hatte. Jene weitverbreitete, vulgäre, abergläubische Astrologie bezeichnete er als „ein närrisches Töchterlein der Astronomie" – womit er durchaus recht hatte. Wirklich Gebildete haben zu allen Zeiten Unterschiede gemacht zwischen einer „Astrologia sana", d. h. gesunden Astrologie – so auch der Titel eines Werkes von *Francis Bacon* (1623), der die Wissenschaften von vorgefaßten Urteilen befreien wollte, einer der größten Gelehrten seiner Zeit – und einer sehr kritisch zu beurteilenden populären Astrologie.

Während die echte Astrologie in Frankreich und England nie aus dem Gesichtsfeld der Gebildeten verschwand, erlebte sie in Deutschland nur zur Zeit der Romantik eine neue Blüte und dann nach dem Ersten Weltkrieg.

Wiederum kamen dann auch jene astrologischen Schriften auf, die sich durch die Art ihres Inhalts und durch ihre Form jeder Glaubwürdigkeit beraubten.

Diese Laienastrologie lebt von den „Horoskopspalten" der Zeitungen und Zeitschriften und von Artikeln, die die Menschen in zwölf Gruppen einteilen, was an sich nicht unberechtigt ist, aber doch zu sehr vereinfacht. Diese undifferenzierten Erzeugnisse schaden der Astrologie und dem Rufe jener, die sich ernsthaft damit beschäftigen, aufzudecken, welche Beziehungen zwischen Menschen und Gestirnen vorhanden sein könnten.

Wenn wir zu der eingangs gestellten Frage „Glauben Sie an Astrologie?" zurückkehren, läßt sich der Unterschied zwischen „echter" Astrologie und der in laienhafter Art gehandhabten erkennen.

Laienastrologie ist eine der vielen Massenerscheinungen, wie sie unsere Zeit hervorbringt, nur daß sie bereits eine bedeutende Vergangenheit hinter sich hat. Man kann sie nicht verbieten, und keine Zeitung kann wagen, den „Horoskop"-Teil ihres Blattes zu streichen, will sie nicht Leser verlieren.

Mit der Laienastrologie gilt es zu leben. Man kann nur versuchen, das Niveau anzuheben und Verständnis für eine tiefere Auffassung zu wecken. Dies dürfte dann auch zu einer objektiveren Beurteilung durch die Öffentlichkeit führen.

Heute braucht keiner mehr über Astrologie zu sprechen wie der Blinde von der Farbe. Es gibt genügend Bücher, die über die verschiedenen astrologischen Systeme oder Anschauungsweisen aufklären.

Was die mannigfaltigen Hypothesen zur Erklärung dessen, was Astrologie ist und wie man sich die Beziehung zwischen Menschen und Gestirnen zu denken habe, angeht, ist man versucht, mit dem Mathematiker Gauß zu sagen: „Die Lösung habe ich, nur den Beweis habe ich noch nicht."

Vielen Menschen, die sich mit Astrologie befassen und die durch die Beschäftigung mit Horoskopie, dem praktischen Teil der Astrologie, persönliche Erfahrungen und die Überzeugung gewonnen haben, daß sich die Mühe gelohnt hat, genügt diese Erkenntnis.

Man kann es aber keinem verdenken, der sich mit der Lösung allein nicht zufrieden geben mag, wenn er die Kardinalfrage stellt, wie Oben und Unten zusammenhängen.

Darauf gibt es heute noch keine eindeutige Antwort.

Die Menschen haben Astrologie jeweils so gedeutet, wie es der Wissensstand der Zeit, in der sie lebten, gestattete. Astrologische Aussagen waren nie ein Dogma. Astrologie wird auch in Zukunft für alle jene Beiträge offen bleiben, die, von der durch die Horoskopie vorgegebenen Lösung ausgehend, Beweise zu erbringen suchen.

Einst war Astrologie die „Königin der Wissenschaften". Hat sie eine Chance, wieder an die Universitäten zu kommen? Der Schweizer Tiefenpsychologe *C. G. Jung* glaubte das schon vor drei Jahrzehnten.

Oder sollte sich Astrologie darauf beschränken, eine Deutungs-

kunst zu bleiben, und auf wissenschaftliche Anerkennung verzichten?

Was das Horoskop angeht, so kann es ohne wissenschaftliche Vorarbeit gar nicht erstellt werden. Die Berechnungen z. B. der Planetenorte geschieht aufgrund astronomischer Tabellen, der Ephemeriden. Die Ausdeutung eines Horoskops aber wird immer eine Kunst bleiben, denn außer Kenntnissen muß der Deuter Einfühlungsvermögen haben. Man muß es dem einzelnen Astrologen überlassen, ob er ein Künstler sein will oder ob es ihn danach verlangt, eines Tages als „Wissenschaftler" angesehen zu werden.

Worum es einzig und allein geht, ist das Problem, ob der behauptete „Einfluß" der Gestirne auf den Menschen sich messen oder im Experiment nachweisen läßt.

Die Aussichten dazu werden immer günstiger. *Dr. Fidelsbergers* Buch „Astrologie 2000" ist diesbezüglich richtungweisend. Die Beziehung zwischen Mensch und Gestirn sei durch die Magnetosphäre gegeben, das elektromagnetische Kraftfeld der Erde ändere sich dauernd, beeinflußt durch die Verschiebung der Schwerkraft in unserem Sonnensystem, was durch die Planeten bei ihrem Lauf um die Sonne verursacht werde. Mit Hilfe der jungen Wissenschaft der Kybernetik gelang der Nachweis, daß alles Leben von den Schwankungen der Magnetfelder betroffen sei. Es sei jetzt auch gelungen, Magnetfelder im menschlichen Körper zu messen.

Zunehmend wird es die Biologie sein, die Beweise dafür erbringen wird, wie der einzelne Mensch auf die außerirdischen Einflüsse reagiert, die durch die Planetenbewegungen gesteuert werden.

Eine brauchbare Theorie lieferte der Astronom (!) *Dr. Hartmann* in seinem 1950 erschienenen Buch „Die Lösung des uralten Rätsels um Mensch und Stern". Er geht davon aus, daß der Mensch bei seiner Geburt einen ersten kosmischen „Schock" empfängt. Solche Impulse werden als „Engramme", d. h. als Erfahrungen für das ganze Leben aufgespeichert. Man trägt also ein gewisses Kraftfeld in sich. Treten später im Leben durch außerirdische Einflüsse ähnliche oder entsprechende Kraftfeldschwankungen auf, so müssen sich diese auf den Organismus auswirken.

Wenn der Begriff Astrologie auch in der Zukunft noch verwendet werden wird, so sollte man nicht übersehen, daß diese in der bisher aufgezeigten Form, bei der vor allem die direkten oder indirekten Einflüsse des Kosmos auf das Leben untersucht werden, besser Kosmobiologie genannt werden sollte.

Die meisten Verdienste um die Kosmobiologie hat sich *Thomas Ring* erworben, der bereits 1939 „Das Lebewesen im Rhythmus des Weltraumes"[1] geschrieben hat und der sein reiches Forscherleben bisher mit der vierbändigen „Astrologischen Menschenkunde"[2] 1956–1973 krönte.

Ring weist darauf hin, daß der Kosmos (gr. Schmuck) nicht ein Inbegriff astronomischer Gegenstände ist, sondern daß er alles Geordnete, Wohlbeschaffene, unabhängig von Erscheinungsformen und Größe, von Zeit und Ort bezeichnet.

In diesen Kosmos schaltet sich der Mensch bei seiner Geburt selbst ein: „Es sind die Kräfte des Organismus selbst, deren Wirkungsradius eingestimmt ist in den großen Rhythmus des Sonnensystems." (Bd. 1, S. 202.)

Ring meint, daß man die ordnunghaften Vorgänge, die man im Menschen und seinem Leben beobachten kann, bisher in der Art und Weise mit den Gestirnen in Verbindung brachte, daß man von einer wirkenden Kraft der Gestirne ausging. Ring stellt die Kausalfrage umgekehrt und urteilt: „Die Ursache der ordnunghaften Lebensvorgänge, die in Übereinstimmung mit Gestirnkonstellationen beobachtbar sind, liegen im Organismus, der sich aus eigenem Vermögen heraus in einen elementaren Einklang mit der im Gestirngang ausgedrückten Weltgesetzlichkeit bringt." (Bd. 1, S. 118.)

Dem Mitbegründer der Tiefenpsychologie, dem Schweizer Nervenarzt und Forscher *C. G. Jung* (1875–1961) ist es zu verdanken, daß es heute noch eine weitere, gänzlich andere Art und Weise gibt, die Beziehungen zwischen Menschen und Gestirnen zu verstehen, die symbolische Astrologie, wie sie vor allem von Knappich und Dr. Koch vertreten wurde. C. G. Jung geht davon aus, daß Planeten und Tierkreis im Menschen selbst verankert sind, ebenso wie im All. Was die Menschen im Altertum Götter nannten, sind in Wirklichkeit Symbole für die Mächte des Unbewußten. Jeder

---

1 Deutsche Verlagsanstalt Stuttgart 1939
2 Bd. 1 u. 2, Rascher V. Zürich/Stgt. 1956 u. 1959; Bd. 3 Bauer V. Freiburg 1969, Bd. 4 Bauer V. Freiburg 1973

Mensch trägt sie als seelische Inhalte in sich. Danach soll es einen Zusammenhang zwischen der Menschenseele und den Gestirnen geben, nicht im Sinne von Ursache und Wirkung (Kausalität), sondern als „Synchronizität".

Die Lehre von der Synchronizität begründete C. G. Jung zusammen mit dem Physiker und Nobelpreisträger Pauli. Sie besagt, daß kausal nicht miteinander verbundene Ereignisse parallel verlaufen und in Analogie zueinander stehen, in diesem Fall das seelische Erleben mit dem in der Welt der Elemente.

So gibt es eine Übereinstimmung zwischen einer astrologischen Konstellation und den psychologischen Gegebenheiten im Menschen, wozu auch die wesensmäßigen Dispositionen gehören.

Die moderne Seelenkunde ist ohne die Erkenntnisse der Tiefenpsychologie gar nicht zu denken. Die Annahme eines kollektiven Unbewußten, d. h. seelischer Tiefenschichten, die allen Menschen gemeinsam sind, und die in ihnen verankerten Urbilder, den Archetypen, erlaubt heute die Deutung psychologischer Vorgänge, für die es noch vor wenigen Jahrzehnten keine Erklärung gab. Für C. G. Jung war der Sternenhimmel ein aufgeschlagenes Buch der kosmischen Projektionen. An ihm spiegelten sich die Archetypen, die seelischen Grundkräfte oder Urbilder des Menschen. Daher geht C. G. Jung davon aus, daß einer eindeutig umschriebenen psychologischen Situation analog eine ganz spezielle astrologische Konstellation entspricht.

Da in der modernen Psychologie der Mensch immer mehr als ein Ganzes, als *ein* Organismus betrachtet wird, so bedeutet der „geistige" Zusammenhang zwischen Mensch und Gestirn durchaus nicht, daß diese Ansicht gewissermaßen kein „materielles" Fundament hätte. Hingewiesen sei in diesem Zusammenhang nur auf die Tatsache, daß die Medizin z. B. in immer stärkerem Maße dazu übergeht, auch viele körperliche Krankheiten als seelisch bedingt anzusehen.

Diese unterschiedlichen Aussagen zur Frage „Was ist Astrologie?" erscheinen in manchen Punkten widersprüchlich – in ihrem Zentrum wie in ihrem Ausgangspunkt und in ihren Zielen sind sie aber gleich. „Ein Wirklichkeitskern bricht sich in den verschiedenen Schulen und Forschungsmethoden fazettenartig in die verschiedensten Aspekte und eben daran erweist es sich, daß die Astrologie nicht eine doktrinäre Lehre ist, sondern innerhalb ihrer Sphäre ebenso der freien Forschung bedarf, wie sie auch über Traditionsgut verfügt, das allen Forschenden gemeinsam ist. Zudem gehört Astrologie nicht diesem oder jenem ‚abergläubischen‘ Zeitalter an, sondern sie ist von alters her die Gefährtin des Menschengeschlechts gewesen, die ihm auf den verschiedensten Bewußtseinsstufen das Verständnis des inneren Wesens der Schöpfung aufgeschlossen hat." (Alfons Rosenberg, Zeichen am Himmel, Zürich 1949, S. 14.)

Astrologen als Berater

Astrologie ist das Werk von Menschen. Deshalb wird die Qualität eines Horoskops und die Glaubwürdigkeit einer astrologischen Aussage nicht nur davon abhängen, ob die astronomischen und rechnerischen Unterlagen stimmen und die als richtig erkannten Regeln bei der Ausdeutung auch beachtet wurden.

Mit Astrologie kann sich jeder befassen, wenn er nur mindestens gute Volksschulkenntnisse besitzt. Mehr braucht er auch nicht, um sich in den einschlägigen Tabellen zurechtzufinden.

Etwas anderes ist es mit der Ausdeutung des Geburtsbildes. Wer glaubt, daß es genüge, ein Regelwerk herzunehmen und die fraglichen Gestirnpositionen und Aspekte, die Würden und Schwächen der Planeten und die anderen Faktoren dort nur nachzuschlagen, wird bald an einem toten Punkt ankommen. Oft, sehr oft ergeben sich Widersprüche, manchmal müssen überkommene Regeln zugunsten eigener Überlegungen unbeachtet bleiben. Es geht nicht ohne eigenes Nachdenken und Kombinieren.

Der Mensch ist ein Ganzes. Daher muß jede Deutung eines Horoskops dieser Ganzheit gerecht werden. Die synoptische Schau enthüllt mehr als die Strukturen der Persönlichkeit, wenn – wie Ernst Jünger es fordert – „ein Fluidum zwischen dem Beurteiler und dem zu Beurteilenden besteht".

Ergibt sich diese Kongenialität nicht, ist mindestens ein gewisses Maß an Intuition nötig. Psychologische Kenntnisse sind wertvoll, um das in *einem* geistigen Zugriff Erkannte durchzugliedern, sie sind unerläßlich bei der Beurteilung bestimmter Probleme. Wer über andere Menschen ein Urteil abgeben und dies mündlich oder schriftlich äußern soll, muß pädagogisches Taktgefühl haben und es in Worte zu kleiden wissen.

Ein Astrologe braucht Menschenkenntnis und muß sich der Verantwortung bewußt sein, was es heißt, Rat in Lebensfragen zu erteilen.

Ganz und gar nichts ist dagegen einzuwenden, wenn jemand über sein eigenes Horoskop Aufschluß zu erhalten sucht. Dieses Buch will dazu anregen und Wege zeigen.

Jeder Astrologe wird bestätigen, daß selbst die jahrelange Beschäftigung mit dem eigenen Geburtsbild immer wieder neue Erkenntnisse bringt und daß gerade die Rückschau wertvoll ist, weil sie zeigt, wie sich das eigene Schicksal in den Konstellationen spiegelt.

Voraussetzung einer jeden gehaltvollen Beschäftigung mit einem astrologischen Meßbild ist die Beherrschung der Technik. Dazu gehört auch das Wissen um die Bedeutung der astrologischen Symbolik und ein sich nach und nach vertiefendes Verständnis für das ganze astrologische System.

Man braucht wohl Monate oder gar Jahre, um es gründlich zu erfassen. Vor allem geht es nicht ohne eine gewisse Begabung für Astrologie. Sie äußert sich einmal in dem Maße wie es möglich ist, die Bedeutung der einzelnen astrologischen Elemente zu erlernen und auseinanderzuhalten. Zum anderen kommt es darauf an, diese Elemente miteinander zu kombinieren und logische Schlußfolgerungen zu ziehen.

Wenn Sie sich testen wollen, ob Sie astrologisch begabt sind, müssen Sie im 2. Teil des Buches lesen. Sie sind begabt, wenn Sie sich die Folge der zwölf Tierkreiszeichen so einprägen können, daß Sie wissen, welches Zeichen z. B. zum Widder einen Quadratsaspekt, ein Trigon, ein Sextil oder eine Opposition bildet.

Im übrigen ist astrologische Begabung auch aus dem Horoskop zu ersehen. Sind die Zeichen Skorpion oder Wassermann durch Planeten gut besetzt oder durch die Stellung im Horoskop hervorgehoben, ist astrologische Befähigung anzunehmen. Auch hervortretende Konstellationen von Uranus und Neptun sind günstig, doch müssen in jedem Falle die Aussagen über die Intelligenz dazu stimmen.

Wem die Beschäftigung mit dem eigenen Geburtsbild Freude macht und eine geistige Bereicherung bringt, mag nach und nach auch eine Prognose wagen.

Schlimm wird es, wenn Anfänger oder geltungssüchtige Menschen, die mit der Astrologie Geschäfte machen wollen, es wagen, Horoskope zu beurteilen. Noch schlimmer, wenn sie laut und ungebeten verkünden, „wie die Sterne stehen".

Nur wenn es ausdrücklich verlangt wird, sollte man sich zu einer Prognose bewegen lassen und diese stets im Sinne einer Vermutung äußern. Es läßt sich niemals im voraus einschätzen, wie der einzelne Mensch mit dem Wissen um seine Zukunft fertig wird. Grundsätzlich sollte jede Feststellung in der Möglichkeitsform, dem Konjunktiv, abgefaßt sein. Wer künftiges Geschehen so hinstellt, als müsse es sicher eintreffen, zeigt, daß er von Astrologie nichts versteht.

Leider hat es in der Vergangenheit genügend Scharlatane gegeben, die selbstgefällig Unverdautes als ewige Wahrheit verkündet haben und die sich damit wichtig machen wollten. Sie sind es, die den Ruf der Astrologie ruiniert haben.

Manche Anzeigen in astrologischen Zeitungen verraten, daß auch heute noch Mißbrauch mit astrologischem Gedankengut getrieben wird.

Es gibt Personen, die vorgeben, etwas von der Astrologie zu verstehen und die mit ihrer Hilfe alles mögliche „entschleiern" wollen. Wer sich so als Pythia ausgibt, bringt nicht nur die Astrologie in ein schiefes Licht. Es bringt auch jene in Verruf, denen die Gabe des Hellsehens in die Wiege gelegt wurde.

Diese Menschen sind nicht zu beneiden, sie erleben ihre Gesichte meistens ohne es zu wollen.

Heute gibt es selbst für die Vertreter der anerkannten Wissenschaften keinen Zweifel mehr: Hellsehen, Telepathie und Vorauswissen (Präkognition) sind unbestrittene Tatsachen.

Diese in das Gebiet der *Parapsychologie* gehörenden Erscheinungen gelten als eindeutig „bewiesen". Sie setzen eine ganz spezielle Begabung voraus und können nicht erlernt werden.

24

Allerdings bedürfen z. B. Hellseher oft bestimmter Mittel, um sich auf eine Person oder ein Objekt konzentrieren zu können, seien es Spielkarten, eine Kristallkugel oder ein Horoskop.

Manchmal sind die Grenzen fließend. So mag für einen Hellseher ein Horoskop mehr Mittel zum Zweck sein, während ein anderer sich auch um die Strukturen des Geburtsbildes bemüht und so der rein astrologischen Durcharbeitung nahekommt.

Dem versierten Fachmann, der nie auf Intuition verzichten kann, wird ein Horoskop auch immer so etwas wie einen bildlichen Eindruck vermitteln.

Astrologen lassen sich oft zusätzlich zu den Geburts- und Lebensdaten eine Fotografie der fraglichen Person oder eine Schriftprobe geben, um damit ihre astrologischen Erkenntnisse vergleichen zu können. In der Regel verstehen Astrologen etwas von Graphologie. Allerdings sind die Fälle *sehr selten*, in denen Astrologen zugleich Hellseher sind. Die von solchen Leuten betriebene wahrsagerische Astrologie hat mit der Deutungskunst, wie sie in diesem Buch beschrieben wird und die grundsätzlich auf vernunftgemäßem und nüchternem, rationalem Denken beruht, nichts gemeinsam.

Aus dem Gesagten ergibt sich, daß astrologisches Wissen bei entsprechenden Voraussetzungen durchaus erlernbar ist. Es hat Zeiten gegeben, da galt als ungebildet, wer nicht über astrologische Zusammenhänge Bescheid wußte.

Hippokrates (um 400 v. Chr.), dem größten Arzt des alten Griechenland, wird der Ausspruch zugeschrieben: „Der Mann, der mit der Astrologie unbekannt ist, verdient eher den Namen eines Toren als den eines Arztes."

Selbst wenn man davon ausgeht, daß Astrologie wieder einmal an Hochschulen gelehrt werden könnte, wird ihre praktische Ausübung an persönliche Begabung gebunden bleiben. Wer sich jedoch mit praktischer Horoskopie einmal befaßt hat, wird für sich daraus den großen Nutzen ziehen können, zu *wissen,* daß das eigene Ich nicht nur von Genen, Chromosomen und Drüsen bestimmt ist.

Eigenes Schicksal wird „objektiviert", es wird erklärt. Die Naturkräfte wirken nicht mehr „blind", man fühlt sich eingebettet in größere Bezüge und nicht mehr allein. Wir lernen ahnen, welche große Rolle unser Gewissen bei der Bewältigung unseres Lebens spielt, das damit Sinn und Wert erhält.

Es ist nicht jedermanns Sache, sich zu solchen Gedanken und zu einer so tiefen Selbsterkenntnis durch einen „Geschäfts"-Astrologen führen zu lassen. Manche mögen lieber selber forschen. Hat man sich erst einmal ein astrologisches Grundwissen erworben, wird es leichter sein, jenen Fachmann zu finden, der nicht vorgibt, alles und jedes „aus den Sternen zu lesen", den vielmehr das Wissen um die Sache bescheiden und tolerant gemacht hat. Eben deshalb wird er der rechte Berater sein, weil er in seinen Klienten kaum übertriebene Hoffnungen wecken wird. Er wird es verstehen, den Zweifelnden Mut zu machen und sie zur eigenen Forschung anzuregen.

Es konnte nicht ausbleiben, daß im technischen Zeitalter Astrologen den Computer für sich entdecken würden. Wenn es sich dabei um die Erarbeitung statistischer Unterlagen handeln würde, wäre nichts dagegen zu sagen. Im Gegenteil, es können anstehende Probleme auf diese Weise schneller geklärt werden. Leider mehren sich die Anzeigen in Zeitschriften, Zeitungen und Magazinen, die ausführliche Computerhoroskope als der Weisheit letzten Schluß anpreisen. Selten wird der Hinweis vergessen, daß ein solches Horoskop mehrere Meter lang sei. Wahrhaftig, ein Qualitätsbeweis.

Diese Computer-Astrologen können durchaus richtig erstellte Geburtshoroskope liefern und in der Zukunft vorkommende Transite, also die Übergänge der Planeten über Gestirnorte im Geburtsbild erfassen und ganz allgemein deuten. Sie sind aber nicht in der Lage, Milieu und Lebensumstände eines Horoskopinhabers zu berücksichtigen, geschweige auf gezielte Fragen präzise zu antworten.

Deswegen müssen die Aussagen der Computer so abgefaßt sein, daß sie für eine möglichst große Menschengruppe gelten. Dies aber entwertet die Feststellungen.

Die guten Geschäfte, die mit Computerhoroskopen offensichtlich gemacht werden, lassen erkennen, daß es auch viele Menschen gibt, denen solche Kosmogramme genügen.

Was den Preis für eine astrologische Beratung angeht, so ist vor allem die aufzuwendende Zeit zu honorieren, nicht zuletzt jedoch das vorhandene Wissen, die Erfahrung.

Es dürfte einleuchten, daß eine konzentrierte geistige Arbeit von vielen Stunden, unter Umständen auch Tagen, einiges kostet. Die Klienten, die bereit sind, solche Beträge zu bezahlen, finden sich vor allem in den Kreisen, die astrologische Beratung beruflich verwerten.

Das von Laien oder Kritikern gern geäußerte Urteil, Astrologen seien weltfremde Spinner, Sektierer voller missionarischem Eifer, dürfte schon aus dieser Sicht nicht stimmen.

Manager, Unternehmensleiter, höhere Beamte in verantwortlicher Position, Politiker werden sich kaum bei Menschen Rat holen, die als weltfremde Sonderlinge, mindestens aber als verstiegen gelten. Vielmehr kann man sicher sein, daß solche Astrologen nüchterne Realisten sind, deren Adressen als Geheimtips gelten und die als einzige Werbung ihre Erfolge haben. Das sollte schließlich auch genügen.

Astrologie ist keine Geheimwissenschaft. Wenn über ihre offenkundigen Vorteile nicht laut auf dem Markt geredet wird, zeigt das nur, in welchem Ausmaß praktischer Nutzen zu erwarten ist.

Das Horoskop

Wer sich über Astrologie informieren will, wird es in erster Linie tun, um etwas über Wesen oder Inhalt des Horoskops zu erfahren. Der dritte Teil dieses Buches ist der Horoskopie gewidmet. Der Leser wird erfahren, wie man ein Horoskop berechnet, zeichnet und es – mindestens in Anfangsgründen – auch deuten kann. Wer nur theoretisch interessiert ist, wird dennoch auf die Lektüre dieses wichtigen Kapitels nicht verzichten mögen; daher die Information an dieser Stelle.

Aus dem Griechischen übersetzt, bedeutet Horoskop Stundenschau. Man nennt es auch *Radix* oder *Wurzel, Nativität* oder *Geburtsbild*, vor allem neuerdings auch *Kosmogramm*.

Alle diese Ausdrücke meinen damit zunächst im engeren Sinne eine Zeichnung, die den Stand der Sonne, des Mondes und der Wandelsterne, die alle die astrologischen Planeten genannt werden, zu einer bestimmten Zeit und auf einen bestimmten Ort der Erde bezogen, wiedergibt.

Immer zeigt das (moderne) Horoskop den Ring des „Tierkreises", an dessen Innenseite die Planetensymbole mit ihrer Positionsangabe eingezeichnet sind. Diese Horoskopzeichnung wird zum *Meßbild*, mit dem der Astrologe arbeiten kann.

Es dürfte nur wenige Menschen geben, die noch nichts vom Tierkreis oder den Tierkreiszeichen gehört haben. Die meisten kennen „ihr" Tierkreiszeichen – und sagen dazu „Sternbild", was aber falsch ist.

Tierkreis ist das deutsche Wort für *Zodiak* (gr.). Durch ihn führt die *Ekliptik* (gr.), die scheinbare Sonnenbahn. Durch ihn wandern die astrologischen Planeten, also Sonne, Mond und Wandelsterne.

Die Sonne sehen wir am Tage, die Planeten, meistens auch den Mond, fast nur des Nachts ihre Wege ziehen: den hellen Abendstern, die Venus, die kleine rote Scheibe des Mars, den hellen, strahlenden Jupiter oder den blassen Saturn. Immer stehen die Planeten vor den funkelnden Fixsternen, die seit uralten Zeiten zu bestimmten Sterngruppen zusammengefaßt werden. Die Phantasie der Menschen schaute in ihnen Bilder: Es leuchtet die ganze griechische Mythologie vom Firmament.

Man sollte sich jene Sterngruppen, die Sternbilder, als einen Gürtel vorstellen, der die Erde umgibt. Vor diesem Hintergrund bewegen sich die Planeten, im astrologischen Sinne – wie schon erwähnt – sind das immer die Wandelsterne einschließlich Sonne und Mond.

Jeder weiß, daß die Planeten im Osten aufsteigen und im Westen untergehen. Am augenfälligsten ist das bei der Sonne, die nur durch ihr helles Licht die Sternenkulisse überstrahlt. Es hat vor einiger Zeit Astrologen gegeben, die wollten Zodiak nicht mit Tierkreis, sondern mit Bilderkreis übersetzen, weil es ja auch Sternbilder gibt, z. B. Wassermann, Zwillinge, Jungfrau, die keine Tiere bezeichnen. Dieser Versuch hat sich nicht durchgesetzt. Er stiftete nur neue Verwirrung. Ebenfalls ist es unzulässig und irreführend, die astrologischen Tierkreiszeichen als schön gemalte Bilder darzustellen. Das sieht zwar eindrucksvoll aus, verwischt aber den Unterschied zwischen Tierkreis*zeichen* und Stern*bildern*.

Auf diesen Unterschied muß ausführlich eingegangen werden, weil Gegner der Astrologie immer wieder darauf zurückkommen.

Es ist zweitausend Jahre her, daß die Griechen das astrologische System mathematisch so vollkommen durchgebildet haben, daß man von einer menschlichen Großtat ersten Ranges sprechen kann. Damals stimmte die Lage von Sternbildern und Tierkreiszeichen überein, heute decken sie sich nicht mehr.

Wie ist das zu verstehen?

Die Sternbilder gehören in den Bereich der Astronomie, die Tierkreiszeichen in den der Astrologie.

Durch Beobachtungen gewannen die Astrologen ihr Wissen vom Tierkreis. Sie stellten fest, daß z. B. der Planet Mars in einem ganz bestimmten Abschnitt seiner Umlaufbahn in einer für ihn typischen, nur ihm eigentümlichen Weise „wirkte". So faßten sie diesen Abschnitt seiner Bahn als eine Art „marsisch vorgeformter Zone" (Fankhauser) auf. Diese Zone nannten sie „Widder", weil damals dort das *Sternbild* des Widders seinen Platz hatte. Sie hätten ebenso „Marszone" sagen können, doch liebte man im Altertum alles Anschauliche. Es muß festgestellt werden, daß den Gebildeten der Antike dieser Unterschied durchaus verständlich war.

Vielleicht entsinnt sich der Leser, in der Schule gelernt zu haben, daß unsere Erdachse nicht still steht, sondern mit einer rhythmisch kreiselnden Bewegung einen doppelten Kegelmantel beschreibt. Dadurch drehen sich die Stern*bilder* ganz langsam dem Sonnenlauf entgegen. Man nennt diese Verschiebung „*Präzession*". Der sog. *Frühlings-* oder *Widderpunkt*, der als der astronomisch gerechtfertigte Beginn der Jahresbahn der Sonne gilt, verschiebt sich in 72 Jahren um ein Grad (1°), d. h. er wandert in rund 26 000 Jahren einmal durch den ganzen Tierkreis. In unserer Zeit liegt der Widderpunkt etwa am Anfang des Wassermanns, hat also seit der Antike das Sternbild der Fische durchwandert. Man sagt, wir leben im Wassermann-Zeitalter. Dieser astronomische Tatbestand liefert hochinteressante kulturhistorische Bezüge, auf die Arthur Schult in seinem Werk „Astrosophie" ausführlich eingeht. (Band 1 und 2, Turm Verlag Bietigheim 1971.) An dieser Stelle sei nur erwähnt, daß z. B. die Urchristen sich bewußt waren, im Fische-Zeitalter zu leben. Der Fisch galt bei den frühen Christen als geheimes Erkennungszeichen. Das griechische Wort für Fisch ICHTHYOS enthält die Anfangsbuchstaben von „*Jesous CHristos THYOs Soter*", was Gott und Erlöser bedeutet.

Das astronomische Jahr ist keine willkürlich ausgedachte Konstruktion. Es beginnt ganz zweckmäßig um den 21. März, wenn Tag und Nacht gleich lang sind. Die Astronomen sprechen vom *Frühlings-Äquinoktium*. Die Sonne steht dann *im Nullpunkt* des Tierkreises, der zugleich der Beginn des ersten der zwölf gleich großen Tierkreiszeichen ist, dem Zeichen Widder (Υ). Ein halbes Jahr später, am 23. September, erreicht die Sonne 0° Waage ($\triangleq$). Wieder sind Tag und Nacht gleich lang. Der Herbst beginnt (Herbst-Äquinoktium). Die Sonne hat 180° von ihrer scheinbaren Kreisbahn (ein Kreis hat 360°) zurückgelegt. Genau zwischen dem Widder- und dem Waagepunkt liegen die „*Solstitien*", die Tage der Sonnenwende.

Sommersonnenwende ist, wenn die Sonne am 22. Juni in das Zeichen Krebs ($\odot$) eintritt. Erreicht die Sonne am 22. Dezember 0° Steinbock (ζ), ist Wintersonnenwende, zugleich der Beginn der letzten Jahreszeit.

Thomas Ring stellt fest, daß der Tierkreis, in dem wir die Planetenstände angeben, zwar nur ein Messungsphänomen ist, daß ihm aber durchaus eine Wirklichkeit an astronomischen Sachverhalten zugrunde liegt. Th. Ring: „...wir ersetzen die Vorstellung einer ruhenden, stationären Wirklichkeit durch die einer bewegungsmäßigen, dynamischen Wirklichkeit."

Im Horoskop spiegelt sich die Wanderung der Planeten durch den Tierkreis besonders deutlich im Sonnenlauf. Unser Tagesgestirn braucht für die 360° rund 365 Tage, legt also an jedem Tag etwa 1° zurück. Vor allem ist der Tageslauf zu beachten. Für ihn gibt es vier wichtige Orientierungspunkte:

1. *Aszendent oder Aufgangspunkt.* Er ist auf der Horoskopzeichnung *immer links*. Im Aszendenten schneidet die Ekliptik den Horizont. Hier ist *Osten*.

2. *Deszendent oder Untergangspunkt.* Auf der Horoskopzeichnung liegt er immer *rechts*, dem Aszendenten genau gegenüber. Im Deszendenten trifft die Ekliptik auf den Horizont.

3. *Medium Coeli = MC*, die „Himmelsmitte". Hier kulminieren die Planeten. Das MC zeigt die Richtung Süden an. In der Horoskopzeichnung ist dies stets oben.

4. *Imum Coeli = IC*. Es ist der Mitternachtspunkt, die Tiefe des Himmels, zeigt in die nördliche Richtung und liegt auf der Horoskopzeichnung unten.

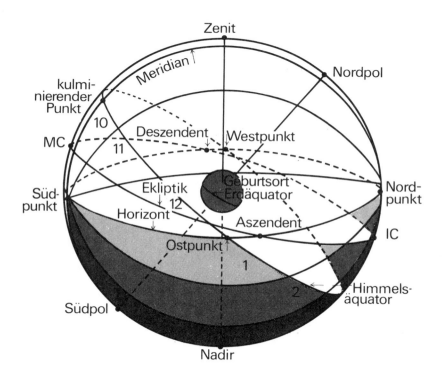

Abb. 1 veranschaulicht den astronomischen Sachverhalt.
Aufgabe des Astrologen ist es, die räumlichen, d. h. dreidimensionalen Verhältnisse auf einer Fläche, in zwei Dimensionen, wiederzugeben: Was lang, breit und hoch (tief) ist, muß auf einer Zeichnung im richtigen Verhältnis verkleinert aufgezeichnet werden.

(Abb. 2) So wird in der Aufsicht der Tierkreisgürtel zum Kreis. In seinen Mittelpunkt muß man sich den Geburtsort oder den Geborenen selbst denken.

Die waagrechte Linie stellt den Horizont dar. Er ist eine der beiden Hauptachsen des Horoskops. Links ist Osten, der Aszendent oder Aufgangspunkt, rechts ist Westen, der Deszendent oder Untergangspunkt.

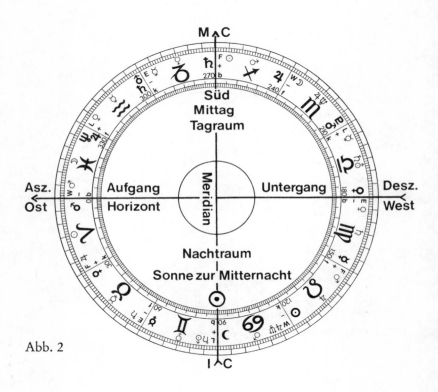

Abb. 2

Wer bei Tageslicht geboren wurde, muß demnach die Sonne (☉) in der oberen Hälfte des Tierkreises haben. Goethe, der genau um 12 Uhr Ortszeit zur Welt kam, hat in seinem Horoskop die Sonne genau im Meridian, im MC. (Abb. Seite 75)

32

Bei einer Nachtgeburt steht die Sonne (☉) unter dem Horizont. Der Meridian ist die zweite Hauptachse des Horoskops. Es ist die Linie vom IC zum MC: Wir denken uns eine Linie, die den Nordpunkt mit dem Südpunkt verbindet. Sie heißt der Meridian oder die Mittagslinie. Auf den Globus übertragen, verbindet sie alle Orte miteinander, die zur selben Zeit die Sonne an der höchsten Stelle des Tagesbogens, also Mittag haben.

Planeten auf der linken, d. h. östlichen Seite des Horoskops sind im Aufstieg. Haben sie den Meridian passiert, befinden sie sich im Abstieg, bis sie im IC, der Mitternachtsstellung den tiefsten Punkt ihrer Bahn erreicht haben.

Man muß sich das Achsenkreuz Asz.–Desz. und IC–MC als feststehend denken und sich vorstellen, daß sich der Tierkreis im Sinne des Uhrzeigers am Aszendenten und dem MC vorbeidreht. Im Laufe der 24 Stunden eines Tages müssen sich alle 360° des Tierkreises durch den Meridian bewegen, so daß alle 4 Minuten ein neuer Grad des Tierkreises zum MC wird. Bis ein ganzes Zeichen mit seinen 30° durch das MC gewandert ist, vergehen demnach zwei Stunden.

Entsprechend den Veränderungen am MC verschiebt sich auch der Aszendent.

Er ist der eigentliche individuelle Punkt des Horoskops, denn die Tageskonstellation der Gestirne teilt man mit allen Menschen, die am selben Tag geboren wurden. Nur der schnellaufende Mond, der am Tag ein halbes Zeichen durchwandert, verändert seine Position auffallend.

Denselben Grad des Aszendenten haben nur jene Menschen gemeinsam, die am selben Tag, im selben Ort und zur selben Minute geboren werden. Deshalb ist es berechtigt, dem Aszendenten bzw. dem aufgehenden Zeichen mehr Bedeutung beizumessen als dem Tierkreiszeichen, in dem sich gerade die Sonne befindet.

Es liegt an den Zeitungshoroskopen, daß sich bei den Laien die Meinung herausgebildet hat, es käme auf die Sonne und ihre Position im Tierkreis vor allen Dingen an. Die Erklärung dafür ist leicht.

Da die Sonne jedes Jahr am gleichen Tag die gleiche Stellung im Tierkreis einnimmt, z. B. am 1. April in 11° Widder (♈), ist es

einfach, damit astrologisch zu arbeiten, eben die Sonnenstands-
prognosen zu stellen. Der Aszendent ist schwieriger zu finden,
kommt daher für Zeitungshoroskope nicht in Frage.

Es ist entscheidend, zu welcher Zeit oder, besser gesagt, zu welcher
Minute ein Mensch geboren wird, d. h. atmet bzw. schreit.

Dabei muß man sich nach der Ortszeit richten, die bis zum 1. 4.
1892 überall in Deutschland gebräuchlich war. Der dann immer
stärker werdende Verkehr erforderte die Einführung einer Zeit,
die überall in Deutschland galt, auch wenn dies den astronomischen
Verhältnissen nicht entsprach.

Man entschied sich für die Ortszeit des 15. Längengrades. Dieser
Meridian führt durch die Städte Görlitz und Stargard. Wenn dort
die Sonne ihren höchsten Stand erreicht, d. h. kulminiert, ist es genau Mittag, z. B. auch in Köln, obwohl die Sonne noch 32 Minuten
braucht, bis sie für diese Stadt in die Mittagsposition gelangt.

In Deutschland gilt die Mitteleuropäische Zeit (MEZ). Sie differiert
zur Weltzeit um eine Stunde. Wenn es in Greenwich in England
12 Uhr ist, haben wir in Deutschland 13 Uhr MEZ.

Auf 12.00 Uhr oder 00.00 Uhr Weltzeit sind alle astronomischen
Ephemeriden berechnet. Das sind die Gestirnstandstabellen, die der
Astrologe verwendet, um die Position der Planeten exakt zu be-
stimmen.

Zuerst berechnet der Astrologe den zur Geburtszeit kulminierenden
Grad des Zodiaks, das MC, sodann den Aszendenten.

Nach den sog. „Häusertabellen" werden schließlich die Spitzen der
Sektoren oder „Häuser" bestimmt.

Diese darf man mit den Tierkreiszeichen nicht verwechseln. Seit
alter Zeit gibt es unter den Astrologen einen Meinungsstreit, wie
man den Raum über und unter dem Horizont einteilen sollte.

Abb. 1 veranschaulicht eine Methode, die dazu führt, daß man sich
den Himmelsraum in ähnliche Scheiben eingeteilt vorstellt, wie man
sie von der Orange her kennt.

Es gibt mehrere Systeme, auf die hier nicht näher eingegangen
werden kann.

Hat man die Häuser in ein Horoskopformular eingezeichnet, müssen nach der Ephemeride die Gestirnpositionen für die genaue Uhrzeit ermittelt werden.

Schließlich werden die Gestirnsymbole an der betreffenden Stelle des Zodiaks eingezeichnet und mindestens die Gradangabe hinzugeschrieben.

Viele Astrologen bezeichnen nun noch die Aspekte. Dies sind die Winkel, die sich zwischen zwei Gestirnen ergeben, bezogen auf den Mittelpunkt der Horoskopzeichnung (in Wirklichkeit das Erdzentrum).

Es ist durchaus nicht gleichgültig, ob z. B. der Energieplanet Mars zur Zeit der Geburt etwa ganz nahe bei der Sonne stand, sich in Konjunktion mit ihr befand, oder ob er sie durch Opposition verletzte.

Man unterscheidet günstige und ungünstige Aspekte. Das heute übliche Bewertungssystem fußt auf Natursymbolik, den Kombinationsmöglichkeiten, die der Tierkreis infolge der einzelnen vorgeformten Zonen erfordert, und der pythagoräischen Zahlenlehre und Harmonik. In der Regel werden die Aspekte farbig in das Meßbild eingezeichnet. Ich verwende dazu die Farben Grün und Rot, entsprechend der Verkehrsampel Grün = günstig, fördernd, harmonisch; Rot = ungünstig, spannungsträchtig, disharmonisch.

Damit ist das Horoskop aufgestellt. Nach dieser rechnerisch und zeichnerisch einfach zu bewältigenden Aufgabe wird es freilich schwieriger, denn das Ergebnis muß gedeutet werden.

Der sicherste Weg, um auch als Anfänger zu Erfolgen zu kommen, ist das gründliche Studium der Elemente. Man muß sich die Bedeutungen der Planeten, Zeichen, Häuser und Aspekte gut einprägen.

Dann ist es geraten, systematisch vorzugehen. Hat man genügend Erfahrung, sieht man meistens schon auf den ersten Blick, wo die Schwerpunkte des Kosmogramms sind, von welchem Punkt man den Inhalt aufrollen kann.

Die eigentliche Schwierigkeit besteht darin, die oft im scheinbaren Widerspruch stehenden Konstellationen so zu erfassen, daß die Deutung zwar der Vielschichtigkeit einer Wesenheit gerecht wird, jedoch wie aus einem Guß wirkt; denn jeder Mensch verkörpert eine in sich geschlossene Ganzheit.

Manchmal dauert es allerdings Stunden, bis man den Schlüssel gefunden hat. Bekanntlich gibt es Menschen mit einem sehr einfachen, geradlinigen, überschaubaren Charakter, andererseits Personen, die man nur schwer oder gar nicht zu beurteilen vermag. Das spiegelt sich getreulich in den Horoskopen dieser Menschen.

Regelbücher können immer nur erste Hilfen sein und die wichtigsten Tatbestände aufhellen helfen.

Es geht nicht ohne eigenes Kombinieren, und nach Tausenden zählen die Kombinationsmöglichkeiten, wenn man alle Feinheiten berücksichtigt.

Das soll den Anfänger nicht schrecken. Man kann das Porträt eines Menschen mit wenigen Strichen, die allerdings gekonnt sein müssen, wenn sie Ähnlichkeiten aufzeigen sollen, zeichnen oder es mit allen Details malen. Ebenso ist es mit der Auslegung eines Geburtsbildes. Für den ernsthaft arbeitenden Astrologen ist jede Deutung ein großes Erlebnis, weil es ihm das Bild des betreffenden Menschen plastisch sichtbar macht.

Als Vergleich möchte ich an den Amateurfotografen erinnern, den von aller Dunkelkammerarbeit jene Sekunden am meisten faszinieren, wenn sich in der Entwicklerschale das fotografische Bild auf dem zuvor völlig weißen Papier langsam aufbaut. Zuerst sind nur die Konturen schwach zu sehen, dann tritt das Wesentliche immer deutlicher hervor, bis das Bild mit allen Einzelheiten fertig ist.

Ein Anfänger wird immer mit dem eigenen Horoskop beginnen. Dann sollte er die Kosmogramme seiner Verwandten durchrechnen und anschauen. Man muß dieses Wort gebrauchen, denn „schauen" meint mehr als kritisches Sehen. Oft ist es Intuition, die weiterhilft. Schließlich mag man sich an Geburtsbilder bekannter Persönlichkeiten heranwagen, für die Biographien vorliegen.

Der Tiefenpsychologe C. G. Jung pflegte in seiner Praxis als Nervenarzt bei schwierigen Fällen stets das Horoskop des Patienten zu Rate zu ziehen, weil er durch dieses Zusammenhänge aufgedeckt fand, die sonst nicht entschlüsselt werden konnten.

Für C. G. Jung ist der Tierkreis die kosmische Darstellung des Seelenraumes, obwohl nicht zu leugnen ist, daß die zwölf Zeichen auch in einer inneren Beziehung zum Jahreslauf in der Natur stehen.

Die Planeten symbolisieren verschiedene Kräfte, gleichsam Prinzipien, die unsere Existenz ermöglichen oder ordnen. Als solche haben die Planeten auch Bezug zu den Urbildern unserer Seele, den sogenannten Archetypen, die von C. G. Jung aufgefunden wurden. Auch für diese gibt es durchaus reale Entsprechungen. Die wissenschaftliche Traumdeutung ist durch sie – um nur ein Beispiel zu nennen – überhaupt erst möglich geworden.

Astrologische Symbole sind mehrdeutig. Z. B. repräsentiert die Sonne die Prinzipien Leben, Vitalität, Geist, steht aber auch für Herz, Gesundheit, für den Tag, soziologisch für den Mann oder für das Staatsoberhaupt.

Man darf diese Bedeutungen nicht isoliert nebeneinander stellen. Es besteht zwischen ihnen durchaus ein Zusammenhang: sie bilden eine Symbolkette.

Gerade in jüngster Zeit mehren sich die Berichte, daß immer mehr Wissenschaftler, z. B. Psychologen dazu übergehen, wieder stärker am uralten Symbolwissen und Symbolverständnis anzuknüpfen, um dadurch besser das Wesen der Menschennatur und seine vielfältigen Strebungen zu erfassen.

Es läßt sich vielleicht auch für einen Laien ermessen, was es heißt, wenn jemand in seinem Geburtsbild Sonne und Mars, die Symbole für Geist und Energie, im rechten, d. h. harmonischen Verhältnis zueinander stehen hat. Von ihrer inneren Natur her werden solche Menschen (wenn noch andere Faktoren mitsprechen) mehr dazu neigen, sich aktiv einzusetzen. Sie werden auch eher Erfolge haben. Hitzköpfe, die vorschnell urteilen und handeln, sich selbst ihre Chancen verderben oder zu Konflikten neigen, werden u. U. im Horoskop Mars und Sonne in schlechtem Aspekt haben. Was die zwölf Häuser des Horoskops angeht, so sind dies die Ereignisebenen, auf welche die Planetenkombinationen bezogen werden.

Man muß z. B. eine Mars-Sonnen-Konstellation im wichtigen ersten Haus oder Sektor, aus dem über die Persönlichkeit geurteilt wird, ganz anders bewerten, als wenn sie in das 10. Haus zielt. Im ersten Fall wird man auf größere Vitalität, selbstsicheres Auftreten in der Umwelt, auf Durchsetzungskraft schließen können, im zweiten Fall werden die Energien beruflich eingesetzt. Diese Person wird sich bemühen, aus eigenen Kräften etwas zu werden und soziale Erfolge zu erzielen.

Es wäre freilich verfehlt, wollte man solche Konstellationen isoliert für sich betrachten. Sie müssen immer in das ganze Wesensgefüge eingebaut beurteilt werden. Schließlich bleibt auch das Milieu zu beachten, in dem der Horoskopeigner lebt. Der Deuter muß über die Herkunft und über seinen Bildungsgang Bescheid wissen.

Dieses ist aus dem Horoskop nicht zu ersehen, bzw. kann nur vage vermutet werden, wenn man die moderne Astrologie als eine Arbeitshypothese versteht. Das schließt aus, jene Deutungsregeln oder Orakeltexte zu verwenden, wie sie seit den Zeiten der Griechen, der Araber oder seit dem Mittelalter zum Teil zum Zweck des Wahrsagens verwendet wurden.

„Ob also ein Individuum Mensch, Tier oder Pflanze ist, darüber sagt das Kosmogramm nichts aus. Die Art des Wesens geht nicht aus ihm hervor: denn sonst wäre das Kosmogramm ja das Wesen selber, während es nur ein Seiendes in seinen kosmischen Beziehungen charakterisiert. Es gibt die Weise an, wie das Wesen sich in das große Beziehungssystem des Kosmos hineinkonstruiert hat. Darum sagt es nur über das aus, was *nicht* unser Selbst ist. Was die Erbanlagen betrifft, so kann man sie an einem Menschen nicht feststellen, wenn man seine Vorfahren nicht kennt; darum ermöglicht nur der Vergleich von Kosmogrammen verschiedener Generationen Rückschlüsse auf vererbte Eigenschaften." (Dr. Koch, Rede auf dem VIII. Internationalen Astrologie-Kongreß in Straßburg, 1954.)

Das astrologische System

Es ist der uralte Wunsch des denkenden Menschen, zu ergründen, „was die Welt im Innersten zusammenhält". Die Philosophen folgten dabei verschiedenen Wegen.

Es konnte nicht ausbleiben, daß es gerade die Mathematiker waren, die auf ihre Art eigene Überlegungen anstrengten; denn bot nicht die Mathematik mit ihrer logischen inneren Gliederung geradezu ideale Ansätze?

Es war der griechische Mathematiker, Astronom und Philosoph *Pythagoras* (um 580 bis 500 vor Chr.), der das Wort Philosophie überhaupt erstmals in dem von uns heute verstandenen Sinn verwendete. Pythagoras wollte das Urgesetz des Kosmos durch Maß und Zahl aufdecken. Zweitausend Jahre später ging *Johannes Kepler* (1571 bis 1630) einen ähnlichen Weg.

Pythagoras verdanken wir u. a. so grundsätzliche Erkenntnisse wie den nach ihm benannten Lehrsatz (nach dem das Quadrat über der Hypotenuse eines Dreiecks flächengleich ist der Summe der Quadrate über den beiden Katheten), Kepler fand die berühmten Planetengesetze, den Schlüssel zum Verständnis der Planetenumläufe in unserem Sonnensystem. Beide, Pythagoras wie Kepler, waren erfüllt vom festen Glauben an die Harmonie des Weltgefüges. Pythagoras und seine Schüler, die Pythagoreer, machten die Zahl zum Prinzip der Philosophie und sahen in ihr Urformen alles Seienden. Sie fanden mathematische Ausdrücke auch für die Seele und für die verschiedenen Stufen des Erlebens. Ganz zwangsläufig mußten sie damit auch die Astrologie in ihre Überlegungen einbeziehen, die damals in ihren Grundzügen als System bereits festlag.

Keplers eigentliches Lebenswerk bestand darin, über die Astronomie die Weltharmonik zu begründen, die er – wie könnte es anders sein – in Beziehung zum Leben der Menschen setzte. So hat Kepler sehr viel dazu beigetragen, die Astrologie, wie wir sie heute kennen, nach Form und Inhalt zu bereichern. Kepler ist einer der größten Astrologen der Geschichte.

Das Berechnen von Kosmogrammen ist heutzutage ein Kinderspiel gegenüber der Zeit vor 400 Jahren, als es noch keine Tabellen und Rechenhilfen gab. Geblieben aber ist der tiefe geistige Gehalt der uralten Lehre. Auch heute reichen Jahrzehnte des intensivsten Studierens nicht aus, das astrologische System völlig auszuloten. Immer wieder entdeckt man neue Beziehungen und Zusammenhänge. Dabei sind die Grundbegriffe verhältnismäßig einfach. Sie bilden das sehr festgefügte Fundament, das den kompliziertesten Aufbau zu tragen vermag.

Man kann nicht behaupten, daß aus dem Horoskop eines Menschen „alles" zu ergründen sei, bei weitem nicht.

Aber das astrologische System ist mehr als ein Denkmodell. Sich ihm anvertrauen, heißt auf den Spuren *Laotses* zu wandeln:

„Ohne aus der Tür zu gehen
Kann man die Welt erkennen,
Ohne aus dem Fenster zu blicken,
Kann man des Himmels Sinn erschauen."

Und für den großen chinesischen Weisen *Konfuzius* gehört das
Wissen um das „Gesetz des Himmels" zu den Voraussetzungen
eines erfüllten Lebens:

„Ich war 15, und mein Wille stand aufs Lernen,
mit 30 stand ich fest,
mit 40 hatte ich keine Zweifel mehr,
mit 50 war mir das Gesetz des Himmels kund,
mit 60 war mein Ohr aufgetan,
mit 70 konnte ich meines Herzens Wünschen folgen,
ohne das Maß zu übertreten."

Die Lehre der klassischen Astrologie ist die kosmische Signaturen-
lehre des Menschenbildes (so auch der Untertitel des sehr empfeh-
lenswerten Buches „Astrosophie" von Arthur Schult, Turm-Verlag
Bietigheim 1971).
Unter Signaturen versteht man Kennzeichen, Typisches, an Hand
dessen man die Menschennatur zu beurteilen vermag.
Nun muß aber ein Schema schon sehr differenziert sein, um einen
möglichst großen Anteil an Individuellem zu erfassen. Sturer Sche-
matismus ist der Feind alles Lebendigen. Daran sollten alle denken,
die von irgendwelchen geisteswissenschaftlichen Systemen ausgehend, das Wesen der Menschennatur ergründen wollen. So ist
auch der folgende Versuch, die astrologischen Strukturen kurz darzustellen, nicht als die Übermittlung eines fertigen Lehrsystems zu
verstehen, vielmehr soll der Leser angeregt werden, selbst weiter-
zudenken. Diese Ausführungen sollen ihn zugleich befähigen, die
praktischen Handreichungen im zweiten Teil umfassender zu begreifen.

Polarität

Die einfachste Art und Weise, Menschen zu unterscheiden, um damit zu einer ganz primitiven „Typologie" zu kommen, scheint die grobe Einteilung in zwei große Gruppen zu sein, die Scheidung in Personen männlichen und weiblichen Geschlechts.

Dabei übersieht man wahrscheinlich, daß es sich nur um eine Differenzierung nach körperlichen Geschlechtsmerkmalen handeln kann. Es ist das Verdienst unserer Zeit, dies klargestellt zu haben. Seit die sexuellen Tabus gebrochen sind und diesbezügliche anthropologische Untersuchungen weiten Kreisen zugänglich gemacht worden sind, hat man erfahren, wie groß eigentlich die Zahl jener Männer und Frauen ist, die ihrer inneren Natur nach homosexuell veranlagt sind. Sie verkörpern Wesenseigentümlichkeiten in sich, die man sonst nur beim anderen Geschlecht vermutet.

Es ist problematisch, Menschen in die Gruppen männlich und weiblich einzuteilen, wenn man damit mehr meint als nur die durch das Geschlecht bedingten körperlichen Unterschiede.

Und selbst in dieser Beziehung hört und liest man immer häufiger von Operationen, die das Äußere eines Menschen der inneren Natur angleichen sollen.

Hier ist nicht der Raum zu untersuchen, warum es Männer gibt, die „weibisch" wirken oder warum manche Frauen einen maskulinen Eindruck machen. Der Hinweis auf anlagemäßig vorkommende Störungen im Hormonsystem soll für den Sachverhalt aus biologischer Sicht genügen.

Astrologisch ist aus einem Horoskop das Geschlecht sowieso nicht zu ersehen, jedoch kann man auf das Überwiegen „männlicher" oder „weiblicher" Anlagen Schlüsse ziehen.

Ist es denn überhaupt noch statthaft, die Begriffe männlich und weiblich in einem übergeordneten Zusammenhang zu verwenden, der auf die Menschennatur zielt, wie das in der Astrologie geschieht? Die Antwort kann nur ein eindeutiges Ja sein, denn für den Astrologen ist es nichts Neues, daß ein Mensch bipolar angelegt ist, d. h. daß in jedem von uns „sogenannte" männliche oder üblicherweise als weiblich bezeichnete Anlagen im seelischen Bereich vorkommen. Es ist praktisch, bei der alten und bewährten Terminologie zu bleiben, nur ist es bisweilen angebracht, sich ins Gedächtnis zu rufen, was die Ausdrücke eigentlich bedeuten.

Aus der Elektrizität kennt jeder die Ausdrücke positiv und negativ, die absolut wertfrei zu verstehen sind. Beide Begriffe bilden eine Einheit, sind die zwei Seiten einer Medaille. Positiv und negativ können daher auch für männlich oder weiblich verwendet werden, sie sind synonym.

Wir haben uns männlich und weiblich als ein Gegensatzpaar zu denken. Sie drücken eine Polarität aus.

Wenn wir Begriffe, Eigenschaften oder Verhaltensweisen in männlich = positiv und weiblich = negativ gruppieren wollen, wird dies mindestens bei einigen Ausdrücken nicht leicht fallen, denn in den Jahrhunderten waren die Vorstellungen, was männlich und was weiblich sei, immer an das Bild des „idealen Mannes“ oder der „idealen Frau“ gekoppelt. Die Vorstellungen darüber haben sich jedoch im Laufe der Zeiten mehrfach gewandelt.

Man sollte nicht mit diesen Grenzfällen beginnen, sondern sich auf das Eindeutige beschränken.

Notiert man sich diese Begriffe, stimmen sie im Sinne einer „Symbolkette“ zusammen. (Vgl. E. C. Kühr, Psych. Hor. deutung, Wien 1948)

Männlich	*Weiblich*
Mann	Frau
Vater	Mutter
zeugen	empfangen
aktiv	passiv
Handlung	Geschehen
Ausdruck	Eindruck
Wille	Trieb
Geist	Seele
Verstand	Gefühl
hell	dunkel
hart	weich
Tag	Nacht

Diese Aufstellung ließe sich beliebig fortsetzen. Es ist selbstver-

ständlich, daß z. B. der Begriff Aktivität nicht an „den" Mann gebunden ist, denn es gibt ebenso aktive Frauen, wie es passive Männer gibt. Wir Menschen sind eben nicht eindeutig bestimmte Ge-
schlechtswesen, so daß es einen Mann geben wird, der „männlicher"
als seine anderen Geschlechtsgenossen wirkt, während es auch
Frauen gibt, die offensichtlich eine Vielzahl „weiblicher" Eigenschaften entbehren.
Im astrologischen System, das sich im Meßbild darstellt, sind beide
Seiten symbolisiert.
Es enthalten die zwölf gleichgroßen Abschnitte der Ekliptik, bzw.
des Tierkreises je 6 männliche und 6 weibliche Tierkreiszeichen.
Wie aus der Aufstellung zu ersehen ist, folgt auf ein männliches
Zeichen ein weibliches, dann wieder ein männliches usw.

Männliche Zeichen		*Weibliche Zeichen*	
Widder	♈		
		Stier	♉
Zwillinge	♊		
		Krebs	♋
Löwe	♌		
		Jungfrau	♍
Waage	♎		
		Skorpion	♏
Schütze	♐		
		Steinbock	♑
Wassermann	♒		
Abb. 3		Fische	♓

Männliche Zeichen verkörpern jene Eigenheiten, welche die Tradition dem Mann zuordnet (Wille, Geist, Selbstbehauptung), weibliche Zeichen dagegen repräsentieren Seele, Trieb, Hingabe, Passivität, Gefühl u. a. m. Warum der Wechsel zwischen männlichen
und weiblichen Zeichen so regelmäßig ist, wird man verstehen,
wenn man den Aufbau des Systems überblickt.
Es sind männlich und weiblich als Begriffspaar immer an die dieser
Struktur entsprechenden Elemente gebunden.

Elemente

Darunter darf man keineswegs die chemischen Grundstoffe verstehen, die sich als solche nicht mehr weiter zerlegen lassen.
Vielmehr wird dadurch ausgedrückt, wie Wille und Gemüt erregt werden oder reagieren.
Man könnte auch den Begriff des Biotonus verwenden, der die Spannungen ausdrückt, die unserem Seelenleben Intensität verleiht, die Funktion unserer Organe ermöglicht oder Vitalität überhaupt erst bewirkt.
Die vier astrologischen Elemente sind

Feuer   Erde   Luft   Wasser

Man behalte im Auge, daß diese vier Elemente stets geistig-seelische Grundfunktionen bedeuten.
„Feuer" meint das Urfeuer des Geistes. Es symbolisiert den Willen, der diesen Geist beherrscht.
„Erde" bezeichnet den Urstoff, die Materie. „Irdisch" ist der Trieb, die Bindung an die Wirklichkeit, an die Erde, an die Realität.
„Luft" räumt dagegen immer dem Intellekt, dem Denken, die Herrschaft ein, sofern anpassungsbereites, vernünftiges Denken das Handeln und Reagieren bestimmt.
„Wasser" symbolisiert das Gefühl, die seelischen Reaktionen.

Diese vier astrologischen Elemente werden durch jeweils drei Zeichen verkörpert, die demnach miteinander harmonieren. So stehen sie auch in einem günstigen Aspekt oder Winkel zueinander, dem harmonischen Trigon.
Zugleich sind die Feuer- und die Luftzeichen männlich oder positiv, Erd- und Wasserzeichen dagegen weiblich oder negativ.

Feuer	*Erde*	*Luft*	*Wasser*
♈ Widder	♉ Stier	♊ Zwillinge	♋ Krebs
♌ Löwe	♍ Jungfrau	♎ Waage	♏ Skorpion
♐ Schütze	♑ Steinbock	♒ Wassermann	♓ Fische

Die Lehre von den Aspekten, den Spannungsverhältnissen der Horoskopfaktoren, spiegelt naturgemäß auch, wie die einzelnen Zeichen zueinander stehen.

Es wurde bereits gesagt, daß die drei Zeichen eines Elements im Trigon, dem am stärksten harmonischen Aspekt verbunden sind. Die Zeichen des anderen Elements gleicher Polarität (oder Geschlechts) stehen dazu im halben Trigon, d. h. im Sextilaspekt, der schwächer wirksam, aber ebenfalls günstig ist.

Dies trifft auf Feuer- und Luftzeichen zu und auf Erd- und Wasserzeichen.

Die Zeichen, die von der Polarität her nicht zusammenpassen und die auch nach dem Element nicht zusammenstimmen, bilden untereinander auch keine harmonischen Winkel.

Am Beispiel der Feuerzeichen soll der Unterschied innerhalb der Zeichen eines Elements verdeutlicht werden.

Es wurde gesagt, daß die Feuerzeichen unter dem Stichwort „Wille" zu erfassen sind.

Nun ist der Wille, den das Widderzeichen ausdrückt, ein anderer als der durch das Zeichen Löwe oder Schütze dargestellte.

Der Wille des Widder ist aggressiv, vorwärtsstürmend, weit ausgreifend, der Wille des Löwen drückt mehr Beharrung und Stetigkeit aus, während der Wille des Schützezeichens weltanschaulich ins Weite zielt, z. B. auch Selbstüberwindung einschließt.

Ähnlich ist es bei den anderen Elementen.

Solche differenzierte Aussagen werden möglich, wenn man untersucht, wie die einzelnen Zeichen hinsichtlich ihrer Umweltreaktion aufzufassen sind, worunter man die Dynamik versteht.

Dynamik

Es lassen sich drei Gruppen unterscheiden.

Das tätige Prinzip, das die Selbstbehauptung durch einen starken Willen unterstreicht, findet sich in den sogenannten „kardinalen" Zeichen:

♈ Widder   ♋ Krebs   ♎ Waage   ♑ Steinbock

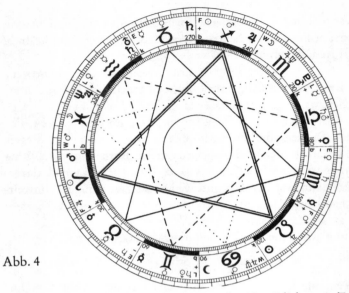

Abb. 4

Positive (männliche, +) und negative (weibliche, −) Zeichen
und ihre Verteilung auf die Elemente

Das kardinale (k), feste (f) und das bewegliche (b) Kreuz
verbinden Zeichen gleicher Dynamik

Abb. 5

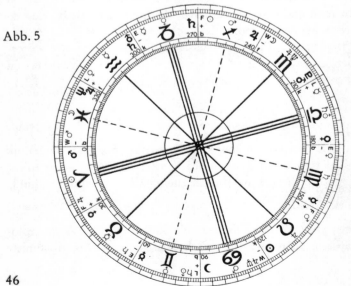

Sind diese Zeichen in Kosmogrammen vor allen anderen betont, werden die Menschen, zu denen solche Meßbilder gehören, bestrebt sein, auf ihre Umwelt einzuwirken.

Zu den „fixen", das heißt „festen" Zeichen gehören:

♉ Stier   ♌ Löwe   ♏ Skorpion   ♒ Wassermann

Diese vier Zeichen, die einander jeweils genau gegenüber liegen, also ein Kreuz bilden, symbolisieren die Bewahrung psychischer Energien. Sind diese Zeichen im Horoskop hervorragend dargestellt, darf man auf Kraft zum Widerstand gegenüber Umwelteinflüssen schließen.

„Bewegliche" oder flexible Zeichen des Zodiaks sind:

♊ Zwillinge   ♍ Jungfrau   ♐ Schütze   ♓ Fische

Sie drücken eine labile, schwankende Haltung gegenüber der Umwelt aus, die zwar unentschlossen und unbestimmt sein läßt, jedoch zur Vermittlung und zum Ausgleich befähigt.
Die kardinalen, die festen und die beweglichen Zeichen sind untereinander durch Quadrataspekte verbunden, bilden demnach ein Kreuz.
So spricht man auch vom kardinalen, dem festen und dem beweglichen Kreuz.

Element:	Kardinalzeichen	Feste Zeichen	Bewegliche Zeichen
F = Feuer:	♈ Widder	♌ Löwe	♐ Schütze
W = Wasser:	♋ Krebs	♏ Skorpion	♓ Fische
L = Luft:	♎ Waage	♒ Wassermann	♊ Zwillinge
E = Erde:	♑ Steinbock	♉ Stier	♍ Jungfrau

Die nach den drei Gesichtspunkten Polarität, Element, Dynamik durchgegliederten zwölf Zeichen des Tierkreises ergeben eine solche sinnvolle und in ihren Einzelheiten zueinander passende Ordnung, wie sie keine andere psychologische Typenlehre bieten kann.

Nun tragen aber nicht nur diese zwölf Säulen den Bau des astrologischen Systems. An und für sich bedeuten die zwölf Abschnitte der Ekliptik bzw. des Tierkreises nur „leere" Räume. Sie sind als Zonen den einzelnen Planeten – wozu nach astrologischer Auffassung neben den Wandelsternen stets auch Sonne und Mond gehören – zugeordnet.

Planeten

Die Planeten repräsentieren ebenfalls ganz bestimmte Prinzipien. So steht der Planet Mars ($\male$) z. B. immer für Wille oder Energie. Das Zeichen Widder ($\aries$) ist eine der marsischen Natur entsprechende Zone. Widder ist entsprechend der Marsnatur „vorgeformt".

Nun wandern die Planeten durch den Tierkreis, besetzen die verschiedenen Zeichen oder bilden Aspekte zu ihnen.

Es dürfte leicht zu verstehen sein, daß der Planet Mars ($\male$), wenn er auf seiner Wanderung durch den Zodiak in das Zeichen Widder $\aries$ gelangt, dort ganz besonders „wirksam" sein muß, denn es ist ja sein eigenes Zeichen, sein „Domizil". Einen solchen Mars im Widder sahen die Alten als „in Würden" stehend an.

Befindet sich Mars jedoch im Gegenzeichen des Widders, in der Waage $\libra$, hat er eine Position in einem Zeichen der Venus ($\female$).

Venus $\female$ und Mars $\male$ stehen in einem polaren, gegensätzlichen Verhältnis zueinander, denn Mars ist das männliche, Venus das weibliche Geschlechtssymbol.

Es liegt auf der Hand, daß eine Marsposition im Widder ganz anders beurteilt werden muß als eine in der Waage.

Umgekehrt wird natürlich Venus in der Waage ihre Wesensart schöner zur Geltung bringen können als im Widder.

Wer ein Kosmogramm durchdenken will, kann dabei ganz logisch verfahren.

Mars repräsentiert den Willen. Deswegen wird er nicht nur im Widder gut zur Geltung kommen, auch in den anderen Feuerzeichen Löwe und Schütze. Da diese aber andere Zeichenherrscher oder Regenten haben, so Löwe die Sonne und Schütze den Jupiter, hat er dort nicht sein Domizil, wird sich jedoch günstig entfalten können oder sich „wohlfühlen".

Die alten astrologischen Fachausdrücke wie Domizil, Erhöhung u. a. sollte man beibehalten, weil sie sinnvoll und anschaulich zugleich sind und durch ihre bildkräftige Aussage auch dem Anfänger ein leichteres Eindringen in den Sachverhalt ermöglichen.

„Exil"-Stellung kann demnach nur heißen, daß ein Planet in einem unpassenden Zeichen ist. Dies gilt für Mars in der Waage. Er ist dort gleichsam „vernichtet".

Den Alten waren nur sieben Planeten bekannt, die nämlich, die mit unbewaffnetem Auge zu erblicken waren.

☉	Sonne	☿	Merkur	♂	Mars	♄	Saturn
☽	Mond	♀	Venus	♃	Jupiter		

Es spricht nur für das astrologische System, daß die später entdeckten Planeten ♅ Uranus, ♆ Neptun und ♇ Pluto sich in dieses sehr gut einfügen ließen, ja geradezu eine Verfeinerung bewirkten.

Zur Zeit des Pythagoras, also um die Mitte des ersten vorchristlichen Jahrtausends, dürfte in Ägypten das „Horoskop der Welt" erdacht worden sein, das uns *Julius Firmicus Maternus* in einem astrologischen Lehrbuch aus dem 4. Jahrhundert überliefert hat.

Dieses „Thema mundi" oder das Horoskop der Welt ist das Urbild eines Horoskops und enthält alle wesentlichen Strukturen des Kosmogramms. Es ist nicht etwa ein Horoskop der Weltschöpfung!

In der Mitte des Himmels steht das Zeichen Widder ♈ mit seinem 15. Grad. Widder symbolisiert immer den Kopf, die oberste Region des Körpers.

Der Aszendent, der nach antiker Manier 90° vom MC, der Himmelsmitte, absteht, fällt somit in 15° Krebs ♋.

Die Planeten haben ihre Positionen in der Nachthälfte und sind jeweils in der Mitte ihrer eigenen Zeichen angeordnet, und zwar in der richtigen Reihenfolge ihrer Umlaufzeiten.

Auf das Mond-Zeichen Krebs ♋ folgt der Löwe ♌ mit der Sonne ☉, dann Jungfrau ♍ mit Merkur ☿, Waage ♎ mit Venus ♀, Skorpion ♏ mit Mars ♂, Schütze ♐ mit Jupiter ♃ und Wassermann ♒ mit Saturn ♄.

Dem aufmerksamen Leser wird nicht entgangen sein, daß Mars hier nicht im Widder als Regent erscheint.

Später hat man dann auch die im Thema mundi nicht berücksichtigten Zeichen den Planeten zugeordnet, und zwar so, daß außer Sonne und Mond jeder Planet zwei Zeichen zugewiesen bekam, und zwar ein männliches und ein weibliches. So ist Mars zuständig für Widder und Skorpion. Die Begründungen dafür wurzeln in vorwiegend babylonischer Tradition, auf die hier nicht näher eingegangen werden kann.

Die „neuen" Planeten Uranus ♅, Neptun ♆ und Pluto ♇ wurden in das antike System nicht als etwas Neues eingegliedert, sondern entsprechend ihren Symbolwerten als „höhere Oktave". So gilt Uranus als eine solche zu Merkur, Neptun verkörpert ein der Venus und dem Jupiter ähnliches Prinzip und Pluto ermöglicht durch seinen Mars-Charakter jene Aussagen, die für unsere Zeit erfragt werden. Pluto ist am ehesten im Skorpion „zu Hause".

Vervollkommnet man das astrologische System, wie es die Einteilung des Tierkreises durch Beachtung von Polarität, Elementen und Dynamik der Zeichen ermöglicht, durch die Kombination mit den Planeten, erweist es sich als die brauchbare Arbeitsgrundlage, um die Stellung des Menschen im Kosmos zu bestimmen.

Allerdings muß der deutende Astrologe noch zwei weitere Fakten beherrschen, wenn er das Spannungsgefüge, in das ein Mensch hineingeboren wird oder sich nach kosmobiologischer Ansicht selbst einschaltet, richtig abschätzen will.

Dieses sind zunächst die Aspekte und dann der „kosmische Zustand" der Planeten, wie er sich aus der Position im Zodiak ergibt, also die Stellung nach Zeichen, beurteilt nach Polarität, Elementen, Dynamik und Aspekten, besonders im Hinblick auf die Hauptachsen des Horoskops bzw. der sog. Häuser.

Aspekte

Aspekte sind Winkel, die entstehen, wenn man den Mittelpunkt des astrologischen Meßbildes, der die Erde (= Geburtsort = der

Abb. 6

Anordnung der Planeten als Zeichenherrscher im Thema mundi

Verteilung der Zeichenherrscher und Aspekte nach dem System
des Ptolemäus. Man beachte auch die im Tierkreis
eingezeichneten Planetensymbole!

Abb. 7

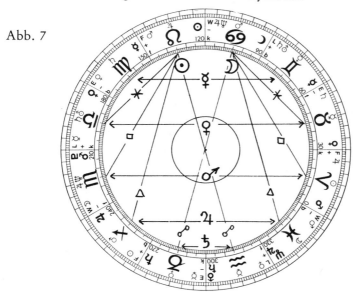

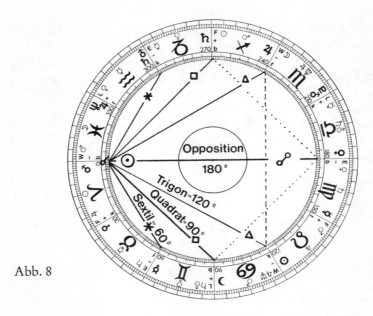

Abb. 8

Die „großen" Aspekte ♂ Konjunktion = 0° Zwei Planeten
stehen in e i n e m Grad

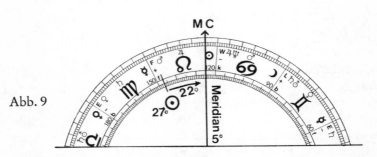

Abb. 9

Direktionsbogen zwischen Sonne ☉ 27° ♌ und MC in 5° ♌ = 22°

Geborene selbst) symbolisiert, mit zwei Punkten des Kreisbogens, der den Zodiak darstellt, verbindet.

In der praktischen Arbeit läuft es darauf hinaus, daß sich dadurch ein bestimmtes Verhältnis zwischen den Gestirnorten im Tierkreis ergibt, deswegen auch das aus dem Lateinischen stammende Wort Aspekte, was soviel wie „Anblicke" bedeutet.

Dies sind die wichtigsten Aspekte:

Konjunktion ☌

Zwei Planeten stehen im Tierkreis ganz nahe beisammen. Sie vereinen sich zu gemeinsamem Wirken. Es mischen sich ihre „Kräfte".

Zwischen zwei „Wohltätern" wie Jupiter und Venus wird das eine Verstärkung der Tendenzen bedeuten, etwa eine verfeinerte Gesinnung ausdrücken.

Zwischen zwei „Übeltätern" wie Mars und Saturn wird die Konjunktion ebenfalls eine Verstärkung anzeigen, jedoch im bösen Sinne. Mars = Energie, Tat, Saturn = Hemmung, Verzögerung. Die Kombination ergibt dann einen Effekt, den jeder Autofahrer kennt, wenn er Bremse und Gas gleichzeitig bedient.

Opposition ☍

Zwei Gestirne stehen sich gegenüber. Ein solcher Aspekt läßt erwarten, daß große innere Kräfte mobilisiert werden können, besonders wenn ein günstiger Aspekt die Opposition entspannt. Denn an sich „sehen sich bei der Opposition zwei Gestirne an wie feindliche Brüder".

Quadratur □

Das Quadrat oder der 90° Aspekt (3 Zeichen Abstand) gilt uneingeschränkt als disharmonisch. Elemente in der Quadratur vertragen sich nicht miteinander. Stehen zwei Planeten im „Geviertschein", durchkreuzen ihre Strahlen förmlich einander, um ein Bild zu gebrauchen, deutet das immer auf Schwierigkeiten. Besonders kritisch ist das durchlaufende Quadrat, das 4 astrologische Orte miteinander verbindet.

Trigon △

Ein Winkel von 120° oder 4 Zeichen Abstand gilt immer als harmonisch bzw. fördernd.
Das durchlaufende Trigon ist eine große Hilfe und wird lebenserleichternd gedeutet werden können.

Sextil ✳

Das halbe Trigon, das Sextil, bezeichnet den 60° Winkel und gilt als günstig, wenn auch nur halbkräftig.

Kosmischer Zustand

Nehmen wir den Fall einer Konjunktion von Mars und Venus, eine Konstellation, die immer problematisch sein wird, denn es mischen sich hier Planeten, die Grundverschiedenes, ja Gegensätzliches repräsentieren.
Man wird begreifen, daß eine solche Konjunktion, findet sie im Mars-Zeichen Widder statt, anders beurteilt werden muß, als wenn sie in das Venuszeichen Waage fällt.
Im Widder wird sich Mars als der Stärkere erweisen, in der Waage wird es Venus sein, denn Waage ist ihr Herrschaftsbereich, während Mars hier im Exil steht.
Oft wird es so sein, daß der stärkere Planet als der Sender, der schwächere als der Empfänger angesehen werden muß.
Dies eben bezeichnet den kosmischen Zustand.
Steht ein Planet im eigenen Zeichen, kommt seine Natur am reinsten zum Ausdruck.
Befindet er sich im Gegenzeichen, muß man nicht das Günstige berücksichtigen, das er symbolisiert, sondern die ungünstigen Entsprechungen. So sind bei Mars als vorteilhaft der Tatwille, das Bestreben nach Leistung, der volle Einsatz anzusehen, schlecht dagegen sind die Voreiligkeit, die Hast, Überstürzung, der Zerstörungstrieb.
Ein Mond im Krebs, in seinem Domizil, „macht" zwar launisch

(lat. luna = Mond), aber auch sehr gefühlvoll. Eine Mondposition im Steinbock jedoch läßt die Gefühle „einfrieren".

„Würden" oder „Schwächen" der Gestirne lassen sich nicht so ganz einfach abschätzen, denn außer der „Herrschaft" kennt man in der Astrologie auch die etwas weniger kräftige „Erhöhung", womit aber immer noch eine überdurchschnittlich günstige Qualität bezeichnet wird. Eine gewisse Neutralität bedeutet „peregrin" oder fremd. Die mindere Qualität wird durch den „Casus" oder „Fall" ausgedrückt, die „Vernichtung" erfolgt im „Exil".

Obwohl die Vielfalt der Kombinationen jetzt bereits in die Tausende geht, sind das noch nicht alle Einzelheiten, auf die hier jedoch nicht näher eingegangen werden kann; von den Feinheiten ganz zu schweigen.

Eine praktische Hilfe bildet das vom Verfasser entworfene Formular des Tierkreises, das vieles bildlich oder durch Abkürzungen veranschaulicht.

Damit sind die „zodiakalen" Grundlagen umrissen, also die Stellung der Planeten im Zodiak, im Tierkreis.

Nun hängt aber sehr viel davon ab, wie ein Mensch durch die „passende" Geburtszeit die Tageskonstellation in seinem Geburtsbild unterbringt. Denn es ist nicht gleichgültig, ob ein Mensch wichtige Konstellationen im Bereich der Horizontachse oder des Meridians hat oder in einem anderen, weniger bedeutsamem Feld. Daraus resultiert, wie sich die Konstellationen im Leben eines Geborenen auswirken werden. Ähnlich wie man bei den Zeichen eine gewisse Dynamik erkennen kann, trifft dies auch auf die Sektoren des Horoskops zu, die seit alters her „Häuser" genannt werden und deren Zählung beim Aszendenten beginnt, der zugleich die Spitze des 1. Hauses darstellt.

Stellt man sich das Achsenkreuz (Horizont und Meridian) als feststehend vor, dreht man den Tierkreis in der Zeichenfolge, also am Aufgangspunkt (Aszendent) vorbei, steigt nach dem 1. Haus das 2. auf.

Jeder Quadrant zwischen den Hauptachsen enthält 3 Häuser. Die an den Achsen anliegenden heißen Eckhäuser, die mittleren sind die nachfolgenden Häuser, an letzter Stelle liegen die fallenden Häuser.

Die Häuser

1, 4, 7 und 10 sind Eckhäuser,
2, 5, 8 und 11 sind nachfolgende Häuser,
3, 6, 9 und 12 sind fallende Häuser.

Viele Planeten in Eckhäusern weisen auf ein tatenreiches Leben, sind die nachfolgenden Häuser betont, darf auf ein ruhiges, mehr gleichmäßiges und weniger sichtbares Leben geschlossen werden. Sind die fallenden Häuser stark durch Planeten besetzt, wird der Geborene mehr erdulden und erleiden als dazu neigen, sein Dasein selbst zu gestalten.

In gewisser Weise korrespondieren die zwölf Zeichen des Zodiaks auch mit den zwölf Häusern. So bestehen zwischen den drei Feuerzeichen Beziehungen zu den Häusern 1, 5 und 9, die zusammen das Dreieck des Lebens bilden.

Das Dreieck der Handlungen – die Häuser 2, 6, 10 – kann in Verbindung mit dem Trigon der Erdzeichen gebracht werden, das Dreieck der Verbindungen – Häuser 3, 7 und 11 – hat Bezug auf die Luftzeichen, die ebenfalls Anpassung und Kontakte symbolisieren.
Das Dreieck des Leidens – Häuser 4, 8 und 12 – findet seine Entsprechung im Wasserelement, das ja auch Hingebung und Passivität ausdrückt.

Wie in Teil 2 noch dargelegt werden wird, handelt es sich bei den zwölf Häusern oder Sektoren um *Erlebnissphären*. Mithin sind es die Ereignisebenen, auf die sich die aus den Konstellationen erkennbaren geistigen und seelischen Kräfte auswirken. Dadurch wird es möglich, zu konkreten Aussagen über bestimmte Bereiche des Lebens zu kommen.

Zeit und Raum

Überlegungen zur Prognose

Unser Leben währet siebzig Jahre,
und wenn's hochkommt, so sind's achtzig Jahre,
und wenn's köstlich gewesen ist, so ist es
Mühe und Arbeit gewesen; denn es fähret schnell
dahin, als flögen wir davon.
90. Psalm

Trotz Fortschritte in der Wissenschaft und medizinischer Erfolge hat sich an der Lebenszeit nicht viel geändert, mag auch die durchschnittliche Lebenserwartung gestiegen sein.
Es sind dem Menschen eine bestimmte Zahl an Jahren zu leben erlaubt oder aufgegeben.
Wir wissen, daß der Faktor Zeit verschieden ausgelegt werden kann. Einmal ist es die Kalenderzeit: Der Tag hat 24 Stunden. Dies entspricht einer Erdrotation, also der Umdrehung der Erde um die eigene Achse. Ein Jahr dauert für uns 365 Tage, die Zeit, welche die Erde braucht, um die Sonne zu umrunden.
Aber diese objektive Zeit, nach der wir unser Leben einrichten, wird von uns verschieden empfunden. Da gibt es Menschen, die sind 70 Jahre alt, fühlen sich aber wie fünfzig. Andere haben 50 Kalenderjahre hinter sich gebracht, fühlen sich jedoch wie siebzig. Ähnlich ist es mit dem Zeitsinn. In der Jugend scheint die Zeit stillzustehen: Wie lange dauerte doch eine Schulstunde, war die Zeit bis zum nächsten Festtag, an dem uns Geschenke erwarteten; wie schnell enteilen die Jahre, wenn man älter wird.
Unser Zeiterlebnis vollzieht sich im Raum.
Das Kosmogramm spiegelt sowohl den Raum, dargestellt durch die astrologischen Faktoren, Planeten, Zeichen, Aszendent und MC in ihren Beziehungen zum Geburtsort, andererseits ist aus der Zeichnung auch Zeit zu ersehen.
Denkt man sich die Zeit als einen Strahl aus unendlich vielen

Punkten, der von der Vergangenheit in die Zukunft reicht, so stellt die Gegenwart, horoskopisch der Geburtsmoment, einen Einschnitt, eine Zäsur dar.

Es ist jener Augenblick, an dem sich der Mensch in die kosmischen Rhythmen einschaltet. Da aber die auf diesen Zeitpunkt folgenden Konstellationen als Ausdruck der obwaltenden kosmischen Kräfte sich weiterverändern, nimmt der Mensch mit seiner Geburtskonstellation auch an diesen Veränderungen teil.

Da die Lebensbahn analog zu den Gestirnständen gesehen werden kann, lassen sich Schlüsse ziehen, wie es mit dem Menschen weitergehen könnte.

Das menschliche Leben ist eng verknüpft mit den Perioden der Erdumdrehungen (Tage), der Sonnenumläufe (Jahre), aber auch mit der Mondperiodik, besonders das Leben der Frauen.

Goethe bemühte sich, seinen „Zirkel von guten und bösen Tagen herauskriegen" zu wollen.

Der Astrologe macht nichts anderes. Er geht von der durch das astrologische System erschließbaren Geburtskonstellation aus und „ent-wickelt" diese, faltet gewissermaßen auseinander, was seit der Geburt einbeschlossen liegt.

Ein solches Verfahren, das der Erforschung künftiger Entwicklungstendenzen aus dem Geburtsbild dient, nennt man in der Astrologie *Direktionen*.

Es gibt seit alters her zwei große und sehr unterschiedlich zu handhabende *Direktionssysteme*.

Das erste (und schwierigere) sind die *Primärdirektionen*.

Die primäre oder erste Bewegung der Erde ist die Rotation. Sie bewirkt, daß jeder Grad des Zodiaks einmal am Tage Aszendent wird oder durch den Meridian geht.

Nehmen wir einmal an, bei einer Geburt falle der 5. Grad des Zeichens Löwe (5° ♌) in den Meridian, bilde also die obere Kulmination, die Himmelsmitte, MC (Medium Coeli) genannt.

Der Geburtstag sei ein 21. August, so daß die Sonne in etwa 27° Löwe (27° ♌) ihre Position hat. (Abb. 9, S. 52)

Man denke sich das Geburtshoroskop als feststehend. Da sich aber die Erde nach der Geburt weitergedreht hat, wird die Sonne an dem Geburtstag noch jenen Kreisbogen durchwandern, der zwischen 27° und 5° Löwe liegt. Es sind 22 Bogengrade.

Rechnet man, daß alle vier Minuten ein neuer Grad durch den Meridian geht, also zum MC wird, würde 4 Minuten nach der Geburt 6° ♌ MC sein, 8 Minuten nach der Geburt 7° ♌ MC werden usw. Demnach würde es 4 mal 22 Minuten = 88 Minuten oder 1^h und 28^m dauern, bis die Sonne im MC des Geburtshoroskops stünde.

Nach dem von Haeckel aufgefundenen biogenetischen Grundgesetz macht ein Lebewesen als Keim vor der Geburt die gesamte Stammesentwicklung durch. Etwa analog dazu bzw. auch noch aus anderen Gründen kann man von dem Gedanken ausgehen – und die Erfahrung gibt dieser Hypothese recht –, daß der erste Tag im Leben dem ersten Jahr nach der Geburt entspricht, der zweite Tag dem zweiten Jahr usw.

Gerade Freud hat nachgewiesen, wie wichtig, ja ausschlaggebend die früheste Kindheit für das ganze spätere Erleben ist.

Bei den Primärdirektionen wird davon ausgegangen, daß man einen Punkt im Tierkreis mit einem Planeten zusammenbringt. In unserem Falle würde nicht die Sonne zum MC wandern, sondern das MC zum Sonnenort „hindirigiert", daher auch der Name Direktion. Der Zeitschlüssel ist 1° = 1 Lebensjahr.

Für unser Beispiel würde demnach gelten, daß der Geborene mit ca. 22 Jahren die Konjunktion MC–Sonne zu erwarten hätte, was üblicherweise als ein Höhepunkt im Leben, als der Beginn einer neuen Periode oder als eine Erweiterung der Lebenssphäre besonders in beruflicher Hinsicht zu deuten wäre.

Das Hauptproblem bei allen Direktionen ist die Frage, nach welchem Schlüssel die räumliche Entfernung in Zeit umzusetzen sei.

An zweiter Stelle stehen die *Sekundärdirektionen,* die auf der Umdrehung der Erde um die Sonne, auf der zweiten oder sekundären Bewegung der Erde fußen.

Gern wird der Prophet Hesekiel zitiert: „Ich will dir die Jahre zur Anzahl der Tage machen", doch gibt es auch noch andere Herleitungen.

Der Zeitschlüssel der Sekundärdirektionen ist 1 Tag = 1 Jahr.

Das heißt, daß der Gestirnstand am 2. Tag nach der Geburt dem 2. Lebensjahr entspricht, der des 3. Tages dem 3. Jahr, des 22. Tages dem 22. Jahr usf.

Sekundärdirektionen sind verhältnismäßig einfach zu berechnen, da die Planetenstände aus den Ephemeriden, den Gestirnstandstabellen, ersatzweise Gestirnstandsauszügen, entnommen werden können. Primärdirektionen sind deshalb schwieriger zu handhaben, weil diese in Rektaszension auf dem Äquator gemessen werden.

Primär- und Sekundärdirektionen ergänzen einander in gewisser Weise. Während die Primärdirektionen mehr das von außen an den Menschen herantretende Geschehen erschließen lassen, geben Sekundärdirektionen zu erkennen, was aus dem Charakter kommt, also die Entscheidungen, die Grundhaltungen oder das Hingestimmtsein auf etwas, kurzum die Dispositionen auf weitere Sicht.

Es gibt ein Dutzend und mehr Zeitschlüssel und auch noch andere Direktionssysteme, auf die hier nicht eingegangen werden soll. Nun stellen Astrologen auch immer wieder fest, daß bei weitem nicht alles bedeutsame Geschehen durch Direktionen zu erfassen ist. Vor allem beobachtet man immer wieder, daß Direktionen nicht genau zu ihrer Zeit fällig werden, sondern daß ein gewisser zeitlicher Spielraum von 1 bis 3 Jahren möglich ist. Auch ist erkannt worden, daß Direktionen zu ihrer Auslösung stets bestimmter *Transite* bedürfen.

Transite, d. h. Übergänge, sind von ganz anderer Natur. Sie beziehen sich auf das als feststehend gedachte Horoskop. Dessen Gestirnorte und die markanten Punkte wie Asz. und MC werden von den „laufenden" Gestirnen bei deren Wanderung durch den Zodiak überschritten bzw. bilden sie Aspekte zu diesen. Daher benötigt man auch, um die Konstellationen ausrechnen zu können, neben dem Geburtshoroskop, das stets der erste und wichtigste Faktor bleibt, die Ephemeride desjenigen Kalenderjahres, für das eine Prognose ausgearbeitet werden soll.

So erfordert eine Prognose für 1975 auch stets die Gestirnstandstabellen für dieses Jahr.

Stellt man nach dieser z. B. fest, daß Saturn Anfang Januar 1975 in 15° Krebs sein wird, befindet sich andererseits im Geburtshoroskop in 15° Krebs ein Planet oder das MC, so würde sich ein Transit ergeben: Saturn laufend in Konjunktion mit dem MC radix ♄ = lfd. ♂ MC r oder noch kürzer ♄ ♂ MC, weil an erster Stelle immer das transitierende Gestirn genannt wird, an zweiter Stelle der Faktor aus dem Geburts- oder Radixhoroskop.

Läge für diesen Zeitraum eine ähnliche kritische Saturndirektion vor, könnte man erwarten, daß diese sich etwa Anfang Januar 1975 realisieren würde.

Das Beispiel zeigt zugleich, wie wichtig die exakte Berechnung des Geburtshoroskops ist, bzw. welche Bedeutung die genaue Geburtszeit hat.

Eine Verschiebung von 4 Zeitminuten kann bei den Direktionen die Verschiebung von einem Jahr ausmachen, aber auch bei den Transiten gibt es dann zeitliche Differenzen.

Immer ist das Grundhoroskop ins Auge zu fassen. Ist in diesem Saturn günstig eingebaut, so wird eine solche Direktion in Verbindung mit dem kritischen Transit kaum viel Böses befürchten lassen. Umgekehrt wird man bei einer schlechten Saturnposition, vielleicht einem Quadrat zum MC befürchten müssen, daß dieses aus der Latenz gehoben wird. Das kann sich dahingehend äußern, daß der Geborene in dieser Zeit zu Mißerfolgen disponiert scheint. Außer Direktionen und Transiten beachten gründliche Astrologen auch das *Solar*.

Das *Solar oder Sonnenhoroskop* ist eigentlich ein besonderes Transithoroskop, denn es wird auf die Zeitminute bzw. Sekunde berechnet, wenn die Sonne an jene Position zurückkehrt, die sie am Geburtstag innehatte. Das für diese Zeit berechnete Kosmogramm wird dann wieder in Beziehungen zum Radix gesetzt.

Die Schwierigkeit, die Anfängern viel und lange zu schaffen macht, ist der Umstand, daß häufig kritische oder hemmende und günstige oder fördernde Konstellationen, nämlich in Direktionen und bei Transiten gleichzeitig auftreten.

Daß sich diese Konstellationen dann auf verschiedene Ereignisbereiche beziehen können, wie sie durch die astrologischen Häuser dargestellt werden, hilft auch nicht immer weiter. Erschwert wird die Deutung auch durch die Mehrdeutigkeit der astrologischen Symbole.

Hier hilft nur Kombinationsvermögen und Erfahrung. Hier liegen aber auch die meisten Fehlerquellen.

Soll das Horoskop für jemanden anderen als für sich selbst angefertigt werden, wird sich die schriftliche Niederlegung als zweckmäßig erweisen.

Man lese aufmerksam, was Dr. H. Freiherr von Klöckler dazu rät bzw. vom Standpunkt einer mit gutem Gewissen vertretbaren Astrologie fordert („Solarhoroskop" S. 15, Astra-Verlag, Berlin-Charlottenburg, 1953):

„Vernünftig formulierte Aussagen, die stets den Ton der *Vermutung, der Wahrscheinlichkeit*, niemals aber wahrsagerische Gewißheit tragen, dürfen, wenn sie auf nachprüfbarer Grundlage entstanden sind, sehr wohl als berechtigte Versuche angesehen werden. Sie haben Wert insofern, als sie die bewußte Einstellung zum Erleben fördern, und sie mögen auch praktischen Nutzen mit sich bringen. Wer sich auf Prognosen *verläßt*, von Prognosen leiten und treiben läßt, begibt sich in große seelische und vielleicht auch reale Gefahren. Zur fatalistisch-negativen Einstellung darf die Möglichkeit solcher astrologischer Voraussagen nicht führen. Wer durch die Ausdrucksform seiner Prognose eine solche Einstellung begünstigt, hat nicht begriffen, was Astrologie ist."

Zur Bedeutung des Geburtsaugenblicks

...wie du anfängst, wirst du bleiben –
soviel auch wirket die Not und Zucht;
mehr nämlich vermag die Geburt und der
Lichtstrahl, der dem Neugeborenen begegnet.
Hölderlin

Es wurde bereits ausgeführt, daß ein Horoskop für den „Augenblick der Geburt" berechnet wird.

Ist es überhaupt statthaft, von einem „Augenblick" zu sprechen, wo doch jeder weiß, daß ein Geburtsakt oft Stunden dauert? Und müßte ein Kosmogramm nicht auf dem Zeitpunkt der Empfängnis aufgebaut werden?

Jede werdende Mutter, welche die Eigenbewegungen ihres Kindes spürt, weiß, daß es schon ein vorgeburtliches Leben gibt. Die ausgiebige Diskussion in der Öffentlichkeit um den Abtreibungsparagraphen hat sich u. a. damit befaßt, welcher Zeitpunkt als der schutzwürdige Beginn der Eigenexistenz eines Menschen angenommen werden sollte. Dies allerdings in juristischem Sinne, der von keinem Astrologen angezweifelt werden kann.

Für ihn stellt sich aber das Problem anders.

Die Frage, auf welchen Zeitpunkt ein Kosmogramm zu errichten sei, hat die Astrologen seit jeher beschäftigt. Das älteste Empfängnis- und Geburtshoroskop ist aus dem Jahr 258 v. Chr. bekannt. Empfängnishoroskope haben keine brauchbaren Ergebnisse geliefert. Es hat auch noch niemand in Erfahrung gebracht, wieviel Zeit eigentlich zwischen Zeugung und Konzeption, also der Vereinigung von Samen- und Eizelle verstreicht.

So bleibt es beim Geburtshoroskop, das auf dem Zeitpunkt des ersten Atemholens, des ersten Schreies aufgebaut wird. Vorgeburtliches Leben im Mutterleib wird dadurch nicht in Frage gestellt.

Dazu steht auch nicht im Widerspruch, daß naturwissenschaftlich orientierte Astrologen wie *Dr. Fidelsberger* davon ausgehen, daß der Mensch seit der Empfängnis „keimplasmatisch determiniert" sei. Damit soll gesagt werden, daß unsere körperliche Beschaffenheit und die daraus resultierenden Folgen wie Art und Weise unserer Körperfunktionen, unseres Verhaltens, unserer Anlagen seit der Empfängnis vorgegeben seien. Dr. Fidelsberger mißt dem Geburtsaugenblick nur eine „modulierende" Wirkung bei. Da Astrologie die Vererbung bejaht, ist im Prinzip dagegen nichts zu sagen.

Es mutet lächerlich an, wenn Kritikern nichts Besseres einfällt, als immer und immer wieder zu behaupten, die Astrologen würden meinen, im Augenblick der Geburt würde sich der Mensch ändern, je nachdem welches Tierkreiszeichen gerade im Osten aufsteige, weil diese Zeichen auch ganz bestimmte körperliche Eigenheiten symbolisieren. Z. B. würden dann die Beine des neuen Menschen schrumpfen, sich eine Hakennase bilden usw.

Vielleicht waren solche Vorstellungen im Altertum einmal gängig, als man es nicht anders wußte. Angesichts der Erkenntnisse der Biogenetik, der Wissenschaft von der Vererbung, ja schon nach dem gesunden Menschenverstand wären solche Annahmen absurd. *Thomas Ring* hat bereits vor Jahrzehnten eine kosmobiologische Hypothese angeboten, die jeder studieren konnte, der es wollte. Von Kritikern sollte man das eigentlich erwarten.

Thomas Ring geht von der Überlegung aus, daß eine Empfängnis nicht zu jeder beliebigen Zeit erfolgen kann (was seit Knaus-Oginos Feststellungen über die periodische Fruchtbarkeit und Unfruchtbarkeit der Frau allgemein bekannt ist):

„Zur Empfängnis eines lebensfähigen Kindes bedarf es nach dieser Hypothese eines Zeitpunktes, ab dem die periodisch vor sich gehende Keimesentwicklung hinsteuern kann auf einen Geburtsaugenblick, dessen kosmische Gesamtlage einen passenden Rahmen darbietet für den ganzheitlichen Einbau der Erbanlagen dieses Kindes."

Weiter: „Die Gestirne fungieren dabei sozusagen als Kernmarken für eine Periodizität . . ." (Th. Ring, Astrol. Menschenkunde, Bd. 1, S. 39, Rascher Verlag Zürich 1956)

Damit ist die Verbindung zwischen keimplasmatischer Determiniertheit von der Empfängnis an und dem Geburtsmoment hergestellt. Es bedarf keiner besonderen Beweisführung, daß das Leben der Pflanzen und Tiere vom jahreszeitlichen Rhythmus in der Natur bestimmt wird, der wiederum vor allem vom Lauf der Sonne abhängt. Th. Ring spricht von einer „organischen Astronomie".

Auch der Mond habe Bezug auf das Fortpflanzungsgeschehen. Z. B. ist bekannt, daß die Palolowürmer in der Südsee sich nur zu einem ganz bestimmten Mondstand befruchten.

Sieht man die organische Astronomie im Hinblick auf das Fortpflanzungsgeschehen, könnte man sagen, daß die Lebewesen ihre Körperfunktionen auf bestimmte Naturereignisse einstellen, die alljährlich rhythmisch wiederkehren.

Ring: „Es sind die Kräfte des Organismus selbst, deren Wirkungsradius eingestimmt ist in den großen Rhythmus des Sonnensystems." Der Mensch macht hierbei keine Ausnahme. So sind die Zeiten des Befruchtungsoptimums rhythmisch eingepaßt in die Menstruationsperioden der Frau. Es ist bekannt, daß diese mit dem Mondumlauf in Zusammenhang stehen."

Bei der Beurteilung des Sachverhalts ist Ring allerdings sehr vorsichtig und meint, daß noch andere periodische Gesetzmäßigkeiten mitsprechen könnten als der Mondumlauf.

Für den Tatbestand an sich bzw. für die Hypothese ist dieses aber unerheblich.

Tiere seien gattungsmäßig sehr stark gebunden. Bei ihnen könnten die Weibchen der ganzen Art meistens nur zu einer ganz bestimmten Zeit empfangen.

Periodisch wiederkehrende Erscheinungen zeigen sich im Leben der Menschen. Schulkinder seien nicht zu allen Zeiten gleich leistungsfähig. Untersuchungen haben ergeben, daß im Januar das Optimum liegt. Die Erregungszustände bei Geisteskranken seien ebenso rhythmisch gebunden wie die Häufung von Selbstmorden zu ganz bestimmten Zeiten. Auch die Konzeptionen seien nicht über das ganze Jahr gleichmäßig verteilt. Sie häufen sich zwischen April und Juni.

Forscher haben festgestellt, daß diese letztgenannte Tendenz bei Naturvölkern noch häufiger zu beobachten war. Bei vielen Primitiven gab es kultische Jahresfeste mit kollektiver geschlechtlicher Betätigung, die im übrigen so streng geregelt war, daß kein individuelles Geschlechtsleben aufkommen konnte. Auch geistig-seelische Bindungen an die Eltern waren unerwünscht. Als individuelle Haltung hätten sie der Tendenz zur Auflösung der kollektiven Ordnung Vorschub geleistet.

In diesem Zusammenhang mag interessieren, daß Campanella in seinem Werk „Der Sonnenstaat" (1602) ähnliche Überlegungen anstellt und geradezu für ideal und erstrebenswert hält.

Ring nimmt an, daß der einzelne Mensch im Laufe der Entwicklung nun immer mehr aus seiner Eigenverfassung heraus urteile und handle, was eben dann zum individuellen Wesensgefüge hingeführt haben mag.

Es ist durchaus vorstellbar, daß unsere heutige Individualität sich biologisch entwickelt hat bzw. bedingt sein könnte. Daß sie zustandekommen kann und wie sie sich ausformt, hängt davon ab, wie der Lebensrhythmus der Mutter sich in die kosmischen Rhythmen einstimmt.

Ring sieht in den Gestirnen mit ihren rhythmischen Umläufen die realen Vertreter der kosmischen Rhythmen.

Demnach ist der Zeitpunkt einer Geburt mindestens in großen Zügen bereits vorgegeben.

Der normale Geburtsakt ist für Mutter und Kind eine große Belastung und Anstrengung. Die Trennung des Kindes von der Mutter erkennt Sigmund Freud als einen ersten Angstzustand: „... es ist der Geburtsakt, bei welchem jene Gruppierung von Unlustempfindungen, Abfuhrregungen und Körpersensationen zustande kommt, die das Vorbild für die Wirkung einer Lebensgefahr geworden ist und seither als Angstzustand von uns wiederholt wird." Erstes Atemholen und Schreien des Neugeborenen beendet die vorgeburtliche Aufbauperiode und leitet über zur selbständigen Existenz. Der Geburtsakt stellt die große Bewährungsprobe dar, ob der neue Mensch allein überhaupt lebensfähig ist.

Deutlich sei festgestellt, daß nicht die Planeten etwas bewirkt haben, sondern daß es der Mensch selbst ist, der sich in die kosmischen Rhythmen „eingehängt" hat, und zwar zu einem Zeitpunkt, an dem das kosmische Geschehen seinem Wesen adäquat ist. Das muß nicht immer prompt erfolgen.

Goethes Beschreibung seines Geburtshoroskops bzw. der Umstände seiner Geburt ist dafür ein gutes Zeugnis. (Abb. S. 75)

„Am 28ten August 1749, mittags mit dem Glockenschlag zwölf, kam ich in Frankfurt am Main auf die Welt. Die Konstellation war glücklich: die Sonne stand im Zeichen der Jungfrau und kulminierte für den Tag; Jupiter und Venus blickten sie freundlich an, Merkur nicht widerwärtig, Saturn und Mars verhielten sich gleichgültig; nur der Mond, der soeben voll ward, übte die Kraft seines Gegenscheines um so mehr, als zugleich seine Planetenstunde eingetreten war. Er widersetzte sich daher meiner Geburt, die nicht eher erfolgen konnte, als bis diese Stunde vorübergegangen.

Diese guten Aspekte, welche mir die Astrologen in der Folgezeit sehr hoch anzurechnen wußten, mögen wohl Ursache an meiner Erhaltung gewesen sein; denn durch Ungeschicklichkeit der Hebamme kam ich für tot auf die Welt, und nur durch vielfache Bemühung brachte man es dahin, daß ich das Licht erblickte."

Goethes Darstellung im Lichte der kosmobiologischen Hypothese: Die Geburt konnte erst erfolgen, nachdem die kosmische Rhythmenlage die Selbsteinschaltung in diese erlaubte.

Eine solche Auffassung ist in der praktischen Geburtsastrologie seit Jahrhunderten bekannt. Immer wieder wird festgestellt, daß bei einer Geburt entweder ein Gestirn in einer der Hauptachsen des Horoskops steht oder daß ein Planet sich genau zwischen ihnen befindet. Häufig ist auch zu beobachten, daß Horizont oder Meridian selbst zu Achsen werden, die zwischen zwei Gestirnen hindurchgehen.

Nach solchen Achsenstellungen kann man mitunter eine ungenaue Geburtszeit sogar näher bestimmen. Man kann in der Regel davon ausgehen, daß solche „korrigierte" Horoskope als Meßbilder bessere Ergebnisse liefern, als diejenigen, die auf der Geburtszeit aufbauen, welche die Hebamme notiert hat. Deren Zeitangaben sind meistens um einige Minuten zu spät, da die Hebamme häufig erst dann auf die Uhr sieht, wenn schon „alles vorbei" ist. Ganz abgesehen davon, daß nicht immer die Zeit für den ersten Schrei registriert wird, sondern die Zeit für die Ausstoßung des Kindes, für die Abnabelung u. ä. m.

Bereits im Altertum wurde erkannt, daß dem Mond im Bezug auf das Fortpflanzungsgeschehen eine besondere Bedeutung zukommt. Genaue Beobachtungen deckten besonders den Zusammenhang zwischen der Empfängnis und der Mondposition auf.

Astrologische Forscher, besonders A. Frank Glahn und A. M. Grimm haben an diesen alten Erkenntnissen angeknüpft. Sie fanden, daß in sehr vielen Fällen eine Empfängnis stattgefunden haben muß, wenn innerhalb der fruchtbaren Tage einer Frau zur Zeit eines Koitus der Mond über die Horizontachse des Horoskops der Frau ging. (☽ ♂ Asz. oder ☽ ♂ Desz.)

Dies würde auch erklären, warum neben der Sonne Mond und Aszendent erbbezügliche Faktoren sind, bzw. daß der Organismus der Mutter und der ihres Kindes auf kosmische Rhythmenlagen ansprechen. Leider verfügen einzeln forschende Astrologen nicht über die finanziellen Mittel und über eine hinreichend große Anzahl von Vergleichsdaten, um durch umfangreiche statistische Untersuchungen dieses von den genannten Astrologen bereits als sicher bezeichnete „Gesetz" auch hinsichtlich der möglichen Ausnahmefälle zu erhärten.

Wer sich mit praktischer Horoskopie befaßt, sollte hier ebenfalls Beobachtungen z. B. innerhalb der Familie vornehmen.

Astrologische Experimente zur Geburtenregelung in der Tschechoslowakei

In diesem Zusammenhang sei auf die Situation der Astrologie in den kommunistischen Ländern der Welt einmal kurz hingewiesen. Es liegt in der Natur jeglicher Diktaturen, mögen sie von einzelnen oder von Gruppen ausgeübt werden, daß sie astrologiefeindlich eingestellt sein müssen, denn es kann nicht geduldet werden, daß durch die Beschäftigung mit diesem geistigen Phänomen es dem einzelnen gestattet wird, einen Ort als Zufluchtstätte für die innere Emigration zu finden, von woher er Kraft zur Selbstbehauptung beziehen kann.

Astrologie zeigt Wege zur Selbstverwirklichung. Nur ein demokratischer Staat, der die Rechte der Persönlichkeit garantiert, kann daher für alle eine Beschäftigung mit Astrologie gestatten. Man durfte allerdings gespannt sein, wie lange die kommunistischen Staaten, die als zentralgelenkte Staatswesen schnell und sehr realistisch zu handeln vermögen, sich jenen praktischen Nutzen vorenthalten würden, den Astrologie bietet.

Dazu kommt im speziellen noch der Sinn der slawischen Völker für Mystik, das gehäufte Vorkommen medialer Begabungen im Osten und Südosten Europas, das Bedürfnis nach religiöser Beheimatung, was von einer Partei niemals im Sinne einer Ersatzreligion gestillt werden kann.

In der Zeit des politischen „Tauwetters" und des „Prager Frühlings" wurde von amerikanischen Forschern der Weltöffentlichkeit wirklich Überraschendes geboten.

Die Sowjetunion, die Tschechoslowakei, Bulgarien, Ungarn und Polen sind heute in der Beobachtung, Aufklärung und Auswertung übersinnlicher Phänomene viel weiter als der Westen, der auf eine ungebrochene, sehr lange Tradition gerade auf dem Gebiet der außersinnlichen Wahrnehmungen (Abk. ASW) zurückgreifen kann.

68

In ihrem sensationellen und doch nach seinem Wahrheitsgehalt nicht anzuzweifelnden Bericht „PSI – Die wissenschaftliche Erforschung und praktische Nutzung übersinnlicher Kräfte des Geistes und der Seele im Ostblock" (deutsch im Scherzverlag Bern-München-Wien 3. Aufl. 1972) haben Ostrander und Schroeder Sensationelles zu bieten.

Nach Schätzungen wendet die Sowjetunion etwa 13 Millionen jährlich auf, um Parapsychologie und sog. grenzwissenschaftliche Probleme zu klären. Dazu gehört auch Astrologie.

Die Tschechen haben in der Slowakei unter Leitung des astrologisch befähigten und interessierten Arztes Dr. Jonas ein wissenschaftliches Zentrum eingerichtet, in dem mit Hilfe von Computern und Elektronik durch einen ausgesuchten Mitarbeiterstab zielgerichtete Forschungen zur Geburtenkontrolle durch Astrologie betrieben werden.

Im Gegensatz zur Sowjetunion, wo das Ergebnis der staatlichen Bemühungen um Auswertung z. B. der Astrologie vor der Öffentlichkeit wenn nicht geheim gehalten, so doch nur recht begrenzt bekanntgemacht wird, kann in der CSSR jede Frau an das Astra-Institut schreiben und sich astrologisch hinsichtlich der Empfängnistermine beraten lassen.

Wenn man den Berichten glauben darf, ist bereits eine derartige Sicherheit in der Prognose erzielt worden, daß diese in nichts der „Pille" nachsteht.

Ziel des staatlich finanzierten Institutes ist es, zu einer zuverlässigen Geburtenkontrolle zu kommen, und zwar einmal durch Verhinderung einer unerwünschten Schwangerschaft, aber auch, um bisher als unfruchtbar geltenden Frauen zu einem gesunden Kind zu verhelfen.

Man hat auch herausgefunden, daß es möglich ist, Geburtsfehler durch Astrologie zu vermeiden, ja, es soll sogar schon gelungen sein, durch Bestimmung eines entsprechend terminierten Zeugungstermins das Geschlecht der Kinder im voraus zu bestimmen.

Wie immer man zu diesen Berichten der amerikanischen Forscher stehen mag, es ist durch die angeführten Quellen nicht daran zu zweifeln, daß Astrologie in diesem Bereich der Welt, wenn auch nur im Hinblick auf ein ganz bestimmtes Feld, praktiziert wird. Die immer wieder aus den Ländern des Ostblocks verlautbarte Feststellung, Astrologie sei Aberglaube und unwissenschaftlich, wird über kurz oder lang so nicht mehr zu vertreten sein. Man darf sicher sein, daß, nicht zuletzt durch solche praktische Erwägungen geleitet, auch im Westen neue Beurteilungskriterien Astrologie recht bald schon wieder in ein neues Licht rücken werden.

Die Persönlichkeit im Spiegel des Kosmogramms

Wie immer wir uns die Beziehungen zwischen einem Menschen und „seinen" Sternen vorstellen mögen, es dient das astrologische Meßbild in der praktischen Horoskopie der Entschlüsselung der Menschennatur.

Für das, was wir im üblichen Sprachgebrauch die „Persönlichkeit" eines Menschen nennen, kennt man in der psychologischen Fachliteratur in Europa und Amerika mehr als 70 Definitionen. Keine von ihnen ist vollkommen befriedigend.

Treffend hatte vor 170 Jahren der Dichter Novalis das Problem erkannt: „Menschen zu beschreiben ist deswegen bis jetzt unmöglich gewesen, weil man nicht gewußt hat, was ein Mensch ist."

Daran hat alle Psychologie nicht viel geändert. Zu viele Faktoren bestimmen das Wesen einer Persönlichkeit, als daß sie durch verallgemeinernde Begriffe restlos erfaßt werden können: Triebe und Gefühlsregungen lassen jeden von uns in den verschiedenen Situationen anders handeln, haben Einfluß darauf, wie wir mit unserer Umwelt zurechtkommen und wie wir mit unseren Mitmenschen verkehren. Die vielfältigen Interessen und Begabungen sind zu unterschiedlich, als daß wir eine Individualität völlig genau beschreiben könnten. Schließlich hängt auch viel davon ab, wie dieser oder jener Mensch auf uns selbst wirkt. Jeder sieht die Welt durch seine Brille. Das mag auch zutreffen auf die Haltungen wie Mut oder Ängstlichkeit, auf Optimismus oder Pessimismus, die in der Vitalität des einzelnen wurzeln und die wir nur schwer objektiv zu bewerten vermögen.

70

Im wesentlichen nennen wir die psychischen Eigenarten eines Menschen seinen Charakter. Wer ihn ergründen und beschreiben will, muß sich gängiger Begriffe bedienen, auch wenn sie diese oder jene Eigenart nicht genau erfassen.

Was aber ist Charakter? Die Übersetzung aus dem Griechischen bedeutet das Eingeritzte, das Eingegrabene, mithin vor allem, was wir durch die Geburt mitbekommen haben.

Rein äußerlich mag darunter das körperliche Erscheinungsbild zu begreifen sein, die Art, sich auszudrücken. So gehört zur Psychologie auch das große Gebiet der Ausdrucksforschung, die vor allem durch Klages vor fünfzig Jahren begründet wurde. Die Frage ist, was einem alles von Eltern und Voreltern vererbt wird. Dazu mögen gesundheitliche Anlagen oder Dispositionen zu Krankheiten ebenso gehören wie Begabungen.

Vererbt wird uns auch die Beschaffenheit unseres Zentralnervensystems, das nicht nur Lebensvorgänge steuert, sondern auch unsere Art zu reagieren maßgeblich beeinflußt. Aufgrund unserer Veranlagung neigen wir dazu, uns in einer bestimmten Situation so und nicht anders zu verhalten. Deshalb müssen wir unter Charakter auch verstehen, wie Reize aus unserer Umwelt auf uns einwirken und zu welchen Reaktionen sie uns veranlassen.

Es steht die Struktur unseres Charakters in Zusammenhang mit unserem Temperament.

Die astrologische Geburtsfigur, die Horoskopzeichnung, gilt demnach als ein Gleichnis des Wesensgefüges eines Menschen.

Jahrtausendealte Erfahrungen haben sich in gültigen astrologischen Regeln niedergeschlagen. Mit ihrer Hilfe kann der Astrologe darangehen, den Symbolgehalt eines Kosmogramms auszuloten.

Der Vergleich, daß man mit Hilfe eines als richtig erkannten Codes eine Geheimschrift entziffern und demnach auch ein Horoskop erklären kann, ist jedoch nur bedingt richtig.

Wie schon an anderer Stelle ausgeführt, sind die Symbole für Planeten, Zeichen, Häuser und Aspekte nicht ein-, sondern mehrdeutig. Das Entschlüsseln eines Horoskops kann daher auch nicht eine „wörtliche" Übersetzung erbringen; es wird vielmehr immer eine sinnentsprechende Ausdeutung sein.

Diese wird vom Astrologen erwartet.

Das kosmobiologische Verständnis der Astrologie läßt uns die Planeten als „Kennmarken der Eigenrhythmik" eines Menschen begreifen. In den Konstellationen werden die Wesenskräfte sichtbar. Es ist zu sehen, wie ein Geborener sich in die kosmischen Rhythmen „eingeschaltet" hat (Ring), wie er in sie „hineinkonstruiert" ist (Dr. Koch).

Alles in allem erschaut der Astrologe aus einem Kosmogramm die „geprägte Form".

Erfaßt werden kann aber nur das „Typische", nicht das Individuelle. Die Psychologie kennt heute eine Vielzahl verschiedener Typologien, also Systeme, die nach verschiedenen Gesichtspunkten aufgestellt wurden. Mit Hilfe dieser Typenlehren versucht man, die Eigentümlichkeiten der Menschen zu erfassen, überschaubar zu machen, zu ordnen. So z. B. gibt es nach C. G. Jung Innenmenschen (Introvertierte) und Außenmenschen (Extravertierte). Der Innenmensch neigt eher dazu, sich in sich selbst zurückzuziehen. Er scheut davor zurück, aus sich herauszugehen. Seine seelischen Kräfte sind nach innen gerichtet. Der Außenmensch dagegen gibt sich offener, ist bereitwilliger, wirkt entgegenkommend.

Kretschmer hat eine Typologie geschaffen, die sich an den Körperformen orientiert.

Er unterscheidet den leptosomen oder asthenischen Typ (schmale, hoch aufgeschossene Menschen mit feingegliederten Händen) vom athletischen Typ, dem Muskelmenschen, und vom pyknischen Typ, der rundlich ist (z. B. kurzer, dicker Hals usw.).

Dem Pykniker entspricht der zyklothyme, sehr stimmungsabhängige Charakter. Dessen Gefühle sind stärker erregbar als die eines Leptosomen, der einen schizothymen Charakter hat, stark idealistisch und meistens energisch ist.

Das älteste Typensystem, das auf zwölf Grundtypen aufbaut, bietet mit seinen zwölf Tierkreiszeichen die Astrologie. Im Rahmen der praktischen Horoskopie wird darauf eingegangen werden.

Dem Gesagten sei entnommen, daß ein Horoskop das Formale erkennen läßt, eben die durch die astrologischen Symbole ausgedrückten Konstellationen.

Aus einem Horoskop kann man daher auch nicht ersehen, ob es sich um das Geburtsbild eines Menschen, eines Tieres oder einer

Pflanze handelt. Es kann sich auch einfach um die Aufzeichnung des Gestirnstandes für eine bestimmte Zeit und einen bestimmten Ort aus irgendeinem gegebenen Anlaß handeln.

Eine solche Feststellung kann man gar nicht oft genug wiederholen. Immer wieder muß man in Zeitungen und Aufsätzen den haarsträubendsten Unsinn lesen.

So zitierte kürzlich eine große süddeutsche Tageszeitung den Leiter einer Volkssternwarte: „Im übrigen, berichtete O., habe man von Astrologen schon Horoskope von Menschen machen lassen, die nie geboren worden seien und deren Daten man erfunden habe. ,Und sie haben es nicht gemerkt.' "

Solche gezielte Versuche, Astrologen lächerlich zu machen, indem man von ihnen die Deutung einer Geburtskonstellation eines Menschen verlangt, der nicht geboren wurde, zeigen nur, daß die Auftraggeber die Scharlatane sind, die eine Sache kritisieren wollen, deren elementarste Grundlagen sie nicht begriffen haben. Wäre nämlich jener Mensch existent, so würde er auch jene Anlagen oder Strukturen aufweisen, die der Astrologe aus den Symbolen erschließt. Aus einem vorgelegten Scheck allein hat noch nie ein Bankangestellter ersehen können, ob er auch gedeckt ist oder nicht, konnte aber durchaus die „Symbole" dieses Papieres richtig deuten.

Das Kosmogramm Johann Wolfgang von Goethes

Auch das Kosmogramm dieses größten deutschen Dichters, des Wissenschaftlers, Staatsdieners, Theaterdirektors oder wie immer man die Positionen dieses Geistesheroen nach seiner Tätigkeit oder nach seiner gesellschaftlichen Stellung bezeichnen möchte, kann nicht das Einmalige herausstellen, das durch Herkunft, Milieu und die vielfältigen Umstände des Zeitgeschehens als Hintergrund das Relief dieser Persönlichkeit plastisch hervortreten lassen. Dennoch zeigt das Horoskop (siehe Seite 75) sehr gut, auf welche hervorragende Art und Weise es dem Menschen Goethe gelang oder zukam, sich in die kosmische Rhythmenlage einzuschalten.
Die Konstellation drückt soviel Typisches aus, daß nie und nimmer

ein in seinem Lebenskreis Unbedeutender hätte der Träger dieses Kosmogramms sein können.

Die Sonne in der Himmelsmitte im kräftigen Trigon mit dem Energieplaneten Mars signalisiert die Möglichkeiten des sozialen Aufstiegs und der Verwirklichung einer glänzenden äußeren Karriere aus eigener Kraft. Seine Herkunft aus der Schicht des gehobenen Bürgertums war für ihn nicht mehr als das Entreebillet zur Gesellschaft. Das Zeichen Jungfrau, durch den Sonnenstand betont, ist der Hinweis auf eine tiefe Naturverbundenheit, die sowohl die wissenschaftliche Leistung auf diesem Gebiete zuließ wie auch die sprachliche Ausformung lyrischen Empfindens. Die dadurch ebenfalls angezeigte reine und edle Gesinnung bewahrte das Skorpionnaturell vor dem Abgleiten in die Niederungen menschlicher Existenz, die aber wohl verstanden werden. Saturn am Aszendenten verrät den Lebensernst und die Gedankentiefe, das selbstbeherrschte Reflektieren über das eigene Ich und läßt etwas von den schweren inneren Kämpfen ahnen, die schließlich Abstand zu jenem gewinnen lassen, das aus einem übervollen, warm empfindenden Herzen kommt. Es ist die Konjunktion des Mondes mit Jupiter in den Fischen und im 4. Sektor, die vor allem solches zur Voraussetzung des großen Publikumserfolges macht, und die jenes große Maß an Glücksfähigkeit symbolisiert, die Goethe eigen war.

Venus und Mars im Aspekt sind schließlich die astrologische Begründung der großen Rolle, die Herzenserlebnissen in seinem Leben zukam. Dank Venus-Sextil-Neptun und Neptun-Trigon-Jupiter war die Sublimierung des Erotischen zur Kunst und die Überhöhung der persönlichen zur All-Liebe möglich.

Aus der Opposition von Merkur und Uranus erwuchs die Gestaltungskraft im Geistigen, das Verlangen, Erdachtes und Erlebtes sprachlich auszudrücken und schriftlich festzuhalten.

So konnten die vornehmlich durch Jupiter-Mond-Neptun gespiegelten tiefen Herzens- und Gefühlsregungen in jenem faszinierenden Stil gefaßt werden, den die Welt schätzt.

Durch die Gestaltung des 9. Horoskopsektors durch Merkur im Löwen und Neptun im Krebs, sowie durch deren Aspektverbindungen, aber auch durch die kosmische Gesamtlage wird der Sinn Goethes für das Weltbürgertum erkennbar. Sein Kosmogramm erklärt sein Verständnis für menschliche Probleme und seine joviale-großzügige Haltung, die ihn zu den Ungereimtheiten des damaligen Zeitgeschehens Abstand gewinnen ließen, so daß der geistig-seelische Höhenflug des in die Enge der bürgerlichen Umwelt Verstrickten wie selbstverständlich wirkt.

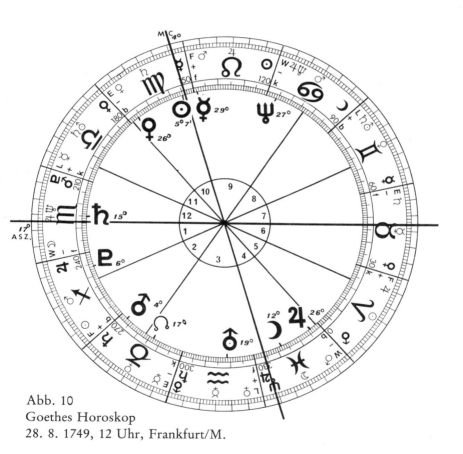

Abb. 10
Goethes Horoskop
28. 8. 1749, 12 Uhr, Frankfurt/M.

Charakter und Schicksal

Charakter und Schicksal stammen aus einer Wurzel. Goethe hat in schönen Worten, treffend und für alle Zeiten gültig niedergeschrieben, was für die Zukunftsschau aus dem Blickwinkel der Astrologie gilt:

„Wie an dem Tag, der dich der Welt verliehen,
Die Sonne stand zum Gruße der Planeten,
Bist alsobald und fort und fort gediehen
Nach dem Gesetz, wonach du angetreten.
So mußt du sein, dir kannst du nicht entfliehen,
So sagten schon Sybillen, so Propheten;
Und keine Zeit und keine Macht zerstückelt
Geprägte Form, die lebend sich entwickelt."

Die „geprägte Form", das ist der Charakter. Aus ihm aber kann sich nur ent-wickeln, d. h. ent-falten, was in ihm seit seiner Geburt beschlossen, eingefaltet, liegt.

Man kann davon ausgehen, daß keine fertigen Eigenschaften vererbt werden, sondern nur die Art und Weise des Reagierens auf die Umwelt.

Dr. Koch hat das in seinem Referat auf dem VIII. Internationalen Astrologie-Kongreß in Straßburg im Juli 1954 so ausgedrückt: „Gemäß der Nuancierung seiner individuellen Beschaffenheit besitzt der Mensch bestimmte Dispositionen; und diesen gemäß handelt er, wenn er in die betreffende Umwelt hineinkommt. Trifft z. B. ein Mann auf Frauen, so reagiert er fast nur auf bestimmte Typen, weil er nur zu diesen in seiner siderischen Bedingtheit prädisponiert ist. Die Art, wie solche siderische Dispositionen sich auswirken, hat Alexander Bethor durch ein hübsches Beispiel illustriert. Es komme jemand in ein kleines Gasthaus und verlange dort die Speisekarte. Drei Speisen stehen auf ihr; von diesen kann er eine wählen, die er will. Er wird die wählen, die ihm verhältnismäßig am meisten zusagt. Sollte sein Geschmack nach einer anderen Speise verlangen, so kann er diese nicht wählen, weil sie nicht zu bekommen ist.

In diesem Beispiel ist der Gast der Geborene, das Gasthaus sein Milieu; die drei Speisen sind die Möglichkeiten, die sich ihm bieten. Die gewählte Speise ist endlich der Weg, den der Geborene nach seiner Disposition geht. Die Tatsache, daß andere Speisen nicht gewählt werden können, deutet darauf hin, daß Dispositionen, die an sich im Kosmogramm liegen, doch nicht zur Entfaltung kommen können, wenn sich nicht das entsprechende Milieu dazu bietet.

Auch der begabteste Dorfknabe wird nie Großes in der Wissenschaft leisten können, wenn er nicht auf der Universität studieren darf." Es gibt genügend Beispiele über die Lebensabläufe von „Horoskop-Zwillingen", also jenen Menschen, die nichts miteinander gemeinsam haben, außer dem Umstand, daß sie zur selben Zeit am selben Ort geboren wurden.

Ein treffendes Beispiel dazu schrieb Brandler-Pracht (Astrol. Kollektion, Bd. VI, Berlin 1919) nieder:

„Englische Zeitungen berichteten, daß am gleichen Tag, zur selben Stunde und im selben Kirchspiel mit dem König Georg III. ein Knabe, Samuel Hennings, geboren wurde, der sich später zu einem erfolgreichen Kaufmann und Eisenhändler entwickelte. Er fing im Oktober 1760 ein eigenes Geschäft an, am selben Tage, als König Georg den Thron bestieg. Er heiratete am 8. September 1761, am selben Tage, als der König heiratete. Nach vielen ähnlichen Erlebnissen starben beide am 27. Januar 1792."

Immer wieder werden solche Duplizitäten zwischen Regierenden und einfachen Leuten geschildert, vielleicht, weil diese sich etwas darauf zugute hielten, mit dem Landesherrn den Geburtstag zu teilen.

Das Beispiel sollte illustrieren, daß immer das Milieu den entsprechenden Rahmen für ein Lebensschicksal abgibt. Was für den König die Thronbesteigung, war für den Eisenhändler die Geschäftseröffnung.

Damit sind wir beim Begriff Schicksal.

Wir sprechen meistens dann von einem „Schicksal", wenn wir erleben oder davon erfahren, daß sich die übliche Lebensbahn eines Menschen jäh geändert hat. Selten versteht man darunter einen Glücksfall, viel häufiger gelten eine schwere Krankheit, ein böser Unfall oder eine unvermutete oder folgenschwere Trennung als

besonderes Los. Bei Babyloniern und Assyrern, bei Griechen, Rö-
mern und Germanen war es üblich, wichtige Entscheidungen nach
dem Ergebnis des Werfens von Losen zu treffen. Verschieden-
farbige Steinchen oder Stäbchen sollten den Willen der Götter anzeigen. Was sie kundtaten, galt als Schicksal. Es war dem Menschen
„geschickt".

Man stellte sich daher Schicksal als dem Menschen von außen auf-
erlegt vor.

Es ist eine philosophische Frage, wieweit der einzelne glaubt, von
solchen äußeren Schickungen frei zu sein, wieviel Raum er für
„freie" Entscheidungen hat.

„In deiner Brust sind deines Schicksals Sterne", sagt Schiller. Das
scheinen zwei gegensätzliche und unvereinbare Auffassungen zu
sein, und die Menschen sind meistens nicht sicher, aus welcher Richtung sie „Schicksal" vermuten sollen. Kommt es von außen, kommt
es von innen?

S. T. Coleridge: „Es amüsiert mich immer, wenn Menschen all ihr
Unglück dem Schicksal, dem Zufall oder dem Verhängnis zu-
schreiben, während sie ihre Erfolge oder ihr Glück mit ihrer eigenen
Klugheit, ihrem Scharfsinn oder ihrer Einsicht begründen."

Wir übersehen eben nur zu gerne, in welchem großen Maße wir
selbst an unserem Schicksal mitwirken, ihm Ziel und Richtung geben.

Das ist gemeint, wenn Goethe von der „geprägten Form, die
lebend sich entwickelt" spricht und wenn der Dramatiker Friedrich
Hebbel urteilt: „Schicksal ist Charakter in der Zeit – und Charakter ist Schicksal im Raum."

Das heißt nichts anderes, als daß unser Schicksal aus der Gesamtheit unserer Anlagen stammt.

Ebner-Eschenbach: „Wir werden vom Schicksal hart oder weich
geklopft; es kommt auf das Material an."

Dieses Material kann man nicht hoch genug veranschlagen.

Mediziner neigen heute wieder mehr zu einer ganzheitlichen Betrachtung des Menschen. Sie erkennen, daß sehr viele Krankheiten
seelisch bedingt sind, obwohl das zunächst nicht zu vermuten ist.
So können Schicksalsursachen oft sehr tief in unserer Wirklichkeit
verwurzelt sein.

Beschäftigen wir uns mit den Lebensläufen bedeutender oder hervorragender Persönlichkeiten, meinen wir bisweilen, ein direktes Schicksalsmotiv zu erkennen.

Wie hätte sonst ein kleiner Leutnant zum Kaiser werden können, vor dem die Welt zitterte? Es steckte eben in Napoleon. Innere Kräfte treiben den Menschen vorwärts, zwingen den echten Künstler, seiner Berufung zu folgen und sich gegen alle Widerstände durchzusetzen, „um der zu werden, der er ist".

„Werde der, der du bist!" mahnte denn auch eine Inschrift an der Orakelstätte zu Delphi.

In der rückschauenden Betrachtung meinen wir, daß dieses oder jenes Leben gar nicht anders hätte ablaufen können, als es geschehen ist.

Solches Denken führt freilich leicht dazu, unseren Lebensablauf mit einem Tonfilm zu vergleichen: Auf einer Spule sind alle Szenen, alle Bilder bereits vorhanden, das „Leben" braucht nur noch abzurollen.

Eine derartig strenge Schicksalsgläubigkeit mag manchem nicht behagen, hat es aber zu allen Zeiten und bei vielen Religionen gegeben.

Vom Glauben an das vorausbestimmte Schicksal, an das Kismet, waren die mohammedanischen Heerscharen zutiefst erfüllt, die noch zu Lebzeiten des Propheten eben deshalb ihren Glauben in so viele Länder tragen konnten und die zweihundert Jahre lang mit Erfolg gegen die Kreuzritter kämpften. Wer davon überzeugt ist, daß der Zeitpunkt seines Todes schon festliegt, braucht sich im Kriege nicht zu fürchten, wird tapfer, ja tollkühn kämpfen. Er wird aber andererseits oft auch in seinem Tatwillen erlahmen; denn das ist die andere Seite des Fatalismus. Wozu anstrengen, wenn man doch nichts ändern kann?

Auch in der Geschichte des Christentums gab es lange und harte Auseinandersetzungen um die Lehre von der Prädestination, der Vorherbestimmung. Der heilige Augustinus hatte sie ausgebildet, anknüpfend an die Lehre von der Erbsünde, Reformatoren wie Calvin haben sie vertieft. Nach Calvin hat der Mensch nach dem Sündenfall nur noch die Freiheit zum Bösen, nicht mehr zum Guten. Nur die Gnade Gottes kann ihn erlösen.

Immer hat dieses Problem der Willensfreiheit die großen Denker beschäftigt. Es ist hier jedoch nicht der Raum, auf diese Vorstellungen ausführlich einzugehen.

Nur ist es eben immer wieder der Schicksalsgedanke und damit auch das Problem der Willensfreiheit, die angesprochen werden, wenn es um Astrologie geht. Deswegen müssen wenigstens einige Anregungen gegeben werden, um sich eine eigene Meinung dazu bilden zu können. Marie von Ebner-Eschenbach: „Wer an die Freiheit des menschlichen Willens glaubt, hat nie geliebt und nie gehaßt."

Die Dichterin drückt kurz, aber bildkräftig aus, wie unser Charakter sich meldet, wie Triebe und Gefühle uns eben so und nicht anders empfinden lassen.

Dennoch wehrt sich in uns etwas gegen den Gedanken, wir könnten nicht Herr unseres Lebens sein.

Entscheiden wir wirklich frei?

Schopenhauers Feststellung sollte zu denken geben:

„Der Mensch kann ohne Frage tun, was er wünscht, aber er kann nicht bestimmen, was er wünscht oder will."

Danach ist die Freiheit der Entscheidung subjektiv, sie ist an das Wesen gebunden.

Das Horoskop kann mindestens in großen Zügen den Lebensplan eines Geborenen aufhellen. Damit vermag dieser dann zu tun, was zu dessen Realisierung notwendig wird. Die Konsequenz spricht Goethes Iphigenie aus: „Und folgsam fühlt' ich mich am schönsten frei!"

Ein Mensch ist biologisch an den Körper und soziologisch an seine Umwelt gebunden. Dadurch entstehen seiner Handlungsfreiheit natürliche Grenzen.

Was seine Willensmotive angeht, so kann er auswählen, sofern er geistig genug entwickelt ist. Mindestens hat er die Freiheit, „nein" zu sagen. Dies wird vor allem bei Entscheidungen im moralischen Bereich notwendig sein.

Unsere Gesetze schreiben gewisse Verhaltensnormen vor, die alle Bürger einzuhalten verpflichtet sind. Ohne Beachtung der Ordnungsregeln, die uns Gewissen und Staat vorschreiben, ist eine sittliche und moralische Lebensführung des einzelnen wie der Gesellschaft nicht möglich.

Im Rahmen dieser Grenzen wird Selbstbestimmung denkbar.

Es leuchtet ein, daß ein Mensch immer tun wird, wonach es ihn drängt. Dabei wird der stärker triebhaft Orientierte eher zum Spielball seiner Leidenschaften als der Einsichtsvolle.

Auch dem jungen Menschen fehlt es noch am bewußten Willen. Erziehung und eigene Lebenserfahrung werden aber bald das Ihre tun, um der „richtigen" Wesensnatur zum Durchbruch zu verhelfen. Ein Feuerkopf voller Ideen wird sein Temperament schwerer zügeln können und wird sich durch Unbesonnenheit leichter in kritische Situationen bringen als ein abwägender Zauderer, dem dagegen manche Chance entgehen könnte.

Eine astrologische Charakter- oder Wesensanalyse wird zugleich immer die Beziehungen des einzelnen zu seinem möglichen Schicksal aufdecken.

Dabei wird der Astrologe die Wahl- und die Unterlassungsfreiheit zu berücksichtigen haben. Goethes „So mußt du sein, dir kannst du nicht entfliehen", ist dann im Sinne einer Disponiertheit zu einem bestimmten Schicksal zu verstehen. Je nach dem Stande der geistigen Entwicklung wird der persönliche Faktor das Maß bestimmen, nach welchem die sittliche Entscheidung getroffen werden kann.

Wie sehr sich der selbstbestimmende Faktor durchsetzen kann, zeigen Ausnahmesituationen wie Krieg und Krisenzeiten, wenn Tausende ein gleiches äußeres Schicksal zu ertragen haben. An sich ist Krieg noch kein Schicksal, wohl aber kann es zur Prüfung für den einzelnen werden, ihn zerbrechen oder davonkommen lassen.

Denken wir daran, wie es vielen Flüchtlingen und Heimatvertriebenen ergangen ist. Die meisten traf der Verlust der Heimat, der wirtschaftlichen Existenz bis ins Mark. Es gibt aber auch zahlreiche Beispiele dafür, daß Menschen durch den Zwang der Verhältnisse zu höchsten Leistungen angespornt wurden und ihrem Leben eine neue Richtung zu geben wußten, die zum Erfolg führte.

Einzelschicksale geben oft das beste Beispiel.

Eine Kinderlähmung war es, die den nachmaligen amerikanischen Präsidenten Roosevelt zu höchsten Willensleistungen zwang, ein Training, das ihn schließlich befähigte, das höchste Staatsamt zu erreichen und die USA durch den Krieg zu führen.

Wie intensiv mancher seine ihm zugemessene Lebensfrist auszunützen weiß, zeigt das rastlose Schaffen vieler Frühvollendeter. Wieviel vom Leben des einzelnen Menschen determiniert, d. h. im voraus bestimmt scheint, muß dahingestellt bleiben.

Dr. Koch auf dem VIII. Internationalen Astrologie-Kongreß in Straßburg, 1954: „Der junge Mensch ist unerzogen: er hat nur Triebe, aber keinen bewußten Willen. Seine Vorstellungswelt ist eng; daher ist seine Wahlfreiheit beschränkt. Er sieht nicht die Möglichkeiten, die er eigentlich haben könnte. Über diese primitive Enge und ihre instinktive Triebhaftigkeit kommen auch die meisten Erwachsenen nicht hinaus. Sie lassen sich animalisch beeinflussen und willenlos treiben. Was die Haltlosen tun, das glauben sie zu wollen; aber in Wirklichkeit können sie nur das tun, was sie müssen – vor allem, weil sie infolge des Zwangs der Umstände, die sie meist selbst heraufbeschworen haben, gar nicht anders handeln können. Sie bemühen sich nicht, einen anderen Weg als den vorgezeichneten zu gehen, und sie können sich deshalb auch nicht zum Bewußtsein der Handlungsfreiheit emporarbeiten. Weil der triebhafte Mensch jedem von außen kommenden Einfluß unterliegt, ohne ihm einen bewußten und sittlichen Willen entgegenstellen zu können, reagiert er wie ein Mechanismus. Seine Handlungen sind daher vorausberechenbar und vorausbestimmbar. In diesem Sinne sagt Thomas von Aquino: ‚Daß die Astrologen häufig die Zukunft richtig vorhersagen, geschieht, weil die meisten Menschen nur ihren Leidenschaften folgen und infolgedessen ihre Handlungen durch den Einfluß der himmlischen Körper bestimmt werden.‘ Deshalb kann die Behauptung des Determinismus bei solchen primitiven Typen zutreffen.

In Wirklichkeit gibt es keinen Sternenzwang, sondern allenfalls unfreie Menschen. Wer glaubt, seine einzelnen Handlungen seien vorausbestimmt wie der Lauf der Uhrzeiger, so daß er sich gar nicht um ein richtiges Tun zu bemühen brauche, und wer, etwa gar unter dem Hinweis auf Suggestion, Hypnose oder die sog. Zwangshandlungen meint, er unterstehe bei seinen Handlungen einem Zwang, der verwechselt den äußeren Zwang mit der inneren Notwendigkeit. Das Sein unentwickelter Personen ist ein viel deutlicheres Abbild ihres Kosmogramms als das entwickelter Individuen."

Es ist bezeichnend, daß viele große Persönlichkeiten geradezu Katastrophen-Kosmogramme haben. Sie haben jedoch die Widerstände gebrochen, haben sich durch Willensentscheidungen für das entschieden, was der weiteren Entfaltung ihrer Persönlichkeit diente. Die Kreuzwege, an denen hartes und klares Eintreten für eine Sache notwendig wird, sind sehr oft Gewissenskonflikte. Jeder weiß um solche aus dem Leben oder mindestens von der Bühne. Das mögen dann auch die Zeiten sein, wenn äußere „Schickungen" übermächtig werden.

Oft ist es ein „Zufall", der eine Ausnahmesituation schafft. Im Zufall werden wir am schönsten oder am härtesten getroffen. Zufall ist das, was uns „zufällt".

Dazu läßt Schiller den astrologiegläubigen Feldherrn Wallenstein sagen: „Es gibt keinen Zufall, was blindes Ungefähr uns dünkt, gerade das steigt aus den Tiefen."

Nach dem Prinzip der Kausalität, dem wir auf Erden unterworfen zu sein scheinen, hat jede Wirkung eine Ursache. Nichts geschieht ohne Grund.

Solches Denken brachte den großen Mathematiker und Astronomen *Laplace* (1749–1827) zu folgender Überlegung:

„Wir können den gegenwärtigen Stand der Welt betrachten als eine Wirkung eines unmittelbar vorausgehenden Standes und als Ursache des unmittelbar folgenden. Eine Intelligenz, welche für einen gegebenen Augenblick alle Kräfte der belebten Natur erkennen würde und die Relationen der Lebewesen dazu, könnte – wäre sie nur groß genug, um alle diese Gegebenheiten einer Analyse zu unterwerfen – in derselben Formel die Bewegung der größten Weltenkörper und die der kleinsten Atome begreifen. Nichts wäre für sie ungewiß und Zukunft und Vergangenheit wäre in ihren Augen gegenwärtig. Der menschliche Geist bietet ein schwaches Modell dieser Intelligenz in der Vollendung, die er der Astronomie zu geben gewußt hat." Das ist freilich ein großes Wort. Die menschliche Intelligenz wird immer nur winzige Splitter der großen Zusammenhänge begreifen und erfassen können. Aber ein solches Denken ist bezeichnend für die Physik des 19. Jahrhunderts, die sich ganz darauf konzentriert hatte, mechanische Zusammenhänge zu erforschen.

Das daraus folgernde Weltbild ist durch große wissenschaftliche Entdeckungen um die Jahrhundertwende ins Wanken gekommen. Man kann heute nicht mehr ohne weiteres sagen, daß alles seine Ursachen und davon abgeleitete Wirkungen hat, mindestens nicht im atomaren Bereich.

Bisher galt die Materie als das letzte und einfachste Element. Seither aber wurde erkannt, daß selbst die Atome sehr komplizierte Gebilde sind. Um sie darzustellen, verwenden Mathematiker die schwierigsten Formeln, für die es keine Möglichkeiten zur Veranschaulichung mehr gibt.

Materie erscheint heute nur noch als eine Form von Energie. Dies wiederum muß zu einem Umdenken nicht nur in der Physik, sondern auch in der Philosophie führen.

In dichterischer Schau hatte Novalis dies in seinen Fragmenten schon vorweggenommen: „Der Stoff der Stoffe ist die Kraft, die Kraft der Kräfte ist das Leben; das Leben des Lebens ist die Seele; die Seele der Seelen ist Geist; der Geist der Geister ist Gott." Nach diesem Ausblick wollen wir zum Schicksalsgedanken zurückkehren.

Grundsätzlich mag für unser alltägliches Leben durchaus gelten, daß es kausal abläuft. Für alles läßt sich eine Ursache finden, sei sie in uns, liege sie außerhalb.

Immer wird es ein Zusammenwirken von Notwendigem und von Freiheit sein, das wir Schicksal nennen.

Wenn ein Mensch nicht davon überzeugt ist, selbst an seinem Schicksal mitwirken zu können, wird er keinen Arzt konsultieren und keinen Lebensberater aufsuchen.

Einem Astrologen die Schicksalsfrage stellen, heißt von ihm Aufschlüsse über Künftiges zu verlangen.

Aus dem Meßbild lassen sich im Sinne des Dargelegten durchaus Tendenzen, also mögliche Entwicklungsrichtungen erkennen.

Weiß der Astrologe über die Umwelt und jene nicht aus dem Horoskop zu ersehenden Umstände wie Herkunft, Familienstand etc. Bescheid, so vermag er abzuschätzen, wie die Entfaltungsmöglichkeiten der im Geburtsbild symbolisch dargestellten Anlagen oder Kräfte zu einem bestimmten Zeitpunkt *sein könnten*.

Die Aussagegrenzen hängen aber nicht nur davon ab, wie das Angeborene, d. h. das aus dem Horoskop Ersichtliche, mit dem nicht im Kosmogramm Enthaltenen zusammenstimmt. Die Deutung eines Horoskops ist schließlich immer das Produkt des Astrologen. Vergleicht man verschiedene Horoskopdeutungen für ein und dasselbe Geburtsbild, ist es durchaus möglich, daß die Akzente verschieden gesetzt sind, wenn sich auch im wesentlichen eine Übereinstimmung ergeben wird. Das erklärt sich aus dem Umfang des handwerklichen Geschicks, des Einfühlungsvermögens, der Erfahrung und der Bildung, schließlich aber auch durch das Maß künstlerischer Gestaltungsfähigkeit des betreffenden Astrologen. Nicht zuletzt ist auch die Art und Weise, wie der Deuter seine Aussagen sprachlich, d. h. schriftlich zu formulieren versteht, von Belang.

Nur das in eine verständliche Sprache umgesetzte Kosmogramm vermag für den Horoskopeigner ein Leitfaden zu werden, der Klarheit über anstehende Probleme gewinnen läßt.

Die Deutung des Geburtsbildes einer Arbeiterin wird anders abzufassen sein als die für einen Akademiker bestimmte. Ein Grund mehr, Computerhoroskope als unzureichend abzulehnen.

Aber selbst unter Beachtung der genannten Voraussetzungen wird das Horoskop immer nur als eine Vermutung aufgefaßt werden können, der allerdings ein hoher Wahrscheinlichkeitsgrad zukommt.

Es ist nicht nur möglich, künftiges Geschehen zu „berechnen", man kann auch bereits Geschehenes astrologisch durchleuchten. Wenn wir Vergangenes überblicken, meinen wir oft, daß sich alles zwangsläufig so entwickeln mußte. „Es mußte ja so kommen", ist der häufig gehörte Kommentar zu bestimmten Ereignissen.

Nur hinsichtlich der Zukunft glauben wir frei zu sein. In der Gegenwart, dem schmalen Grat zwischen Vergangenheit und Zukunft, treffen sich Notwendigkeit und Freiheit als scheinbare Gegensätze. Was uns einerseits als zwingendes Geschehen, andererseits als Ergebnis unserer Freiheit erscheint, sind in Wirklichkeit nur zwei Seiten einer Sache. Es liegt einfach an der Perspektive.

Wer sich mit seinem Horoskop beschäftigt, sollte es vor allem als Spiegel des abgelebten Geschicks ansehen.

Denn dies ist ohne Zweifel der Hauptnutzen der Horoskopie.

„Was kann unsere Seele mit größerer Befriedigung erfüllen, was ist reicher an Beruhigung und Genuß, als wenn wir unsere Blicke erkennend über die himmlischen und irdischen Dinge schweifen lassen", bekannte vor fast zwei Jahrtausenden *Ptolemäus*. Es ist wahrhaft das vornehmste Anliegen der Astrologie, zur Selbsterkenntnis und damit zur Selbstveredlung zu führen. Wie das zu verstehen ist, hat Bibliotheksdirektor *W. Knappich*, dem die moderne symbolische Astrologie Grundlegendes verdankt, dargestellt (Die Astrologie im Weltbild der Gegenwart, Villach 1948, S. 83): „Hier im Reiche des Gewordenen und bereits Vergangenen erscheint uns alles überschaubar und determiniert, und das erfüllte Schicksal steht greifbar deutlich vor uns. Wie der Wanderer im Dickicht der Vorberge unsicher tastend zum Gipfel strebt, dann aber, oben angelangt, alle seine Wege und Irrwege deutlich verfolgen kann, so kann man an Hand seines Horoskops rückschauend sein Leben verfolgen und wird zu allen Ereignissen meist (nicht immer!) die kosmischen Entsprechungen und Begründungen finden.

So begleitet uns von der Wiege bis zum Grabe das Horoskop als treuer Freund und Kompaß für das ganze Leben. Es gibt uns wertvolle Hinweise für unseren Beruf, für das soziale Verhalten zu anderen und zum anderen Geschlecht, gibt uns Aufschluß über körperliche und geistige Anlagen und Dispositionen und stärkt durch diese Einsicht unseren Willen zur Selbstverwirklichung. Und kommen die grauen Tage des Leides, wo körperlicher Schmerz uns peinigt oder wo wir uns über den Verlust einer geliebten Person grämen, ist uns das Horoskop oft ein wahrer Tröster. Es leitet uns an, Distanz von dem Leid zu nehmen, es von außen zu betrachten, mit dem Sternenlauf zu vergleichen, und wir werden bald fühlen, daß erkanntes und objektiviertes Leid nicht mehr so wehe tut."

Glück und Unglück in den Sternen

Glück und Unglück scheinen ein gegensätzliches Paar zu sein, Begriffe, die einander ausschließen. Doch kann man wohl erst im Unglück ermessen, was Glück bedeutet.

Was es wirklich ist, darüber streiten sich Philosophen und andere kluge Köpfe seit Olims Zeiten.

Landauf, landab halten die Leute einen Lottogewinn, eine große Erbschaft oder eine unerwartete, große Gabe für Glück.

Werbung tut ein übriges und versucht uns einzureden, daß nur glücklich sein könnte, wer dieses oder jenes Fabrikat, eine ganz bestimmte Automarke kaufe, dahin oder dorthin verreise, dieses oder jenes konsumiere. Solches Konsumdenken ist der Fluch unserer Zivilisation, die nicht mehr ohne die Attribute auszukommen meint, die unser Leben bequemer, kaum aber erfüllter machen.

Eher wird Glück als solches zu begreifen sein, wenn z. B. ein Kranker sich die verlorene Gesundheit zurückwünscht. Leider sind es meistens die „frommen Wünsche", die nur selten in Erfüllung gehen.

Um so mehr klammern sich viele an vermeintliches irdisches Glück. Hellseher oder Wahrsager werden bemüht – oder Astrologen.

Es ist jedoch ein großer Irrtum zu glauben, daß aus einem Horoskop der Glücksfall, *das glückliche Ereignis* zu ersehen sein könnte. Wer aus dem Horoskop den Lottotreffer erspähen will, überschätzt die Möglichkeiten der Astrologie.

Etwas anderes ist es mit der *Glücksfähigkeit*.

Wir kennen sie, die lachenden Optimisten, die alle Probleme mit leichter Hand zu meistern scheinen, denen zufällt, worum andere kämpfen müssen. Ihnen gelingt es, auch schwierige Lebensprobleme zu entwirren, bei denen andere den Mut verlieren.

Von Friedrich dem Großen, dem Alten Fritzen, wird berichtet, daß er Offiziere, die in seine Armee eintreten wollten, zu fragen pflegte: „Hat Er auch Fortune?" So hoch veranschlagte der Preußenkönig die angeborene Glücksfähigkeit, daß er nur diejenigen zu Anführern seiner Soldaten machen wollte, die „eine glückliche Hand" hatten.

„Fortuna major" – „das größere Glück" nannten die Alten den Planeten (♃) Jupiter, der seit jeher als besonderes Glückssymbol gilt.

Die Araber wählten früher nur jene zu ihren Fürsten, die den „königlichen Aspekt", das Trigon Jupiters mit der Sonne (♃ △ ☉) im Horoskop hatten. In der Tat erweist es sich, daß solche Menschen im Leben leichter vorankommen, daß ihnen Schwierigkeiten aus dem Weg geräumt werden und ihnen der soziale Aufstieg leichter fällt, besonders, wenn dieser Aspekt wirkungsvoll in das Geburtsbild eingebaut ist.

Man kann dies durchaus als eine Begabung, als ein Talent ansehen, wie es ein Zeichentalent gibt oder Musikalität.

Mit den Begabungen ist es so: man hat sie, oder man hat sie nicht. Kein Studium, kein noch so heißes Bemühen oder inniges Hoffen kann einen jungen Mann zum Erfinder, zum Künstler, zum Kaufmann machen. Allerdings ist es eines der edelsten Ziele der Pädagogik, den Talenten zum Durchbruch zu verhelfen.

Wer pädagogisches Talent hat, kann bei richtiger Ausbildung ein tüchtiger Lehrer werden, und auch der angehende Künstler muß in den Techniken seines Faches unterwiesen werden.

Mit dem Glück mag es ähnlich sein. Glück hat auf die Dauer nur der Tüchtige, sagt das Sprichwort. Balzac bekannte: „Jedes Glück ist von Mut und Arbeit abhängig. Ich habe viel Elend erlebt, aber mit Energie und vor allem mit Illusionen habe ich es immer überwunden."

Wer das hilfreiche Jupiter-Sonnen-Trigon nicht in seinem Horoskop hat, braucht den Kopf nicht hängen zu lassen. Es gibt viele, sehr viele lebenserleichternde Konstellationen, und die Erfahrung lehrt, daß wirkliche Pechvögel, denen alles mißrät, selten sind.

Was die glücklichen Ereignisse angeht, die anderen zufallen, so sehen wir als Unbeteiligte nur diese Vorgänge, nicht aber alle anderen Lebensumstände. Und ob ein Lotteriegewinn wirklich zum Guten ausschlägt, erweist sich immer erst hinterher.

Zwar meint Seneca, daß ein glückliches Leben in erster Linie aus Freiheit von Sorgen besteht, aber stammen nicht auch viele unserer Sorgen aus einer verkehrten Einstellung zu den Lebensproblemen? Ob wir glücklich sind oder nicht, hängt weitgehend von uns selbst ab.

Will man im Horoskop nach der Glücksfähigkeit fahnden, wird in erster Linie *Jupiter* (♃) zu betrachten sein. In guter Stellung weist er auf „Fülle", auf Großzügigkeit, Jovialität, Edelmut, Sinn für Gerechtigkeit, bedeutet oft eine Fülle von Ansehen und Popularität, symbolisiert aber auch in bestimmter Position die „Fülle" des Leibes.

Ist die Stellung Jupiters jedoch negativ zu bewerten, wird das Schöne vergröbert. Wer aus dem vollen lebt, gerät leicht in Versuchung, verschwenderisch mit den Mitteln umzugehen, den Luxus zu sehr zu schätzen. Gesundheitlich stellt man dann Neigung zu Fettsucht oder zu einem Leberleiden fest.

Und für den Krebs, die Geißel der Menschheit in unserem Jahrhundert, steht ebenfalls Jupiter im Horoskop: Er vermehrt die wuchernden Zellen; eine Fülle, die das Gesunde erstickt.

Der römische Dichter Juvenal hat recht, wenn er feststellt, daß ein glücklicher Mensch seltener ist als eine weiße Krähe. Damit will er sagen, daß es ein dauerndes Glück nicht gibt.

Wahrscheinlich kann der mit Glücksfähigkeit Begabte auch auf den Lehrmeister und auf Vorbilder nicht verzichten, die ihm helfen, das Beste aus seinen Anlagen zu machen.

Häufig wird derjenige, der Jupiter stark im Kosmogramm gestellt hat, auch zu jenem Personenkreis zählen, der seit jeher dem Planeten zugeordnet wurde: Mediziner, Theologen, Rechtspfleger, Juristen, Geldleute.

Im Reigen der Planeten, die in der symbolischen Astrologie Prinzipien verkörpern, die Bezug auf Glück und Unglück haben, hat auch *Venus* (♀) ihren Platz. Sie gilt als das „kleinere Glück".

Drückt Jupiter vor allem Wohlwollen aus, bedeutet Venus Sympathie, Schönheit, das Ästhetische, den Genuß.

Eine im Horoskop harmonisch gestellte Venus läßt bei dem Eigner des Geburtsbildes Sinn für alles Schöne, für Heiterkeit, Kunst und Neigung zu Liebe, Freundschaft, Geselligkeit vermuten.

Ist der Planet in schlechter Position, wird daraus Leichtsinn, Sinnlichkeit, oberflächliches Genießen-wollen. Dann begünstigt Venus Sex statt Liebe, den Rausch an Stelle gesunder Sinnenfreude.

Takt und Herzensgüte werden dadurch zwar nicht unmöglich, fallen aber seltener auf.

Im Horoskop eines Herrn bezeichnet Venus den Idealtyp der Partnerin. Untersucht man die Stellung der Venus nach Häusern und Zeichen, werden Schlüsse möglich, wie ein Mann sich seine Idealfrau vorstellt.

Dagegen repräsentiert *Mars* (♂) im Kosmogramm einer Frau ihren Typ des idealen Mannes. Mars ist ein Sexualsymbol.

Vor allem gilt Mars aber als Planet der aufbauenden und der zerstörenden Energie. Er weist auf die Beschaffenheit unserer Triebe und ist der eigentliche Motor unseres Lebens, der Elan vital in der Philosophie. Mars ist Potenz, Kraft, Leistung, zeigt an, wie der Einsatz der Energien erfolgt, ob stoßweise oder im Gleichmaß. Ein harmonischer Mars im Horoskop erleichtert das Durchsetzen und den schnellen Zugriff.

In schlechter Position wird Mars ein Unstern. „Infortuna minor – das kleinere Unglück" erweist sich als vorschnelles Urteilen, Ungeduld, Härte, zu starke Begierden oder Triebe, die sich nur schlecht in das Wesensgefüge einordnen lassen. Ein schlechter Mars im Horoskop bedeutet selbstverschuldetes Pech, Krankheiten durch Übermaß, Entzündungen, Unfallneigung, Streitsucht oder überspitztes, scharfes Kritisieren. „Kleines Unglück" ist zu überwinden. Wer seine unvorteilhaften Neigungen und Anlagen kennt, kann solchem Fehlverhalten entgegenwirken und überschäumendes Temperament in die rechten Bahnen lenken.

Als „größeres Unglück" – von den Alten „infortuna major" genannt – gilt seit jeher *Saturn* (♄). In der Vulgärastrologie wird er als Schicksalsplanet bezeichnet und oft zu Unrecht gefürchtet.

Großes Unglück kann nur als solches empfinden, wer dazu neigt, sich entmutigen zu lassen, schwarz zu sehen, Enttäuschungen zu erwarten. Pessimisten und Hypochonder sind dafür Beispiele.

Natürlich sind eine schwere Krankheit oder ein herber Verlust Eingriffe in unsere Bewußtseinslage. Aber wie eine Krankheit oder ein Mißgeschick, eine Trennung auf die Dauer verkraftet wird, hängt wesentlich davon ab, wie „Schicksal", sei es Glück oder Leid, angenommen wird.

Wie in jedes Menschen Kosmogramm Jupiter, Venus und Mars ihren Platz und daraus folgernd ihre ganz eigentümliche Bedeutung haben, geht es auch nicht ohne Saturn.

Saturn ist Maß und Grenze, das Wissen um den Ernst des Lebens, das zur Melancholie werden kann. So heißt auch das bekannte Bild Dürers, das ganz der Würdigung dieses Planeten gewidmet ist: Eine

Jungfrau blickt auf die Symbole der Vergänglichkeit, auf Sanduhr, Waage, Stein und Meißel. Die Morgenröte hinter ihr zu schauen, ist ihr verwehrt.

Ein Mensch mit zu starkem Saturneinfluß im Kosmogramm wird eher zum Pessimismus neigen, er wird zu schwarz sehen. Wahrscheinlich fehlt es ihm auch oft an Initiative. Für ihn kann Saturn zum Schicksalsvollstrecker werden, der durch Not und Leid zermürbt. Der große Versucher Saturn repräsentiert das Leid, den Schmerz und das Übel in der Welt.

Allerdings kann ein Saturn „in Würden", d. h. gut gestellt, durchaus eine freundliche Wiegengabe sein. Solche Menschen sind wohl ernst, jedoch konzentriert, gedankentief. Sie wissen um ihre Möglichkeiten und Kräfte und setzen sie planvoll und überlegend ein. Zwar steigen sie nur langsam auf, doch ist der Erfolg um so dauerhafter.

Denn auch das ist Glück: Beständigkeit und Treue.

Wer Ichsucht, Argwohn, Sorge und Verzagtheit überwindet, zeigt echte Haltung und vermag im Bewußtsein erfüllter Pflichten sich selbst zu vollenden.

Es kann – nach Seneca – auch der glückselig genannt werden, der nichts mehr wünscht und nichts mehr fürchtet.

Wenn Jupiter und Saturn in einem Kosmogramm einander fördern und sich nicht entgegenstehen, wird es sich fast immer um eine innerlich ausgewogene, imponierende und vor allem philosophisch orientierte Persönlichkeit handeln.

Ordnen wir die einzelnen Lebensstadien der Menschen den Planeten zu, steht der Mond am Anfang, Saturn aber am Ende.

Daher hat der Planet auch symbolhaften Bezug auf das Ende der Lebensbahn, auf das Sterben.

Heute ist es in der Astrologie nicht mehr üblich, darüber Aussagen zu machen, schon gar nicht gegenüber dem Horoskopeigner. Was man feststellen kann, sind Krisenzeiten. Wie sie sich auswirken, hängt vom Lebensalter und den Umständen ab, nicht zuletzt vom Fortschritt der Medizin. Krankheiten, die noch vor wenigen Jahren zum sicheren Tod geführt haben, werden heute auskuriert.

Wenn auch ein geistreicher Astrologe einmal gesagt hat, man könnte den Tod nicht voraussagen, weil er nicht erlebt würde, so hat es andererseits doch Astrologen gegeben, die das Ende ihrer Lebensbahn genau zu bezeichnen gewußt haben.

Solche Überlegungen weisen schon weit in das Gebiet der prognostischen Astrologie, für viele Menschen leider der einzige Grund, sich überhaupt dafür zu interessieren.

Aus dem Geburtshoroskop läßt sich prinzipiell einiges über Glücksfähigkeit und Enttäuschungsbereitschaft sagen bzw. erkennen. Es liegt nun am Verlauf des Lebens, an dem Lebensrhythmus des Horoskopeigners, wann diese oder jene Begabung besonders zum Tragen kommen wird. Anders ausgedrückt: die astrologische Prognose macht deutlich, zu welchem Zeitpunkt diese oder jene Disposition aus ihrer Latenz gehoben werden könnte, d. h., wann sie aus der Verborgenheit in die Wirklichkeit umgesetzt werden dürfte.

Ein guter Vergleich bildet das Anschlagen einer Stimmgabel. Bekanntlich bringt diese eine gleichgestimmte Saite zum Mitschwingen, d. h. zum Tönen. Ähnlich ist es mit den Konstellationen.

Hat jemand Jupiter-Trigon-Sonne im Geburtshoroskop ($\u2643 \triangle \odot$), kann der Mensch dann besonders „Glück haben", wenn diese Konstellation sich wiederholen wird. Das ist zeitlich vorausberechenbar. Man kann nach den Tabellen aber auch zurückrechnen, wann eine solche Konstellation vorgekommen ist und findet dann in der Regel die astrologische Erklärung für besonders glückliche Zeiten.

Auf welchen Gebieten Vorteile möglich werden könnten, läßt sich nach den Häusern abschätzen.

Ähnlich ist es mit den negativen Aspekten. Ist im Radix die Sonne durch eine scharfe Quadratur Saturns verletzt ($\u210f \square \odot$), kann sich die dadurch ausgedrückte nachteilige Tendenz zeigen, wenn der „laufende" Saturn einen kritischen Aspekt zum Sonnenort bildet. Dann ist die gesundheitliche Anfälligkeit wahrscheinlich überdurchschnittlich, man muß gegen Hemmungen und Hindernisse ankämpfen, wird Verzögerungen in wichtigen Angelegenheiten erleben oder durch ähnliche Nachteile pessimistisch gestimmt sein.

Immer aber entscheidet die Beschaffenheit des Geburtshoroskops über die mögliche Auswirkung.

Es ist bekannt, daß die Ägypter gerade auch deshalb das Studium der Astrologie und das der Medizin zusammen betrieben.

Das ist die praktische Konsequenz der Feststellung des Predigers Salomo, daß geboren werden, heilen, sterben, daß alles seine Zeit habe.

Ein guter Arzt wird seinen Patienten immer Mut machen. Ähnliches muß auch für den Astrologen gelten, ganz besonders, wenn er weiß, daß es um die Lebenskräfte eines Menschen nicht mehr zum Besten bestellt ist.

Jede ungeschickte Formulierung oder jedes leichtfertig geäußerte Urteil könnte sonst jenen recht geben, die der Astrologie vorwerfen, sie löse mit ihren Prognosen einen „Erfüllungszwang" aus. Wer Schlechtes prophezeie, würde damit Reaktionen begünstigen, die dann tatsächlich auch das Schlechte wählen oder tun lassen. Es ist nicht zu leugnen, daß jede Prognose eine gewisse Gefahr in dieser Richtung in sich birgt, denn man kann nie vorherwissen, wie jemand auf Vorhersagen reagiert. Diesen Unsicherheitsfaktor muß man in Rechnung stellen, denn Menschen sind keine Maschinen, und selbst diese, das wissen alle Autofahrer, reagieren unterschiedlich, obwohl die gleichen Typen vom selben Fließband kommen. Die Frage nach Glück und Unglück in den Sternen kann nur von jenen mißverständlich gestellt werden, die nicht um die Möglichkeiten einer modernen Astrologie wissen. Das sind leider noch zu viele.

Beruf und Berufung

An einem Beispiel soll dargestellt werden, wie umfangreich die Überlegungen sein müssen, wenn man in der Horoskopie Aufschluß über einen bestimmten Lebensbereich wünscht. Gleichzeitig soll damit deutlich werden, daß Laienastrologie, die nur nach dem Sonnenstand urteilt, hier völlig versagen muß, ja, daß ihre Feststellungen der Astrologie an sich nur schaden.

Ohne Arbeit kann wohl keiner auskommen, und manche Rentner beklagen nichts mehr, als keine „Aufgabe" mehr zu haben, nicht mehr in einen Pflichtenkreis eingegliedert zu sein.

Wie schön, wenn Arbeit nicht Last ist, sondern als eine sinnvolle Tätigkeit empfunden werden kann, die gleich einem Hobby die Zeit vergessen läßt und damit auch Befriedigung schafft. Es wird ein Beruf nur Freude bereiten, wenn er den persönlichen Veranlagungen entspricht und die Neigungen zur Geltung kommen läßt. Wir kennen den Arzt, den Richter, den Pädagogen, die Fürsorgerin oder den Künstler, die Krankenschwester oder so manchen Handwerker, die ihren Beruf als Berufung verstehen.

Es ist auch die berufliche Tätigkeit, durch welche wir in die Welt hinein wirken und an der man uns und unsere Persönlichkeit mißt.

Dem entspricht astrologisch, daß man über die soziale Stellung, das – vor allem durch den Beruf zu erreichende – Ansehen, Ruhm und Ehre, besonders aber eben über die Möglichkeiten einer „Berufung" aus demselben astrologischen Ort eines Horoskops urteilt. Es ist der 10. Sektor, der am MC beginnt, dem höchstgelegenen Feld einer Nativität. Symbolhaft werden dadurch Umfang und Ziel menschlicher Bestrebungen angedeutet. Die Laienastrologie spricht vom „Berufshaus" und macht es sich leicht, indem man nur aus diesem alle Aussagen zu gewinnen versucht.

Solche Vereinfachungen sind unzulässig und irreführend. Es gibt in einem Horoskop keine Fakten, die man isoliert und für sich allein betrachten darf. Vielmehr wirken oft eine ganze Reihe von Planeten durch Aspekte oder als Regenten der fraglichen Tierkreiszeichen in einen Sektor hinein.

Lebensbereiche wie Beruf und Arbeit sind kaum voneinander zu trennen. Sie sind nur im Zusammenhang zu beurteilen. Schließlich sind Begabungen, Gesundheit, Organisationsfähigkeit und der Grad der Anpassungsbereitschaft zu berücksichtigen, um nur einiges zu nennen, was direkt auf Beruf und Arbeit einwirkt.

Dem versierten Astrologen verrät schon ein erster Blick auf eine Horoskopzeichnung, ob die Person eine mehr nach außen gerichtete Geisteshaltung zeigt, daher auch bei vielen Anlässen zum Zuge kommen kann, oder ob sie mehr introvertiert, d. h. innerlich angelegt ist. In diesem Falle wird die Ausbildung der Fähigkeiten wahrscheinlich nicht zu früh geschehen. Erfolge müssen auch eher erkämpft werden. Im ersteren Fall dürften sich die meisten Planeten zur Geburtszeit über dem Horizont befunden haben, dem Tagraum, der u. a. auch das wache Bewußtsein repräsentiert.

Introvertierte werden häufig in der Nacht, d. h. nach Sonnenuntergang geboren. Das hängt damit zusammen, daß Merkur und Venus, die immer recht nahe bei der Sonne stehen, wie die Sonne in der Nacht nicht sichtbar sind. Wenn dann noch andere Gestirne in der nördlichen Horoskophälfte, also unterhalb der Linie Aszendent–Deszendent ihre Positionen haben, bilden sich hier Schwerpunkte.

Es kann auch sein, daß sich die Mehrzahl der astrologischen Gestirne im Aufgang befindet, d. h. daß die östliche Hälfte des Kosmogramms betont ist. Dies spricht erfahrungsgemäß für eine schnelle Aufnahmebereitschaft und für eine der Zukunft zugewandte Geisteshaltung.

Viele Planeten in der Westhälfte, also im Abstieg, drücken das Gegenteil aus.

Hat man solche allgemeine Feststellungen getroffen, muß man an Details prüfen, ob sie diese Vermutung bestätigen. Dazu untersucht man den Sonnenstand, prüft, wieweit marsische Energien zum Einsatz gelangen können, urteilt aus der Saturnposition über Grenzen, innere Reife, und sieht, welche Aspekte Merkur und Venus mit anderen Gestirnen verbinden. Kurz gesagt, man muß alle Konstellationen durchgehen und ihre Aussagewerte auf die eine Richtung hin prüfen.

Was den Beruf angeht, so fällt auf, daß Menschen, bei denen MC und Asz. etwa 90° voneinander abstehen, also sich im Quadrataspekt zueinander befinden, oft ein Leben lang nicht wissen, wozu sie eigentlich taugen. Anders, wenn MC und Asz. vier Zeichen voneinander abstehen, ein harmonisches Trigon (120°) bilden. Solche Überlegungen stehen im allgemeinen am Beginn der genauen Analyse aller Elemente eines Kosmogramms. Die Synthese ist dann das fundierte Urteil, das bei der Berufswahl helfen kann. Über die Gesamtpersönlichkeit urteilt man aus dem 1. Haus. Das 2. Haus dagegen läßt erkennen, welche „materiellen Reserven" ein Mensch zu seinem Lebensvollzug mitbringt. Die Laienastrologie spricht vom „Geldhaus", doch sind die Finanzen nur immer eine Seite. Ein gutgestellter, stark aspektierter Jupiter in diesem Sektor verrät Geschick, wenn es um die Mehrung des Besitzes geht. Er schenkt dann „Fülle". Doch selbst Saturns Anwesenheit kann u. U. hilfreich gedeutet werden. Dieser Planet „sammelt" und deutet an, daß Besitz durch ökonomisches Verhalten gut verwertet werden wird.

Das 3. Haus korrespondiert mit dem 3. Tierkreiszeichen, dem Merkurfeld der Zwillinge. Merkur ist das Intelligenzsymbol, weshalb man aus diesem Haus über geistige Gaben und über Talente urteilen darf. Merkur bedeutet aber auch Kontakte mit anderen. Ein Vertreter, der zugleich ein guter Kaufmann sein muß, wird ohne den gutgestellten Merkur nicht zu denken sein. Er braucht ein ansehnliches 3. Haus. Das 4. Haus umfaßt die Tiefe des Himmels, weist auf die Wurzeln der menschlichen Existenz, auf Bindungen an das Elternhaus und an die Heimat. Wessen Beruf Unabhängigkeit erfordert, sollte nicht in diesem Ort des Kosmogramms den Schwerpunkt haben. Traditionsbewußtsein würde ihn hindern, beweglich, fortschrittlich zu sein. Die starke Bindung an das Wurzelhafte kann u. U. auch den Rahmen für diese menschliche Existenz zu sehr einengen. Starke seelische Bindungen an alles, was das 4. Feld symbolisiert, erschweren die Ausweitung.

Das 5. Haus wiederum wird für alle bedeutsam sein, die mit Kindern umgehen, z. B. Kindergärtnerinnen, Lehrer. Bei einem Pädagogen macht die Besetzung seines 5. Horoskophauses deutlich, ob er ein sehr pedantischer Wissensvermittler, der zur Schulmeisterei neigt (dies vor allem, wenn Verbindungen zum Zeichen Jungfrau gegeben sind), oder ob er mehr mit dem Herzen dabei ist und sich gefühlsmäßig engagiert.

Ein hervorragendes 6. Haus begünstigt Heil- und Fürsorgeberufe und wird oft bei Personen, die in abhängiger Stellung arbeiten, im Horoskop angetroffen.

Eigentlich ist es das Gesundheitsfeld. Es bedeutet alles vom Körper Abhängige. Analog dazu drückt es auch anderes vom Ich Abhängiges aus, z. B. das Auskommen mit „Untergebenen", mit Personal. Zu dieser Symbolkette gehören aber auch Schlußfolgerungen, wie der Geborene sich in ein Abhängigkeitsverhältnis schickt.

Dem 1. Haus des Horoskops liegt das 7. gegenüber. Repräsentiert das 1. Feld das Ich, so das 7. das Du, also den Partner. Deswegen spricht man auch vom „Ehehaus".

Nun ist nicht von der Hand zu weisen, daß ein Mann oder eine Frau mit grundsätzlicher Eheeignung auch für den Beruf das notwendige Maß von Kontaktbereitschaft mitbringen werden. Wer in der Ehe Kompromisse schließt und die Ansichten des Partners toleriert, wird wahrscheinlich auch im Berufsleben bereit sein, sich einzuordnen oder sich anzupassen.

Ein gutgestelltes 7. Horoskophaus wird in der Regel auch Erfolge in der Öffentlichkeit vermuten lassen.

So könnte man alle Felder oder Häuser des Horoskops durchgehen und würde merken, daß jeder Sektor für Arbeit und Beruf wichtig ist.

Läßt ein Geburtsbild hervorragende geistige Anlagen erkennen und finden sich günstige Planeten im 9. Sektor, so wird man auf Berufserfolge in den Wissenschaften schließen können, oder der Geborene neigt zum Theologiestudium, denn das 9. Zeichen ist ja Schütze, das dem Religionsplaneten Jupiter zugeordnet ist.

Immer ist auch das Gegenzeichen und das gegenüberliegende Haus zu betrachten.

Erlaubt das 3. Haus z. B. mehr Schlüsse auf das Auskommen mit Nahestehenden, so weist das gegenüberliegende 9. Haus in die Ferne. Aus ihm gewinnt man Erkenntnisse, die aus Reisen stammen; es ist dem Ausland zugeordnet.

Am wichtigsten ist natürlich im Hinblick auf den Beruf das Berufshaus selbst, der 10. Sektor.

Goethe und de Gaulle hatten hier die Sonne im Geburtsbild, wie alle zur Mittagszeit Geborenen. Auch wenn andere günstige Planeten in diesem Raum anwesend sind oder wenn hilfreiche Aspekte einfallen, darf man auf einen Aufstieg im sozialen Bereich hoffen.

Es ist keine Zigeunerphantasie und keine Wahrsagerei, sondern uraltes und immer wieder bestätigtes Erfahrungswissen, daß in einem solchen Fall sich ein Horoskopeigner leichter über das angestammte Milieu erheben kann.

Die sog. „bösen" Planeten zeigen Hemmungen oder Hindernisse an. Napoleon und Hitler hatten den Schicksalsplaneten Saturn im 10. Haus, den großen Versucher, der hohen Aufstieg begünstigt, der aber auch mit tiefem Sturz droht.

In jedem Fall bedeutet Eckenbindung von Gestirnen, daß es sich um eine Persönlichkeit mit bedeutsamem Relief handelt. Die Ecken, also Asz., MC, Desz., IC, sind in den Horoskopen großer Männer und Frauen selten ohne Gestirne, mindestens aber genau von ihnen aspektiert. Auch das ist lebendige Erfahrung. Entscheidend ist ferner, welches der 12 Tierkreiszeichen am 10. Haus steht.

Hat z. B. ein Geborener das Zeichen Löwe in der Himmelsmitte, werden dieses und die Position der Sonne, der Regentin des Löwen, die Grundlage für ein differenziertes Urteil bilden. Schließlich ist auch die Niveauhöhe des Horoskopeigners zu sehen. In dem einen Fall wird man auf einen Manager schließen können, oder eine gehobene Position im Staatsdienst ins Auge fassen können, ist der Lebensrahmen ein anderer, wird man vielleicht den Vorarbeiter oder Schichtführer angezeigt vermuten.

Ist für eine bestimmte berufliche Stellung Protektion nötig, kann das 11. Haus Auskunft geben, ob mit der Förderung durch Gönner zu rechnen ist.

Nimmt man jede dieser Aussagen für sich, löst sie aus ihrem Zusammenhang und übersieht man die Begründung, klingt alles sehr unwahrscheinlich.

Es kommt eben bei einer astrologischen Berufsberatung auch sehr darauf an, wie etwas formuliert wird. Was sich im Gespräch einfacher ausdrücken läßt, vielleicht auch von verschiedenen Seiten her untermauert werden kann, wird bisweilen zum Problem, wenn es schriftlich fixiert werden soll. Nur zu sehr bestätigt sich dann Goethes Stoßseufzer, daß das Schreiben ein trauriges Surrogat der Rede sei.

Heute beanspruchen die Psychologen, Gültiges über Berufung, Eignung, Berufswahl feststellen zu können. Sie haben es dabei ungleich leichter, denn niemand verunglimpft sie, weil sie Testbogen oder ähnliche Arbeitshilfen verwenden, aus denen sie die Ergebnisse für strukturelle Untersuchungen des Seelischen ableiten, die wiederum zur Grundlage für Berufsberatungen werden. Astrologen haben es schwerer, obwohl ihr Meßbild mindestens ebenso fundierte, meistens noch weitergehende Aussagen erlaubt.

Deshalb sollte es sich jeder angelegen sein lassen, der mit dem Studium der Astrologie beginnt, nicht vorschnelle Urteile abzugeben.

Vererbung im Lichte der Astrologie

Im Meinungsstreit um den „Wahrheitsgehalt" der Astrologie werden von Laien und von Leuten, die es ganz genau wissen wollen, immer wieder „Beweise" gefordert.

Das sieht dann meistens so aus, daß man irgendwelche Prognosen, gewöhnlich die nichtssagenden und nur zu Unterhaltungszwecken zu billigenden Zeitungs-„Horoskope" zugrunde legt und danach urteilt, sich ganz nach vorgefaßter Meinung dafür oder dagegen ausspricht.

Wer so verfährt, übersieht, daß es der erklärte Hauptzweck der Astrologie ist, zu einem besseren Selbstverständnis anzuleiten. Deswegen muß Astrologie auch als Charakterkunde verstanden werden. Zweitens soll die Rückschau den Menschen dazu bringen, seine Handlungsweise objektiviert zu sehen, d. h. „Gründe" für seine Haltungen und für sein Tun zu finden. Erst an dritter Stelle steht die mit aller Vorsicht zu handhabende Prognose, die sich auf die Auslegung der Symbole eines Meßbildes stützt. Von ihnen wissen wir, daß sie nicht nur auf eine einzige Art und Weise verstanden werden können.

Was in der Rückschau einfach ist, nämlich das Herausfinden, welche Bedeutung aus der Symbolkette in Frage kommt, wird hinsichtlich der Zukunft zum Problem. Fehler liegen dann nicht in der Sache, sondern in der unrichtigen Interpretation.

Wer prüfen will, wieviel an der Astrologie wahr ist, kann durch ein kleines Experiment zufriedengestellt werden.

Seit Gregor Mendel wissen wir, daß und in welchem Umfang sich bestimmte Anlagen von Eltern und Voreltern auf die Kinder vererben. Wir brauchen uns nur in unserer eigenen Familie oder in unserer Umgebung umzusehen und werden Ähnlichkeiten zwischen Blutsverwandten feststellen, die kein Zufall sein können.

Wenn an Astrologie etwas dran ist, dann müssen die Geburtskonstellationen der Menschen diesen Sachverhalt widerspiegeln.

Das wußte bereits der große Astronom Kepler, dessen Lebensinhalt nicht das Ausmessen und Beobachten der Sternenwelt war, sondern der dadurch den Schlüssel zu einer astrologischen Begründung seiner Vorstellungen von einer harmonischen Welt zu finden hoffte. Kepler fand heraus, daß sich die Horoskope Blutsverwandter ähneln, bzw. in den Hauptpunkten recht oft übereinstimmen.

Hauptpunkte eines Kosmogramms sind vor allem der Aszendent, Mond- und Sonnenposition.

Was den Aszendenten angeht, so wurde bereits dargelegt, daß alle 360 Bogengrade des Tierkreises einmal innerhalb von 24 Stunden im Osten aufsteigen. Damit wird der Aufgangspunkt zum individuellen Faktor Nummer 1.

An zweiter Stelle steht der Mond, der pro Tag etwa ein halbes Tierkreiszeichen durchmißt, also relativ schnell wandert.

Drittens gehört die Sonne mit ihrer Stellung in den verschiedenen Graden der Tierkreiszeichen zu den Hauptmerkmalen einer Nativität. Sie legt pro Tag fast $1°$ zurück.

Man soll schließlich auch das MC als vierten Punkt ebenfalls berücksichtigen.

Kepler stellte fest: „Nicht alle, die gleiche Grade betonen, sind verwandt; aber alle, die verwandt sind, betonen gleiche Grade." Es ist das Verdienst des französischen Astrologen Choisnard und des deutschen Freiherrn von Klöckler, durch umfangreiche statistische Untersuchungen diesen Tatbestand aufgehellt zu haben.

In jüngster Zeit griff Dr. von Brentano diese Beweisführung auf und untermauerte sie („Die Erblichkeit der astronomischen Positionen des Horoskops als wissenschaftliche Beweismethode für die Astrologie", Aalen 1949).

Da es zwölf Tierkreiszeichen gibt, so ist es wahrscheinlich, daß bei Zugrundelegung einer großen Zahl von Personen, deren Sonnen-, Mond- und Aszendentenposition sich auf die verschiedenen Tierkreiszeichen nach dem Verhältnis 1:12 verteilen. Praktisch bedeutet das, wenn man zwei willkürlich ausgewählte Horoskope miteinander vergleicht, daß die Chance, die Sonne im selben Tierkreiszeichen zu haben, wie 1:12 ist oder 8,3 Prozent.

Gleiches gilt für den Mond und den Aszendenten.

Die Untersuchung eines repräsentativen Querschnitts von Vergleichspersonen bestätigte die Übereinstimmung dieses Zahlenverhältnisses mit der Wirklichkeit. So fand z. B. Choisnard bei 1000 nicht miteinander verwandten Versuchspersonen, daß davon 5,7 Prozent den Mond im selben Zeichen stehen hatten.

Von Klöckler konnte bei ähnlichen Untersuchungen der Horoskope Blutsverwandter dagegen nachweisen, daß bei diesen die Häufigkeit 60 Prozent betrug, mithin etwa zehnmal so groß war.

Ähnlich lagen die Zahlen bei Sonne und Aszendent.

Der 2. Teil dieses Buches versetzt jeden interessierten Leser in die Lage, für sich und seine Familie die Probe aufs Exempel zu machen.

Da hierbei nicht gedeutet, sondern nur gerechnet werden muß, ist das eine Sache, die auch von einem Anfänger bald bewältigt werden kann.

Wenn bei Kindern Ähnlichkeiten nicht gleich zutage treten, sollte man die Geburtsdaten der Großeltern ebenfalls beachten, denn es ist ja bekannt, daß Enkel oft mehr einem Großelternteil ähneln als dem Vater oder der Mutter.

Bisweilen ist es gar nicht nötig, solche Berechnungen vorzunehmen. Oft stimmen die Sonnenstände überein, bzw. sind auffallend angenähert. Das sieht man daraus, daß die Geburtstage im Kalender nahe beisammenliegen.

Gibt es nicht zu denken, wenn die Häufigkeit der Vererbung der Hauptfaktoren in den Horoskopen etwa zehnmal so groß ist wie die Chance nach der Wahrscheinlichkeitsrechnung?

Kosmogramm und Partnerschaften

Wenn man Astrologie, bzw. Horoskopie, richtig anwendet, wird sie zur praktischen Seelenkunde. Sie wird demnach dort die größten Erfolge aufzuweisen haben und sich sehr zweckmäßig nützen lassen, wo es darum geht, ein vorwiegend seelisches Erleben zur Grundlage von Entschlüssen und Handlungen zu machen.

Das ist bei Partnerschaften der Fall.

Der Mensch ist ein Wesen, das sich erst im gesellschaftlichen Rahmen entfalten kann. Im Umgang mit anderen gewinnen wir eine Einstellung zu uns selbst und zur Welt. Die Entfaltung unserer Persönlichkeit wird deshalb auch wesentlich davon abhängen, mit wem wir umgehen, welches unsere Freunde oder auch unsere Gegner sind.

Wenn der Jugendliche in der Pubertät über sich selbst nachzudenken beginnt, sucht er Maßstäbe, an denen er sich orientieren oder messen kann. Partnerschaften sind darum gerade in diesem Alter wichtig. Für manche Menschen bleiben die Freundschaften, die sie in der Jugend geschlossen haben, zeitlebens die einzigen. Schule oder auch Jugendgruppe sind die Orte der Begegnung, an denen in dieser Periode Erfahrungen im Fach Menschenkenntnis erworben werden. Im Berufsleben werden sie dann ergänzt.

Horoskopisch ist die frühe Lebensperiode, also das Kindesalter, etwas schwieriger zu ergründen. Der Mensch ist noch nicht ganz „er selbst", er entfaltet sich auch erst zum vollwertigen Mitglied unserer Gesellschaft. Diese Periode des Lebens untersteht dem Mond, dessen Konstellationen für die Persönlichkeitsbildung dann besonders ausschlaggebend sind. Erst im Laufe der Jahre erfüllt der Mensch mehr und mehr, wozu ihn das von der Sonne besetzte Zeichen disponiert. Man entspricht dann eher der Vorstellung, ein „Fisch" oder ein „Widder" zu sein; dies ist natürlich im Rahmen der Einschränkungen zu verstehen, die durch die anderen Planeten und deren Konstellationen bedeutet werden.

Wenn man von der Sonderform partnerschaftlicher Beziehungen, der Bindung an das andere Geschlecht, absieht – ihnen ist das folgende Kapitel gewidmet – ergeben sich zwischenmenschliche Probleme, die bewußt verarbeitet werden wollen, zunächst in der Schule. Kinder erleben im Lehrer einen ihnen überlegenen und mit Rechten ausgestatteten Partner, mit dem sie sich auseinandersetzen müssen. Es liegt an der Mentalität beider, wenn oder ob das Spannungen mit sich bringt.

Sympathie und Antipathie spielen hierbei eine nicht zu unterschätzende Rolle, wenngleich auf der Seite des Pädagogen diese negativen Gefühle in der Regel unterdrückt werden.

Wollte man die Horoskope der Schüler mit denen ihrer Lehrer vergleichen, fände man rascher als durch andere Tests oder Methoden heraus, warum ein Kind in diesem oder jenem Fach sehr gut lernt, in einem anderen nicht, obwohl die differenzierten Begabungen auf dieser Altersstufe noch kaum zu erkennen sind.

Im Beruf ist es ähnlich. Gelangt der junge Mensch nach der Schule in eine von ihm frei gewählte Umgebung, wird es sich erst recht zeigen, wie sehr ein Fortkommen und die Harmonie mit anderen persönlichkeitsbedingt sind.

Nicht ohne Grund geben Chefs großer Firmen viel Geld aus, um sich hinsichtlich der Auswahl der einzustellenden Mitarbeiter astrologisch beraten zu lassen. Vergleichsgutachten werden häufig auch angefordert, wenn man die Möglichkeiten der Zusammenarbeit mit Geschäftsfreunden realistisch einschätzen möchte. Stets darf man dann nicht nur das Meßbild dieser Person auswerten, man muß es immer in Beziehung zu dem des Partners setzen. Es bestätigt sich immer wieder, daß jeder der beiden ein für sich genommen hochwertiges Horoskop haben kann, das jeden z. B. als intelligent, vertrauenswürdig, fleißig ausweisen mag. Das ist aber noch lange nicht die Voraussetzung, daß man gedeihlich miteinander arbeiten und auskommen kann.

Horoskopvergleiche erlauben auch, bis zu einem gewissen Grade die zukünftigen Tendenzen abzuleuchten, sie fallen damit auch in das Gebiet der prognostischen Astrologie.

Es ist bezeichnend, daß gerade die Horoskopvergleiche von einer überraschenden Treffsicherheit sind, die höher ist als bei allgemeinen Voraussagen künftiger Tendenzen nach dem Horoskop. Man kann ihnen getrost vertrauen – vorausgesetzt die verwendeten Geburtsdaten, das gilt besonders für die exakte Geburtszeit, stimmen, und der Deuter erweist sich als Fachmann, der über psychologisches Fingerspitzengefühl verfügt.

Wie weit man gehen kann, wenn man die Horoskope und die darin angezeigten Dispositionen bei anderen beachtet, mögen einige Beispiele veranschaulichen.

Ist es nicht verwunderlich, daß sich z. B. die alten Ägypter mehr als tausend Jahre lang eines für die damaligen Verhältnisse zufriedenen Lebens erfreuten — so lange nämlich, wie ihre Priesterastrologen die wirklichen Herren des Landes waren?

Der Dominikaner *Campanella* (1558–1639) hat nicht nur ein berühmtes astrologisches Buch geschrieben, er hat auch den „Sonnenstaat" verfaßt. In diesem utopischen Werk hat er das Bild einer idealen Republik beschrieben, in der alles Zusammenleben nach astrologischen Gesichtspunkten geordnet ist, seien es Zeugung oder Berufswahl. Zur Zeit Campanellas bestimmten die von den Herrschern Karl V., Heinrich IV. und Franz I. von Frankreich nach dem Rat ihrer Astrologen getroffenen Entscheidungen die abendländische Politik.

Kaiser Friedrich III. verzichtete einmal auf einen Krieg gegen den Ungarnkönig, weil er dessen Horoskop studiert und mit dem seinen verglichen hatte.

Bekannt ist, daß der später im KZ umgekommene Schweizer Astrologe *Karl E. Krafft* im Auftrage von Goebbels die Horoskope der alliierten Generäle untersuchen mußte.

Über ähnliche Aufgaben berichtete *Wilhelm Th. H. Wulff* in seinem Buch „Tierkreis und Hakenkreuz – als Astrologe an Himmlers Hof". Obwohl diese Epoche der Geschichte abgeschlossen ist, bleibt einiges nicht geklärt, denn noch leben Personen, die durch die Bekanntgabe so mancher Hintergründe der Politik fürchten, kompromittiert zu werden. Unklar ist z. B. noch der Umfang der Rolle des Astrologen *Louis de Wohl*, der im Dienste der englischen Regierung Karl E. Kraffts großer Gegenspieler gewesen sein soll.

Da Astrologen es mit ihrer Diskretion sehr genau nehmen, wird in der Gegenwart nur sehr selten einmal bekannt, in welchem Umfang sich z. B. in Deutschland Weltfirmen astrologisch beraten lassen. Es ist bezeichnend, daß sich diese Unternehmen bis jetzt wirtschaftlich hervorragend entwickelt haben.

Partnervergleiche fallen in das Gebiet der Horoskopie. Wenn beispielsweise die Geburtssonne an der gleichen Stelle des Tierkreises zu finden ist, die im Partnerhoroskop vom Mond besetzt wird, kann es zu jenen Freundschaften kommen, wie eine zwischen Wilhelm I. und Bismarck bestanden hatte; durch sie wurde die Reichsgründung von 1871 überhaupt erst ermöglicht.

Oder es müssen „Wohltäter" wie Jupiter und Venus die „Hauptlichter", also Sonne und Mond, harmonisch aspektieren. Wenn Mars und Saturn dann noch durch fördernde Konstellationen mitwirken, wird eine Zusammenarbeit besonders intensiv und von Dauer sein können. Unverträglichkeit wird stets zu beobachten sein, wenn zwischen Sonne und Mond schlechte Winkelverbindungen gegeben sind, bzw. wenn die „Übeltäter" Mars und Saturn sie durch scharfe Aspekte verletzen, d. h. wenn sie in Quadratur oder Konjunktion mit Sonne und Mond des Partners stehen.

Was hier wie ein Regelwerk anmutet und manche abstoßen könnte, weil sie dahinter geistlose Mechanik vermuten, bekommt sofort einen tiefen Sinn, wenn man die Ausführungen über den Symbolwert der Planeten berücksichtigt.

Liebe und Ehe

Wenn die „große Liebe" sich als Irrtum erweist, wenn es in der Ehe kriselt oder das Zusammenleben von Mann und Frau – aus welchen Gründen auch immer – so schwierig wird, daß die Partner an Scheidung denken, heißt es oft: „Der andere ist schuld."
Wer so denkt, vergißt, daß ein Liebesbund sich mindestens in einer Hinsicht gar nicht von anderen Partnerschaften unterscheidet: Jeder Partner kann, für sich gesehen, ein wertvoller, hochstehender Mensch sein, nur fehlt es vielleicht bei beiden an der nötigen Übereinstimmung, was man als Gleichklang oder Ergänzung verstehen kann, oder aber es geht einem Partner prinzipiell die Eheeignung ab. Wie es Begabungen für Musik oder für das Erlernen von Sprachen gibt, wie man astrologisch aus dem Kosmogramm auf Glücksfähigkeit schließen kann, läßt sich auch Eheeignung ermitteln.
Ein Mann mit starker Mutterbindung – astrologisch oft aus einer markanten Mondposition zu ersehen – kann am Schwiegermutterkomplex seiner Gattin schuld sein.
Oder es ist der eine Partner sehr triebhaft angelegt, der andere nicht. Treue im Sexuellen ist dann eher gefährdet. Manche Ehen scheitern an Schüchternheit, an Eifersucht oder ähnlichem.
Von der Veranlagung eines Partners kann auf die Erwartungen geschlossen werden, mit denen eine Ehe eingegangen wird. Derartiges ist aus dem Geburtsbild zu ersehen, nicht jedoch die Einflüsse, die aus dem Milieu kommen oder die durch die Erziehung bedingt sind, worin ebenfalls Wünsche oder Anforderungen an den Partner begründet sein können.

Daß die beiden Geschlechter vor dem Gesetz gleichberechtigt sind, bedeutet noch lange nicht, daß Männer und Frauen für die Ehe die gleichen Startchancen haben. Zuviele alte Vorurteile machen es manchen Frauen auch heute noch unmöglich, in Partnerangelegenheiten so aktiv zu werden, wie sie es sich wünschen.

Von einem männlichen Junggesellen heißt es gern, er wolle es so und nicht anders haben. Bei einer Frau sucht man nach Gründen, warum sie „sitzengeblieben" sein könnte.

In diesem Falle weist das Horoskop oft aus, daß es weniger der Mangel an Gelegenheit ist, sondern daß tiefere Gründe vorliegen, die auch bei attraktiven Damen das Zustandekommen einer Dauerverbindung verhindern.

Wenn es gar nicht klappen will und man immer wieder Trennungen beobachten kann, entspricht diesen Fakten z. B. ein disharmonischer Aspekt zwischen Saturn und Venus, besonders wenn er in den 5. oder 7. Sektor zielt. Solche Geborenen werden es überdurchschnittlich schwer haben, gegen das anzukämpfen, was immer sie selbst als „Grund" für Liebesleid oder Kummer in Herzensdingen angeben mögen.

Wer aber um die Schwächen seines Naturells weiß und bereit ist, den vieltausendfachen und immer wieder bestätigten astrologischen Erfahrungen zu folgen, wird sich vor Schaden bewahren.

Zwar ist es Unsinn, von einem „Dirnenaspekt" zu sprechen, aber es liegt auf der Hand, daß aus Torschlußpanik schon so manche Kurzschlußhandlung erfolgte, die hätte vermieden werden können. Die Beobachtung des „himmlischen Karussells" läßt günstige Termine lange Zeit im voraus abschätzen. Wer es wissen will, dem wird bekannt, wann es sinnvoll ist, aktiv zu werden und wann man besser abwartet.

Was die Vorstellungen von einer Ehe angeht, so sind sie zu unterschiedlich, um an dieser Stelle darüber zu schreiben. Bekanntlich erweist es sich weniger in der ersten Zeit, ob eine Ehe geht, sondern erst, wenn die Belastungen im Alltag beginnen, wenn Sorgen aufkommen und tägliches Einerlei Nerven kostet.

Bezeichnend ist, daß häufig Liebe mit Sex verwechselt wird. Artikelserien in Illustrierten oder einschlägige Publikationen leben geradezu von Orgasmus und Orgasmusschwierigkeiten und propagieren unter dem Vorwand, „aufklären" zu wollen, die einseitige Betonung des Geschlechtlichen.

Natürlich hat Sex in Liebe und Ehe seinen Stellenwert, doch wird es auch wichtig sein, ob die Partner miteinander reden können, d. h. geistig die gleiche Wellenlänge haben.

Goethe und Frau von Stein – das war eine große Liebe, die zugleich Gespräch war. Goethe und Christine Vulpius – das war verkörperte Sinnenfreude, aber auch Toleranz für menschliche Unzulänglichkeiten.

Findet das geistige Verständnis im gegenseitigen Sonnenstand seinen Ausdruck, bedeuten die Aspekte des Mondes, besonders zur Sonne, umfassendere Gefühle, eine tiefere Liebe.

Die Laienastrologie, deren einzige Aussagemöglichkeiten sich auf die Sonnenpositionen beziehen, urteilt zu schematisch und einseitig, um die ganze Lebenswirklichkeit zu erfassen.

Zwar stimmt es schon, daß eine „Stier-Dame" mit einem Partner, dessen Geburtssonne im Steinbock ihre Position hat („Steinbock-Herr"), recht gut auskommen kann, nur gibt es eben diese reinen Typen in Wirklichkeit nicht. Ja, es kann sogar geschehen, daß die Einflüsse anderer Zeichen viel stärker sind, als die durch die Sonne gekennzeichneten.

Was die Zeichen selbst angeht, so repräsentieren sowohl Stier wie Steinbock „irdische" Qualitäten, lassen besonnen, zielstrebig sein, Risiken scheuen u. a. m. Doch selbst wenn die Partner diese Typen rein verkörperten, was nie der Fall sein wird, wäre zu fragen, ob ähnliche Auffassungen und Veranlagungen auch tatsächlich wünschenswert sind bzw. dauernde Harmonie garantieren.

Der Volksmund sagt, „gleich und gleich gesellt sich gern", spricht andererseits mit gleicher Berechtigung davon, daß sich Gegensätze anziehen. Letzteres kann besonders im geistigen Bereich beobachtet werden, also in dem, was durch die Sonne repräsentiert wird. Anders ist die Mondposition zu beurteilen, über die Laienastrologie grundsätzlich nichts aussagen kann, weil der Mond sich so rasch durch den Tierkreis bewegt, daß nur genaue Berechnungen seine Position erkennen lassen.

Der Mond drückt mehr die Gefühle aus. Kein anderes Gestirn ist so kosmischen Rhythmen unterworfen wie gerade der Mond. Es ist daher leicht einzusehen, daß Partner mit einem gleichen oder ähnlichen Erlebensrhythmus besser zusammenpassen werden, als in dieser Hinsicht gegensätzliche Naturen.

Als ideal wird gelten können, wenn Sonne und Mond in besten Aspekten, vielleicht sogar auf vertauschten Plätzen stehen, d. h. wenn der Ort der Sonne im einen, dem Ort des Mondes im anderen Horoskop entsprechen.

Die Begründung, warum schlechte Sonnen- und Mondaspekte zu Schwierigkeiten führen, ist dadurch gegeben, daß es sich z. B. bei einem Quadrataspekt (90° oder drei Zeichen Abstand voneinander) um die Verbindung zweier Tierkreiszeichen handelt, die prinzipiell nicht miteinander harmonieren. Mißverständnisse bleiben dann selten aus.

Der beste Fall ist freilich, wenn die Aszendenten der beiden Partnerkosmogramme einander genau gegenüberliegen. Dies zeigt die umfassendste Liebesbindung überhaupt an. Ich und Du verschmelzen dann zu einer Einheit. Solche Ehen werden selten auseinandergehen.

Nach dem Psychologieverständnis C. G. Jungs, dem wir die wertvollsten Aufschlüsse über unser unbewußtes Seelenleben verdanken, trägt jeder Mann ganz bestimmte Vorstellungen in sich, die er sich von der „idealen Frau" macht. Dies gilt umgekehrt auch von der Frau. Wie an anderer Stelle bereits erwähnt, repräsentieren Venus im männlichen Horoskop, Mars in der weiblichen Nativität diese „Idealtypen". Mars und Venus sind die Sexualgestirne. Sind bei einem Partnervergleich beide Prinzipien nicht oder nur ungenügend vertreten, trifft dies sicher auf die sexuelle Bindung zu.

Finden sich aber Mars und Venus in den gleichen Graden des Zodiaks, wird die Anziehung, die die Partner aufeinander ausüben, so stark sein, daß gegen diese Liebe „kein Kraut gewachsen ist".

Leider gilt für den Kosmogrammvergleich zweier Liebenden auch, was bereits bei allgemeinen Partnerschaften gesagt wurde. Die „Übeltäter" Mars, Saturn und evtl. auch Uranus und Neptun können durch schlechte Aspekte signalisieren, daß das Glück gefährdet ist.

Verletzt Mars des einen Kosmogramms z. B. die Sonne im anderen durch einen scharfen Quadrataspekt, werden Streit und Zerwürfnisse nicht lange auf sich warten lassen und nur durch große Selbstbeherrschung zu überwinden sein. Es ist nicht jedermanns Sache, sich darin ein ganzes Leben lang zu üben.

Steht jedoch Saturn in bösen Aspekten zu Sonne oder Mond, auch zur Venus, dann wird jener Teil besonders seelisches Leid empfinden, in dessen Nativität sich die „Wohltäter" befinden.

Ein historisches Beispiel zu diesem Sachverhalt bietet die große Liebe zwischen dem österreichischen Kaiser Franz Josef I. und der bayerischen Prinzessin Elisabeth, genannt Sissi, die oft beschrieben und verfilmt wurde. Diese große Liebe endete damit, daß sich die Partner einander völlig entfremdeten: Saturnkonstellationen lagen vor. Der geschickte Astrologe wird daher bei einem Horoskopvergleich immer damit beginnen, nach kritischen Konstellationen zu fahnden, erst in zweiter Linie werden die Übereinstimmungen interessant.

Franz Josef I., Kaiser von Österreich, König von Ungarn etc., geb. am 18. August 1830, „ein Viertel nach 9 Uhr vormittag in Schönbrunn bei Wien, gest. am 21. Nov. 1916 um 21.05 Uhr, in Wien.

Elisabeth, Kaiserin von Österreich, Königin von Ungarn, geb. Herzogin in Bayern
geb. am 24. Dez. 1837 um 10.43 Uhr abends in Possenhofen bei München, gest. am 10. Sept. 1898 in Genf (Angaben nach Knappich).

Sowohl Franz Josef wie seine „Sissi" waren vom Schicksal her eigenwillig geprägt: Beide hatten in ihren Horoskopen Saturn und Mond in Konjunktion (♄ ☌ ☽), ein Aspekt, der es dem so Geborenen sehr schwer macht, sich anderen gegenüber frei zu entfalten. Sehr oft ist diese Konstellation ein Anzeichen für psychische Hemmungen und für einen daraus resultierenden Hang zur Einsamkeit. Solchen Menschen gelingt es nur schwer, den Ring ihrer Isolation zu durchbrechen.

Diese Konstellation lag doppelt vor und stand zueinander noch im Quadrataspekt (♄ ☌ ☽ – □ – ♄ ☌ ☽).
Die Opposition von Venus m und Mars w (♀ M ☍ ♂ w) bedeutet bei einem Ehevergleich fast immer „die große Liebe", das unge-

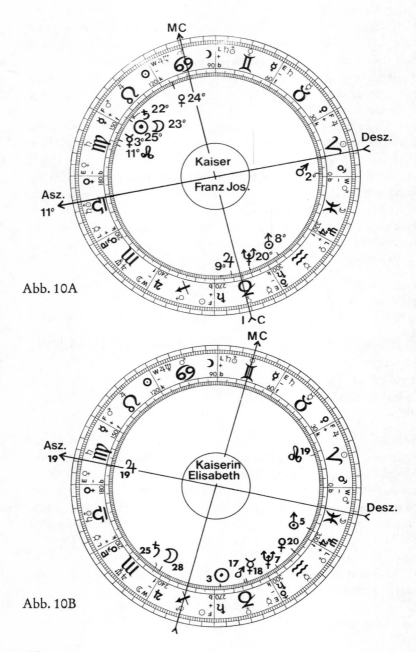

Abb. 10A

Kaiser
Franz Jos.

Abb. 10B

Kaiserin
Elisabeth

110

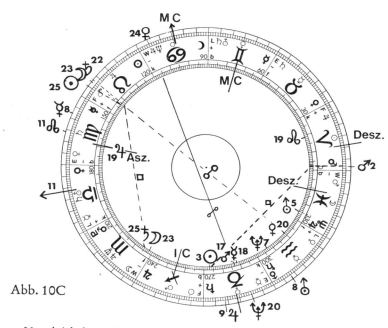

Abb. 10C

Vergleichshoroskop Kaiserin Elisabeth und Kaiser Franz Josef

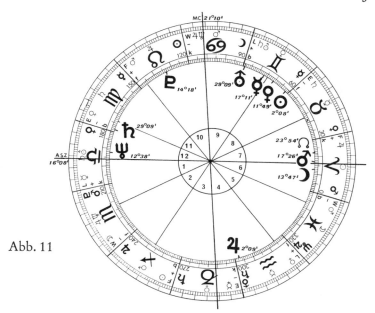

Abb. 11

stüme und unwiderstehliche Verlangen der Partner nach einer intimen Verbindung. 1854 fand die Heirat statt.

Schon bald aber machten sich ·der trennende Quadrataspekt zwischen Sonne w und Mars m (☉ w □ ♂ m) bemerkbar: Man fühlte sich unfrei, an den Partner gebunden, erleidet gemeinsam Fehlschläge und kommt durch Unverständnis auseinander. Hätte es sich um Angehörige einer einfachen Gesellschaftsschicht gehandelt, hätte man nicht die Form wahren müssen, wäre wohl ein heftiger Streit entbrannt. Venus im Kosmogramm Elisabeths stand in der Opposition zu Saturn, Mond und Sonne aus dem Horoskop des Gatten, daher das namenlose Liebesleid der Frau (♀ w ♂ ♄ m, ♂ ☽ m, ♂ ☉ m)

Zu diesem Zeitpunkt konnte die reziproke Mond-Saturn-Konjunktion die Kluft nur noch weiter vertiefen und unüberwindbar machen. Es führte kein Weg mehr zu einem gemeinsamen Leben. – Dies ist geradezu das Musterbeispiel für eine Ehe, die von allem Anfang an keine Aussicht auf Bestand hatte.

Dieser kurze Horoskopvergleich beweist, daß zur Beurteilung von Partnerschaften das astrologische Gutachten jedem möglichen psychologischen Test mindestens gleichwertig, wenn nicht sogar überlegen ist.

Das Weltgeschehen im Blickpunkt

Laien bezeichnen „Mundan-Astrologie" gern als „politische Astrologie", obwohl beides nicht identisch ist.

Unter Mundan-Astrologie ist jener Teil der Horoskopie zu verstehen, der sich mit der Gewinnung von Aussagen aus dem Planetenlauf befaßt, die das Weltgeschehen insgesamt betreffen.

So lassen sich etwa bei gehäuft auftretenden kritischen Konstellationen für die ganze Welt z. B. eine Zunahme an Unfällen oder Krisen bzw. Katastrophen beobachten, während bei einem sehr harmonischen kosmischen Geschehen allgemein günstige Entwicklungen festzustellen sind.

Derartig massiert auftretende Aspekte sind jedoch selten. Häufiger werden Astrologen angesprochen, zum politischen Geschehen in den verschiedenen Ländern Stellung zu nehmen. Das aber setzt voraus, daß man die Faktoren eines Kosmogramms zu den laufenden Konstellationen in Beziehung setzen kann. Es leuchtet ein, daß eine Prognose nur so gut sein kann, wie das ganze Bezugssystem funktioniert.

Deswegen ist zunächst zu fragen, ob ein Staat überhaupt als ein Organismus angesehen werden kann, etwa im Sinne eines ganzheitlich durchstrukturierten Lebewesens. Nur wenn man dies bejaht, kann man auch ein Kosmogramm aufstellen.

Die Meinungen darüber sind geteilt. Es gibt Astrologen, die es rundweg ablehnen, Länderhoroskope auszuarbeiten, und dies, obwohl die Astrologie der ältesten Zeiten in erster Linie eine „politische Astrologie" war. Allerdings machte man es sich im Altertum recht einfach und ordnete Länder und Völker jeweils ganzen Tierkreiszeichen zu. Dabei richtete man sich nach der hervorstechendsten Eigenschaft der Völker. Deutschland wurde dem kriegerischen Mars und demnach auch dem Zeichen Widder unterstellt.

Eine solche Vereinfachung muß aber selbst wohlmeinende Beurteiler abschrecken.

Verständlicher ist es dagegen, wenn man das Gründungshoroskop eines Staates berücksichtigt. So gilt für die USA die Unabhängigkeitserklärung vom 4. Juli 1776, jedoch gibt es verschiedene Auffassungen über den Zeitpunkt der Unterschriftsleistung. Englands Staatshoroskop basiert auf der Krönung Wilhelm I., die am Weihnachtstag 1066 (!) erfolgte. Gewiß sind solche Daten problematisch. Sind dann vielleicht Horoskope sinnvoll, die sich auf die Person des Staatsoberhauptes beziehen? Ist es dann aber gerechtfertigt, Schlüsse über das Schicksal der Bundesrepublik aus dem Kosmogramm des Bundespräsidenten zu ziehen, wo doch der Kanzler die Richtlinien der Politik bestimmt? Oder läßt man lieber den Tag der Verkündung des Grundgesetzes gelten?

Nun gibt es tatsächlich Staaten, bei denen ein Gründungstermin recht exakt zu bestimmen ist, z. B. die Übernahme der Macht in Rußland durch die Sowjets am 7. November 1917, 10 Uhr (nach neuer Zeitrechnung). Dennoch muß man bei der Interpretation sehr vorsichtig sein.

Dies gilt noch mehr bei Personen. Autokratisch regierende Staatsoberhäupter, die mit Ludwig XIV. sagen könnten „Der Staat bin ich!" sind selten geworden. Die Gewaltenteilung in den westlichen Demokratien sucht einseitige Machtpositionen abzuschwächen. Dennoch verfügt der Präsident der USA über ein sehr großes Maß an Entscheidungsbefugnis. Aber auch er muß bei wichtigen Staatsgeschäften Rücksichten walten lassen, vielleicht sogar gegen seinen Willen handeln.

In jedem Falle bleiben politische Aussagen riskant. Leider mißt die Öffentlichkeit gerade ihnen besondere Bedeutung bei. Es sollte sich die Auffassung durchsetzen, politische Horoskopie als eine mehr oder weniger geistvolle Hypothese anzusehen, der als Spekulation nur ein begrenzter Wahrscheinlichkeitswert beizumessen ist. Dies gilt nicht für die Mundan-Astrologie an sich, soweit sie Aussagen aus den „laufenden" Konstellationen gewinnt. Da diese das Geschehen am Himmel selbst betrachtet, geht der Deuter auch von ganz anderen Voraussetzungen aus.

International geschätzte Astrologen wie *Hans Genuit*, Kassel, der langjährige verdienstvolle Präsident der Kosmobiosophischen Gesellschaft, äußern sich in der Regel auch zu seltenen und aus dem Rahmen fallenden Konstellationen.

In seinem Buch „Sterne, Schicksal und Propheten" (Bruckmann München 1965) bemüht sich Helmut M. Böttcher um eine Kritik an der Astrologie. So schreibt er: „Am 8. 1. 1962 schrieb der Astrologe Hans Genuit zu der für den 5. Februar bevorstehenden Planetenhäufung Merkur, Jupiter, Mars und Saturn im Wassermann und der damit verbundenen Sonnenfinsternis:... löst diese Finsternis an verschiedenen Orten örtlich begrenzte Katastrophen aus. Erdbeben, Stürme, extreme Witterungen, Wasserkatastrophen. Vom 15. 1. bis 13. 3. 1962 wird man eine Häufung der Flugzeug- und Schiffsunglücke beobachten..."

Tatsächlich ereignete sich folgendes: Es gab

	Januar bis März 1962	Vergleichsdaten 1963
Flugzeugunglücke	416	198
Schiffsunglücke	81	123
Zugunglücke	160	47
Busunglücke	65	—
Bergwerksunglücke	406	98
Naturkatastrophen (Lawinen, Flut, Sturm)	4241	117
Brände, Eruptionen	167	55

Soweit das Zitat.

Diese Kritik fällt eindeutig zu Gunsten der Astrologie aus und bescheinigt Herrn Genuit großes fachliches Können. H. M. Böttchers Kommentar ist typisch für die Art und Weise, an Astrologie und Astrologen Kritik zu üben: „Diese Ergebnisse setzen in Erstaunen. Aber geht es hier um Astrologie oder Meteorologie? Daß Sonne und Mond auf die Erde einwirken, lehren Jahreszeiten ebenso wie Ebbe und Flut. Wir brauchen unsere Zuflucht also keineswegs zu den Astronomen zu nehmen ... Der Astrologen bedürfen wir dazu nicht."
H. M. Böttcher sollte wissen, daß weder Astronomen noch Meteorologen jemals solche weitgehenden und zutreffenden Prognosen gestellt haben. Sie gewinnen diese auch aus ganz anderen Fakten. Und es verlangt auch niemand, man soll bei den Astronomen (gemeint sind wohl die Astrologen) „Zuflucht nehmen".

Immerhin aber liefern sie, wie das Beispiel zeigt, Hinweise auf mögliche Zusammenhänge. Mehr hatte Hans Genuit wahrscheinlich auch nicht beabsichtigt.
Dem Autor allerdings muß man für den Abdruck der Aufstellung in seinem Buche danken. Unfreiwillig hat er dadurch herausgestellt, in welcher Richtung Astrologie heute Leistungen erbringen kann, wird sie nur von einem Könner gehandhabt.

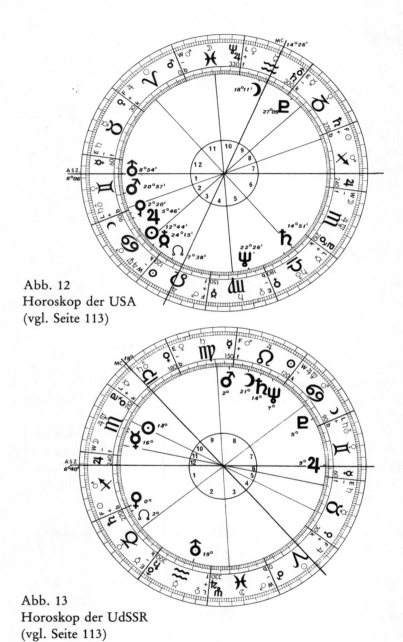

Abb. 12
Horoskop der USA
(vgl. Seite 113)

Abb. 13
Horoskop der UdSSR
(vgl. Seite 113)

116

Astrologie und Glaube

Obwohl die überwiegende Zahl der Astrologie-Interessenten sich aus rein praktischen Erwägungen der Horoskopie zuwendet, darf auf dieses wichtige Kapitel nicht verzichtet werden.

Die Frage, wie Astrologie und Glaube zusammenstimmen, wird gerade für diejenigen von Bedeutung sein, die von der Kanzel herab hören und im Kirchenblatt lesen, daß Astrologie glaubensfeindlich sei, daß mithin das Stellen von Horoskopen antikirchlich und daher für einen guten Christen verboten sei.

Sofern die Kirche gegen die Sonnenstandshoroskopie in den Zeitungen und Zeitschriften zu Felde zieht und sie Unfug nennt, ist dagegen absolut nichts einzuwenden, denn dies entspricht auch der Auffassung seriöser Astrologen.

Aus Unkenntnis oder Absicht wird jedoch Astrologie ganz allgemein verketzert, ohne daß man sich um eine Differenzierung bemüht. Deswegen scheint eine Klarstellung angebracht zu sein.

Zunächst gilt es heute mehr denn je zu unterscheiden zwischen dem christlichen Glauben einerseits und der Kirche als Institution andererseits, eine Einrichtung, die ihre Mitglieder mittels dogmatischer Lehren mehr lenkt als betreut.

An zahlreichen Beispielen läßt sich ablesen, daß das Selbstverständnis der christlichen Religionen von verschiedenen Seiten her in Frage gestellt wird.

Die Jesus-People-Bewegung mag dafür zeugen, daß Jesus Christus als höchste Vollendung des Menschlichen wieder neu gesehen wird.

V. Camphausen: Jesus Christus wird für viele, besonders Jugendliche, ein Beispiel dafür, „daß Theologisches in menschlichen Bezügen vorgedacht werden muß".

Dr. A. Holl vertrat im Fernsehen (13. 2. 1972) folgende Gedanken: Jesus Christus verschwinde anscheinend zunehmend hinter dem Apparat der Gelehrten und ihrem Spiel um die Worte: Hat er dies gesagt oder nicht?

Was offenbar würde, sei eine Krise der Kirchen, die nur leben blieben, weil nichts Besseres dagegenzusetzen sei.

Die Jugend sei von der Person Jesu fasziniert, weil dieser unbe-

fangen gegen Traditionen angehe, weil sein Zorn unverkrampft
sei. Jesus werde zum Märtyrer, der für seine Überzeugung leiden
und sterben müsse. Aber noch kein Caritasdirektor sei bisher hin-
gerichtet worden.

Solche kritische Ausführungen eines Geistlichen sollten zu denken
geben. Was die Kirchen heute in den Augen vieler unglaubwürdig
gemacht hat, ist die Buchstabengläubigkeit ihrer Theologen. Je
kleiner und enger die Welt für uns wird, je mehr fehlt vielen Menschen das Verständnis dafür, diese eine Religion als die einzigartige
anzusehen. *R. Radhakrishnan:* „Wir vermögen nur noch zu lächeln
über die Naivität derjenigen, die annehmen, während alle Götter
vergehen, bleibe ihr eigener für immer bestehen." (Meine Suche
nach Wahrheit, Gütersloh 1962.) Mag sein, daß eine geoffenbarte
Religion wie das Christentum sich nur sehr schwer wandeln und
den Zeitverhältnissen, wenn überhaupt, anpassen kann. Es lassen
sich die naturwissenschaftlichen Erkenntnisse des 20. Jahrhunderts
eben nur schwer mit christlichen Glaubenswahrheiten in Übereinstimmung bringen.

Europäer belächeln gern die heiligen Kühe der Inder, reagieren
aber empfindlich, wenn Kritik an christlichen Dogmen einsetzt,
die immer noch tabu sind.

Die Folge ist, daß viele Menschen, die gern glauben *möchten*, durch
das Verschulden derer, die es eigentlich besser wissen müßten, vor
den Kopf gestoßen und aus der Kirche hinausgedrängt werden.
Früher bekannten sich nur wenige zur Konfessionslosigkeit. Ohne
Glauben zu sein, ist heute das Schicksal sehr vieler geworden. Die
Antwort ist die Flucht in „Ersatzreligionen".

Dieses Verdammungsurteil trifft besonders die Astrologie.

Es will scheinen, daß in den Zeiten, als christliches Weltbild und
Glaubensüberzeugungen noch festgefügt waren, Kirchenobere und
Kirchenlehrer für Astrologie mehr Verständnis aufbrachten als
heute.

Dabei ist weder gegen eine symbolische Astrologie noch eine nach
naturwissenschaftlich-kosmobiologischem Verständnis aus christ-
licher Sicht etwas einzuwenden.

Im Gegenteil. Hier bietet sich geradezu ein Weg an, Menschen, die
nicht mehr glauben können, zum Glauben zurückzuführen. Denn

wer sein Horoskop jahrelang ernsthaft studiert, muß zu der Überzeugung kommen, daß der Mensch eben nicht nur Spielball seiner Leidenschaften und von Drüsen und Hormonen abhängig ist, sondern daß er „überhaupt von irgendwoher ‚gemeint‘ ist" (Lindenberg).

Damit aber kann der Ausblick auf letzte Fragen neu eröffnet werden, und zwar nicht gegen die Vernunft, sondern über die Vernunft hinaus. Astrologie soll und will weder Religionsersatz noch Ersatzreligion sein, das sei deutlich gesagt.

Es sind viele Bücher darüber geschrieben worden, in welchem Umfang astrologisches Gedankengut in christlichen Schriften, besonders auch in der Bibel zu finden ist und wie es vertreten wurde. Einige kurze Beispiele sollen hier für viele stehen.

Es war der *hl. Albertus Magnus*, der das umfassendste Werk der mittelalterlichen Astrologie verfaßt hat und der darin darlegte, daß sie „die Gedanken des Menschen zu Gott führe".

Der *hl. Thomas von Aquino* verteidigte ausdrücklich die Astrologie und sah ihre Prognosen als erlaubt an: „Das Vorhersagen zukünftiger, natürlicher Ereignisse, die notwendigerweise aus der Stellung der Gestirne hervorgehen müssen, ist nicht verboten, sondern zulässig. Wenn jemand Ereignisse voraussagt, welche der menschliche Geist vorhersehen kann, also Dinge, die notwendigerweise oder in der Mehrzahl der Fälle eintreten, so handelt er nicht als Wahrsager, sondern als jemand, der weiß und mutmaßt ..."

Der Franziskaner *Roger Baco* forderte die Kirche auf, sie solle selbst die Führung und Förderung der Astrologie übernehmen. Tatsächlich haben sich eine ganze Reihe hoher kirchlicher Würdenträger, darunter mehrere *Päpste* und *Kardinäle,* der Astrologen bedient und selbst astrologische Lehrwerke verfaßt.

Auf evangelischer Seite hielt *Philipp Melanchthon* astrologische Vorlesungen und gab die Tetrabiblos des Ptolemäus neu heraus. (Nach W. Knappich, „Die Astrologie im Weltbild der Gegenwart", Villach 1949.)

Wer als gläubiger Christ fürchtet, in der Beschäftigung mit der Astrologie Sündhaftes zu tun, halte sich an die im Mittelalter ausgesprochene Überzeugung: Die von Gott geschaffenen Sterne machen es möglich, den unsichtbaren Gott zu erkennen, deshalb sei die Astrologie nützlich, weil sie erlaube, das Unsichtbare durch das Sichtbare zu erkennen.

Es sagte der *Kirchenvater Origines:* „Begreife, daß du eine zweite Welt im kleinen bist, daß es in deinem Innern Sonne und Mond gibt und auch Sterne. Zweifelst du noch, da doch zu dir gesagt wird, du seiest das Licht der Welt?"

Und *Prof. Köberle* stellte bündig fest: „Das Schicksal kommt nicht von den Sternen, sondern von Gott."

Indische Ansichten

In einer Anthologie theoretischer astrologischer Überlegungen sollen auch indische Ansichten bedacht werden.

Seit Schopenhauer hat fernöstliches philosophisches Gedankengut Europäer in zunehmendem Maße fasziniert. Vor einem Menschenalter (1930) stellte *C. G. Jung* fest: „Der Geist des Ostens dringt durch alle Poren ein und erreicht die wundesten Stellen Europas. Es könnte eine gefährliche Infektion sein, vielleicht ist es aber auch ein Heilmittel. Die babylonische Sprachverwirrung des westlichen Geistes hat eine solche Desorientierung erzeugt, daß sich alles nach einfacher Wahrheit sehnt oder wenigstens nach einfachen Ideen, die nicht nur zum Kopf, sondern auch zum Herzen sprechen, die dem anschauenden Geiste Klarheit und dem ruhelosen Drängen der Gefühle Frieden geben."

Damit sind schon Gründe für die Hinwendung zu einem östlichen Welt- und Seinsverständnis genannt, die mehr denn je den Europäer ansprechen.

Im Zeitalter der Naturforschung, besonders der Biologie, wirken auf den vom Intellekt her geprägten Europäer Lehren anziehend, die, wie das indische Denken, an der Erforschung der Natur interessiert sind, weil man hofft, daß durch die Erforschung des Wesenskernes Wege sichtbar werden, die den Menschen die Lösung aus der Verstrickung nahelegen.

Bereits der Religionsstifter Buddha (um 500 vor Chr.), der sich immer nur für einen Menschen gehalten hatte, strebte Welterkenntnis an und forderte seine Anhänger auf, den von ihm vorgeschlagenen Lösungsweg für sich zu prüfen. Sie sollten weder an seine Person noch an irgendwelche metaphysischen Postulate glauben.

In *Schopenhauers* Philosophie wurde daraus, daß Welterkenntnis aus dem Verständnis der Welt hervorgehen solle. Man müsse nur die innere und die äußere Erfahrung am rechten Punkt verknüpfen. Von außen sei den Dingen nicht beizukommen. Der einzige Zugang in das Innere der Welt liege in uns selbst.

Sokrates stellte einmal lapidar fest: „Ich vermag noch nicht, mich selbst zu erkennen, wie es die Inschrift von Delphi fordert; und es erscheint mir lächerlich, sich mit anderen Dingen zu befassen, solange man hierin unwissend ist."

Jaspers konkretisierte dieses Bekenntnis: „Erkenne dich selbst, ist nicht eine Forderung, in einem Spiegel zu wissen, *was* ich bin, sondern auf mich zu wirken, daß ich werde, *wer* ich bin."

Es entspricht der indischen Auffassung, daß unser Tun, das Ansammeln von Erfahrungen der eigenen Erlösung dient.

Daher auch die Lehre vom Karma, das ist die Konsequenz, die begangene Taten nach sich ziehen, und zwar nicht in diesem Leben allein, sondern darüber hinaus in anderen Formen des Daseins. Jedem Wesen wird nach seinem Wirken, seinem Willen und seinen Werken das angetan, was es für sich gewirkt und gewählt hat. Die Welt erleidend, erleidet demnach der Mensch sich selbst. Solche Auffassung erscheint zutiefst pessimistisch, ist aber vernunftgemäß. Nach Schopenhauer finden unsere Triebe und Wünsche nie dauerhaftes Glück und Ruhe. Optimismus sei ein bitterer Hohn auf die Leiden der Menschheit.

„Das Beste, was ein Individuum zur Steigerung des Lebens der Menschheit beitragen kann, ist die Vervollkommnung des eigenen Lebens", rät *Rabindranath Tagore.* Aber dieses Leben ist immer vor dem Hintergrund unseres Todes zu sehen. „Deshalb müssen alle unsere Handlungen danach beurteilt werden, wie wir sie mit dem Hintergrund unseres Lebens in Einklang bringen."

Der Schwerpunkt allen Handelns liegt im eigenen Tun, nicht in dem Empfangen einer (unverdienten) Gnade. *Tagore:* „Unsere Weisen des Ostens haben es immer behauptet, Selbstbefreiung sei für den Menschen die höchste Form der Freiheit, weil sie seine Erfüllung im Herzen des Ewigen ist und nicht nur ein Lohn, den er durch einen Prozeß gewann, der Erlösung genannt wird."

Solche Überlegungen waren vorauszuschicken, um zu verstehen, warum Astrologie heute noch im Fernen Osten eingebettet ist in religiöse Schicksalsbezogenheit.

Der bekannte Schweizer Astrologe *Dr. Fankhauser* hat die Zusammenhänge zwischen dem Erleiden und Erleben des Schicksals und dem Kosmogramm aufgedeckt (Das wahre Gesicht der Astrologie, Zürich 1932). Fankhauser geht auf die Wertungen ein, nach denen ein Mensch sein Los empfindet. Sie reichen vom passiven Erleiden bis zum bewußten Erleben.

Auf der untersten Stufe steht der Primitive. Er ist sich gar nicht bewußt, was mit ihm geschieht. So handeln die meisten Menschen, ganz nach ihren Trieben oder instinkthaften Eingebungen. Das mag sich im sexuellen Bereich besonders äußern.

Auf der zweiten, der höheren Stufe, steht der zweckbewußte Intellekt. Es sind die Menschen, die ihre Vernunft gebrauchen und die nicht einfach in den Tag hineinleben. Sie versuchen, sich auf die Geschehnisse einzustellen, sind in gewisser Weise berechnend, setzen die eigenen Seelen- oder Körperkräfte gezielt ein und sind zu Willensentscheidungen fähig, mindestens haben sie die Chance, „nein" zu sagen. Damit können sie manchem, das sie schicksalhaft treffen könnte, vorbeugen und Situationen zu ihren Gunsten ändern. Das Horoskop wird für sie das Mittel zum Zweck.

Auf der nächsthöheren Stufe, der dritten, ordnen die Inder die „Asketen" ein, jene Menschen, die unerfüllten Wünschen nicht nachtrauern. Sie sammeln sich bewußt und konzentrieren sich. Solche Menschen wissen, daß es ein Glück außerhalb ihrer selbst nicht gibt, sondern daß sie es nur im Innern finden, was allerdings Verzicht auf alles bedeutet, was anderen das Leben lebenswert machen könnte. Mit Hilfe ihres Horoskops versuchen sie den ihnen angeborenen Lebensplan zu erkennen und ihm bewußt zu folgen, so daß sie das höchste Maß an persönlicher Freiheit erlangen. Dieser Grad der Freiheit beruht auf der Einsicht in die Notwendigkeit. Wer diese dritte Stufe durchlebt hat, erreicht die vierte, die des „Magiers". Ihm ist alles Zweckbewußte fremd, er muß sich nicht mehr willensmäßig auf die Geschehnisse seines Schicksals einstimmen, er trägt sein Los willig und gelassen.

Materiell heißt das Bedürfnislosigkeit, Verzicht auf alle Wünsche, demnach ein Grad der Reife, wie er von uns kaum erreicht werden könnte.

Für den Inder bedeutet diese Stufe aber die Aussicht auf Erlösung, auf das Eingehen in Nirwana. Es gibt keine Reinkarnation, kein Wieder-geboren-werden mehr als Strafe für unredliches Verhalten. Uns Europäern mögen die eigentlichen Zielstellungen der Inder fremdartig erscheinen, doch können auch wir für unser Leben davon einige Erkenntnisse ableiten.

Vielleicht zunächst die, daß ein Ausleben aller Triebe nicht nur ungesund und in sozialem Sinne direkt schädlich ist, sondern daß wir dadurch niemals einen Grad innerer Reife erlangen können, der uns Selbstzufriedenheit vermittelt.

Wer bewußt lebt, seine Triebe zügelt und egoistischen Bestrebungen widersteht, hat mehr Aussicht auf „Glück".

Das wohlverstandene Horoskop kann dazu anleiten, sich der dritten Stufe zu nähern. Je mehr diese erreicht werden soll, um so größer aber muß die Bereitschaft sein, auf irdische Güter zu verzichten: Nicht an Güter hänge dein Herz, die das Leben vergänglich zieren ... Hier spiegeln sich auch die christlichen Ideale der Bedürfnislosigkeit und Armut wie der Nächstenliebe als wirkliche Tugenden. Hier erweist es sich aber auch, daß Astrologie nie etwas für Satte, Reiche oder Listige sein kann, sondern daß sie den Suchenden, Schwachen und Armen zu helfen vermag, ihr Los zu bessern. In diesem Sinne helfen Horoskope hoffen.

2. Teil

Abbildungen
Farbtafeln

Armillarsphäre mit allegorischen Figuren, aus „Theoricarum
nouarum Georgij Purbacij" 1515

Tierkreiszeichen von 1489

Widder	Löwe	Schütze
Stier	Jungfrau	Steinbock
Zwillinge	Waage	Wassermann
Krebs	Skorpion	Fische

Erste Reihe – feurige Zeichen, zweite Reihe – irdische Zeichen, dritte Reihe – luftige Zeichen, vierte Reihe – wäßrige Zeichen.

Die sieben Planeten als Herren der Wochentage (1448)

Venus.

Mars.

Sonn,

Jupiter.

Mercurius.

Luna.

Saturnus.

135

SITVS
CIRCVLIS
CIRCVN:

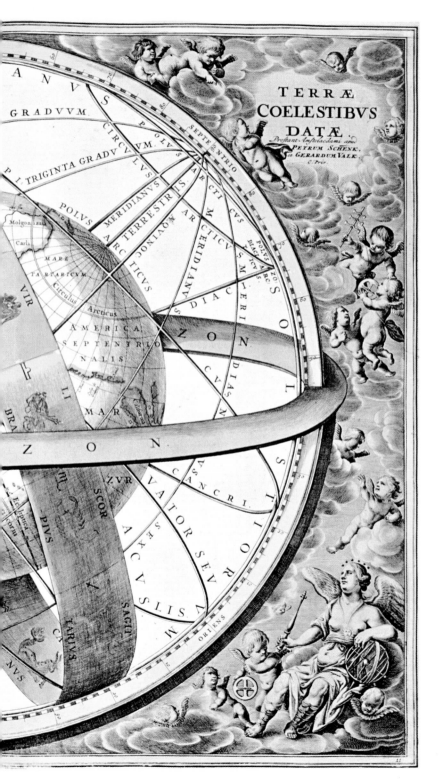

TERRÆ
COELESTIBVS
DATÆ
Prostant Amstelædami apud
PETRUM SCHENK,
et GERARDUM VALK.
C. Priv.

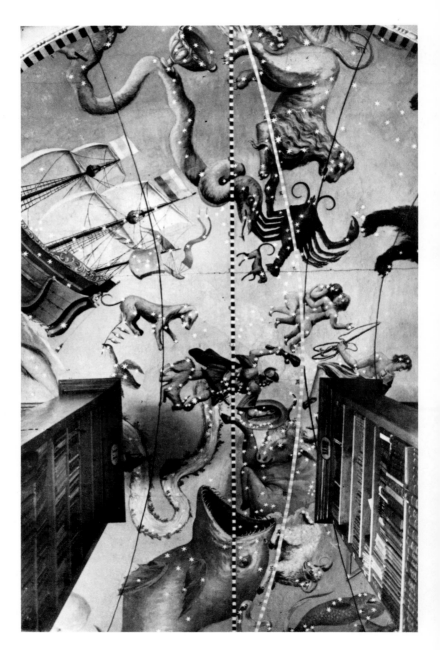

Das kopernikanische System. Bildausschnitt aus „Makrokosmische
Harmonie" von Andreas Cellarius 1708

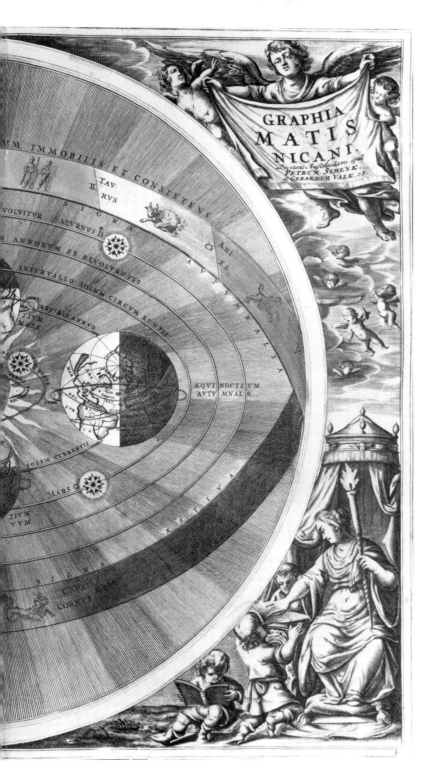

GRAPHIA
MATIS
NICANI.

Prostant Amstelaedami apud
PETRUM SCHENK:
& GERARDUM VALK. c.j.

Zu den Abbildungen:

Seite 126: Armillarsphäre (Bildarchiv des Turm Verlages)
Seite 127: Tierkreiszeichen (Bildarchiv des Turm Verlages)
Seite 128: Die sieben Planeten als Herren der Wochentage
(Staatsbibliothek Berlin)
Seite 129 bis 135: Die sieben Planeten als Regenten bestimmter
Menschen, Eigenschaften, Tätigkeiten und Lebensbereiche. Holz-
schnitt um 1531 (Bildarchiv des Turm Verlages)
Seite 136/137: Die Erde und die Bewegung des Himmels um die
Erde, aus „Makrokosmische Harmonie" v. Andreas Cellarius 1708,
(Frl. v. Eiff, Stgt.)
Seite 138: St. Paul, Kärnten, Stift Bibl., Teilansicht der Decke mit
Sternbildern Ende des 17. Jh., (Bildarchiv d. Österr. National-
bibliothek)
Seite 139: Der nördliche antike Sternenhimmel, Ausschnitt, aus
„Makrokosmische Harmonie von Andreas Cellarius 1708
(Frl. v. Eiff, Stgt.)
Seite 140: Zuordnung der Tierkreiszeichen zu den Körperteilen des
Menschen. Aus dem Stundenbuch des Herzogs von Berry (15. Jh.)
(Musée Condé, Chantilly, Phot. Bibl. nat., Paris)
Seite 141: Das kopernik. System, Ausschnitt aus Andr. Cellarius,
(Frl. v. Eiff, Stgt.)
Seite 142 / 143: Das kopernik. System, mit den vier Jahreszeiten,
aus „Makrokosmische Harmonie" von Andr. Cellarius 1708,
(Frl. v. Eiff, Stgt.)

3. Teil

Praktische Horoskopie

Notwendige astronomische Grundbegriffe

In der Horoskopie wird mit *Kreisen* gerechnet. Ein jeder Kreis hat 360 Grad, jeder Grad 60 Minuten, jede Minute 60 Sekunden.

Mit Grad = °, Minuten = ′ und Sekunden = ″ kann die Größe jedes Kreisbogens angegeben werden.

Die Erde dreht sich bekanntlich in 24 Stunden einmal um ihre Achse (die sog. Erdrotation). Somit beschreibt jeder Punkt auf dem Äquator innerhalb von 24 Stunden einen Vollkreis. Daher ist es möglich, Messungen auf dem Äquator sowohl in *Bogengröße* (°, ′, ″) als auch in *Zeitgröße* (^{h}, ^{m}, ^{s}) auszudrücken.

Es ergeben sich folgende Beziehungen:

$$
\begin{array}{rl}
\textit{Bogengröße} & \textit{Zeitgröße} \\
360° = & 24^h \\
15° = & 1^h \text{ (oder } 60^m) \\
1° = & 4^m \\
15' = & 1^m \\
1' = & 4^s \\
15'' = & 1^s
\end{array}
$$

Ist eine Bogengröße in Zeitgröße – z. B. 22° 10′ 30″ – zu verwandeln, rechne man:

$$
\begin{array}{l}
22° = 22 \text{ mal } 4^m = 88^m \\
10' = 10 \text{ mal } 4^s = 40^s \\
30'' = 2^s
\end{array}
$$

Das Ergebnis 88^m 42^s darf in dieser Form nicht niedergeschrieben werden, weil 60 Minuten bereits 1 Stunde ausmachen.

Somit müssen die Minuten in Stunden verwandelt werden = 1^h 28^m $42''$.

Ebenso kann jede Zeitgröße in Bogengröße umgerechnet werden, z. B. 4^h 36^m 20^s

$$
\begin{array}{l}
4^h = 4 \text{ mal } 15° = 60° \\
36^m = 36 \text{ mal } 15' = 540' \\
20^s = 5'
\end{array}
$$

146

Das Ergebnis 60° 545' muß wieder umgewandelt werden (545' : 60 = 9° 5') = 69° 5'.

Jeder Teil eines Kreises heißt Kreisbogen. Ein Kreisbogen von 90° wird „Quadrant" genannt.

Dieser Ausdruck ist nicht zu verwechseln mit dem „Quadrat", womit man einen Aspekt, d. h. einen Winkel von ebenfalls 90° bezeichnet.

Der Äquator (zu deutsch „Gleicher" genannt) teilt die Erde in zwei gleiche Hälften, eine nördliche und eine südliche. Denkt man sich den Erdäquator nach allen Seiten in den Weltraum hinaus erweitert, erhält man den Himmelsäquator.

Dieser *Himmelsäquator* wird von der Ekliptik an zwei Stellen geschnitten, die einander genau gegenüber liegen (180°). Die Ekliptik ist die gedachte Linie, auf der sich die Sonne scheinbar durch den Tierkreis oder Zodiak (lat. Zodiakus) bewegt. Wie bekannt, versteht man unter dem Tierkreis den Gürtel der 12 Tierkreiszeichen, die mit den gleichnamigen 12 Sternbildern nicht verwechselt werden dürfen (und die für horoskopische Untersuchungen ohne Belang sind).

Infolge der schiefen Stellung der Erdachse liegen Himmelsäquator und Ekliptik nicht in einer Ebene. Der Winkel zwischen der Ekliptik und dem Äquator beträgt 23° 27'.

Die beiden Schnittpunkte zwischen Ekliptik und Himmelsäquator sind der *Widderpunkt oder Frühlingspunkt (Nullpunkt)* und der gegenüberliegende *Waage- oder Herbstpunkt.* (s. Abb. 1, Seite 31.)

Soll nun die Lage eines Punktes am Himmel genau bestimmt werden, geschieht dies mit Hilfe von Himmelsäquator und Ekliptik. Wie die Skizze veranschaulicht, beziehen sich die Begriffe *Rektaszension* und *Deklination* auf den Äquator, *Länge* und *Breite* aber auf die Ekliptik.

Bei den vereinfachten astrologischen Berechnungen, die in diesem Buch angewendet werden, wird nur die Länge beachtet.

Die Position eines Planeten im Tierkreis wird immer auf der Ekliptik gemessen, und zwar kann dies auf zwei Arten geschehen. Man

kann die Entfernung vom Widderpunkt in Bogengröße ausdrük-
ken. Z. B. stand die Sonne am 24. Mai 1915 um 12 Uhr Weltzeit
(13ʰ MEZ) 62° 14′ vom Widderpunkt entfernt.
Nun ist bekannt, daß die Ekliptik in 12 gleichgroße Abschnitte, die
Tierkreiszeichen, eingeteilt ist. Somit umfaßt jedes Zeichen genau
30°.
Demnach ist es möglich, die Länge von 62° 14′ auch anders auszudrücken, nämlich als 2° 14′ Zwillinge, da dieses Zeichen bei 60°
beginnt. Man hat dann nicht vom Widderpunkt, sondern vom Beginn des Zwillingszeichens aus zu rechnen. Dies allerdings erfordert,
daß die betreffenden Tierkreiszeichensymbole vermerkt werden, um
Irrtümer auszuschließen.

♈	Widder	reicht von	00° bis 30°
♉	Stier	reicht von	30° bis 60°
♊	Zwillinge	reicht von	60° bis 90°
♋	Krebs	reicht von	90° bis 120°
♌	Löwe	reicht von	120° bis 150°
♍	Jungfrau	reicht von	150° bis 180°
♎	Waage	reicht von	180° bis 210°
♏	Skorpion	reicht von	210° bis 240°
♐	Schütze	reicht von	240° bis 270°
♑	Steinbock	reicht von	270° bis 300°
♒	Wassermann	reicht von	300° bis 330°
♓	Fische	reicht von	330° bis 360°

Es ist allgemein üblich, Längenpositionen in der zweiten Art anzu-
geben. Man schreibt 5° ♎ und nicht 185°. Letzeres geschieht eigent-
lich nur bei Tabellen aus drucktechnischen Gründen.
Unerläßlich ist es, über den *Meridian* Bescheid zu wissen. Auch die-
ses ist ein gedachter Kreis. Man denke ihn sich vom Nordpol über
den Geburtsort zum Südpol gezogen.
Alle Orte, die auf einer solchen Linie liegen, haben zur selben Zeit
Mittag, daher auch der Name Meridian = Mittagslinie.
Mittag bedeutet die Mitte des Tages. Die Sonne steht dann in der
Kulmination, das heißt an der höchsten Stelle ihres Tagesbogens.

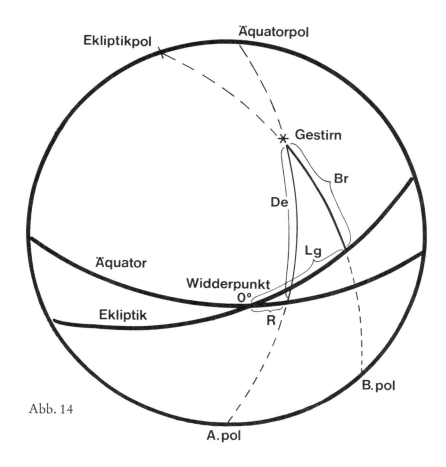

Abb. 14

Die Bestimmung der Position eines Gestirns

R = Rektaszension = Entfernung vom Widderpunkt bis zum
     Schnittpunkt eines gedachten Kreises Äquatorpol-Gestirn-
     Äquator-Äquatorpol

De = Deklination = Abstand des Gestirns vom Äquator

Lg = Länge = Entfernung vom Widderpunkt bis zum Schnitt-
     punkt des gedachten Kreises Ekliptikpol-Gestirn-Ekliptik-
     Ekliptikpol

Br = Breite = Abstand des Gestirns von der Ekliptik

Dies ist die Richtung der *Jahres*-
bewegung der Sonne:
pro Tag 1 Grad

Innen:
die *Tages*bewegung
der Sonne

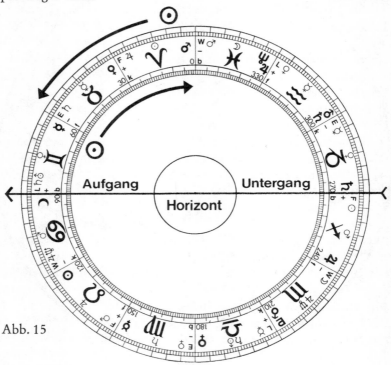

Abb. 15

Man denke sich die Erde von 360 dieser *Längengrade* überzogen, die im Nordpol und Südpol einander schneiden. Um zählen zu können, wurde der Meridian von Greenwich bei London als Längengrad Null festgelegt. Damit man die Lage eines Ortes auf der Erde bestimmen kann, gibt man an, wieviel Grad er östlich oder westlich von Greenwich liegt.

Außer diesen Längengraden muß man noch die *Breitengrade* berücksichtigen, d. h. den Abstand vom Äquator.

Die Bundesrepublik Deutschland liegt etwa zwischen 47° 20′ nördlicher Breite und 54° 50′ nördlicher Breite und zwischen 6° östlicher Länge und 13° östlicher Länge.

150

Um bequemer rechnen zu können, ist es in der Astrologie üblich, die Länge östlich von Greenwich als *„Länge in Zeit"* auszudrücken. Anstatt „6° östliche Länge" zu schreiben, könnte man auch „0^h 24^m östliche Länge in Zeit" vermerken, denn die Sonne durchwandert die Strecke zwischen zwei Meridianen in 4 Minuten.

Orientiert man sich nach der Sonnenuhr, so ist es 12 Uhr Mittag, wenn die Sonne den höchsten Stand erreicht und der Stab, der „Zeiger", den kürzesten Schatten wirft.
Man richtete sich nach dieser *Ortszeit*, der „bürgerlichen Zeit", bis 1892 bzw. 1893 überall in Deutschland.
Dann machten die Verkehrsverhältnisse es erforderlich, sog. Zonenzeiten einzuführen. D. h., man ging von den Ortszeiten ab und beschloß für ganz Deutschland die sog. *Mitteleuropäische Zeit* (MEZ) einzuführen.
Seither richtet man sich überall in Deutschland (auch in Österreich und der Schweiz) nach der MEZ. Sie entspricht der Ortszeit aller jener Orte, die auf dem 15. Meridian östlich von Greenwich liegen, z. B. Stargard in Pommern oder Görlitz.
Die Ortszeit von Greenwich bei London heißt Greenwich-Zeit, bekannt auch als Westeuropäische Zeit, vor allem aber als *Weltzeit*.
Alle astronomischen Angaben fußen auf Weltzeit.
Der Unterschied zwischen MEZ (Mitteleuropäischer Zeit) und Weltzeit beträgt 1 Stunde, denn so lange braucht die Sonne, um 15° östliche Länge zu durchwandern (15 mal 4 Minuten = 60 Minuten = 1^h). Demnach entspricht 12 Uhr Weltzeit 13 Uhr Mitteleuropäischer Zeit. Um das Tageslicht besser auszunützen und Strom zu sparen, wurden in den „hellen" Sommermonaten während der beiden Weltkriege die Uhren in Deutschland um 1 Stunde vorgestellt. Muß man Angaben in *Deutscher Sommerzeit* auf Weltzeit umrechnen, beträgt der Zeitunterschied 2 Stunden. 12^h Wezt = 14^h Dt. Sozt.
Nach Ende des Krieges wurde im Hochsommer die Uhr auch um 2 Stunden gegenüber der MEZ vorgestellt. Man spricht dann von *Doppelter Sommerzeit*. Der Zeitunterschied zur Weltzeit betrug damals 3 Stunden: 12^h Wezt = 15^h Doppelte Sozt.
Ist ein Horoskop für ein Geburtsdatum aus der Kriegs- oder Nach-

kriegszeit zu berechnen, muß man sich vergewissern, welche Zeit damals galt. Dazu bediene man sich der Tabelle auf Seite 289.

Die Zeit, mit der wir in unserem Alltag leben und nach der wir unsere Uhren stellen, ist *Sonnenzeit*.

Der Astronom aber hat auch noch die *Sternzeit* zu berücksichtigen. Sternzeit und Sonnenzeit muß man gut auseinanderhalten.

Wenn man ein Fernrohr mit einem Fadenkreuz aufstellt, kann man den Durchgang eines Gestirns, z. B. der Sonne oder eines Fixsterns genau bestimmen, wenn man eine Uhr besitzt, die auf die Sekunde genau geht.

Dann wird man ermitteln, daß zwischen zwei Sonnendurchgängen $24^h\ 00^m\ 00^s$ vergehen (ein Mittelwert, daher mittlere Sonnenzeit). Mißt man aber die Zeit, die zwischen zwei Durchgängen ein und desselben Fixsterns verstreicht, wird man feststellen, daß der Fixstern fast 4 Minuten schneller ist als die Sonne. Der Fixstern kommt genau $3^m\ 56^s$ früher wieder ins Fadenkreuz des Beobachtungsgeräts.

Wie ist das möglich?

Fixsterne stehen (im Gegensatz zu den Planeten, den Wandelsternen) fix, d. h. fest am Himmel. Die Sonne aber bewegt sich pro Tag um rund 1° durch den Tierkreis fort. Dazu braucht sie rund 4 Minuten, wie wir ja von der Umrechnung von Bogengröße in Zeitgröße wissen. Da der Fixstern nicht wandert, ist er um diese Zeit auch früher zur Stelle.

So kommt es, daß der Sterntag nur $23^h\ 56^m\ 04^s$ dauert, der Sonnentag aber 24^h (im Mittel; infolge der elliptischen Bahn der Erde um die Sonne gibt es Schwankungen zwischen $24^h\ 00^m\ 32^s$ und $23^h\ 59^m\ 39^s$).

Der Unterschied zwischen Sonnenzeit und Sternzeit ist nach einem Jahr wieder ausgeglichen. An einem Tag stimmen beide Zeiten überein. Es ist (meistens) der 21. März, wenn die Sonne durch den Widderpunkt geht. Dann beginnt auch das astronomische Jahr. Übrigens rechnet der astronomische Tag ab 12^h Mittag (Weltzeit).

So berechnen und zeichnen Sie Ihr Horoskop

Nichts wiegt in der Horoskopie so schwer wie die eigene Erfahrung. Um sich diese recht nutzbar zu machen, aber auch, um die Fortschritte zu überwachen und gegebenenfalls Fehler auffinden zu können, sollten Sie vom ersten Tage an systematisch vorgehen und sich Aufzeichnungen in stets derselben Form machen. Ich schlage Ihnen vor, sich auf ein übersichtliches Formular festzulegen, wie es die Abbildung zeigt.

Es ist vom Rohm-Verlag in Form von Karteikarten zu beziehen. Sie bieten den Vorteil, gezielte Reihenuntersuchungen, z. B. Fragen der Vererbung in der Familie u. ä. vornehmen zu können, weil man sie karteimäßig ordnen kann.

Sollte Ihnen Format oder Anordnung nicht zusagen, können sie auch alle Angaben nach eigenem Gutdünken aufschreiben.

Hier der Arbeitsgang: (Die Nummern im Kreis beziehen sich auf die Berechnungskarte Abb. 16, S. 164)

1 Sie beginnen mit den *Personalien*, die bei der Karte am Rande vermerkt werden, damit sie leicht aufzufinden sind. Es ist ratsam, das Datum der Bearbeitung einzusetzen.

2 Hier tragen Sie das *Geburtsdatum* ein. Nehmen wir an, es handle sich um eine Dame, geb. am *8. Nov. 1949, um 2h 20m*.

3 Der *Geburtsort* ist Essen. Handelt es sich um ein Dorf, ist zweckmäßigerweise die nächstgelegene größere Stadt, eventuell die Kreisstadt hinzuzuschreiben.

4 Die *geographische Position des Geburtsortes* ist nach Grad und Minuten anzugeben. Sie finden die geographische Breite, also den Abstand vom Äquator, im Atlas jeweils an der Seite der Karte vermerkt. Bitte beachten Sie, daß $1°$ zu $60'$ gerechnet wird! Sie können aber auch die Lage des Geburtsortes an Hand der Tabelle dieses Buches ermitteln. Für Essen lautet die Angabe: $51° 27'$ nördl. Breite. (Geogr. Positionen, S. 288)

5 Sehr wichtig ist es, die *östliche Lage Ihres Geburtsortes* zu bestimmen, und zwar nicht in Grad und Minuten, wie das auf der Atlaskarte eingetragen ist, sondern in Zeit.

Aus dem Atlas ist zu ersehen, daß Essen fast genau 7° östlich von Greenwich liegt.

Da die Sonne, um 1 Grad zu durchwandern, 4 Minuten benötigt, läßt sich die Lage östlich des Null-Meridians auch in Zeit angeben: 0^h 28^m 05^s östl. Lg. i. Zt. Aus der Tabelle ist zu ersehen, daß die Rechnung bis auf 5^s genau ist: 0^h 28^m 05^s. Diese Angabe wird eingeschrieben.

❻ Die *Geburtszeit* sollte möglichst genau ermittelt werden. Erfahrungsgemäß ist es sicherer, die Zeitangabe des Standesamtes zu wählen, als sich nach der Aussage der Mutter zu richten.

Sollte Ihnen Ihre Geburtszeit nicht bekannt sein, können Sie diese von dem Standesamt erfahren, bei dem Ihre Geburt beurkundet wurde.

Wurden Sie während des 1. oder 2. Weltkrieges oder in den ersten Jahren der Nachkriegszeit geboren, studieren Sie bitte die Tabelle der Sommerzeiten (S. 289).

Sie tragen die Uhrzeit in der üblichen 24-Stunden-Art ein. 3 Uhr nachmittags ist dann 15 Uhr.

Unser Beispiel: Im November 1949 war keine Sommerzeit mehr, also wird die Abkürzung Sozt. durchgestrichen, so daß die Angabe MEZ (Mitteleuropäische Zeit) gültig wird: 02^h 20^m MEZ. Wären Sie etwa Anfang Juni 1947 geboren worden, so müßten Sie MEZ durchstreichen, so daß „Doppelte Sommerzeit" gültig wird, da damals Doppelte Sommerzeit in Deutschland galt.

❼ Alle Angaben über Planetenpositionen werden in Weltzeit, der Ortszeit von Greenwich, gemacht. Deswegen müssen Sie Ihre *Geburtszeit auf Weltzeit* umrechnen.

Da die Differenz zwischen MEZ und Wezt 1 Stunde beträgt, so müssen Sie diese eine Stunde abziehen.

Unser Beispiel: 02^h 20^m MEZ $=$ 01^h 20^m Weltzeit.

Sollten Sie zur Sommerzeit geboren worden sein, müssen Sie 2 Stunden abziehen (Doppelte Sommerzeit 3 Stunden abziehen), um Weltzeit zu erhalten.

❽ Um den aufgehenden Punkt $=$ Aszendent bestimmen zu können, müssen wir zunächst den zur Zeit der Geburt *kulminierenden Punkt* feststellen *(Medium coeli)*, d. h. wir müssen herausfinden, welcher Grad der Ekliptik durch den Ortsmeridian ging. Dazu brauchen wir die Ortszeit.

Diese finden wir, indem wir zur Zeit der Geburt nach Weltzeit die östliche Länge in Zeit addieren.

Da wir sogleich auch mit Sternzeit arbeiten werden, müssen Sie sich immer informieren, ob die Sternzeittabelle, die Sie verwenden wollen, auf 12h oder auf 00h Weltzeit aufbaut. Die Tabellen dieses Buches legen 12 Uhr Weltzeit zugrunde.

Zunächst überlegen Sie daher bitte, wieviele Stunden und Minuten *seit dem letzten Mittag* vergangen sind.

Unser Beispiel. Die Geburt erfolgte um 01h 20m Weltzeit. Mithin sind seit dem Mittag (des 7. Nov.) insgesamt 13 Stunden 20 Minuten: 13^h 20^m vergangen. Diese Angabe wird eingetragen: 13^h 20^m.

❺ Um zur Ortszeit zu gelangen, ist nun die östliche Länge in Zeit genau darunterzuschreiben, damit später zusammengezählt werden kann.

❾ Die Sternzeittabelle in diesem Buch bringt die Angaben für die Sternwarte von Greenwich. Da Deutschland östlich liegt, müßte eine Korrektur für den Geburtsort vorgenommen werden. Es handelt sich aber nur um rund 5 Sekunden, so daß sie unberücksichtigt bleiben kann. (Tab. S. 290 u. 291)

Dagegen ist aber eine andere Korrektur vorzunehmen. Die Sternzeittabelle in diesem Buch enthält nur die Angaben für das Jahr 1938. Für jedes andere Jahr muß durch eine kleine Nebenrechnung erst der genaue Wert ermittelt werden. (Tab. S. 292 u. 293)

Für den 7. November 12 Uhr Weltzeit betrug die Sternzeit 1938 15^h 04^m 07^s. In der Jahresspalte für die Korrektur lesen Sie bei 1949 (für die Zeit vom 1. März bis 31. Dez.) $+ 1^m$ 18^s.

Daher wird in der Spalte *Sternzeit* unseres Rechnungsblattes die Summe 15^h 05^m 25^s als gültige Sternzeit eingeschrieben.

❿ Die Sternzeit-Angabe der Tabelle ist berechnet für 12^h Weltzeit. Die Geburt erfolgte aber nicht am 7. Nov. 12 Uhr Weltzeit, sondern am 8. Nov. 1^h 20^m Weltzeit. Diese 13^h 20^m, die seit dem Mittag des 7. November vergangen sind, müssen nun ebenfalls noch als Sternzeit-Fortschritt berücksichtigt werden.

Aus der Tabelle zur Korrektur für Ortszeit bzw. für Stunden, die nach 12 Uhr vergangen sind, entnehmen Sie den Korrekturwert für $13^h\ 20^m = 2^m\ 11^s$.

Die *Korrektur* kann niemals größer als $3^m\ 56^s$ sein, weil dies der tägliche Fortschritt der Sternzeit ist.

Nun zählen Sie die Posten zusammen, um die Sternzeit der Geburt zu ermitteln:

$13^h\ 20^m$	= vergangene Zeit vom letzten Mittag bis zur Geburt (in Weltzeit)
$00^h\ 28^m\ 05^s$ =	östliche Länge des Geburtsortes in Zeit
$15^h\ 05^m\ 25^s$ =	Sternzeit für 12^h Weltzt. – 7. Nov. 1949
$00^h\ 02^m\ 11^s$ =	Korrektur der Sternzeit für $13^h\ 20^m$

$\overline{28^h\ 55^m\ 41^s}$

Achten Sie darauf, daß der Wert 24^h nicht überschritten wird und daß Sie nie mehr als 59^m oder 59^s im Ergebnis haben, denn sonst müssen Sie bei den Stunden 24^h, also einen Tag, abziehen, bei den Minuten und Sekunden das Ergebnis in die nächsthöhere Einheit verwandeln. Sollten Sie z. B. $14^h\ 23^m\ 85^s$ erhalten, müssen Sie bei den Sekunden 60 abziehen und als 1 Minute zu 23^m hinzuzählen. Sie würden demnach $14^h\ 24^m\ 25^s$ erhalten.

In unserem Beispiel müssen die 28 Stunden um 24 Stunden vermindert werden:

⓫ $04^h\ 55^m\ 41^s$ ist demnach die *Sternzeit der Geburt*.

⓬ Mit dieser Angabe der Sternzeit der Geburt suchen Sie nun in einer „Häusertabelle" MC, Aszendent, Häuserspitzen. Die Angabe der Bogengrade und Bogenminuten für die Rektaszension des MC (Abkz.: RAMC) brauchen Sie zunächst nicht einzutragen. Die kleine Häusertabelle in diesem Buch kann Ihnen diese Zahlen nicht bieten. Wenn Sie aber später Primärdirektionen berechnen wollen, müssen Sie die RAMC haben, weil diese Berechnungen nicht auf der Ekliptik, sondern auf dem Äquator vorgenommen werden.

⓭ Die Tabellenwerte in der *Häusertabelle* in diesem Buch beziehen sich auf eine nördliche Breite von $51°$, stimmen daher für das mittlere Deutschland im allgemeinen recht gut, für den Geburtsort Essen annähernd.

Wir suchen in der linken Spalte Sternzeit jenen Wert, der unserer Angabe am nächsten liegt.

Als MC, zugleich Spitze des 10. Hauses, finden wir $4^h 54^m 52^s$ als dem tatsächlichen Sternzeitwert von $4^h 55^m 41^s$ am nächsten. Bitte nehmen Sie aus praktischen Gründen den niedrigeren Wert, denn die Hebamme sieht bei der Geburt meistens erst auf die Uhr, „wenn alles vorbei ist". Erfahrungsgemäß wird die Geburtszeit meistens etwas zu spät angegeben.

Sie tragen die Spitzen des 10., des 2., 3., 11. und des 12. Hauses in das Merkblatt ein, ebenfalls den Wert für den Aszendenten.

Unser Beispiel: 2. Haus = 11° ♎   11. Haus = 22° ♋
3. Haus = 10° ♏   12. Haus = 23° ♌

MC (Spitze des 10. Hauses) = 15° Zwillinge ♊

Aszendent = 18° 27′ Jungfrau ♍

Nun können Sie darangehen, die ersten Eintragungen in ein Horoskopformular vorzunehmen. (Leerformulare im Anhang).

Notfalls müssen Sie sich den Tierkreis aufzeichnen. In diesem Falle beginnen Sie mit der deutlichen Markierung des Mittelpunktes. Sodann zeichnen Sie den Kreis und teilen diesen in 12 gleichgroße Abschnitte (der Radius = Halbmesser kann sechsmal abgetragen werden, so daß Sie diese Abschnitte nur halbieren müssen). Ihr Horoskopformular legen Sie so vor sich hin, daß *das aufgehende Zeichen* – in unserem Beispiel Jungfrau ♍ – *links* ist.

Wenn Sie sich den Tierkreis aufzeichnen müssen, tragen Sie als erstes Zeichen links dasjenige des Aszendenten ein, die übrigen entgegen dem Uhrzeigersinn in der bekannten Reihenfolge.

Nun ziehen Sie von 18° Jungfrau (♍) durch den Mittelpunkt zu 18° Fische (♓) eine Gerade, die über den Tierkreis hinausragen soll (= Horizont), um besser kenntlich zu werden. Sie können dazu auch Rotstift verwenden.

	Aszendent		Deszendent
Sie vermerken links:	18°	rechts:	
	◄―――――――――		―――――――
	Osten		Westen

Ebenso verfahren Sie mit dem *Meridian*. Sie verbinden die Punkte 15° Zwillinge (♊) und 15° Schütze (♐) ebenfalls durch eine Gerade, die über den Tierkreis etwas hinausragen darf, um als *Hauptachse* kenntlich zu sein.

Schließlich werden die Grade *der Häuserspitzen* aufgesucht und durch Linien, die durch den Mittelpunkt gehen müssen, mit dem gleichen Grad des Gegenzeichens verbunden.

Dann beginnen Sie die Numerierung der Häuser von 1 bis 12. Das 1. Haus hat den Aszendenten als Spitze und liegt unter dem Horizont.

Um ganz sicher zu gehen, sollten Sie noch *ein zweites Beispiel* durcharbeiten.

Es gilt, die Häusereinteilung (und damit Asz. und MC) eines Horoskops aufzufinden für einen Herrn, geboren am *18. Mai 1946, um 11.00 Uhr Deutscher Sommerzeit in Bielefeld.*
Da der Unterschied zwischen Dt. Sozt. und Weltzeit 2 Stunden beträgt, ermitteln wir als Geburtszeit in Weltzeit 9.00 Uhr. Bielefeld liegt in 52° nördl. Breite und in $34^m\,14^s$ östl. Länge in Zeit.

Seit dem letzten Mittag (17. 5.) sind bis zur Geburt (in Weltzeit) vergangen	$21^h\,00^m\,00^s$
Die östl. Länge des Geburtsorts	$+\quad 0^h\,34^m\,14^s$
Sternzeit für 12^h mittags f. d. 17. 5. 46	$+\quad 3^h\,38^m\,19^s$
Da die Geburt aber am 18. 5. 46 um 9.00 Uhr Wezt erfolgte, muß die Sternzeit für die vergangenen 21 Stunden korrigiert werden, dies gibt nach der Tabelle	$+\quad 0^h\,03^m\,27^s$
Summe	$24^h\,75^m\,60^s$

Umwandlung: $60^s = 1^m$, also $24^h\,76^m\,00^s$
$76^m = 1^h\,16^m$, also $25^h\,16^m$.
Da das Ergebnis über 24^h hinausgeht, muß
1 Tag (24^h) abgezogen werden: Sternzeit der Geburt $= 1^h\,16^m$

Aus der Häusertabelle für das mittlere Deutschland wählen wir den davorliegenden Wert von $1^h\,13^m\,51^s$ und können nun die Spitzen der Häuser bestimmen:

10. Haus (MC) = 20° ♈   11. Haus = 0° ♊ 12. Haus = 9° ♋
1. Haus (Asz) = 9° 31′ ♌   2. Haus = 27° ♌   3. Haus = 19° ♍

Die Positionen der Planeten

Liegen die Häuser mit Aszendent und MC fest, müssen die Positionen der Planeten ermittelt, aufgeschrieben und eingezeichnet werden.

Wir beginnen mit dem Beispiel 1, weibl. Geburt am 8. Nov. 1949 um 2ʰ 20ᵐ in Essen.

Bitte merken Sie sich: Aszendent und MC, also die Häuser werden immer nach der Sternzeit der Geburt ⓫ berechnet, Gestirnpositionen aber immer nach Weltzeit.

Im vorliegenden Falle müssen wir für die Geburt 1ʰ 20ᵐ Wezt zugrunde legen.

Dies ist zu beachten, wenn man mit genauen Gestirnstandstafeln, den sog. *Ephemeriden* (oder einem Gestirnstandsauszug) rechnet.

Da wir in diesem Buch nur stark vereinfachte Tabellen verwenden können, müssen Sie bei der Berechnung der Mondposition besonders aufpassen.

Es sollen die Planetenstände für das Übungsbeispiel Nr. 1 ermittelt werden.

⓯ *Sonnenposition*

Wir entnehmen den Sonnenstand der Tabelle in diesem Buch, die für das Jahr 1915 die exakten Werte liefert. Auf eine Korrektur soll verzichtet werden, um die Bearbeitung recht einfach zu gestalten. Die Fehlergrenze beträgt kaum mehr als 1° in unserem Beispiel 42′. Für den 8. November finden wir die Sonne in 16° ♍.

⓰ *Für Mond,* Merkur und Venus weisen die Tabellen die Positionen am 1., 10. und 20. eines jeden Monats aus.

Die Geburt erfolgte am 8. Nov. 1949 um 2ʰ 20ᵐ MEZ, was wir in Weltzeit umrechnen müssen, da alle Gestirnstände nach Wezt im Kosmogramm erscheinen müssen.

2ʰ 20ᵐ MEZ = 1ʰ 20ᵐ Wezt. Unsere Tabellen bauen auf 12ʰ Mittag Wezt auf. Deswegen müssen wir immer im Auge behalten, daß vom Mittag des Vortages 13 Stunden 20 Minuten vergangen sind.

☽ am 1. November 1949 12^h Wezt. . . . . 21° ♓ (oder 351°)
☽ am 10. November 1949 12^h Wezt. . . . . 10° ♋ (oder 100°)

Wir überlegen, daß vom 1. Nov. bis 10. Nov. insgesamt 9 volle
Tage verstrichen sind.
Somit hat der Mond in 9 Tagen 109° des Tierkreises durchwandert.
Zunächst rechnen wir die Tagesstrecke aus:
109° : 9 Tage = 12° 06′. In dieser Zeit legte der Mond also 12° 06′
an jedem Tag, d. h. in 24 Stunden zurück.
Vom Mittag (Wezt) des 1. Nov. bis zum Mittag (Wezt) des 7. Nov.
sind volle 6 Tage vergangen. Wir müssen mit dem 7. Nov. rechnen,
denn die Geburt erfolgte zwischen dem Mittag des 7. und dem
Mittag des 8. November.
Der Mond legte in 6 Tagen 6 mal 12° 06′ zurück = 72° 36′.
Nun müssen noch die 13 Stunden 20 Minuten berücksichtigt wer-
den, um welche die Geburt nach dem Mittag des 7. Nov. stattfand.
Wenn der Mond in 24 Stunden 12° (die 6′ können unberücksich-
tigt bleiben) zurücklegt, schafft er in einer Stunde ½° oder 30′.
Das macht bei 13 Stunden 20 Minuten 13 mal ½°, also 6° 30′. Da-
zu kommen noch ca. 10′ für die Drittelstunde.
Wir addieren:

$$\begin{array}{r}
72°\ 30′ \\
+\ \ 6°\ 40′ \\
\hline
78°\ 70′ = 79°\ 10′
\end{array}$$

Diese vom Mond zwischen dem 1. Nov. 12^h Wezt. und der Geburtszeit am 8. Nov. 1^h 20^m Wezt. zurückgelegte Strecke müssen
wir zur Position des 1. Nov. addieren.
Am 1. Nov. 1949 12^h Wezt. . . . . 21° ♓ oder 351°
nun vom 1. bis 8. Nov. 1949 1^h 15^m Wezt.
zurückgelegt   + 79° 10′ = + 79° 10′
Position des Mondes zur Geburtszeit $\overline{100°\ 10′}$ ♓ od. $\overline{430°\ 10′}$

Das das Zeichen ♓ aber bei 30° endet (oder der Tierkreis nur 360°
hat), entfallen die überschießenden Grade auf einen „neuen" Tierkreis. Dies ergibt demnach 10° 10′ ♊ Zwillinge oder 70° 10′, wenn
wir vom Nullpunkt, dem Widderpunkt aus messen.

Vergleichen wir mit diesem durch die vereinfachten Tabellen gewonnenen Ergebnis die exakte Position von 9° 18′ ♊, müssen wir einen Fehler von knapp 1°, genau 52′ feststellen.
Für unsere überschlägigen Berechnungen ist dieser Annäherungswert daher brauchbar.

17 Die Positionen für ☿ *Merkur* und ♀ *Venus* gewinnen wir ähnlich, doch sind beide Planeten ja wesentlich langsamer als der Mond, weshalb wir mit kleineren Zahlen rechnen und ein bedeutend genaueres Ergebnis erhalten.

☿ am 1. November 1949 um 12ʰ Wezt. . . . . 26° ♎
☿ am 10. November 1949 um 12ʰ Wezt. . . . . 11° ♏

Wir ermitteln zunächst wieder die in den 9 Tagen zwischen dem 1. und 10. Nov. zurückgelegte Strecke. Es sind 15°. Da wir durch 9 teilen müssen, verwandeln wir 15° in Bogenminuten (15 mal 60′ = 900′) 900′ : 9 = 100′.
Pro Tag legte Merkur demnach 100′ oder 1° 40′ im Tierkreis zurück. Vom 1. Nov. 12ʰ Wezt. bis zum 8. Nov. 1ʰ 15ᵐ Wezt. sind 6 volle Tage und 13 Stunden 20 Minuten verstrichen.

Wir rechnen: An 6 vollen Tagen legte Merkur 6 mal 100′ = 600′ zurück. In 13 Stunden, etwas mehr als einem halben Tag rund 54′, macht zusammen 654′. Diese Bogenminuten verwandeln wir in Bogengrade: 654′ : 60′ = 10° 54′.
Diese 10° 54′ müssen zur Position Merkurs am 1. Nov. addiert werden:

$$
\begin{array}{r}
26° \quad ♎ \\
+\ 10° 54′ \\
\hline
36° 54′ ♎,
\end{array}
$$

da aber das Zeichen Waage bei 30° endet, liegt die Merkurposition bei 6° 54′ ♏. Die Abweichung vom genauen Tabellenstand beträgt nur 6′.
18 Venus ♀ legt vom 1. Nov. bis 10. Nov. – in 9 Tagen – 10° zurück. Das ergibt einen Tagesbogen von 1° 06′ 40″. Dieser Wert mit

6 malgenommen: $6° 40'$, für $13^h 20^m$ vermehrt um $37' = 6° 77' =$ $7° 20'$.

Am 1. November 1949:

$$
\begin{array}{r}
25° \quad \text{♐} \\
+ \quad 7° 17' \\
\hline
32° 17' \text{♐ bzw. } 2° 17' \text{♑}
\end{array}
$$

Wir runden auf volle Grad ab: $2°$ ♑

⑲ ♂ Mars

Die Positionen können Sie nach den Tabellen ähnlich ermitteln. Allerdings ist zu berücksichtigen, daß bei Mars und den übrigen noch folgenden Planeten jeweils nur der Stand am 1. jedes Monats angegeben ist.

Am 1. November 1949 $3°$ ♍
am 1. Dezember 1949 $19°$ ♍

Mars ♂ hat in den 29 Tagen, die dazwischen liegen, $13°$ oder 13 mal $60' = 780'$ durchmessen. Die Tagesleistung ist demnach rund $26'$. Für $6^1/_2$ Tage ergibt dies $169'$ oder $2° 49'$. Wir runden auf $3°$ auf und zählen diese zur Position am 1. Nov. hinzu: $3° + 3° = 6°$.

⑳	♃	Jupiter	Diese Planeten bewegen sich so langsam
㉑	♄	Saturn	durch den Tierkreis, daß Sie meistens gar
㉒	♅	Uranus	nicht rechnen müssen, sondern bereits durch
㉓	♆	Neptun	Schätzung ein hinreichendes Ergebnis erhalten.
㉔	♇	Pluto	Bei Pluto ist zu beachten, daß die Angaben nur für den 1. jedes zweiten Monats gelten.

Verzichtet werden mußte leider auf die Angabe, ob ein Gestirn sich im direkten Lauf befindet oder ob es rückläufig ist. Sie ersehen das aber aus der Zahlenfolge bzw. aus der Bewegung im Tierkreis.

Ist ein Planet rückläufig, in unserem Beispiel trifft das auf Uranus ♅ zu, vermerken Sie hinter der Positionsangabe R.

㉕ Wichtig ist der ☊ *Mondknoten*. Eigentlich sind es zwei, denn so bezeichnet man die Schnittpunkte der Mondbahn mit der Eklip-

tik. Nur der aufsteigende Mondknoten ☊ ist von Interesse. Er ist immer rückläufig und bewegt sich pro Tag um 3′ rückwärts durch den Zodiak.
In unserem Beispiel sind es für 8 Tage 8 mal 3′ = 24′, rund ½°.
Hier die Aufstellung der ermittelten Horoskopfaktoren:

$$MC = 15° \quad ♊$$
$$Asz. = 18° 30′ ♍$$

☉ = 16° ♏		♄ = 17° ♍	
☽ = 10° ♊		⚷ = 4° ♋ R	
☿ = 7° ♏		♆ = 16° ♎	
♀ = 2° ♑		♇ = 18° ♌	
♂ = 6° ♍		☊ = 15° ♈	
♃ = 26° ♑			

Wenn Sie die Gestirnpositionen berechnet und notiert haben, was am zweckmäßigsten auf der Berechnungs-Karteikarte geschehen kann, können Sie damit beginnen, die Symbole an den richtigen Stellen des Zodiak einzutragen.
Zweckmäßig ist es, bei allen Berechnungen bzw. beim Arbeiten mit den Gestirnpositionen immer in derselben Reihenfolge zu verfahren.
Deswegen sollten Sie auch mit der Sonnenposition beginnen. Legen Sie das Tierkreisformular so vor sich hin, daß der *Aszendent immer links* und *die Horizontlinie* (Aszendent-Deszendent) *waagrecht* vor ihnen liegt. (Abb. 18, Seite 174)
Sie beginnen mit der Sonne.
Im Beispielfall Nr. 1 muß die Sonnenposition bei 16° ♏ eingetragen werden.
Achten Sie darauf, daß Sie die einzelnen Grade immer entgegen dem Uhrzeigersinn abzählen. Unser Horoskopformular enthält aufgedruckt kleine Zahlen, die sich auf die Entfernung vom Widderpunkt beziehen. Sie können gar keinen Fehler machen.
An Hand der Sonnenposition können Sie auch leicht prüfen, ob Sie Aszendent und Häuser richtig ermittelt haben.

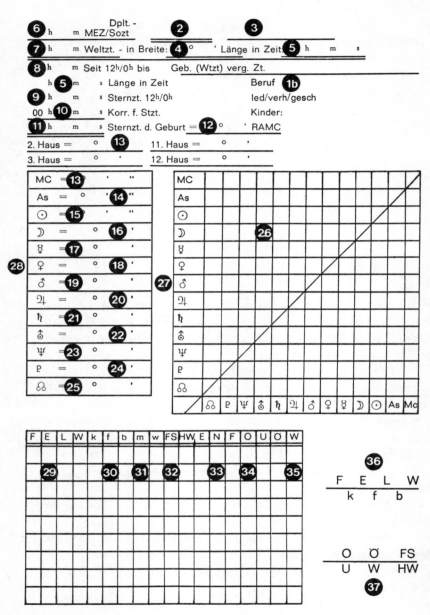

6 h　m **Dplt. -**
MEZ/Sozt **2**　　　**3**

7 h　m Weltzt. - in Breite: **4** °　' Länge in Zeit **5** h　m　s

8 h　m Seit 12ʰ/0ʰ bis　Geb. (Wtzt) verg. Zt.

h **5** m　s Länge in Zeit　　　　Beruf **1b**

9 h　m　s Sternzt. 12ʰ/0ʰ　　　led/verh/gesch

00 h **10** m　s Korr. f. Stzt.　　　Kinder:

11 h　m　s Sternzt. d. Geburt = **12** °　' RAMC

2. Haus = 　° **13**　　　11. Haus = 　°　'

3. Haus = 　°　'　　　12. Haus = 　°　'

MC = **13** ' "	MC												
As = ° ' **14** "	As												
☉ = **15** ' "	☉												
☽ = ° **16** '	☽			**26**									
☿ = **17** °	☿												
♀ = ° **18** '	♀												
♂ = **19** °	♂												
♃ = ° **20** '	♃												
♄ = **21** °	♄												
⚷ = ° **22**	⚷												
♅ = **23** °	♅												
P = ° **24** '	P												
☊ = **25** ° '	☊												

28　**27**

☊　P　♅　⚷　♄　♃　♂　♀　☿　☽　☉　As　Mc

F	E	L	W	k	f	b	m	w	FS	HW	E	N	F	O	U	O	W
	29				**30**	**31**	**32**			**33**	**34**			**35**			

36

F　E　L　W
k　f　b

O　Ö　FS
U　W　HW
37

Abb. 16

Abb. 17

Gestirnstandsauszug

für Frau   Gabriele K.   in   München

Tag	30.10.52	31.10.52	20.11.52	21.11.52
Sternz.	2ʰ33ᵐ0ˢ	2ʰ36ᵐ57ˢ	3ʰ55ᵐ48ˢ	3ʰ59ᵐ45ˢ
☉	♏ 6°30'14"	7°30'12"	27°36'25	28°37'02
☽	♓ 27°15'	♈ 11°37'	♐ 29°01'	♑ 13°03'
☿	♏ 27°02'	♑ 28°23'	♐ 16°31'	16°29 R
♀	♐ 9°31'	10°44'	♑ 5°03'	6°16'
♂	♑ 12°55'	13°39'	♑ 28°38'	29°24'
♃	♉ 17°11 R	17°03 R	♉ 14°22 R	14°15 R
♄	♎ 20°13'	20°20'	22°37'	22°43'
♋	♋ 18°31 R	18°31 R	♋ 18°13 R	♋ 18°11 R
♅	♎ 22°01'	22°03'	22°44'	22°46'
♇	♌ 23°04'	23°05'	♌ 23°13'	23°13'
☊	♒ 15°47'	—	14°43'	—

lfd. Kalenderjahr = 1973
Geburtsjahr = 1952
Vergg. Lebensjahre = 21
Geburtstag = + 30.10.
51.10
20.11
= 20.11.52
Tag f. Sek. dir. =

Alle Angaben beziehen
sich auf Weltzeit 00ʰ/…

165

In unserem Beispielfall erfolgte die Geburt nach Mitternacht. Das heißt, daß die Sonne, weil es Nacht war, unter dem Horizont gestanden hat. Das IC (Imum coeli) bezeichnet die Mitternacht, der Aszendent den Aufgangspunkt, also den Morgen. Mithin mußte die Sonne zur Geburtszeit zwischen dem IC und dem Asz. ihre Position gehabt haben.

Wer am Tage geboren wurde, hat die Sonne über dem Horizont. War es vor 12^h Mittag (Ortszeit), stand die Sonne zwischen Asz. und MC, also östlich. Erfolgte die Geburt an einem Nachmittag, hatte sie ihre Position zwischen MC und dem Deszendenten (Untergangspunkt), sie war im Abstieg und stand westlich, d. h. rechts des Meridians (MC-IC).

Sie tragen alle Planetenpositionen ein, markieren sie durch ganz kurze Striche beim betreffenden Grad, malen das Symbol hin und schreiben die volle Gradangabe dahinter, evtl. das Zeichen für rückläufig (R).

Wenn Sie die Gestirnstellungen nach einer genauen Ephemeride bestimmen oder nach einem Gestirnstandsauszug festlegen, genügt auf der Zeichnung ebenfalls die Angabe des vollen Grads, denn auf dem Berechnungsblatt bzw. der Berechnungskarte haben Sie die genauen Werte jederzeit zur Verfügung. Nur bei der Sonne ist es üblich, die genaue Position einzutragen, im Falle später nach der Skizze ein Solarhoroskop berechnet werden soll.

Gestirnstandsauszüge liefert Ihnen der Autor. Bitte beachten Sie die Notiz auf der letzten Seite.

Berechnung nach einer Ephemeride
bzw. nach einem Gestirnstandsauszug
3. Übungsbeispiel

Es sollen die Horoskopdaten für eine weibliche Geburt am 30. 10. 1952, um 19^h 30^m in Heidelberg berechnet werden. Um den Leser zu befähigen, auch mit Ephemeriden oder einem Gestirnstandsauszug arbeiten zu können, sei ein solcher zugrunde gelegt (Abb. 17, S. 165). Es gelten für das Geburtshoroskop die ersten beiden Spalten.

Dieser Gestirnstandsauszug ist nach der „Lorcher Ephemeride"
ausgestellt, die der Rohm-Verlag 712 Bietigheim, seit 1950 alljährlich herausgibt.
Gleichzeitig kann der Leser damit den Umgang mit astrologischen
Gestirnstandstafeln üben, die nicht auf 12^h mittags Weltzeit, sondern auf 00^h Weltzeit berechnet sind.

Die erste Spalte des Gestirnstandsauszugs enthält alle notwendigen
Angaben wie Sternzeit und Planeten- sowie Mondknotenpositionen
für den 30. 10. 1952, 00 Uhr Weltzeit.
Aus der zweiten Spalte sind die Angaben für den 31. 10. 1952
00 Uhr Weltzeit zu entnehmen, denn die Geburt erfolgte ja zu
einer Stunde, die zwischen diesen Daten lag, um 19^h 30^m.
Die 3. und 4. Spalte berücksichtigt die notwendigen Daten zur Berechnung der Sekundärdirektionen. Darüber lesen Sie im Abschnitt
„Prognose".

Wir verfahren wieder nach dem Muster der Berechnungskarte
(Abb. 16). Zunächst gilt es, MC, Asz. und die Häuserspitze zu ermitteln.

4 Der Tabelle, Seite 288, entnehmen wir die Lage des Geburtsortes Heidelberg. Heidelberg liegt in 49° 24′ nördlicher Breite.

5 Die östliche Länge bestimmen wir mit 0^h 34^m 48^s in Zeit.

6 Die Geburt erfolgte um 19^h 30^m. Da keine Sommerzeit zu berücksichtigen ist, war dies nach Mitteleuropäischer Zeit (MEZ).

7 19^h 30^m MEZ ist auf Weltzeit umzurechnen. Es ist 1 Stunde ab-
zuziehen. Somit geschah die Geburt um 18^h 30^m Weltzeit.
Das ist zugleich 18 Stunden 30 Minuten nach 00 Uhr Weltzeit am

8 30. 10. 1952, auf welchem Zeitpunkt die Angaben der Spalte 1
des Gestirnstandsauszuges basieren.

⑧ Um die Ortszeit der Geburt zu erhalten, muß die seit 00^h vergangene Zeit und die Zeitdifferenz für die östliche Länge vermehrt werden

18^h 30^m
+ 0^h 34^m 48^s

⑨ Da wir die Sternzeit der Geburt zu berechnen haben, müssen wir diese zur Ortszeit der Geburt addieren. Sternzeit für den 30. 10. 52 00^h

+ 2^h 33^m 00^s

⑩ Es ist der Sternzeitfortschritt für 18 Stunden 30 Minuten zu berücksichtigen. Das geschieht nach der Tabelle Seite 314

+   03^m 03^s

Die Summe, die wir erhalten, ist die Sternzeit der Geburt

21^h 40^m 51^s

⑫ Die RAMC braucht nicht bestimmt zu werden. Es ist eine Angabe für den fortgeschrittenen Astrologen, der mit Primärdirektionen arbeiten will.

⑬ Wir schlagen die Häusertabelle für das mittlere Deutschland auf. Als Sternzeitangabe, die der unseres Übungsbeispiels am nächsten kommt, finden wir 21^h 37^m 29^s.
Wir entscheiden uns für diese Angabe, weil es erfahrungsgemäß immer günstiger ist, den früheren Wert anzunehmen, solange nicht die Geburtszeit korrigiert ist, was in diesem Buch nicht gelehrt werden kann, weil dazu bereits Fachwissen gehört.
Als Spitze des 10. Hauses, d. h. als MC, ermitteln wir 22° ♒ Wassermann.

⑭ Der dazugehörende Aszendent ist für das mittlere Deutschland 27° ♊ Zwillinge.

Da aber die Geburt nicht im mittleren Deutschland, nämlich in etwa 51° nördlicher Breite erfolgte, sondern etwa 2° Breitengrade weiter südlich, wird zwar das MC gleich sein, das ja im Meridian liegt, nicht aber der Aszendent.
Solange, bis man als Horoskopierender sich die vollständigen „Häu-

168

sertabellen" (Rohm-Verlag 712 Bietigheim) beschafft, merke man sich als Faustregel, daß man vom Aszendenten für das mittlere Deutschland etwa soviele Grade abziehen muß, wie die Geburt südlicher erfolgte.

Nach unserem Beispiel wären das —2°, was als Aszendent 25° ♊ Zwillinge ergibt.

Für den Anfänger genügt dieser Näherungswert, der vom tatsächlichen exakten Ergebnis nur um einige Bogenminuten abweicht.

⑬ Bei den Zwischenhäusern bleiben wir bei den Angaben der Häusertabelle für das mittlere Deutschland. Die Differenzen gegenüber den exakten Häuserspitzen schwanken ebenfalls nur um 1°. Da es einige Häusersysteme gibt, sei dem Anfänger geraten, vorsichtig zu sein, was die Spitzen dieser Sektoren angeht. Man muß durch eigene Erfahrung sich erst ein Urteil bilden, mit welchem System man besser zurecht, das heißt zu besseren Ergebnissen kommt.

| 2. Haus 14° ♋ | 11. Haus 23° ♓ |
| 3. Haus 1° ♌ | 12. Haus 9° ♉ |

Nun gilt es, die Planetenpositionen zu berechnen, und zwar für den 30. 10. 1952 um 18ʰ 30ᵐ Weltzeit (also bezogen auf Greenwich). Da die Ephemeride wie der Gestirnstandsauszug nur die Mitternachtspositionen für den 30. 10. und den 31. 10. enthält, muß der Zwischenwert für 18 Stunden 30 Minuten gefunden werden. Hierzu bediene man sich der Tabelle „Diurnal- oder Proportionallogarithmen" in diesem Buch.

Die sehr einfache Arbeitsweise sei im folgenden erläutert.

⑮ Bestimmung der Sonnenposition zur Geburtszeit:
Zuerst berechne man die Tagesstrecke, das heißt den in 24 Stunden zurückgelegten Weg auf der Ekliptik. Für das Ergebnis suche man den Log. aus der Tafel und addiere den Log. für 18ʰ 30ᵐ.

Position der Sonne am 31. 10. 1952 00ʰ Wezt.   7° 30′ 12″ ♏
Position der Sonne am 30. 10. 1952 00ʰ Wezt. − 6° 30′ 14″ ♏

Dem Leser wird aufgefallen sein, daß wir den Wert vom 31. zuerst aufschreiben. Das geschieht, damit wir den kleineren Wert vom 30. abziehen können.

Leider geht dies in unserem Falle nicht ohne eine kleine Umrechnung, denn man kann nicht 14″ von 12″ subtrahieren.

Deswegen müssen wir die obere Zahl entsprechend „einrichten". Um subtrahieren zu können, „borgen" wir uns 1′ und verwandeln diese in 60″. Das gleiche müssen wir mit den Minutenangaben machen.

Stets ist der Schlüssel 1° = 60′, 1′ = 60″.

Mit der so eingerichteten Zahl können wir arbeiten:

$$\begin{array}{r} 6° \ 89′ \ 72″ \ \text{m} \\ - \ 6° \ 30′ \ 14″ \ \text{m} \\ \hline \end{array}$$

Tagesstrecke der Sonne $\quad \overline{0° \ 59′ \ 58″}$

In der linken Spalte der Logarithmentafel suchen wir den Minutenwert. Es ergäbe dies für 59′ Log. 1.3875. (Seite 300)

Da aber dabei die 58″ unberücksichtigt bleiben müßten, runden wir auf und wählen den Log. für 60′ = 1 Grad.

Der Log. für 1° = 1.3802.

Den Log. für $18^h \ 30^m$ finden wir, indem wir in der oberen Reihe wo „Grade oder Stunden" vermerkt ist, die Spalte 18 suchen. In dieser fahren wir so weit abwärts, bis wir in die Reihe kommen, die links am Rand mit 30 Minuten bezeichnet ist.

Dort steht der Log. für $18^h \ 30^m$.

Wir addieren Log. für 1° (ersatzweise für 59′ 58″)   1.3802
Log. für $18^h \ 30^m$ +   1130
       Log. 1.4932

Um den Log. 1.4932 in Bogengrade bzw. Bogenminuten zurückverwandeln zu können, suchen wir in der Tabelle Log. 1.4932. Diese Zahl ist nicht enthalten. Ihr am nächsten kommt Log. 1.4956 in der Spalte „0 Grade oder Stunden".

Diesem Log. entsprechen (linke Randspalte) 46 Minuten. Es sind keine Zeitminuten, sondern Bogenminuten (46′). Um diese Strecke hat sich die Sonne im Tierkreis vom 30. 10. 1952, 00 Uhr Weltzeit bis zur Geburt um $18^h \ 30^m$ Weltzeit vorwärtsbewegt. Deswegen müssen die 46′ zur Sonnenposition vom 30. 10. addiert werden:

Sonne am 30. 10. 1952 00^h Wezt.   6° 30′ 14″ ♏
Entfernung für 18^h 30′   +   46′
Sonnenposition zur Geburtszeit: 6° 76′ 14″ ♏ = 7° 16′ 14″ ♏

Das Ergebnis wird notiert (Berechnungskarte).

⑯ Ermittlung des Mondstandes:
Mondposition am 31. 10. 1952 00^h Wezt. 11° 37′ ♈
Mondposition am 30. 10. 1952 00^h Wezt. 27° 15′ ♓
Der Mond ist in ein anderes Zeichen gewechselt. Deswegen können
wir auch 27° nicht von 11° abziehen.
Das Einrichten der oberen, der größeren Zahl, bereitet keine
Schwierigkeiten. Wir stellen uns einfach vor, daß das Zeichen Wid-
der eine Fortsetzung der Fische wäre. In diesem Falle stünde der
Mond bei 41° 37′ Fische.
Wir rechnen   41° 37′
                − 27° 15′
        Um 14° 22′ hat sich also der Mond von Mitter-
nacht bis Mitternacht vorwärtsbewegt.

Man kann dieses Ergebnis auch anders finden. Man ergänzt von
27° 15′ Fische bis 30° Fische (0° Widder), das sind 2° 45′. Dazu
zählt man die im Zeichen Widder zurückgelegte Strecke, nämlich
11° 37′. 2° 45′ ♓ + 11° 37′ ♈ = 14° 22′ ♈.

Log. für die Tagesstrecke des Mondes von 14° 22′   Log. 2229
+ Log. für die Strecke von 18^h 30^m + Log. 1130
                                               Log. 3359

Der in der Tafel als nächstliegender Wert ist Log. 3362. Das sind
11° (obere Reihe) und 04′ (linke Spalte).
Also hat der Mond von 00^h Mitternacht des Geburtstages bis zur
Geburtszeit 11° 04′ zurückgelegt.
Wir addieren zur Position um 00^h vom 30. 10. 1952   27° 15′
                                               + 11° 04′
                                               38° 19′

Eigentlich wäre das 38° 19′ Fische. Da aber Fische nur bis 30° geht und dann Widder beginnt, muß die Position des Mondes im Widder liegen. Wir verändern das Ergebnis und erhalten als genaue Mondposition zur Geburtszeit 8° 19′ ♈.

17 ☿ Merkur.

Tagesstrecke: Unterschied zwischen 27° 02′ ♏ zu 28° 23′ ♏ = 1° 21′.

Log. für 1° 21′	Log. 1.2499
+ Log. für 18ʰ 30ᵐ	+ Log. 1130
	Log. 1.3629

Der Log. 1.3629 ist nicht verzeichnet. Nächstliegender Wert ist Log. 1.3590. Das ergibt eine Strecke von 1° 03′.

Diese 1° 03′ addieren wir zum Merkurstand vom 30. 10. 1952 00ʰ:

$$27° \ 02′ \ ♏$$
$$+ \ \ 1° \ 03′$$
$$28° \ 05′ \ ♏$$

Nach diesen drei Übungsaufgaben wird es Ihnen nicht schwer fallen, auch andere Aufgaben mit der Logarithmentafel zu lösen.

Das Bestimmen und Einzeichnen der Aspekte

Haben Sie in das Horoskop Meridian, Horizont und Häuser eingezeichnet und die Planetensymbole mit ihrer Positionsangabe eingetragen, müssen Sie die Aspekte bestimmen.

Im Kapitel „das astrologische System" haben Sie über die Aspekte erste Hinweise gelesen. Jetzt sollen Sie sich mit der praktischen Handhabung vertraut machen.

Exakte und plaktische Aspekte

Ist ein Winkel genau 90°, spricht man von einem exakten Quadrat, ein Winkel von 120° wäre ein exaktes Trigon, und wenn zwei Planeten im selben Grad des Tierkreises zusammenstehen, darf man von einer exakten Konjunktion sprechen.

Man berücksichtigt jedoch nicht nur diese „exakten" Aspektbildungen, obwohl sie natürlich um so stärker zu bewerten sind, je genauer sie ausfallen.

Man billigt jedem Aspekt einen „*Orbis*" zu (d. h. Umkreis). Lehrbücher enthalten in der Regel Aufstellungen, die angeben, wie weit ein Orbis zwischen den einzelnen Planeten sein darf. Der Anfänger mache da keine Unterschiede, sondern halte sich zunächst an einen Orbis von 7°. So weit reichen „plaktische" Aspekte. D. h. am *Beispiel Nr. 1* erklärt: (Siehe Abb. 18, S. 174.)

Die Sonne befindet sich im Geburtshoroskop in 16° ♏. Mithin beträgt der Umkreis 7°, reicht also von 9° ♏ bis 23° ♏. Stünde innerhalb dieses Umkreises ein Planet, befände er sich in Konjunktion ♂. Fällt innerhalb dieses Umkreises ein Aspekt, so ist er gültig. Eine Erklärung der Aspekte gibt Abb. 8, Seite 52. ☿ Merkur bildet mit der Sonne keine Konjunktion mehr, da er 9° entfernt ist.

Eine Konjunktion jedoch liegt zwischen Saturn und dem Aszendenten (♄ ♂ Asz.) vor, auch zwischen dem Mond und dem MC (☽ ♂ MC). Ein Sextil besteht zwischen Sonne und Saturn (☉ ✳ ♄) und Sonne und Asz. (☉ ✳ Asz.).

Ein Quadrat ist gegeben zwischen Mars und Mond (♂ ☐ ☽) und zwischen Saturn und Mond (♄ ☐ ☽) oder zwischen Saturn und MC (♄ ☐ MC).

Trigone sind zwischen Merkur und Uranus (☿ △ ♅), Venus und Mars (♀ △ ♂).

Dagegen stehen Uranus und Venus in Opposition zueinander (♅ ☍ ♀).

26 Um bei der Deutung später eine rasche Übersicht zu haben, sollten die Aspekte in das Aspektarium eingetragen werden.

Gerade für den Anfänger ist es jedoch auch wichtig, die Aspekte

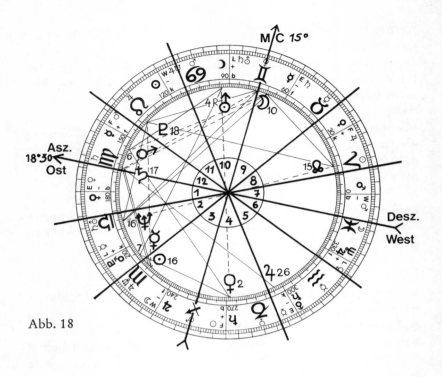

Abb. 18

Horoskopzeichnung für eine Dame, geb. am 8. Nov. 1949 um
2ʰ 20ᵐ in Essen (Erstes Berechnungsbeispiel für ein Horoskop, Text
ab Seite 153.)

optisch immer vor Augen zu haben. Deshalb sollten die Aspekte
auch in das Tierkreisformular, d. h. in das Kosmogramm selbst eingezeichnet werden.
Hierzu wähle man die Farben grün und rot. Sie sind jedem von der
Verkehrsampel her geläufig:
grün = alle günstigen, harmonischen Aspekte,
rot = alle ungünstigen, disharmonischen Aspekte.

Um die Farben auch richtig anwenden zu können, müssen Sie lernen, die Aspekte richtig zu bewerten.
In manchen Fällen ist das Urteil leicht zu fällen.

174

Quadrate □ sind in der Regel ungünstig, werden demnach rot gezeichnet (Druck in diesem Buch - - - - - - -).

Trigone △ und Sextile ✳ sind dagegen allgemein günstig, (im Buch), werden daher als grüne Linien eingetragen.

Im übrigen muß man sich stets die Natur, d. h. die Qualität der Aspektpartner vergegenwärtigen.

Eine Konjunktion ♂ zwischen Saturn ♄ und einem anderen Gestirn wird meist ungünstig zu bewerten sein, weil Saturn als „böse" gilt. Im Kapitel über den kosmischen Zustand der Gestirne werden Sie lesen, daß es nicht gleichgültig ist, in welcher Gegend des Zodiaks eine Konjunktion, ja überhaupt ein Aspekt fällig ist.

Steht ein Aspektpartner im eigenen Zeichen (was aus dem Horoskopformular zu ersehen ist), wird er der „Sender" und stärker zu beurteilen sein, als ein Aspektpartner, der vielleicht „ohne Würden" ist.

So kommt es bei einer Konjunktion zwischen Jupiter und Mars (♃ ♂ ♂) sehr darauf an, wo sie geschieht. Mars ♂ gilt allgemein als „böser" Planet, Jupiter ♃ als „Wohltäter". Im Schützen ♐, einem Jupiterzeichen, wird sich Jupiter durchsetzen, deshalb wäre diese Konjunktion durch einen grünen Ring, der beide Planetenpositionen im Zodiak umschließt, einzutragen. Im Widder ♈ würde Mars ♂ das Übergewicht haben. Der Ring wäre dann rot zu zeichnen, weil die Konjunktion eher disharmonisch wäre. Allerdings muß man dabei immer im Auge haben, ob die Aspektpartner noch andere, z. B. stützende Aspekte empfangen. Man überlege sich ferner, daß eine Konjunktion ♂ stets eine Mischung der „Kräfte" bedeutet. Dies wird auch helfen, von Fall zu Fall die richtige Bewertung zu treffen.

Recht eindeutig ist es, wenn es sich um Konjunktionen zwischen Gestirnen und den wichtigen „Ecken", Aszendent und MC handelt. Aszendent und MC gelten dann als neutral, so daß sich die Planetennatur durchsetzen wird.

Es gelten als „Wohltäter": ♃ Jupiter, ♀ Venus, ☉ Sonne; „Übeltäter" dagegen sind: ♄ Saturn, ♂ Mars, ebenfalls, jedoch mit Einschränkungen, ♅ Uranus und ♇ Pluto, während bei ♆ Neptun viel von seiner Position abhängt, ob man ihn gut oder schlecht bewerten soll.

Mond ☽ und Merkur ☿ sind neutral. Sie nehmen die Art des Aspektpartners an. Mond-Konjunktion-Jupiter (☽ ☌ ♃) ist einer der wohltätigsten Aspekte überhaupt, Mond-Konjunktion-Saturn (☽ ☌ ♄) einer der kritischsten Aspekte.

Die Opposition ☍ gilt als spannungsträchtiger Aspekt, wird demnach rot gezeichnet.

Nun kann es aber vorkommen, daß einer der Aspektpartner den Trigonaspekt △ eines anderen Planeten empfängt. Damit sind Möglichkeiten angedeutet, daß diese Spannungen gewissermaßen ein Ventil finden werden, was erleichternd, entspannend wirkt. Dies ist bei der Auslegung später zu beachten.

28 In der Berechnungskarte ist vor der Planetenaufstellung eine schmale Spalte. Hier ist der Raum, die Gradpositionen in fortlaufender Reihenfolge einzutragen. Man beginnt mit 0 und schreibe die vorkommenden Gradzahlen bis 29 in der richtigen Reihenfolge ein. In unserem Beispiel Nr. 1 würde an erster Stelle 2 (für Venus), 4 (für Uranus), 6 (für Mars) usw. stehen. Mit Hilfe dieser Übersicht weiß man sofort, ob Aspekte zu einer bestimmten Position möglich sind bzw. vorkommen. Dies ist eine Erleichterung bei prognostischen Arbeiten.

Der kosmische Zustand der Planeten

27 Zwischen den Gestirnständen und dem Aspektarium finden Sie auf der Berechnungskarte eine freie Spalte. Hier ist der Raum, die Bewertung des kosmischen Zustandes der Gestirne des Horoskops einzutragen. Ein solche Übersicht erleichtert es Ihnen, später mit einem Blick zu übersehen, welche Qualitäten ein Gestirn hat, bzw. wie groß dessen Bedeutung für das ganze Kosmogramm ist.

Zwei Tafeln im Tabellenteil lassen sich als Arbeitshilfe gut verwenden (Seiten 302 u. 303).

Zunächst wollen wir uns ins Gedächtnis rufen, was bezüglich des kosmischen Zustands aus dem Kapitel „Das astrologische System" bereits bekannt ist (ab Seite 42).

Jedes Tierkreiszeichen ist im Sinne eines bestimmten Planeten eine in dessem Sinne „vorgeformte Zone":

♂ Mars ist im ♈ Widder zu Hause,
♉ Stier ist die Zone der ♀ Venus,
☿ Merkur regiert das Zeichen ♊ Zwillinge,
dem ☽ Mond ist der ♋ Krebs zugeordnet,
die ☉ Sonne strahlt im ♌ Löwen am stärksten, usw.

Die *Zeichenregenten* ersehen Sie aus den Horoskopformularen. Es sind die in den jeweiligen Zeichenfeldern *fettgedruckten Gestirnsymbole*. Sie können daraus auch gleich erkennen, ob ein Gestirn + 3 Punkte bekommt – wenn es im eigenen Zeichen steht – oder — 3 Punkte, wenn sich der Planet im Gegenzeichen aufhält, wenn er also ins „Exil" geraten ist.

Am besten gehen Sie in der üblichen Reihenfolge alle Planeten nacheinander durch und notieren sich auf einem Zettel, was zutrifft.

Das Ergebnis vermerken Sie dann auf der Berechnungskarte.

Es sind zu vergeben:

+ 3 Punkte, wenn ein Planet im eigenen Zeichen steht.

+ 3 Punkte, wenn sich zwei Planeten in *Rezeption* befinden. Das heißt, daß sie sich in „vertauschten" Zeichen aufhalten. Rezeption liegt z. B. vor, wenn ♃ Jupiter sich im Löwen ♌ und die ☉ Sonne sich im ♐ Schützen befinden, oder ♂ Mars in der ♎ Waage und ♀ Venus im ♈ Widder sind. Rezeption ist immer stärker als jede andere Bewertung, welche die Stellung in den Zeichen berücksichtigt.

+ 3 Punkte werden vergeben, wenn ein Planet sich in einer engen Konjunktion (nicht mehr als 1°) mit dem Asz. oder dem MC befindet.

+ 2 Punkte werden allen Planeten zugeteilt, die sich im 1., 10., 4. oder 7. Haus befinden.

+ 2 Punkte gibt es auch für eine exakte Konjunktion ♂ oder ein exaktes Trigon △ zwischen einem Gestirn und Sonne, Jupiter oder Venus.

+ 2 Punkte werden vergeben, wenn ein Planet sich in plaktischer Konjunktion ♂ zum Asz. oder dem MC befindet (mehr als 1°, aber weniger als 8° vom Asz. oder dem MC entfernt.

+ 1 Punkt bekommt ein Planet zugeteilt, wenn er in einem Zeichen seines Elements steht. In welcher Weise das zutrifft, sehen Sie aus dem Tierkreisformular. Es sind dort in jedem Zeichen kleingedruckte Planetensymbole. Z. B. regieren Mars, Sonne und Jupiter die drei Feuerzeichen Widder ♈, Löwe ♌, Schütze ♐. Mars ♂ ist im Widder ♈ der Herr, daher ist sein Symbol fettgedruckt. ♃ Jupiter und ☉ Sonne fühlen sich aber hier ebenfalls wohl, sind daher gewissermaßen auch am rechten Platz.

+ 1 Punkt gibt es für die „Erhöhung", z. B. ☽ im ♉. Das Merkmal Erhöhung ist aus dem Tierkreiszeichenformular nicht zu ersehen.

— 1 Punkt erhalten Planeten, die sich „im Fall" befinden. Es ist dies das Gegenteil von Erhöhung, z. B. ♄ in ♈, ☉ in ♎, ♃ in ♑ Steinbock. (Es gibt nur diese drei Fälle.)

— 2 Punkte bekommt ein Planet, wenn er in exakter Konjunktion ♂ oder nicht entspannter Opposition ☍ mit ♄ Saturn oder ♂ Mars verbunden ist.

— 3 Punkte bekommt jeder Planet, der sich im Gegenzeichen zu seinem eigentlichen Herrschaftsgebiet aufhält, also für die Exilstellung.

Das Ergebnis + und — wird aufgeschrieben als Verhältnis +:—. Sodann zählen Sie die beide Zahlen zusammen und schreiben die Summe dahinter: +Punkte: —Punkte = Summe aller Punkte. Nur so können Sie sehen, welcher Planet die höchsten Qualitäten besitzt.

Die Auswertung zu Beispielhoroskop Nr. 1

☉ = + 0 : — 0 = 0
☽ = + 2 : — 0 = 2   da in plaktischer Konjunktion mit MC
☿ = + 3 : — 0 = 3   da in Rezeption mit Mars
♀ = + 3 : — 0 = 3   da in verwandtem Zeichen
♂ = + 3 : — 0 = 3   da in Rezeption mit Merkur
♃ = + 0 : — 0 = 0

$ħ = + 4 : — 0 = 4$ Konj. Asz. und in verwandtem Zeichen
$⚨ = + 2 : — 1 = 1$, da im 10. Haus, jedoch rückläufig

Am stärksten ist in diesem Horoskop ohne Zweifel Saturn gestellt. Er hat außerdem noch ein recht genaues Sextil ✱ zur Sonne ☉, das aber nicht in der Tabelle bewertet, wohl aber berücksichtigt werden kann.

Die Bewertung der Elemente des Kosmogramms

Wir müssen noch die Punkte ㉙ bis ㊲ der Berechnungskarte erledigen.

㉙ Die Buchstaben F, E, L und W sind die Anfangsbuchstaben der Bezeichnungen der vier Elemente Feuer, Erde, Luft und Wasser. Sie können darüber in dem Kapitel „Das astrologische System" nachlesen. Eine Denkstütze geben Ihnen auch die Großbuchstaben, die im Tierkreisformular in die Felder der Zeichen eingedruckt sind. Tragen Sie die Planetensymbole in die vorgesehenen Felder ein.

㉚ Ob ein Gestirn sich in einem kardinalen, festen oder beweglichen Zeichen befindet, entnehmen Sie den Kleinbuchstaben k, f oder b in den einzelnen Tierkreiszeichenfeldern.

㉛ Die Merkmale männlich (m = +) oder weiblich (w = —) ersehen Sie gleichfalls aus den Zeichen des Formulars. Es dürfte Ihnen nicht schwerfallen, die Übersicht zusammenzustellen.

㉜ FS = Frühlings- und Sommerzeichen sind alle Zeichen von Widder ♈ bis einschließlich Jungfrau ♍.
HW = Herbst- und Winterzeichen gehen von Waage ♎ bis Fische ♓.

㉝ Es ist die Position der Planeten in den Häusern zu notieren:
E = Eckhäuser: 1, 4, 7, 10
N = Nachfolgende Häuser: 2, 5, 8, 11
F = Fallende Häuser: 3, 6, 9, 12

19h 30m MEZ/~~Sozt~~ ~~Dplt.~~ · 30.10.52 **Heidelberg**   Abb. 19

18h 30m Weltzt. - in Breite: 49°24' Länge in Zeit: 0h 34m 48s

18h 30m Seit 12h/0h bis   Geb. (Wtzt) verg. Zt.

0h 34m 48s Länge in Zeit   Beruf ⚹

2h 33m 00s Sternzt. 12h/0h   led/verh/~~gesch~~

00h 01m 03s Korr. f. Stzt.   Kinder: 1 Sohn

21h 38m 51s Sternzt. d. Geburt = ° ' RAMC

2. Haus = 14° ♋   11. Haus = 22° ♓

3. Haus = 1° ♌   12. Haus = 9° ♉

#	Planet	Position
7	MC = 22°	♒
8	As = 25°	♊
10	☉ = 7° 16' 14"	♏
13	☽ = 8° 19'	♈
15	☿ = 28° 05'	♏
17	♀ = 10° 18'	♐
18	♂ = 13° 29'	♑
20	♃ = 17° 04'	♉ R
22	♄ = 20° 18'	♎
22	⚷ = 18° 31'	♋ R
23	♆ = 22° 03'	♎
25	♇ = 23° 05'	♌
28	☊ = 15° 45'	♒

Aspektgitter (best reading):

	☊	♇	♆	⚷	♄	♃	♂	♀	☿	☽	☉	As	Mc
MC		♂	△		△	□			□				
As		✳	△		△								
☉					✳								
☽						□	△						
☿		□										□	
♀	✳					△							
♂				♂	□	△			□	✳			
♃	□	□	✳		△								
♄	△	✳	♂	□		□			△	△			
⚷		□		□	✳	♂							
♆	△	✳		□	♂			△	△				
♇		✳		✳	□		□		✳	♂			
☊		△		△	□		✳						

Elementgitter (best reading):

F	E	L	W	k	f	b	m	w	F	S	H	W	E	N	F	O	U	O	W
☽	♃	A	⚷	☽	♃	A	☽	♃	☽	♄	♂	⚷	♃	♂	⚷	☽		♂	
♀	♂	♄	☉	⚷	☉	♀	A	⚷	♃	♆	♄	☿	☽	♄	♃	♀			
		♆	☿	♄	☿		♄	☉	A	☉	♆	♀	♃	♆	⚷	☿			
			♆		♆	☿	⚷	☿	☉		A	☉	☉		☉	☉		☉	
			♂			♀	♂	♀		☽		☿	♄						
						♂		♀	♆										

3F 2E 4L 5W / 6k 5f 3b

4O 4Ö 6 FS / 8U 8W 8 HW

180

(34) O = oben: Alle Planeten, die sich über dem Horizont befinden
U = unten: Alle Planeten, die sich unter dem Horizont befinden

(35) Ö = östlich, links der Linie MC-IC befindliche Planeten, Gestirne im Aufgang
W = westlich, rechts der Linie MC-IC befindliche Planeten, Gestirne im Abstieg.

(36) Knappich nennt diese Formel *„Strukturformel"*, weil sie die Struktur, d. h. den Aufbau der Charakterelemente erkennen läßt. Sie müssen nun die Planeten abzählen und die betreffende Zahl vor den entsprechenden Buchstaben setzen.
Bitte beachten Sie, daß Sonne ☉, Merkur ☿ und Mond ☽ je 2 Punkte bekommen und daß auch der Aszendent mitzählt, und zwar ebenfalls 2 Punkte. Pluto und der Mondknoten werden dagegen nicht berücksichtigt.

(37) Aus der *„Richtungsformel"* ist zu ersehen, in welcher Weise, d. h. in welcher Richtung ein Charakter auf die Umwelt einwirkt. Sie zählen wieder die Planeten zusammen. Sonne, Mond und Merkur und Aszendent erhalten wieder je zwei Punkte, alle übrigen Gestirne 1 Punkt. MC, Pluto und Mondknoten werden nicht berücksichtigt. (Aszendent nur bei FS- bzw. HW-Zeichen.)
Mit dem Eintragen der Punktwerte in die Berechnungskarte sind alle Vorarbeiten für die Deutung abgeschlossen.
(Abb. des Kosmogramms – siehe S. 174).

Der Überblick
Struktur und Richtung des Charakters

Bei einiger Geduld und gutem Willen schafft es jeder, ein Horoskop berechnen und aufzeichnen zu können.
Bei der Deutung aber scheitern viele, wahrscheinlich, weil es keine verbindlichen Richtlinien geben kann, die für jedes Kosmogramm gelten. Erst mit der Zeit bekommt man einen Blick dafür, was wesentlich und was nicht so wichtig ist. Mit anderen Worten, es

ergibt sich dann, womit man bei der Deutung anfangen sollte und wo die Schwerpunkte liegen.

Der sicherste Weg für den Anfänger, den er mindestens in den ersten Jahren beibehalten sollte, ist ein systematisches Vorgehen, das mit einem Überblick beginnen muß.

Gewiß vermag auch ein Anfänger bald festzustellen, wo eine besondere Konstellation vorliegt. Er gerät dann leicht in Versuchung, diese überzubewerten.

Die Berechnungskarte in der bekannten Form bietet alle Hilfen, die nötig sind, um der Reihe nach vorgehen und die wichtigsten Fakten aufrollen zu können.

Man scheue nicht die Mühe, sich alle aufgefundenen Ergebnisse aufzuschreiben. Ist das Stichwortverzeichnis fertig, mag man darangehen, zu ordnen, die sich widersprechenden Aussagen zu entwirren versuchen und alles auf einen Nenner zu bringen.

Wer schon einige astrologische Vorkenntnisse besitzt, kann gleich mit der Arbeit beginnen. Wem diese fehlen, sollte sich unbedingt die Bedeutung der wichtigsten Elemente einzuprägen versuchen, mindestens, was im Kapitel „Das astrologische System" dargestellt wurde (ab Seite 42).

Dabei geht es um die Bedeutung der Polarität, der vier Elemente, um die Dynamik, was die Tierkreiszeichen betrifft. Sodann sollte man die Grundbedeutungen der Planeten und der Aspekte kennen. Lassen Sie uns zunächst einmal die *Strukturformel* betrachten. Aus ihr ersehen Sie die Grundstrukturen des Charakters leider nicht immer sofort. Leichter wird es, wenn Sie feststellen können, daß ein Element besonders betont ist, schwerer, wenn die Gestirne sehr gleichmäßig verteilt sind. Im ersteren Falle haben Sie es wahrscheinlich mit einem Menschen zu tun, der profilierter ist als einer, der mehr einem vielseitigen All-round-Typ entspricht.

F Wenn die *Feuerzeichen* (Widder ♈, Löwe ♌, Schütze ♐) überwiegen, kann man davon ausgehen, daß der *Wille* ausgeprägt sein wird. Er wird die Triebe beherrschen.

Solche Menschen werden bei ihren Unternehmungen andere mitzureißen verstehen, denn sie zeigen Elan. Ihr dynamisches Handeln kann sie zwar rasch voranbringen, doch wirken sie auf andere keineswegs beruhigend. Mehr als sie selbst es verspüren, merkt die Umwelt, daß diese Menschen in einer Bereitschaft zu ständiger Anspannung leben.

Menschen mit stark besetzten Feuerzeichen sind begeisterungsfähig, haben auch starke Leidenschaften, die sie ausleben wollen. Deswegen kommen sie oft in kritische Lagen, beschwören Konflikte herauf oder lassen sich in Aktionen ein, bei denen es auf Biegen oder Brechen geht. Da sie ungern nachgeben, ist Toleranz nicht gerade ihre Stärke.

E Wenn die *Erdzeichen* (Stier ♉, Jungfrau ♍, Steinbock ♑) in einem Kosmogramm hervorragend besetzt sind, darf man auf *Sinn für Realität* schließen. Diese Menschen wissen meistens sehr genau, was „machbar" ist. Sie lassen sich nicht auf Experimente ein, sind vorsichtig, ruhig und ausgeglichen, was sie langsam und schwerfällig erscheinen läßt, und huldigen meistens konservativen Ansichten, die sie für bewährt halten.

Bei der Auseinandersetzung mit der Umwelt lassen sie sich am ehesten von den Gefühlen und von ihren Trieben leiten. Diese halten sie aber gut im Zaum.

Utopische Wünsche werden unterdrückt oder gar nicht erst in Erwägung gezogen, denn sie sind eher nüchtern als phantasiebegabt. Dem entspricht auch ein Vorgehen, das eher langsam als rasch erfolgt. Man verläßt ungern bewährte und sichere Bahnen. So stellt der Lebenserfolg sich auch erst nach und nach ein.

Menschen mit betonten Erdzeichen im Kosmogramm reifen spät und haben gewöhnlich erst in der zweiten Lebenshälfte den materiellen Erfolg, um den es ihnen geht. Ausgeprägtes Zweckdenken sieht im Erwerb irdischer Güter eine Erfüllung des Sicherheitsbedürfnisses, es berücksichtigt Nützlichkeitserwägungen und bestimmt meistens auch entscheidend die Wahl der Geschäfts- oder Lebenspartner. Zuverlässigkeit und Treue wird von diesen vor allem anderen erwartet.

L Überwiegen in einem Kosmogramm die *Luftzeichen* (Zwillinge ♊, Waage ♎, Wassermann ♒), kann man davon ausgehen, daß Gefühle und Triebe vom *Verstand* beherrscht werden. Die rege Gedankentätigkeit dieser Menschen verlagert die Ambitionen vor allem ins Geistige oder Intellektuelle. Da es aus Vernunftgründen unklug erscheint, hart und unnachgiebig, zu „feurig" oder zu stur zu sein, sind diese Menschen tolerant, geben nach und verstehen es überhaupt, sich anzupassen. Ihre Art, den eigenen Willen durchzusetzen, ist eleganter. Sie sind *beweglich* genug, einmal nachzugeben, damit sie dann um so gewisser ihr Ziel ins Visier nehmen können. Die Beherrschung des Wortes und der Sinn fürs Diplomatische machen sie zu guten Vermittlern. Ihre Kontaktfreudigkeit läßt sie als Gesellschafter begehrt sein.

Es liegt auf der Hand, daß solche Naturen nicht sehr tiefgründig sein können, sondern eher oberflächlich sind. Vielleicht fallen sie auch deswegen rasch von einer Stimmung in die andere, sind einmal himmelhoch-jauchzend und dann zu Tode betrübt. Die zwei Seelen in ihrer Brust verhindern, daß sie sich in bestimmter Richtung festlegen. Deswegen erscheinen sie manchem auch als weniger zuverlässig oder aufrichtig. Viele ihrer Aktionen bleiben in der Planung stecken.

W Stellt man fest, daß in einem Kosmogramm die *Wasserzeichen* (Krebs ♋, Skorpion ♏, Fische ✕) eindeutig überwiegen, darf man sicher sein, daß *Gemüt und „Seele"* das Wesen dieses Menschen entscheidend formen.

Es sind andere Stimmungen und Launen, die diese Menschen aufwühlen, als bei den Luftzeichen. Sie kommen nicht aus dem Intellekt, sondern aus der Tiefe. Deswegen sind diese Menschen nicht immer sachlich. Sie erliegen leichter ihren Gefühlen, leiden unter ihren Komplexen oder werden das Opfer ihrer eigenen Phantasie. Deshalb werden sie nicht gleich unglücklich, nur wird der praktische Lebensvollzug dadurch etwas erschwert.

Wenn man sich romantischen Ideen oder mystischen Spekulationen hingibt, verliert man rasch den Boden unter den Füßen.

Der Hang zum Spekulativen geht auf einen gewissen Mangel an Realitätsbewußtsein zurück. Vielleicht sind deswegen in den Kosmogrammen von Heiligen, aber auch von Spielern Wasserzeichen stets hervorragend besetzt.

Künstler können Anregungen aus der Tiefe der Gefühle kaum entbehren, sind aber in ihrer Lebensführung nicht immer „solide", was sich in ungeordneten finanziellen Verhältnissen am ehesten zeigen mag.

Es kommt sehr selten vor, daß die Zeichen eines Elements eindeutig überwiegen. Meistens muß man kombinieren.
Feuer- und Luftzeichen passen z. B. recht gut zusammen. Der Wille wird weniger blind und ungestüm sein. Wenn noch anderes mitspricht, kann es sich um einen ideal veranlagten Fanatiker handeln. Feuer und Wasser dagegen vertragen sich schlechter, weil der Wille durch die Gefühle, die immer wieder durchschlagen, abgelenkt wird. So kann man (z. B. beim Zeichen Widder) beobachten, daß stoßweise einsetzende Energie im Meer der eigenen Gefühle untergeht, oder sie richtet sich auf das Erreichen humanitärer Ziele.

k Sind die *kardinalen* Zeichen (Widder ♈, Krebs ♋, Waage ♎, Steinbock ♑) betont, handelt es sich in der Regel um Menschen, die viel erleben, weil sie rastlos tätig sind. Oft soll und wird sich alles um sie drehen. (Das Wort kardinal ist vom lat. cardo abgeleitet, was „die Türangel" bedeutet.)
Die Unternehmungslust dieser Menschen entspricht einer großen Portion *Selbstbewußtsein.* Menschen mit gutbesetzten Kardinalzeichen drängt es, in ihren Lebensäußerungen expansiv zu sein, sowohl im Geistigen wie im Materiellen.
Da sie aber unbeständig sind, es auch an Vorsicht mangeln lassen, bringen sie sich oft selbst um den Erfolg.

f *Feste* oder fixe Zeichen (Stier ♉, Löwe ♌, Skorpion ♏, Wassermann ♒) signalisieren, daß der Horoskopeigner weniger beweglich ist. Er stellt eher Erwägungen an und überlegt. Wenn er aber nach einer gewissen Zeit des Zauderns handelt, kann dies mit sturer Energie geschehen.
Widerstandskraft, *Festigkeit,* innere Ruhe und Geduld sind weitere Strukturmerkmale. Einmal nicht konservativ eingestellt, sondern revolutionär, sind sie es bis zur letzten Konsequenz.
Die Erfolgschancen dieser Menschen liegen im Abwarten. Sozialer,

beruflicher oder gesellschaftlicher Aufstieg sind kaum früh im Leben zu erhoffen.

b Die *beweglichen* Zeichen (Zwillinge ♊, Jungfrau ♍, Schütze ♐ und Fische ♓) disponieren zur *Anpassung*. Deswegen nennt man sie auch friedliche Zeichen. Eigentümlich ist der Wunsch, sich nicht festlegen zu wollen, weshalb man die Haltung als labil bezeichnen kann. Solche Menschen werden von anderen gern ausgenützt, herumgeschubst oder kommandiert. Sie fühlen sich dadurch nur selten getroffen, denn sie vermögen sich veränderten Verhältnissen anzugleichen und setzen der von außen auf sie zukommenden Gewalt wenig Widerstand entgegen. Deswegen ertragen sie Schicksalsschläge auch besser als andere.
Bewegliche Zeichen drücken diplomatische Fähigkeiten aus. Chancen, die das Schicksal bietet, werden gern ausgenützt, auch wenn dabei ein Gesinnungswechsel notwendig werden sollte.
Solche Menschen lernen aus ihren Erfahrungen, verarbeiten das Erlebte klug zu einem Kapital, das ihnen hilft, sich aus extremen Verhältnissen zu befreien und Brücken zu schlagen. Manchmal werden dabei freilich kleine Seiltänzerkunststücke notwendig.
Krisen erwachsen solchen Menschen am meisten aus dem Mangel an innerer Festigkeit.

Der *Richtungsformel* ist zu entnehmen, wie der Umweltbezug eines Menschen nach seiner charakterlichen Veranlagung ist.

ö Viele *östlich* stehende, also im Aufstieg befindliche Planeten, deuten auf Frühreife. Solche Menschen kommen auf ihrer Lebensbahn schnell voran, erreichen schon in jungen Jahren vieles, was anderen erst spät zufällt. Ihr Blick ist in die Zukunft gerichtet.

W Stehen die meisten Planeten *westlich* (d. h. sie sind im Abstieg), wird der Lebenserfolg auf sich warten lassen. Diese Menschen sind eher beharrend, konservativ, weniger schöpferisch und aktiv.

186

O Wenn die Richtungsformel ausweist, daß das Schwergewicht der Planeten im Tagraum, also *oben* liegt, entspricht das etwa auch einer Betonung der Frühlings- und Sommerzeichen (♈ Widder, ♉ Stier, ♊ Zwillinge, ♋ Krebs, ♌ Löwe, ♍ Jungfrau.)

FS Solche Menschen äußern sich leichter, sind weniger in sich gekehrt und offen. Sie suchen Kontakte, knüpfen rascher Verbindungen an, nicht zuletzt, um über ihre Sorgen und Probleme mit anderen sprechen zu können.

Sind die Feuer- und Kardinalzeichen betont, werden sie versuchen, ihre Partner zu beherrschen.

Liegt das Gewicht dabei in Erd- und Luft- und in festen Zeichen, brauchen die Menschen Partner, um sich an ihnen aufzurichten und Gedankenaustausch zu pflegen.

Liegt der Schwerpunkt in den Wasser- oder beweglichen Zeichen, dann wollen sie anderen „dienen" und sind gute Mitarbeiter.

u Findet die Planetenverteilung ihren Schwerpunkt *unten,* d. h. unterhalb der Horizontlinie, kann man zu ähnlichen Schlüssen kommen, wie wenn die meisten Gestirne sich in

HW *Herbst- oder Winterzeichen* aufhalten (♎ Waage, ♏ Skorpion, ♐ Schütze, ♑ Steinbock, ♒ Wassermann, ♓ Fische). In einem solchen Fall sind die Gedanken sehr häufig nach innen gerichtet. Diese Menschen sind ihrer Geisteshaltung nach introvertiert, sie reflektieren mehr. Man kann immer wieder feststellen, daß sie im Leben auch nicht so oft zum Zuge kommen und daß sie dazu neigen, eine gewisse Verteidigungshaltung einzunehmen.

Haben Sie durch Auswertung der Struktur- und Richtungsformel den Rahmen abgesteckt, versuchen Sie am besten, die Ihnen wichtig erscheinenden Einzelheiten auszuloten. Dabei hilft Ihnen die Bewertung des kosmischen Zustandes weiter: Planeten im eigenen Zeichen haben mehr Gewicht als solche, die nicht „am rechten Platz" stehen. Überwiegen die Pluspunkte, ist die gute Seite der Planetendeutung zu beachten, überwiegen die Minuspunkte, ist das ein Hinweis, daß die schlechteren Eigenschaften hervortreten werden.

Die Natur der Planeten

Grundsätzlich gilt, daß die Planeten wichtiger sind als die Zeichen.

Allerdings „wirken" die Planeten nicht in allen Zeichen gleich stark und auf die gleiche Weise. Im eigenen Zeichen entfaltet ein Planet seine Natur am reinsten und am kräftigsten. In der Exilstellung verliert er am meisten von seinen Wesenszügen und steht am schwächsten.

Eine Denkhilfe kann es sein, wenn Sie einen Planeten, der in einem fremden Zeichen steht, etwa so beurteilen, als befände er sich in Konjunktion mit dessen Herrn.

Mars ♂ im Schützen ♐ wäre etwa so zu beurteilen wie eine Konjunktion ♂ zwischen Mars ♂ und Jupiter ♃, dem Regenten des Schützen ♐.

Bitte bedenken Sie, daß bei weitem nicht alle der möglichen Bedeutungen nachstehend aufgeführt werden können. Es können nur Stichworte gegeben werden, die aber im Sinne einer Symbolkette doch in logischem Zusammenhang stehen. Es sei Ihnen empfohlen, selbst Zwischenglieder zu finden, um dadurch die Aussage farbiger und differenzierter zu machen.

☉   Sonne

Die Sonne symbolisiert die Persönlichkeit des Menschen in geistiger, moralischer und physischer Hinsicht.

Ist die Sonne im Horoskop durch kritische Aspekte verletzt, kann dies eine Krankheitsneigung anzeigen (vor allem im Sinne der durch die Zeichenstellung angegebenen Krankheiten). Ebenso kann die Vitalität eingeschränkt sein, man kann auf Krisen oder Existenzsorgen schließen, je nach der Häuserstellung und der Art der Aspektpartner.

Die Sonne repräsentiert das Ich, Lebenskraft, Geist, Aktivität. Sie ist das Machtsymbol. In guter Stellung (bes. wenn mit dem MC im günstigen Aspekt oder durch Konjunktion verbunden) läßt sie sozialen Aufstieg erhoffen und Wohlstand erwarten.

188

Man achte stets auf das Haus und das Zeichen der Sonne.
Körperlich weist die Sonne auf das Herz, aber auch auf den Kreislauf.

☽ Mond

Der Mond symbolisiert vor allem die Seele. Aus seiner Position kann auf die Wärme des Gemüts geschlossen werden. Er hat Bezug auf Gefühl, Phantasie und Vorstellungsgabe, auf Traum, Hingabefähigkeit, Erlebnistiefe.
Der Mond versinnbildlicht Frau und Mutter, bedeutet auch das weibliche Prinzip. Ihm entsprechen die passive Einstellung und rhythmisches Erleben.
Weitere Bedeutungen des Mondes: Wechsel, Reise, Veränderungen, Beziehungen zum Volk, Popularität.
Die Vollmondstellung (Opposition zur Sonne ☽ ☍ ☉) ist besonders kräftig, die Neumondstellung (Konjunktion mit Sonne ☽ ☌ ☉) ist schwächer, doch wird das durch diese Konstellation bezeichnete Tierkreiszeichen sich im Wesen dieses Menschen stärker durchprägen. Gesundheitlich ist der Mond zuständig für Drüsen und Sekretion, für Stoffwechsel, Fortpflanzung und Fruchtbarkeit.

☿ Merkur

Merkur ist Mittler und Vermittler. Im Aspekt nimmt er viel vom Wesen des Aspektpartners an. Ist er mit Jupiter oder Venus verbunden, weist er auf Gewandtheit im Ausdruck in Wort und Schrift, auf geistiges Streben, Lernwillen, Vielseitigkeit und diplomatisches Verhalten in bestem Sinn.
Mit schlechten Planeten in bösen Aspekten bedeutet er Lüge, List, Unaufrichtigkeit, Gerissenheit, Zersplitterung, Neigung zu verletzender Kritik oder Nervosität.
Merkur symbolisiert das Denken, er ist der Intelligenzplanet. Besonders sagt Merkur aus über Qualität der Intelligenz, Erfindungsgabe, Anpassung, Kontaktfähigkeit, über kaufmännische Begabung

und über Geschäfte. Gesundheitlich stellt Merkur die Nervenfunktionen und Sprachorgane dar.

♀ Venus

Das „kleine Glück" verspricht Annehmlichkeiten und ist lebenserleichternd.

In ihrem Zeichen Waage ♎ bedeutet sie Schönheitssinn, Ästhetisches, Sympathie, im Erdzeichen Stier ♉ sind es derbere Genüsse, Sinnenfreude. Eine gutgestellte Venus verkörpert Harmonie, Kunst, Liebe, Musik, Lebensfreude, Zärtlichkeits- und Hingabewünsche, erotische Anziehung, aber auch Streben nach Idealen, Menschenliebe und Verlangen nach Geselligkeit und Freundschaft.

In schlechter kosmischer Stellung und in bösen Aspekten weist Venus auf Genußsucht, Verschwendung, Vergnügungslust, Leichtsinn, Putzsucht, Übertreibung im Sexuellen oder auf erotisch bedingte Neurosen.

Mars

Mars ist das Symbol für die aufbauende oder für die zerstörende Energie.

Mars bedeutet Trieb und Drang, Heftigkeit, Wille, Impuls, Mut zur Entscheidung und Handlungsbereitschaft. Der Planet zeigt an, ob man das Dasein aktiv und positiv gestaltet oder ob man sich treiben läßt, ob Lust an der Zerstörung vorhanden ist, ob sich dieser Trieb auf das Ich oder auf andere richtet.

Sehr viel hängt bei Mars von seinem kosmischen Zustand ab, auch von seinen Aspektpartnern und der Qualität der Konstellationen. Da Mars zu großem Kräfteeinsatz befähigen kann und Führertalente ausdrückt, ist er im guten wie im schlechten Sinn Symbolgestirn alles Soldatischen.

Dem Feuer seiner Leidenschaften und der Lust zur körperlichen Entfaltung, dem Mut zum Angriff und der Schärfe der Argumente im Geistigen, stehen negativ das Überborden der Kräfte, die allzu große Sinnlichkeit und Heftigkeit der Reaktionen, das vorschnelle und ungenaue Urteilen, die grausame Härte oder die Brutalität gegenüber. Mars ist der Motor des Menschen und kann ihn in geordneten Verhältnissen weit voranbringen. In böser Stellung aber kann er Freude am Konflikt, an Bosheit und Hinterlist bedeuten.

Gesundheitlich hat Mars Bezug auf Fieber, Entzündungen, Unfälle, Wunden, Verletzungen, Geschlechtskrankheiten.

Mars repräsentiert Soldaten, Sportler, Techniker, Chirurgen.

♃ Jupiter

In guter Position wird er zum „großen Glück", denn er ist der Harmonisierer. Er läßt das Maß der Glücksfähigkeit eines Geborenen vermuten, weist auf die Fähigkeit sich anzugleichen, zu assimilieren. Der Planet bedeutet Gesetz, Recht, Religion, Sitte und Moral.

Menschen mit einem mächtigen und gesunden Jupiter im Horoskop strahlen Wohlwollen und Güte aus, sind von temperierter Aktivität, leben nach moralischen Grundsätzen, lieben die Gerechtigkeit und wünschen sich eine umfassende Bildung.

Jupiter schenkt „die Fülle".

In schlechter Stellung kann es des Guten zuviel geben, zu viele Genüsse, Krankheiten durch Ausschweifungen, Leber- und Gallenleiden, Zuckerkrankheit. Auch das Wuchern der Krebszellen gehört in diese Symbolkette.

Schlechte Jupiterkonstellationen lassen Verschwendung, unsoziales Verhalten und materialistische Einstellung erkennen, weisen auf Unmoral, Unsittlichkeit, Unglauben und Zweifel.

♄ Saturn

In positiver Hinsicht ist das Wesen des „Schicksalsplaneten" mit Einsicht, Erfahrung, Reife, Pflichterfüllung, Weisheit, Ernst, Konzentration, Ausdauer und Fleiß zu umschreiben. Ein ausgeprägtes

Gewissen läßt nach letzten Erkenntnissen streben, begünstigt das geduldige Ausharren.

Saturn untersteht das Alter, die letzte Phase der dem Menschen zugemessenen Zeit, die zur inneren Einkehr führen kann, oder die dem Menschen das grausame Los der Einsamkeit aufbürdet.

Dann verengt Saturn, weist auf Trennungen, Mißtrauen. In schlechter Position bedeutet er Pessimismus, Zermürbung, Hoffnungslosigkeit, die großen Prüfungen im Leben, Sorgen und Not, Leid und Hindernisse, Verzögerungen und Erschwerungen.

Saturn weist auf chronische Krankheiten besonders der Knochen, der Haut, der Milz, aber auch auf Erkältungen, Rheumatismus und Gemütsleiden. Auch Arterienverkalkung werden von ihm angezeigt.

 Uranus

Uranus symbolisiert die Gewalt, die große Kraft, die plötzlich und mit Vehemenz in Erscheinung tritt. Dies kann als Zufall oder Überraschung erfolgen oder als Katastrophe, als Mißgeschick, als Blitz oder Krampf.

Uranus bedeutet aber auch das Uralte und das Ultramoderne, wie es durch sein Zeichen Wassermann ♒ ausgedrückt wird.

Uranus ist marsisch, denn er ist Symbol übergroßer Dynamik. Ihm unterstehen Intuition, neue, progressive Ideen, Revolutionäres und Geniales.

Deswegen gilt Uranus auch als eine höhere Oktave Merkurs. Von merkurischer Art hat Uranus demnach in gesundheitlicher Hinsicht Bedeutung für das Nervensystem, Beziehungen zu Krämpfen. Vor allem zeigt er Unfälle oder Operationen an.

Im technischen Bereich stellt Uranus alles dar, was mit Verkehr und Elektrizität zusammenhängt.

 Neptun

Neptun ist mit Venus verwandt. Das erklärt, warum er die allumfassende Menschenliebe bedeutet, aber auch das Hinabtauchen in Romantik und Mystik.

Viele Menschen haben gar keine Antenne für die feingeistigen „Einflüsse" dieses Planeten, der meistens bei Künstlern oder Menschen mit hervorragender Inspiration und Einfühlungsfähigkeit an wichtiger Stelle in dem Kosmogramm aufzufinden ist. Das gilt auch für Hellseher, Wunderheiler. Oft ist die Grenze schwer zu bestimmen, wo Schwindel beginnt. Neptun in übler Position weist denn auch auf Schwächen, Rausch, Gifte, Haltlosigkeit. Neptunischer Art sind Illusion, Täuschung, Intrigen, Ansteckung und Lähmung, Geisteskrankheiten, die seelische Ursachen haben.

♇ Pluto

Über Pluto ist noch nicht viel bekannt, da er erst vor vierzig Jahren entdeckt wurde. Man hat ihn aber doch schon mit relativer Sicherheit in das astrologische System einordnen können. Ihm entsprechen die Stichworte Macht und Masse. Seine Zeichenstellung ist von geringerer Bedeutung, da er 249 Jahre braucht, um einmal die Sonne zu umrunden. Als Aspektpartner sollte er aber nicht übersehen werden. Man hat Pluto zum Mitherrscher des Skorpion gemacht, da er seiner Natur nach dem Mars verwandt ist. Befindet sich Pluto in Eckenstellung (Konjunktion MC, Asz.) trägt er dazu bei, eine machtvolle Persönlichkeit zu kennzeichnen.

Mondknoten

Es handelt sich beim Mondknoten um keinen Planeten, aber um einen bedeutsamen Horoskopfaktor.

Die beiden Mondknoten stellen astronomisch die Schnittpunkte der Mondbahn mit der Ekliptik dar. Der aufsteigende Knoten – und nur er wird berücksichtigt – liegt dem absteigenden im Tierkreis genau um 180° gegenüber.

Der aufsteigende Mondknoten ist das sehr bewährte Symbol für alle Arten mitmenschlicher Verbindungen. Seine Aussagen als

Aspektpartner von Planeten haben Bedeutung für das Leben in der Gemeinschaft und für Kontakte im allgemeinen.

Der Mondknoten unterstreicht die Bedeutung des Tierkreiszeichens, in dem er seinen Platz hat.

Zuordnung der Körperteile und Organe zu den Planeten

☉ Sonne	Herz, Arterien, Rücken, Lebenskraft (rechtes Auge der Männer, linkes der Frauen)
☽ Mond	Bauch, Magen, Eingeweide, vegetat. Nervensystem, Drüsen, Lymphgefäße, Fett, Brüste
☿ Merkur	Zentralnervensystem, Zunge, Hände, Finger, Oberarme, Sprache, Gedächtnis
♀ Venus	Nieren, Drüsen mit innerer Sekretion, innere Sexualorgane der Frau
♂ Mars	Genitalien, bes. Sexualorgane des Mannes, Muskeln, Ausscheidungsorgane, Nase
♃ Jupiter	Organe mit Ernährungsfunktionen, bes. Leber
♄ Saturn	Knochen, Haut, Milz, Sehnen, Bänder, Gelenke
♅ Uranus	Nervensystem, Waden
♆ Neptun	Gärungsprozesse

Die Zuordnung der Körperteile oder Organe erfolgte auch nach der Tradition nicht nach einheitlichen Gesichtspunkten, so daß man oft unterschiedliche Darstellungen trifft. Z. B. sind dem Mars der Geschmackssinn zugeordnet, aber auch kolikartige Schmerzen. In diese Symbolkette mag auch die Galle passen. Andererseits soll auch Jupiter für die Galle zuständig sein, da ihm mit Recht die Leber und ihre Funktion untersteht.

Der Körper des Menschen und die Tierkreiszeichen

♈ Widder	Kopf, Gehirn, Augen
♉ Stier	Hals, Nacken, Kehle, Mandeln, obere Atmungsorgane bzw. Luftwege, Stimme, Ohren

194

♊ Zwillinge		Schultern, Arme, Hände, Lunge, z. T. Blut
♋ Krebs		Brust bzw. Brüste, Magen, z. T. Leber
♌ Löwe		Herz, Rücken, Zwerchfell, Schlagader, Blutkreislauf
♍ Jungfrau		Verdauungsorgane, Milz, Nerven, Bauchspeicheldrüse
♎ Waage		Lenden, Nieren, ableitende Harnwege, Blase, Gefäßnerven, bes. im Bereich des Kopfes und der Haut
♏ Skorpion		Geschlechts- und Ausscheidungsorgane
♐ Schütze		Oberschenkel, Becken, Hüfte, Adern, Venen, Ischiasnerv
♑ Steinbock		Knie, Knochen, Gelenke, Haut
♒ Wassermann		Unterschenkel, Venen
♓ Fische		Füße, Zehen

Es ist zu beachten, daß die einzelnen Tierkreiszeichen oft auch für jenes zuständig sind, was durch das im Tierkreis gegenüberliegende Zeichen ausgedrückt wird.

Eine interessante Deutung der Zusammenhänge aus moderner kosmobiologischer Sicht bietet Thomas Ring in „Tierkreis und menschlicher Organismus", Aalen 1958.

Die Deutung der Aspekte

Natursymbolisch versteht man unter den Aspekten „Anblicke". So kann es sein, daß z. B. die Sonne ☉, das „Hauptlicht", von Saturn ♄ „böse angeblickt" wird. Eine gewiß bildkräftige Aussage. Wir denken heute abstrakter und scheuen derartige Ausdrücke. Dies nicht zuletzt, weil doch die astronomischen Vorstellungen über das „wirkliche" Wesen der Planeten und der Sonne jedem Schulkind geläufig sind. Alle Entzauberung, Entmythologisierung und jeder Verzicht auf natursymbolisches Verständnis muß aber doch am Symbol selbst eine Grenze finden. Ohne Symbole ist (nicht nur) Astrologie nicht denkbar.

Wir verstehen heute unter den Aspekten planvoll wirksame kosmische *Richtkräfte*. Das astrologische System erfährt durch sie einen inneren Zusammenhang, denn diese Aspekte können positiv oder negativ sein, sie drücken Harmonisches oder Disharmonisches aus, sind demnach lebensfördernd oder lebensfeindlich.

In der Konstellation, d. h. in der „Zusammenstirnung", erweist es sich, welchen Wert dieses oder jenes Planetensymbol im Kosmogramm enthält.

Nur die wichtigsten Aspekte werden in diesem Buch besprochen, denn es ist eine immer wieder gemachte Erfahrung, daß nur sie Wesentliches auszudrücken vermögen.

Dabei bekommt die Konjunktion ♂, der zugleich am schwersten einzuschätzende Aspekt, das Hauptgewicht.

Wenn man der „Wirkungsintensität" einer Konjunktion den Meßwert 100 zubilligt, ist die Opposition nur noch 75 wert.

An dritter Stelle liegt das Quadrat mit 66, an vierter das Trigon mit 50 und schließlich das Sextil mit 25.

So kann das Kräfteverhältnis ausgedrückt werden:

$$\text{♂} : \text{☍} : \square : \triangle : \ast \quad = 100{:}75{:}66{:}50{:}25 \quad \text{oder } 1{:}{}^3/_4{:}{}^2/_3{:}{}^1/_2{:}{}^1/_4$$

Dieses Zahlenverhältnis sollte man sich einprägen. Allerdings sind sogleich Einschränkungen zu machen. Die Konjunktion von Merkur und Venus kommt relativ häufiger vor, die Konjunktion zwischen Jupiter und Saturn ist sehr selten. Sie ist auch nicht typisch für den einzelnen. Sehr viele Menschen haben sie im Kosmogramm, so daß man geradezu von einem Generationsaspekt sprechen könnte. Eine solche Konjunktion wird für den einzelnen nur dann von großer Aussagekraft sein, wenn sie auf Asz. oder MC Bezug hat. Das erwähnte Zahlenverhältnis trifft dagegen auf Sonne, Mond, Merkur und Venus einerseits und andererseits auf Mars, Jupiter, Saturn zu.

Diese Aufstellung ist von erheblichem praktischem Wert. Wer sich einmal damit beschäftigt hat, wird nicht in den Fehler verfallen ☽ ∗ ♃ ebenso kräftig einzuschätzen wie etwa ☽ ♂ ♃. Oftmals ist eine mächtige Konjunktion der beste Schlüssel zum Verständnis eines Geburtsbildes, gewissermaßen der Aufhänger für die Ausdeutung des ganzen Horoskops.

An anderer Stellen haben Sie sich, liebe Leserin oder lieber Leser, schon über Grundsätzliches zu den Aspekten informieren können. Lassen Sie mich bitte nur nochmals darauf hinweisen, daß △ Trigon und ✳ Sextil günstig zu beurteilen sind. Das ☐ Quadrat gilt stets als disharmonisch, was in der Regel auch auf die ☍ Opposition zutrifft, außer wenn sie durch ein Trigon auf einen Aspektpartner „entspannt" ist (Blitzableitereffekt).

Bei der ☌ Konjunktion ist die Natur der Aspektpartner ausschlaggebend. Auch kommt dem kosmischen Zustand gerade bei der Konjunktion besondere Bedeutung zu.

Die Deutungstabelle soll Ihnen Anregungen geben.
Abkürzungen:

> \+ = günstig, harmonisch, fördernd
> — = ungünstig, disharmonisch, kritisch
> K = Konjunktion

Planeten im Geburtshoroskop

☉ – ☽ Sonne und Mond

\+ : Gesundheit, Kraft Harmonie, volle Entfaltung der Individualität, starke Persönlichkeit, inneres Gleichgewicht.
— : Seelische Disharmonie, Zwiespalt der Interessen, z. B. zwischen Beruf oder Privatleben, Differenzen mit anderen, geringere physische Widerstandskraft.
Opposition (Vollmond) bedeutet zwar starke Spannungen im Leben, jedoch Möglichkeiten zur Selbstgestaltung. Besonders positiv, wenn Trigon eines anderen Gestirnes dazutritt.

K: (Neumond) Geringere Durchsetzungskraft, innere Hemmungen oder Verklemmungen. Zu starke Fixierung auf das eigene Ich, daher zu subjektive Einstellung. Betonung des Zeichens und des Hauses, in dem diese Konjunktion stattfindet.

☉-☿ Sonne und Merkur

Es ist nur Konjunktion möglich, da Sonne und Merkur nie weiter als 28° voneinander abstehen können.

Ist die Konjunktion zu eng, etwa bis 3°, ist das subjektive Denken zu stark ausgeprägt. Es bestehen geringere geistige Lösungsmöglichkeiten. Ist die Konjunktion nicht mehr so eng, aber noch im zulässigen Orbis von 7°, ist das ein günstiges Zeichen für geistige, künstlerische oder intellektuelle Entwicklungsmöglichkeiten, wenn nicht der Zeichenstand der Gestirne anderes ausdrückt.

☉-♀ Sonne und Venus

Der Winkelabstand kann 48° nicht überschreiten.

+: Sextil, Harmoniebedürfnis, Wunsch nach schöner, ästhetischer, harmonischer Lebensführung, beeindruckbare Sinne, Genußfähigkeit.

K: Wie +, sofern Konjunktion nicht zu eng.

—: Nur ∟ Halbquadrat möglich, ein Winkel von 45°, schwach ungünstig. Neigung zu Leichtsinn und zu übertriebenen Genüssen.

☉-♂ Sonne und Mars

+ : Lebenskraft, Vitalität, Potenz, Durchsetzungskraft, führen wollen, initiativ und entschlossen sein. Überwindung von Schwierigkeiten und Gefahren durch Mut, Selbstvertrauen und rasches Zugreifen. Scharfe Sinne.

—: Konfliktbereitschaft, Aggressivität, Übereiltheit, leicht gereizt sein, Disposition zu Unfällen und selbstverschuldetem Schaden, Überschätzung der eigenen Kräfte, Gefahr von Herzkrankheiten oder Überanstrengung, Fehlschläge.

K: Unerschöpfliche Kräfte, aber auch Neigung, Raubbau an der Gesundheit zu treiben. Gewaltsame Lösungen werden bevorzugt. Heftiges und triebhaftes Reagieren. Gesundheitlich besteht

198

Disposition zu Fieber, entzündlichen Prozessen, akuten Krankheiten, Unfallneigung, Überspannung.

☉-♃ Sonne und Jupiter

+ und K: Harmonie, Glück, Gesundheit, Rechtschaffenheit, Regenerationsvermögen, edel und ehrlich sein, für Gerechtigkeit eintreten, optimistische Lebensauffassung, Vorteile im Leben, Glück haben.

—: Auflehnung gegen Gesetz und Sitte, gegen die Obrigkeit, Neigung zu großen Aufgaben und Luxus, beruflich Erfolge erst nach Überwindung von Schwierigkeiten, oft Mißerfolge, Leberstörungen. Opposition: Imponieren wollen. Ist die Opposition entspannt, wird das Glück nach Hindernissen doch noch möglich.

☉-♄ Sonne und Saturn

+: Festigkeit, Durchsetzungskraft, Geduld, Konzentration, abwarten können, langsame, aber stetige Höherentwicklung, Lebensernst, Reife, systematische Arbeitsmethode, Sorgfalt, Organisationsgabe.

—: Pessimistische Einstellung, Bereitschaft zur Enttäuschung, Hemmung, Verzögerungen im Leben oder im Schicksalsablauf, Eifersucht, Neigung zu chronischen Krankheiten.

K: Gedankentiefe bis zur Schwermut, enge Verhältnisse, sehr langsamer Aufstieg, weniger widerstandsfähige Gesundheit.

☉-♅ Sonne und Uranus

+: Originalität, Weitblick, Lust zu Reformen, plötzliche, sprunghafte Veränderungen, moderne, freizügige, progressive Lebensauffassung, Sinn für Technik und Wissenschaften.

Im Schicksalsablauf plötzliche Lebenswendungen, sprunghafter Aufstieg, Chancen.

—: Widerspruchsgeist, Unruhestifter, Neigung zu Unfällen, Mißgeschicken, Operationen, Berufs- oder Ortswechsel.

K: Starke dynamische Persönlichkeit, großer Spannungsbogen,

Freiheitsdrang, unbedingt originell sein wollen, Gefahr der Exzentrik.

☉-♆ Sonne und Neptun

+: Einfühlungsgabe, Medialität, Sensibilität, religiöse oder mystische Neigungen, Menschenfreundlichkeit, All-Liebe, Sinn für humanitäre Bestrebungen, sich auf Intuition verlassen und dabei Erfolge erzielen.

—: Charakterschwächen, ausgenützt werden, sich täuschen lassen oder auch andere täuschen, Neigung zu Lüge aus verworrener Phantasie, sich gehen lassen, Schaden durch (Rausch-)Gifte nehmen.

K: Sonderbarer Lebensweg, Außenseiterrolle, Skandale, schwache Gesundheit, eher negativ zu beurteilen; jedoch feinfühlig, okkulte Neigungen.

☉-♇ Sonne und Pluto

+: Kann auf bestimmten Gebieten (Häuser beachten) Großes leisten.

— u. K: Kühne Pläne bleiben unerfüllt, schlechte Gesundheit, selbstzerstörerische Tendenzen.

☉-☊ Sonne und Mondknoten

+: Viele und gute Verbindungsmöglichkeiten, Kontaktbereitschaft.

— u. K: Trennungen, Schwierigkeiten im Zusammenleben, bei Partnerschaften oder bei gemeinsamen Unternehmungen.

☉-A sz Sonne und Aszendent

+: Gesundheit, Lebensfreude, strebsamer Wille, Lebenstüchtigkeit.

—: Schwächung der Lebenskraft, geringere Erfolgsmöglichkeiten.

K: Strahlendes, sonniges Wesen, Lebensbejahung, Tatendrang.

☉-MC Sonne und MC

+ : Sozialer Aufstieg, Ruhm, Ehre, Führerqualitäten.
— : Soziale Schwierigkeiten müssen überwunden werden.
K: Wie +, jedoch noch stärker günstig.

☽-☿ Mond und Merkur

+ u. K: Leichte Auffassung, Sprachentalente, gute Kombinations-
gabe, Intelligenz, feinsinniges Urteil, vom Gefühl positiv be-
einflußtes Denken.
— : Unverstandensein, oberflächliches Denken und Urteilen, verpaßte Anschlüsse, Irrtümer trotz guter intellektueller Veranlagung, wenige Vorteile durch Kontakte.

☽-♀ Mond und Venus

+ u. K: Zärtlichkeitsverlangen, starke Gefühle, Liebesglück, Beliebtheit, Kunstsinn, künstlerische Begabung, leichtes, angeneh-
mes und gesundes Leben.
— : Psychische Hemmungen, Nachlässigkeit, übertriebener Luxus,
Launen sind stärker als der Wille, disharmonische Liebeserleb-
nisse, finanzielle Schwierigkeiten.

☽-♂ Mond und Mars

+ : Beweglichkeit, Dynamik, gefühlsbetonter Wille, zielbewußtes
Handeln, körperlich sehr widerstandsfähig, aufrichtig, aktiv.
— : Leicht gereizt sein, starke innere Spannungen, unausgeglichene
Gefühle, heftige Reaktionen, zu impulsives Handeln, Unfall-
neigung.
K: Kämpfer, harter Wille, Abenteuerlust, eher negativ zu bewerten.

☽-♃ Mond und Jupiter

+ und K: Lebenserfolg, Anziehungskraft, Popularität, glückliche
Veranlagung, reiche Gefühle, seelische Ausdruckskraft, Har-

monie, gerechtes Denken, loyales Verhalten, Edelmut, Religiosität.
—: Auflehnung gegen Autorität, Religion, Gesetz. Wenig Chancen
bei Prozessen, unmäßig oder scheinheilig sein.

☽-♄ Mond und Saturn

+: Verläßlich, treu, beständig sein, Verantwortungsbewußtsein,
Scheidung des Wesentlichen vom Unwesentlichen, bewußte Ein-
engung, Sparsamkeit, Grenzen ziehen, viele Erfahrungen sammeln,
einseitig sein.
—: Geiz, Lebensangst, Einsamkeit, Neigung zu Depressionen, zu
chronischen Leiden disponiert sein, mühsames und schweres Vor-
wärtskommen.
K: Neigung zu tiefem Denken und Grübeln, betont einseitige Einstellung, vorsichtig und mißtrauisch sein, einsam bleiben. Eher
negativ zu beurteilen.

☽-♅ Mond und Uranus

+: Sinn für Reformen und für Fortschritt, Überzeugungskraft,
Originalität, Erfindungsgabe, Reiselust, glückliche Launen, in-
stinktsicheres Handeln.
—: Neurotisch, nervös, verkrampft sein, viele Trennungen, besonders in der Liebe erleben, Übereilung, zu große Impulsivität.
K: Zu rasche und über das Ziel hinausschießende Handlungen,
Neigung zu exzentrischem Auftreten, Überspannung der Gefühle. Eventuell aber eine interessante Persönlichkeit, von der eine
starke Faszination ausgeht, Sonderling.

☽-♆ Mond und Neptun

+: Romantische Einstellung, Sinn fürs Okkulte, Sensitivität, feine
Gefühle, reiche Phantasie, guter Geschmack. Positiv zu beurteilender, jedoch seltsamer oder ungewöhnlicher Lebensweg.

—: Irrungen und Wirrungen, Täuschung, Schwäche, unklare Gefühle, träumerische Haltung läßt Chancen verpassen, Neigung
zu Betrug und zum Ausgenütztwerden, schlechter Umgang.

K: Eigenartiger Mensch, Sehnsucht in die Ferne, Chaos der Gefühle,
bei kosmisch gutem Zustand: Psychologisches Verständnis, Einfühlungsfähigkeit, Mitgefühl, Mitleid.

☽-♇ Mond und Pluto

+ : Starkes Gefühlsleben.
— u. K: Überbordende Gefühle, gefährliche Leidenschaften.

☽-☊ Mond und Mondknoten

+ u. K: Starkes Verbindungsstreben, Beliebtheit.
—: Verbindungen sind nicht von Dauer.

☽-Asz Mond und Aszendent

+ u. K: Tiefes Gemüt, Lebensfreude, viel Wechsel im Leben.
—: Launen, unguter Wechsel in der Umwelt, unentschlossen sein.

☽-MC Mond und MC

+ u. K: Beliebtheit, sozialer Aufstieg, jedoch wechselnde Ziele.
—: Unklare Ziele, wechselnde Lebensrichtung.

☿-♀ Merkur und Venus

+ : (Nur Sextil möglich) Kunstsinn, geistige Interessen, Sinn für
alles Schöne, Jugendfrische, sympathisches Naturell.

K: Starke Anziehungskraft, künstlerische Begabung, Sprachentalent.

☿-♂ Merkur und Mars

+ : Scharfes Urteil, klares Denken, Kritiksinn, Überzeugungskraft, vorwiegend praktische Veranlagung, geschickt sein, witzig und schlagfertig sein.

—: Widerspruchsgeist, Neigung zu Ironie und Zynismus, Lüge, Verleumdung, Schärfe, Unrast.

K: Jähzorn, heftigste Reaktionen, im allgemeinen ungünstig.

☿-♃ Merkur und Jupiter

+: Optimismus, gerechtes Denken, klares Urteil, kaufmännische Erfolge, versöhnliche Haltung.

—: Verpaßte Gelegenheit, falsche Einschätzung der Lage, Zwiespalt zwischen Wissen und Glauben, Eitelkeit.

K: Aufrichtigkeit, Offenheit, Toleranz und Güte, sonst wie günstig.

☿-♄ Merkur und Saturn

+: Konzentration auf das Wesentliche, Sprachbegabung, Sachlichkeit, mathematische Begabung, Neigung zur Philosophie, Sachverstand, Objektivität, Gründlichkeit und Sorgfalt, Methode.

—: Gehemmt sein, Schüchternheit, Mißtrauen, Egoismus, Unzufriedenheit.

K. Konzentration, Geiz, Ichsucht, tiefes Denken, Melancholie, geringe persönliche Anteilnahme, jedoch Sachinteressen.

☿-⛢ Merkur und Uranus

+: Intuition, schöpferisches Denken, geniale Einfälle, Erfindergabe, Kombinationsvermögen, geistreiche Ideen, Reformwünsche auf geistigem Gebiet, der Aspekt der Mathematiker und Physiker.

—: Spleen, Eigenwilligkeit, übertriebene Originalität, undurchführbare Ideen, unpraktisch sein. Nervosität, Neigung zu Neurosen.

K: Unwahrscheinliches gelingt. Überraschungserfolge, Geistesgegenwart, neue Erkenntnisse, Rednerbegabung.

☿ – ♆   Merkur und Neptun

+ : Sinn für Poesie und Kunst, für eine vergeistigte Lebenshaltung, Einfühlungsgabe, schöne Ausdrucksweise, idealistische Einstellung.
K: Abnormale seelische Zustände, unrealistische Gedanken, Chaos der Gefühle, allgemein eher negativ zu bewerten.

☿ – ♇   Merkur und Pluto

+ : Klugheitsaspekt, Geistesgegenwart, Befähigung zur Weitergabe großer Gedanken.
— : Rastlose geistige Tätigkeit ohne Sinn und Ziel.
K: Kritische Einstellung, Neigung zu Polemik.

☿ – ☊   Merkur und Mondknoten

+ u. K: Reger Gedankenaustausch.
— : Sich geistig unverstanden fühlen.

☿ – Asz   Merkur und Aszendent

+ u. K: Überdurchschnittliche Intelligenz, vielseitig, beweglich, klug und jugendlich sein.
— : Nervosität, unklare Gedanken, Vorurteile.

☿ – MC   Merkur und MC

+ u. K: Erfolge durch Klugheit und durch kaufmännische Unternehmungen, berufliche Reisetätigkeit.
— : Berechnendes Wesen.

♀ – ♂   Venus und Mars

+ : Leidenschaften erfüllen das Leben, starke erotische Veranlagung, Gefühlswärme, künstlerische Interessen, Genußfreude.
— : Unerfüllte sexuelle Wünsche, Liebesleid, zu große Sinnlichkeit,

Neigung zu Partnerwechsel und evtl. Scheidung.

K: Stark wechselnde Gefühle in der Partnerbegegnung. Auf starkes Liebesverlangen folgen Zeiten der Gleichgültigkeit, Gefahren durch Begierde. Ein eher negativ zu beurteilender Aspekt. Kosmischer Zustand sehr wichtig!

♀-♃ Venus und Jupiter

+ : Wohlwollen, Herzlichkeit, harmonischer Lebensverlauf. Sinn für Schönheit und für Annehmlichkeiten im Leben.

— : Verschwendung, Enttäuschungen in erotischen Partnerbeziehungen, Eitelkeit, Putzsucht, in der Liebe betrügen oder betrogen werden.

K: Edle Gesinnung, Großzügigkeit, idealistische Einstellung, Wunsch nach legaler Liebesbindung, Glück in Partnerschaften.

♀-♄ Venus und Saturn

+ : Keuschheit, Moral, Zuverlässigkeit in Partnerschaften, Treue, beständige Gefühle, Opferbereitschaft.

— : Neigung zu Perversion, Argwohn, Eifersucht, Liebesleid, Trennung, Enttäuschungsbereitschaft, besonders in der Liebe.

K: Einsamkeit und Enttäuschungen, freiwilliger Verzicht; eher negativ zu bewerten.

♀-♅ Venus und Uranus

+ : Kultur der Sinne, Raffinesse in Erotik und Genuß, Kunstsinn, plötzliche Kontakte von kurzer Dauer, romantische Beziehungen.

— : Übersteigerte Sinnlichkeit und Sexualität, Gefühle erweisen sich stärker als die Vernunft, sehr freie moralische Ansichten, schöpferische Fähigkeiten auf künstlerischem Gebiet.

K: Liebe auf den ersten Blick, Betonung der Erotik, allgemein eher günstig zu beurteilen.

206

♀ – ♆ Venus und Neptun

+ : Musikalität, künstlerische Ambitionen, guter Geschmack, verfeinerte Sinne, Intuition, idealistische Einstellung, schwärmerische Phantasie.

— : Irrwege in der Liebe, Enttäuschungen durch Partner, unklare Vorstellungen über Liebe und Ehe, sich gehen lassen, Verführung, Depressionen, Gefahren durch Gifte.

K : Sehr empfindsame Natur, die unrealistisch eingestellt ist. Ein allgemein ungünstig zu beurteilender Aspekt.

♀ – ♇ Venus und Pluto

+ : Stärkung der Leidenschaften und des Strebens nach Harmonie.

— : Fehlleistungen auf erotischem Gebiet.

K : Verkrampfung, wenn sexuelle Wünsche unerfüllt bleiben.

♀ – ☊ Venus und Mondknoten

+ u. K : Günstig für Liebesverbindungen, Herzensglück.

— : Häufiges Auseinandergehen partnerschaftlicher Kontakte.

♀ – A͞sz Venus und Aszendent

+ : Zärtliches, sympathisches, liebenswürdiges Wesen.

— : Trennungen in der Liebe, unerfüllte erotische Wünsche.

K : Verstärkt günstig, Liebesglück, Drang nach Partnerverbindungen und harmonischer Umweltgestaltung.

♀ – MC Venus und MC

+ u. K : Optimistische Lebenseinstellung und Aufstieg, beliebt sein, beruflich sollte die künstlerische Ader zum Tragen kommen.

— : Leichtsinn und Genußsucht erschweren den sozialen Aufstieg.

♂-♃ Mars und Jupiter

+ : Energisches, zielbewußtes, schnelles und erfolgreiches Reagieren bei einer sich bietenden Chance, sich überall durchsetzen, Erfolge im Beruf und im privaten Leben, Organisationstalent.

— : Ungeduld, Neigung zu Konflikten und Auflehnung gegen das Gesetz und gegen die Ordnung. Erfolge erst nach Überwindung innerer Widerstände. Ungleicher Lebensfluß, Unbesonnenheit.

K : Ehrgeiz, Tatendrang, radikale Haltung, Aggressivität mit unangenehmen Folgen. Bei kosmisch gutem Zustand eine Erfolgskonstellation, sonst negativ zu beurteilen.

♂-♄ Mars und Saturn

+ : Technisches Geschick, Mut, große Widerstandskraft und Stehvermögen, Unbeugsamkeit.

— : Verdrängte Energien, Fanatismus, Wut, Härte, Nachteile durch Gewalteinwirkung.

K : Eigensinn, Sturheit, Neigung zu Brutalität und zu Unfällen, der gleiche Effekt wie beim Auto, wenn man Gas gibt und zugleich bremst: Seelische Explosionsgefahr.

♂-♅ Mars und Uranus

+ : Technisches Geschick, Begeisterungsfähigkeit, stoßweiser Einsatz der Energie, plötzliche Erfolge, jedoch Unfallgefahren durch Technik und Verkehr.

— : Unduldsamkeit, Freiheitsdrang, Neigung zu gewaltsamen Lösungen.

K : Zwang wird nicht vertragen, unbedingter Freiheitswille, schlechte Zusammenarbeit, leicht nervös und gereizt sein, Gefahr eines Nervenzusammenbruchs.

♂-♆ Mars und Neptun

+ : Rege Phantasie, doch viel „blauer Dunst", geringer Realitäts-
bezug.
— : Haltlosigkeit, den Boden unter den Füßen verlieren, Schwäche,
Kopfschmerzen.
K : Schaden durch Gifte, das Triebleben übertönt die Vernunft,
Skandalgefahr.

♂-♇ Mars und Pluto

+ : Imstandesein, große Energien aufzubringen.
— u. K : Gewalt und Brutalität, Schaden durch höhere Gewalt und
durch die Masse.

♂-☊ Mars und Mondknoten

+ : Wunsch nach sexuellen Beziehungen, Kontakte von kurzer
Dauer.
— u. K : Freundschaften zerbrechen, wenig Bereitschaft, sich in das
Leben in einer Gemeinschaft einzuordnen.

♂-A_sz Mars und Aszendent

+ : Vitalität, Aufstieg aus eigener Kraft, Durchsetzung eigener
Ideen, Selbständigkeitsbestrebungen.
— : Neigung zu Trennungen, Scheidung, Unfällen, Mißgeschick.
K : Nur bei kosmisch gutem Zustand günstig, sonst sehr negativ.

♂-MC Mars und MC

+ : Rascher Lebenserfolg, Aufstieg und Anerkennung aus eigener
Kraft, sich beruflich durchsetzen.
— : Sich durch Übereiltheit schaden und beruflich Nachteile in Kauf
nehmen müssen.
K : Bei weiteren positiven Aspekten günstig. Organisationsgabe.

♃-♄ Jupiter und Saturn

+ : Ernste und konservative Einstellung, konstruktives Planen, sich konzentrieren können, ökonomische Verwaltung der eigenen Mittel, Weisheit, Gewissenhaftigkeit, sozialer Aufstieg, der aber einige Zeit braucht. Verläßlichkeit und Treue, anständige Gesinnung.

— : Enttäuschungen, Intoleranz, Mutlosigkeit, Hemmung, Verzögerungen im Leben, Mißtrauen, kleinliche Interessen verfolgen.

K: Bei kosmisch gutem Zustand Gedankentiefe, Philosophie, Tradition, jedoch geringer materieller Erfolg. Leid wird ertragen.

♃-♅ Jupiter und Uranus

+ : Weitblick, Intuition, mit Glück zum richtigen Zeitpunkt handeln.

— : Konfliktgefahr, plötzlich auftauchende Schwierigkeiten, Unmoral, Differenzen mit Vorgesetzten und Behörden oder Institutionen.

K: Plötzliche Lebenswendungen, oft in gutem Sinne, Drang zu Umstellungen oder Neuem, großes Selbständigkeitsverlangen.

♃-♆ Jupiter und Neptun

+ : Idealismus, Kunstsinn, religiöse Bedürfnisse, Menschenliebe, humanitäre Erfolge, geistige Freuden, vieles Hoffen und Wünschen.

— : Selbsttäuschung, wenig materielles Glück, ungeordnete Finanzen, Zwiespalt zwischen Ideal und Wirklichkeit.

K: Religiosität, romantische Phantasie, Sehnsucht und Drang in die Ferne, Gefahr, sich in Illusionen zu verlieren, körperliche Schwäche.

♃-♇ Jupiter und Pluto

+ : Expansionsbestrebungen, große materielle Erfolgsmöglichkeiten.
—: Gefahren durch weitgesteckte Ziele.
K: Eher ungünstig.

♃-☊ Jupiter und Mondknoten

+ u. K: Wunsch nach legalen Bindungen, Kontakte zu sozial Höher-
stehenden, Förderung durch Protektion.
—: Scheidung oder Aufhebung legaler Kontakte, ungut für finanzielle Partnerschaften.

♃-Asz Jupiter und Aszendent

+ u. K: Beste Gesundheit, Lebenskraft, Glücksbegabung.
—: Zuviel an Genüssen, zuviel an „Fülle", geschwächte Vitalität,
jedoch Erfolgsmöglichkeit, wenn Selbstzucht angewendet wird.

♃-MC Jupiter und MC

+ u. K: Berufliche Anerkennung, sozialer Aufstieg, Erfolge.
—: Aufstieg erst nach Überwindung von Hindernissen.

♄-♅ Saturn und Uranus

+ : Organisationsgabe, technisches Verständnis, überlegte Neuerungen durchführen wollen und können. Wissenschaftliche Interessen.
—: Unbeugsamkeit, Haßgefühle, innere Widersprüche, größere Mißgeschicke.
K: Angst, unklare Gesinnungen, allgemein ungünstig zu beurteilen.

♄-♆ Saturn und Neptun

+ : Im geheimen wirken, Interesse an Forschungen auf grenzwissen-
schaftlichem Gebiet.

—: Falsche Urteile, dadurch Verluste.
K: Geistiger Weitblick, Umsicht und Erfahrung.

♄-♇ Saturn und Pluto

+: Kraft zum Widerstand, jedoch oft schicksalhaftes Erleben.
—: Höhere Gewalt.

♄-☊ Saturn und Mondknoten

+: Dauerhafte Verbindungen, Verbindungen mit Altersunterschied.
— u. K: Trennungen auf Dauer, sich auch in einer Gemeinschaft einsam fühlen.
—: Aufstieg erst nach Überwindung von Hindernissen.

♄-Asz Saturn und Aszendent

+: Harte Persönlichkeit, schwieriger Anschluß, Zurückhaltung, mehr sein als scheinen.
—: Neigung zu chronischen Leiden, geschwächte Lebenskraft.
K: Nur wenn der kosmische Zustand sehr schlecht ist, muß negativ geurteilt werden, sonst günstig.

♄-MC Saturn und MC

+: Langsamer Aufstieg, Erfolge durch Fleiß und Pflichterfüllung, später, aber sicherer Lebenserfolg.
—: Die aufgewendeten Mühen lohnen sich kaum, nur selten Anerkennung finden.
K: Aufstieg zu verantwortlicher Stellung, jedoch Gefahr eines Sturzes oder des Verlustes allen Einflusses.

♅ -♆ Uranus und Neptun

+: Ungewöhnliche Anschauungen, Weitblick, Hellsicht, Sensitivität.

— u. K: Nervenleiden, innere Unklarheit, undeutliche Lebensziele, Zweifel und Selbstquälerei.

♅-♇ Uranus und Pluto

+ : Revolutionäre Einstellung.
— u. K: Neigung zu Gewalt, um Ungewöhnliches zu erreichen.

♅-☋ Uranus und Mondknoten

+ : Plötzliche Bekanntschaften, Verbindungen von kurzer Dauer.
— u. K: Plötzliche Trennungen.

♅-Asz Uranus und Aszendent

+ : Originalität, plötzliche Hilfen durch den „Zufall".
—: Plötzliche Mißgeschicke, Unfall, Operation, Krampf.
K: Ungewöhnliche Persönlichkeit mit exzentrischen Allüren.

♅-MC Uranus mit MC

+ : Berufliche Überraschungserfolge, unvermutete Chance führt zur Anerkennung.
—: Wechsel im Beruf, Sturz aus sicherer Position.
K: Reformeifer, Lust zu ungewöhnlichen Experimenten und Ausrichtung des Lebens auf seltsame Ziele, interessante Tätigkeit.

♆-Asz Neptun und Aszendent

+ : Intuition, Anpassungsbereitschaft, Sensitivität.
—: Intrigen, körperliche Schwächen, Verluste, Enttäuschungen.
K: Bedeutungsvolles künstlerisches Relief; bei schlechten Aspekten aber Betrüger, Täuschungen, Unaufrichtigkeiten, Träumer.

♆-MC Neptun und MC

+ : Gefühle für richtige berufliche Entscheidungen.
— u. K: Verlust des Ansehens.

♇-Asz-MC Pluto und Aszendent oder MC

+ : Stärkung der Persönlichkeit.
— : Schweres Los, gesundheitlich nicht günstig.
K : Von der „Masse" anerkannt werden.

Wenn Sie ein Kosmogramm hinsichtlich der Aspekte aufschlüsseln wollen, sollten Sie stets bedenken, daß eine negative Gestirnverbindung immer noch besser zu bewerten ist, als wenn ein Gestirn ganz ohne Aspekte bleibt. Ein solches Faktum drückt immer einen Mangel an Anknüpfungsmöglichkeiten aus. Es fehlt diesen Menschen an Chancen, jenes zu entfalten, was den Symbolgehalt ausmacht.

Bitte fassen Sie die Deutungshilfen nicht als feststehende Regeln auf! Diese Hinweise ließen sich noch um ein Beliebiges vermehren. Wählen Sie daher aus, für welche Aussage Sie sich entscheiden!

Stets gilt es zu überlegen, in welchem Alter und in welchen Lebensumständen die Person ist, für die man das Kosmogramm deuten möchte.

Negative Aussagen sollen so ausfallen, daß sie nicht als unabänderliche Feststellungen erscheinen, sondern daß sie zugleich einen Weg zu besserer Lebensführung aufzeigen.

Beispiel: ♀ □ ♃ = im Text heißt es u. a. „Enttäuschung in erotischen Partnerbeziehungen, in der Liebe betrügen oder betrogen werden". Würde man diesen Text in dieser Form jemanden mitteilen, könnte es als Schicksalsfügung erscheinen, gegen die anzugehen sich nicht lohnt. Diese Stichworte müssen möglichst positiv umgeformt bzw. ausgedrückt werden. Einer jungen Dame gegenüber müßte es etwa heißen: „Seien Sie nicht entmutigt, wenn es in der Liebe nicht auf Anhieb klappt. Manchmal liegt es daran, daß eine Partnerbeziehung nicht von Dauer ist, daß sich die Partner ungeschickt verhalten. Sie geben vielleicht unbewußt Anlaß zur Eifersucht. Vermeiden Sie alles, was nach Untreue aussehen könnte! Sie sollten auch nicht leichtfertig sein und in solcher Situation flirten, auch wenn Sie sich wirklich nichts dabei denken."

214

Und legen Sie sich n i e auf einen Aspekt fest! Suchen Sie immer, ob die von Ihnen vermutete Tendenz sich auch in den Grundstrukturen spiegelt oder ob noch andere Konstellationen in dieselbe Richtung weisen.

Die Konstellationen in den verschiedenen Zeichen sind nie gleich zu deuten. Deswegen müssen Sie über die zwölf Tierkreiszeichen gut informiert sein.

Die Ereignisebenen, auf denen sich Aspekte vorwiegend realisieren werden, sind vor allem aus den zwölf Sektoren oder Häusern zu ersehen.

Die Tierkreiszeichen

Im Tierkreis haben alle Zeichen den gleichen Wert. Jedes ist auf seine Art vollkommen. Im Kosmogramm dagegen bilden sich Schwerpunkte. In der Regel werden einige wenige Zeichen ein besonderes Gewicht bekommen, andere fast ohne Bedeutung für den Geborenen sein.

Am wichtigsten ist jenes Zeichen, das zur Geburtszeit im Osten aufging. Einer seiner 30 Grade ist der Aszendent, jener Punkt der Ekliptik, der den Horizont schneidet.

Fällt bei einem Geborenen der Aszendent in das Zeichen Stier, so sagt man, er sei „unter dem Stier" geboren worden.

Sie wissen bereits, liebe Leserin und lieber Leser, daß die Zeichen vorgeformte Zonen im Sinne eines ganz bestimmten Planeten sind, nämlich jenes Gestirns, das in diesem Zeichen am kräftigsten und reinsten zum Ausdruck kommt, das also hier „regiert".

Im Zeichen Stier herrscht Venus. Deswegen kann man durchaus Venus auch als „Stern der Geburt" ansehen, und zwar auch in dem Falle, wenn sie selbst bei der Geburt dort nicht anwesend war!

Dieser Sachverhalt wird oft verwechselt, weil die Laienastrologie von Widder-, Stier- oder Zwillingsgeborenen usw. spricht. Darunter ist zu verstehen, daß die Sonne im Geburtshoroskop im Widder, Stier oder in den Zwillingen gestanden hat.

Die Unterscheidung möge man beachten.

 **Widder**

Widder ist ein männliches, kardinales Feuerzeichen. Es ist die Zone des Mars.

Widdernaturen setzen sich im Leben gut durch. Ihr Wille läßt sie selten im Stich, ist aber wenig ausdauernd oder beständig. Dafür ist die Stoßkraft beträchtlich. Praktische und technische Tätigkeiten liegen ihnen besonders. Da sie gern schnell zur Sache kommen, sind ihnen Umwege oder diplomatisches Vorgehen lästig. Rasch begeistern sich Widdernaturen für Neues, neue Ideen, neue Pläne. Sie sind immer am Start und im Aufbruch.

Widder begünstigt scharfe Sinne, die Beobachtungsgabe und die Vitalität und läßt für leitende Tätigkeiten geeignet sein, denn es ist Symbol für eine starke Persönlichkeit.

In schlechter Stellung deutet Widder auf Übereilung, auf zu starke Leidenschaften und auf eine Neigung zu rücksichtslosem Vorgehen. Überzeugungen werden dann öfter wechseln, aber stets intensiv und hartnäckig vertreten werden. Es gibt nichts, was der Widder nicht ganz tut. Er ist der geborene Kämpfer, bei dem Mut rasch in Leichtsinn umschlagen kann.

Die Widderkonstitution ist kräftig, der Körperbau athletisch bis asthenisch, das Kinn meistens ausgeprägt, das Auge durchdringend, die Augenbrauen buschig, und die Ohren sind groß.

Widderkrankheiten sind Entzündungen, Fieber, Wunden, Kopfschmerzen, aber auch Blähungen, Verdauungsstörungen oder Krämpfe.

Die Ehe wird oft übereilt geschlossen und ist nicht immer von Bestand. Ein Partner mit stark besetztem Widderzeichen im Kosmogramm wird anerkannt und respektiert werden wollen.

Widderbeeinflußte Damen erscheinen oft maskulin, mindestens wirken sie apart.

Nach der Überlieferung ist dem Widder die Zahl 9 zugeordnet. Unter den Wochentagen untersteht diesem Zeichen der Dienstag. Osten ist die Widder-Himmelsrichtung, und rot gilt als Widder-Farbe. Als Talismansteine dieses Zeichens symbolisieren Rubin und Diamant, auch der Amethyst die Widdernatur. Tier- und Pflanzensymbole sind Widder, Habicht, Adler; Zwiebel und Hanf.

☉ **Sonne** im Widder bringt mehr Stetigkeit und stärkt die Gesundheit.

☽ Ein Widder-**Mond** deutet an, daß der Wille sehr vom Gefühl abhängig ist. Solche Menschen sind impulsiver und sehr wandelbar.

☿ **Merkur** verlegt die Schärfe ins Geistige, weist auf Lust zum Diskutieren und Argumentieren. Es ist die Konstellation der Agitatoren, der von sich überzeugten Redner, die sich ironisch und schlagfertig äußern. Lehrstoff wird rasch aufgenommen.

♀ **Venus** begünstigt Leidenschaften, Triebe und in der Liebe Lust zu Abenteuern. Empfängt der Planet gute Aspekte, kann die Auffassung von der Liebe idealisiert werden.

♂ **Mars** als Zeichenherrscher bringt im Widder Unerschrockenheit, Kühnheit, Mut, Unbeugsamkeit, aber auch Mangel an der Bereitschaft, sich unterzuordnen. Großer Freiheitsdrang, Liebe zum Sport und zu ungebundenem, abenteuerlichem Leben.

Empfängt Mars kritische Aspekte, kann dies Jähzorn, Hinterhältigkeit und die Gefahr anzeigen, sich durch Übereifer zu schaden.

♃ **Jupiter** beruhigt, mäßigt das Feuer, er stimmt toleranter und versöhnlicher. Großzügigkeit wird zum Edelmut, es wird für Gerechtigkeit oder für Religion gestritten und offen für das Gute eingetreten.

♄ **Saturn** dämpft unangebrachten Optimismus, weckt den Lebensernst und mahnt zur Bescheidenheit, kann aber auch das Zeichen für Härte, Bösartigkeit, für Eigensinn und Brutalität sein, je nach den Aspekten.

♅ **Uranus** läßt zu einer Generation gehören, die sich Neuem zuwendet, progressiv zu sein glaubt oder die Utopien nicht als solche erkennt.

Stier

Stier ist ein weibliches, festes Erdzeichen. Venus ist Regentin. Ein betontes Stierzeichen im Kosmogramm symbolisiert Erdgebundenheit, materielle, auf Sicherheit bedachte Einstellung. Bewährtes soll erhalten werden. Ziele, die einmal ins Auge gefaßt wurden, werden beharrlich, mit Geduld und Ausdauer verfolgt. Gleiches gilt für Ansichten und Meinungen. Praktisch gangbare Wege werden als solche erkannt und immer bevorzugt. Das Schöne gefällt. Sinn für Genuß. Ein starker Stier setzt auf die Zeit und wartet ab, verfällt dabei leicht in Trägheit und erweist sich von Stimmungen abhängig. Wird die Bequemlichkeit überwunden, kann die Gestaltungskraft beträchtlich sein. Dann wird aus einem reichen Innenleben geschöpft und das Dasein mit Humor gemeistert.

Die durch das Zeichen Stier dargestellte Konstitution ist kräftig, die Figur oft untersetzt, vom Typ her pyknisch. Das runde Gesicht, die vollen Lippen und das weiche Haar lassen Frauen sehr feminin wirken. Stierdamen bemühen sich um Heim und Familie und erweisen sich als vorzügliche Gastgeberinnen. Dem männlichen Stier ist Familiensinn nachzusagen. Eifersucht ist die größte Schwäche. Beruflich werden Stellungen erreicht, in denen man herrschen und zu Ansehen kommen kann. Ein gutes Gedächtnis, die rege Phantasie und viele Wünsche sind die Triebfedern zum Erfolg. An Berufen wird bevorzugt, was Ausdauer verlangt, aber auch besinnlich ist. Stierberufe sind Bildhauer, Architekt, Baumeister, Bauer, aber auch Bankbeamter, Musiker, Sänger, Tätigkeiten im Modefach oder in der Gastronomie.

Das Zeichen Stier deutet in markanter Stellung auf Neigung zu Krankheiten der Halsregion, seien es Heiserkeit, Schwellungen, Erkältungskrankheiten, auch Bronchitis. Stier hat ferner Bedeutung für Unterleibsleiden, für die das Gegenzeichen Skorpion zuständig ist.
Nach der Überlieferung ist die Zahl dieses Zeichens 6, Freitag gilt als bester Tag der Woche, die Himmelsrichtung ist Nordost, blau ist der bevorzugte Farbton und Achat, Saphir, aber auch die weißen Perlen werden als Talisman getragen.
Taube, Nachtigall und Stier bzw. Büffel sind die Tiersymbole dieses Zeichens, an Pflanzen werden dem Stier Apfel, Kirsche, Holunder und Flieder zugeordnet.

☉ Die **Sonne** im Stier betont die irdischen Bindungen und die Beständigkeit. Verluste werden rascher ausgeglichen und dem Schicksal wird Trotz geboten.
☽ Der **Mond** in diesem Zeichen verstärkt die Venuseigenschaften: Anmut, Herzlichkeit und Lebensfreude.
☿ **Merkur** deutet auf langsames, konservatives, wenig wandelbares Denken, das sich gern nach materiellen Zielen orientiert. Eine schlechte Merkurposition im Stier beeinträchtigt die Gebefreudigkeit und verengt den Horizont. Derartig Veranlagte sind

stur und haben selten eine objektive Einstellung.

♀ **Venus** begünstigt die künstlerischen Entfaltungsmöglichkeiten, verstärkt die Lebensfreude, aber auch die Neigung zum behaglichen Genießen und zur Sinnenlust. Solche Menschen haben meistens gute Umgangsformen und gewinnen andere durch ihr herzliches und sympathisches Wesen.

♂ **Mars** steigert zwar die Durchsetzungskraft, beeinträchtigt jedoch den Sinn fürs Schöne, für Harmonie und Ausgleich. Die Sinnlichkeit wird roher und triebhafter.

♃ **Jupiter** im Stier eröffnet der Erwerbstätigkeit weitere Perspektiven, erleichtert den Vermögenszuwachs, deutet aber auch auf menschliches Mitfühlen und auf Hang zur Wohltätigkeit. Empfängt der Planet schlechte Aspekte, wird selten mit dem Gelde hausgehalten. Zuviele Genüsse und Verschwendung der Mittel führen zu Krankheiten.

♄ **Saturn** im Stier stimmt ernster, tiefer, noch gründlicher, befähigt zu methodischem Vorgehen und zu großen Anstrengungen, die in die Zukunft zielen. Die Gefahren dieser Konstellation liegen im Egoismus und im Neid, in Berechnung und Eifersucht, die zur Schwermut führen kann.

♅ **Uranus** bedeutet finanzielle Spekulationen, die selten etwas einbringen.

 Zwillinge

Zwillinge ist ein männliches, bewegliches Luftzeichen. Merkur ist der Zeichenherrscher.

Beweglichkeit, Vielfalt, Geschäftigkeit kennzeichnen den Typ. Es liegt in der Natur des Zwillingszeichens, Anpassung und Entgegenkommen zu fördern, zu vermitteln, Geschäfte zu machen, Informationen zu sammeln und zu geben, überall „dazwischen" zu sein. Zwillingsbeeinflußte suchen nach neuen Formen, um sich auszudrücken, sind meistens gute Redner und Schreiber, man findet sie allezeit kontaktbereit und aufgeschlossen.

Die Schwäche sind ein Reizhunger, der weniger Tiefgang erlaubt, die unausgewogene oder unordentliche Lebensführung begünstigt und das starke Abhängigsein von Stimmungen, die „zwei Seelen in der Brust".

Zwillingsart ist es, die eigenen Möglichkeiten zu überschätzen. Es fehlt letzten Endes dem Willen an Durchschlagskraft.

In schlechten Aspekten darf man auf einen Mangel an Grundsätzen oder auf Oberflächlichkeit schließen. Dadurch kann der gute Ruf beeinträchtigt werden, denn unzuverlässige und unpünktliche Menschen verlieren schnell das in sie gesetzte Vertrauen.

Allerdings sind „echte" Zwillinge selten um einen Ausweg verlegen, wenden dann auch Listen an oder täuschen.

Die Konstitution dieses Zeichens ist mittelkräftig, die Figur schmal oder gestreckt, die Nase oft lang, die Hände sind feingliedrig wie die Arme und empfindlich. Krankheiten in der Brustsphäre werden häufiger beobachtet, so Lungenleiden, Asthma, Bronchitis, auch Entzündungen in diesem Bereich des Körpers. Vor allem aber sind Zwillingsbeeinflußte zu nervösen Leiden disponiert.

Dem Abwechslungsbedürfnis entspricht in der Liebe eine großzügige Auffassung. Der Wunsch nach neuen Eindrücken kann auch neben der Ehe zu Flirts führen, was vom Partner Nachsicht verlangt.

Zwillingsberufe gehen in die Richtung schreiben, reden, werben, kaufen, verkaufen, beraten, vermitteln. Der Bogen spannt sich vom Journalisten, dem Werbefachmann, dem Diplomaten, Steuerberater oder Lehrer bis hin zum Reisenden, dem Korrespondenten oder der Stenotypistin.

Nach der Überlieferung sind 5 und 7 die Zahlen dieses Zeichens, Mittwoch gilt als bester Tag und Nordost als günstige Richtung. Farblich entsprechen alle hellen oder frischen Farbtöne der Natur dieses Zeichens. Der Aquamarin ist der bevorzugte Talismanstein. Tiersymbole sind Affe, Fuchs, Libelle, Schwalbe. An Pflanzen werden dem Zwillingszeichen Birke, Lärche, Nelke und Wicke zugeordnet.

☉ Die **Sonne** in den Zwillingen begünstigt die Selbstbeherrschung und läßt auf besseres und ausgeglicheneres Anpassungsverhalten schließen.

♊ ☽ Der **Mond** dagegen fördert die wandelbare Einstellung mehr, verstärkt den Bewegungsdrang und die Lust nach Veränderungen im Aufenthaltsort und zu Reisen, deutet aber auch an, daß die Gefühle mehr zur Geltung kommen.

☿ **Merkur** ist ganz in seinem Element, repräsentiert hier den Kaufmann, den Agenten, den Vermittler oder den Journalisten. Befindet er sich in schlechten Aspekten, darf man auf ein zerstreutes und sehr unbeständiges Wesen schließen.

♀ **Venus** wird zum Symbol für Liebenswürdigkeit, Sympathie, deutet aber an, daß man von der Liebe eine leichtere Auffassung hat. Gedankenaustausch wird sehr geschätzt. In schlechter Stellung ist Vergnügungssucht angezeigt. Konflikte ergeben sich durch unangebrachte Sorglosigkeit und einen unbedachten Lebenswandel.

♂ **Mars** unterstreicht Kritiksinn, Necklust, läßt scharfen Witz und Satire lieben und sich schlagfertig im Milieu durchsetzen. Bei dieser Konstellation besteht die Gefahr der Zersplitterung. Hast, Unruhe und Nervosität verleiten zu unausgewogenem Handeln und zu Fehlreaktionen.

♃ **Jupiter** stimmt weiser, philosophischer, würdevoller. Er harmonisiert die ganze innere Natur des Menschen, kann sich aber nur durchsetzen, wenn andere hilfreiche Aspekte hinzutreten.

♄ **Saturns** Anwesenheit läßt erwarten, daß das Unstete gemäßigt wird. Deswegen fördert dieser Gestirnstand das gewissenhafte Durcharbeiten schwieriger Probleme, erschwert aber etwas die Bereitschaft zu Kontakten und mindert die Wünsche nach geselligem Verkehr. Für Zusammenarbeit und für das Leben in einer Gemeinschaft ist Saturn in den Zwillingen nicht sehr günstig, besonders nicht in kritischen Aspekten.

♅ **Uranus** vergrößert die Sprunghaftigkeit und das Originalitätsverlangen, doch wächst damit die Gefahr der Zersplitterung.

♆ **Neptun** steuert dem Naturell Naturliebe, mehr Seelentiefe und reiches Wunschdenken bei, liefert aber in schlechten Aspekten oft die Begründung für verworrene Vorstellungen, undeutliche Lebensziele oder Vorurteile.

Krebs ist ein weibliches, kardinales Wasserzeichen. Es ist dem Mond zugeordnet.

Der leicht verletzbare, sehr sensitive und intuitiv veranlagte Krebstyp erweist sich gefühlvoll und von passiver Festigkeit. Mannigfache Inspirationen und ein gutes Gedächtnis lassen sowohl schöpferische wie reproduktive Tätigkeiten zu. Das Bedürfnis nach Harmonie kann Gegensätze ausgleichen und läßt, mindestens für den Moment, harte Auseinandersetzungen vermeiden, doch wird selten darauf verzichtet, das letzte Wort zu haben. Da das Gefühl dominiert, bestimmen Sympathie und Antipathie wesentlich den Umfang der mitmenschlichen Kontakte und die Auswahl der Partner. Die große Übersicht zu haben, ist nicht die Sache der Krebsbeeinflußten; sie verlieren sich zu leicht in Details. Traditionen werden gepflegt, Häuslichkeit und Familienleben sehr geschätzt. In schlechter Stellung wird man den Betroffenen Schüchternheit und die Abhängigkeit von ihren Launen anmerken.

Die Krebskonstitution ist nicht sehr kräftig. Der pyknische Körper neigt besonders in reiferen Jahren zur Korpulenz. Der Mund ist oft groß.

Krankheiten dieses Zeichens haben häufig mit Verdauungsstörungen zu tun, sind auch sehr oft seelisch bedingt. Störungen in der Menstruation sind überdurchschnittlich.

Die Eheeignung ist bemerkenswert, da Liebe zur Häuslichkeit, zu den Kindern und zum einträchtigen, harmonischen Zusammenleben stärker sind, als der in der Jugendzeit häufiger anzutreffende Hang nach Wechsel in Freundschaften.

Ein gewisser Mangel an Selbständigkeit läßt einen Partner wünschenswert sein, der fest ist und weiß, was er will.

In ihren Arbeitsverhältnissen streben Krebsbeeinflußte gern nach Berufen, bei denen es auf Gefühl und Einfühlung ebenso ankommt, wie auf ein fürsorgliches Tun. Sie sind gute Erzieher, Heimleiter, jedoch auch Köche, Geschäftsführer und haben Erfolg in der Gastronomie.

Nach der Überlieferung sind die Zahlen dieses Zeichens 2 und 7, der Montag gilt als der erfolgversprechendste Tag der Woche, Norden als Glücksrichtung und weiß und grün als Glücksfarben. Silber, Platin, Smaragd, Koralle, Perlen werden dem Krebszeichen ebenso zugeordnet wie Krebs, Frosch, Schnecke, Eule und Muscheln. Jasmin, Tulpe, Anemone, Hyazinthe, Weide und Erle sind die Pflanzensymbole des Krebs.

☉ Eine **Sonne** im Krebs erleichtert es, überall Sympathie zu gewinnen und sich beliebt zu machen.

☽ Der **Mond** im eigenen Zeichen verstärkt die „weichen" Züge, wie das Unlogische, die Sensitivität, was in schlechter Stellung zu Ängstlichkeit und zu einer pessimistischen Einstellung führen kann, die vieles zu schwer nehmen läßt.

☿ **Merkur** betont dagegen das Künstlerische, schafft Ausgleich zwischen Denken und Fühlen, was das ganze Wesen positiver macht.

♀ **Venus** zeigt künstlerische bes. musikalische Begabung an, verstärkt den Familiensinn, die Liebe zum Genuß. Sie weckt Zärtlichkeitsverlangen und Zuneigung. Sind die Aspekte zur Venus ungünstig, wird es an innerem Halt fehlen. Man kann auf Nachlässigkeit und auf einen Hang zum bequemen Leben schließen.

♂ **Mars** lenkt Ehrgeiz leicht in falsche Bahnen, läßt aus einer Laune Konflikte aufbrechen oder bringt eine Schwäche bei der Verwirklichung großer Pläne ins Spiel. Es mangelt an Realitätsbezug.

♃ **Jupiter** veredelt, weckt Gerechtigkeitssinn und die Liebe zu einem Lebenswandel möglichst ohne Komplikationen. Schlechte Konstellationen machen Krankheiten durch zu gutes Essen, Übergewicht, Leberstörungen oder ähnliches wahrscheinlich.

♄ **Saturn** mindert den Gefühlsreichtum, wodurch die Lebensauffassung gradliniger, aber auch ernster werden kann. Allerdings werden auf diese Art Beeinflußte oft auch egoistischer, sparsamer und engherziger sein. Das Pflichtbewußtsein wird verstärkt, vielleicht sogar übersteigert.

♅ **Uranus** ist eher ungünstig zu beurteilen, da er stets auf Unruhe und Spannungen deutet. Neue Pläne folgen zu rasch aufeinander und haben wenig Aussicht, verwirklicht zu werden.

Löwe

Löwe ist ein männliches, festes Feuerzeichen. Die Sonne hat in ihm ihr Domizil.

Das Zeichen betont den festen Willen, die Naturkraft und das Machtgefühl. Es disponiert zu einer stolzen und würdevollen Haltung. Der steten Tatbereitschaft entspricht die Fähigkeit, das eigene Schicksal bewußt selbst gestalten zu wollen und zu können.

Mit dem Anspruch, herrschen zu wollen, verbindet sich eine großzügige und herzliche Art, die Mitmenschen zu behandeln. Praktische und philosophische Anlagen halten einander die Waage. Als Untugenden müssen Ehrgeiz und Anmaßung gelten. Diese treten stärker hervor, wenn sich das Zeichen in schlechter Position im Kosmogramm befindet. Durch ihre ablehnende Unnahbarkeit manövrieren sich solche Menschen in eine gewisse selbstverschuldete Isolation. Der Löwebeeinflußte braucht eine Bühne, um sich produzieren zu können. Schmeichler haben es nicht schwer, seine Gutmütigkeit durch Beifallsbezeugungen auszunützen. Ist Venus im schlechten Aspekt, weist das Zeichen auf Eitelkeit, auf den Hang zur Selbstbespiegelung, auf Genußliebe und auf übertriebenen Komfort. Die Konstitution ist stark, der Körper meistens stattlich oder athletisch geformt, nicht immer groß.

Die starke Vitalität läßt mit Krankheiten gut fertig werden. Sie betreffen meistens das Herz, den Kreislauf, doch werden auch Rückenschmerzen und Arterienverkalkung häufiger angetroffen. Bezüglich des anderen Geschlechts sind Löwebeeinflußte rasch erregbar, einem Flirt selten abgeneigt und in der Ehe nicht immer treu. Beruflich wird die angeborene Organisationsgabe gern ausgenützt. Das Zeichen macht für Leitungs- oder Führungsaufgaben geeignet. Das Großartige lockt. Es werden fast immer gehobene Positionen angestrebt, sei es als Vorarbeiter, Schichtführer, als Beamter der Justiz oder im Finanzwesen, als Direktor, Geistlicher, als Unternehmer oder im Staatsdienst auf gehobenem Posten. Der Löwe sucht sich eine Stellung, in der er repräsentieren kann.

♌ Der Überlieferung nach sind 1 und 4 die Zahlen des Zeichens, der Sonntag ist dem Löwen zugeordnet, und die Himmelsrichtung Nordwest, leuchtende Farben, besonders gold, orange; Diamant und Gold werden bevorzugt getragen. Großkatzen, aber auch der Hahn sind die Tiersymbole des Zeichens. An Pflanzen sollen Rose, Sonnenblume, Ringelblume und der Weinstock diesem zodiakalen Feld entsprechen.

☉ Die **Sonne** im eigenen Wirkungsbereich vermehrt den Autoritätsanspruch, begünstigt Takt und Umgangsformen. Schlechte Aspekte weisen auf eine Abenteurernatur, die glanzvolles Auftreten liebt.
☽ Der **Mond** im Löwen läßt sich bietende Chancen aufgreifen, bedeutet Planreichtum, erklärt aber auch Fehlschläge durch unbedachtes Handeln, vor allem aus zu großer Phantasie oder aus dem Gefühl heraus. Selbstüberschätzung und der Drang, spekulieren zu wollen, sind die Gefahren dieser Konstellation.
☿ **Merkur** weist auf Begeisterung, stärkt das Selbstvertrauen und läßt andere Menschen großzügig behandeln. Die Erfolgschancen wachsen durch vernünftiges Überlegen.
♀ **Venus** läßt leichter Gegenliebe finden, sich in einem luxuriösen Rahmen wohlfühlen, bringt Bühnentalent und Beliebtheit. In ungünstige Aspekte verwickelt, kann Venus aber auch signalisieren, daß Freude an Geselligkeit, Kunst und Spiel in Verschwendungssucht ausartet. Das Bestreben, schmutzigen Arbeiten auszuweichen und andere für sich schaffen zu lassen, ist bezeichnend für die negative Konstellation.
♂ **Mars** betont die kämpferische Einsatzfreude, läßt mutig für Schwache und Hilfsbedürftige eintreten, wird aber aggressiver im bösen Aspekt. Konflikten und Streit wird dann nicht ausgewichen.
♃ **Jupiter** wird im Löwen zum Erfolgssymbol, zum Hinweis auf sichere Verhältnisse, auf Hilfe durch Protektion und zugleich auf starkes Streben nach Harmonie.
♄ **Saturns** Einfluß gleicht aus, verstärkt das Konzentrationsvermögen, was auf Kosten der Vielseitigkeit geht und weniger tolerant sein läßt. Solche Menschen sind auch weniger umgänglich.
♅ **Uranus** verstärkt Freiheitsliebe und Unabhängigkeitsverlangen,

was zu impulsivem Handeln verleitet und Auseinandersetzungen annehmen läßt.

♆ **Neptuns** Art ist es, weicher, empfänglicher und intuitiver zu machen, sofern der Planet an wichtigen Punkten des Kosmogramms steht.

Jungfrau

Jungfrau ist ein weibliches, bewegliches Erdzeichen, das Herrschaftsgebiet Merkurs.

Sorgfalt, die in Pedanterie ausarten kann, gilt als Hauptwesenszug. Daraus resultieren Fleiß, Genauigkeit, Pflichteifer. Es besteht der Wunsch nach einem naturverbundenen und gut durchorganisierten Dasein. Ein starker Bezug auf alles Stoffliche läßt irdische Güter schätzen, den eigenen Besitz gegenüber anderen gern abgegrenzt sehen, wobei der eigene Vorteil rasch erkannt und stets gewahrt wird. Nützlichkeitsüberlegungen bestimmen weithin das Planen und Handeln, sogar in Herzensdingen.

Es wird als zweckmäßig empfunden, wenn Konflikte sich ohne Zank und Streit regeln lassen. Dem Verlangen nach Sauberkeit und Moral entsprechen weder unklare Verhältnisse noch unbillige Auseinandersetzungen. Der ausgewogene Geschmack begünstigt es, sich mit künstlerischen Aufgaben zu befassen. Jedes Übermaß ist verpönt. Befindet sich das Zeichen Jungfrau in ungünstiger Stellung im Kosmogramm, wird der Überblick verloren. Der so Beeinflußte verliert sich dann in Details, neigt zum Nörgeln, Kritisieren und verpaßt manche gute Gelegenheit, weil er unentschlossen ist. In einem solchen Fall sind auch Depressionen zu beobachten.

Die Konstitution ist mittelkräftig, der Körper gut proportioniert, die Behaarung schwach.

Nervöse Störungen kommen überdurchschnittlich oft vor und sind Anlaß für Darmkrankheiten. Leiden sind bisweilen nur eingebildet. Der Hang zur Treue kommt der Eheeignung zugute, doch kann eine zu spitz geäußerte Kritik am Partner Spannungen bringen.

Beruflich ist jede Tätigkeit günstig, die der Klugheit und dem Verlangen nach Sorgfalt entspricht, besonders geeignet sind Lehrtätig-

♍ keiten, Beschäftigung mit den Wissenschaften, vor allem Mathematik, Philologie, Arbeit als Setzer, Schriftleiter, Buchhalter. Es sind die Zahl 5, der Mittwoch, Nordwest als Himmelsrichtung und bei den Farben neutrale Töne dem Zeichen Jungfrau zugeordnet. Jaspis, Lapis-Lazuli und Achate gelten als Talismansteine, Biene und Ameise sind die Tiersymbole; Kornähre, Veilchen, Scharfgarbe und Stiefmütterchen versinnbildlichen das Wesen dieses Zeichens unter den Pflanzen.

☉ **Sonne** in der Jungfrau zeigt geistige Interessen an, stärkt die Erfolgsaussichten durch diplomatisches, methodisches Vorgehen.

☽ Der **Mond** läßt Geschmack am einfachen Leben finden, schenkt mehr Phantasie, verlockt zu Reisen und bezeugt körperliche Beweglichkeit und Anmut.

☿ **Merkur** bringt eine analytische Note ins Spiel. In schlechter Stellung begünstigt er Zersplitterung.
Arbeiten in der Zurückgezogenheit, vor allem wenn es sich um schriftliche Tätigkeiten handelt, befriedigen mehr als eine öffentliche Tätigkeit.

♀ **Venus** läßt über die Liebe zu viel nachdenken. Das erklärt, warum Jungfraubeeinflußte gern Partnerschaften eingehen, bei denen die Zuneigung mehr platonisch oder durch Nützlichkeitsüberlegungen bestimmt ist. Auch Verzögerungen werden festgestellt. Man findet unter diesem Zeichen mehr Vernunftehen als unter anderen Zeichen. Ist die Position der Venus sehr stark, werden lose Bindungen vorgezogen. Sie bringen vielfach Enttäuschungen.

♂ **Mars**einfluß ist als Gedankenschärfe zu deuten. Ihm entspricht der Wunsch nach sachlichen und raschen Lösungen von anstehenden Fragen. In schlechten Aspekten wird man an Launen, Reizbarkeit, List und Aggressionen denken müssen.

♃ **Jupiter** stimmt zwar moralisch und edelmütig, doch kann es sich um Scheinmoral handeln, die da gepredigt wird. Berechnung und Egoismus sind die negativen Auslegungen.

♄ **Saturn** verlangsamt oder erschwert den sozialen Aufstieg, besonders wenn er auf das MC bzw. das 10. Haus determiniert ist. Pessimismus schränkt die Unternehmungslust ein. Befindet er sich in günstiger Position, kann das philosophische Denken gefördert werden. Die analytische Begabung ist dann hervortretend.

♅ **Uranus** muß als Reformeifer verstanden werden. Immer werden unter seinem Einfluß eigene Wege ausgekundschaftet und auch gegangen. An ungewöhnlichen Berufen besteht reges Interesse, auch an der Bekanntschaft mit nicht alltäglichen Menschen.

Waage

Waage ist ein männliches, kardinales Luftzeichen. In ihm herrscht Venus.

Entsprechend seiner Polarität und Dynamik signalisiert es Ehrgeiz, Energie und Großzügigkeit. Dem Sinn für Harmonie entsprechen Hilfsbereitschaft und humanitäres Wirken. Der Wunsch nach Gleichgewicht und Gerechtigkeit stammt weniger aus der Vernunft als aus dem Gefühl. Aktivität und Produktivität offenbaren sich vor allem im ästhetisch-künstlerischen Bereich. Lebensart, Diplomatie, Sinn für Geselligkeit und Neigung zu guter Zusammenarbeit, die in einem großen Maß auf Kontaktbereitschaft gründet, lassen Eitelkeit übersehen. Dank ihrer raschen Auffassungsgabe können die von diesem Zeichen beeinflußten Menschen überall mitreden.

Die ungünstigen Tendenzen, die aus diesem Feld stammen, sind Bequemlichkeit und Genußsucht, ein Hang zur Oberflächlichkeit, dem auch das Unvermögen entspricht, Geld zusammenzuhalten.

Die Konstitution ist mittelkräftig, das Äußere meistens schlank. In reiferen Jahren macht sich eine Neigung zu Fülle bemerkbar.

Der Körper wirkt dann schlaffer. Die Gliedmaßen sind wohlgeformt. Gesundheitlich besteht eine Disposition zu Nieren- und Blasenleiden. Auch Hautkrankheiten werden öfter angetroffen.

In der Ehe kann es zur Untreue kommen, weil das Verlangen nach Kontakten sehr stark ist und zu viele Reaktionen aus dem Gefühl stammen. Lebensfreude, das Verlangen nach Geselligkeit und nach Gedankenaustausch, vor allem aber auch die Bereitschaft zu lieben und der Wunsch geliebt zu werden, lassen einem Flirt selten abgeneigt sein. Viel hängt auch vom Einfühlungsvermögen des Partners ab und von seiner Gabe, den Waagebeeinflußten leicht, aber sicher

♎ zu lenken. Waageberufe sollten mit Kunst, einer vermitteln-
den oder ausgleichenden Tätigkeit zu tun haben und möglichst auch ästhetisch sein.

Nach der Überlieferung entsprechen dem Waagezeichen die Zahl
6, der Freitag, die Himmelsrichtung Westen, lichte und duftige
Farben, Karneol, Achat, unter den Tieren Fasan, Pfau, Lerche,
unter den Pflanzen Aster, Ehrenpreis, Pfirsich und weiße Rosen.

☉ Die **Sonne** in der Waage bringt mehr Festigkeit, läßt aber auch
eher auf der eigenen Meinung beharren.

☽ Der **Mond** dagegen symbolisiert den beweglicheren, anmutigen
und sehr anpassungsbereiten Typ. Bei schlechten Aspekten darf
man annehmen, daß auf das Äußere zuviel Wert gelegt wird. Man
ist nachlässig und nicht sehr genau.

☿ **Merkur** läßt durch kaufmännisches Geschick und durch Ver-
mittlerrollen zu Erfolgen kommen. Er weist durch seine Position
mehr auf eine reproduktive als schöpferische Veranlagung und
stärkt die Vernunft.

♀ **Venus** deutet auf ein kulturvolles Leben, auf ausgeprägten
Schönheitssinn und Geschmack, weckt die Liebe zu Kunst und Musik. Die Wesenszüge dieser so beeinflußten Menschen sind abge-
rundeter und ausgeglichener.

♂ **Mars** vergröbert die Waageeigentümlichkeiten, besonders in
Richtung auf Tatkraft und die Lust zum Abenteuer. Unterneh-
mungsgeist kann zu aggressiver Handlungsbereitschaft werden,
was immer auf Kosten der inneren Harmonie gehen muß.
Die Triebhaftigkeit ist in diesem Falle auch betonter.

♃ **Jupiter** begabt mit Fülle, sowohl körperlich wie auch in den
Gefühlen, Gutes zu tun, wohltätig, gerecht und edelmütig zu sein.
Menschen mit solcher Konstellation ist es gegeben, aus dem vollen zu
schöpfen. Ein schlechtstehender Jupiter kann durch zu großes
Wohlleben und durch Überfluß Krankheiten begünstigen. Diabetes
wird denkbar.

♄ **Saturn** schränkt den Wunsch ein, sich anderen mitzuteilen und
zu eröffnen. Kontakte werden seltener, es wird weniger einem
Leben in Schönheit und Anmut gehuldigt. Das Wesen wird ernster
und gefaßter. Dies dient dem Pflichteifer, läßt über Lebensprobleme nachdenken und nicht mehr so unbekümmert in den Tag hinein-

leben. Das Streben nach einer harmonischen Lebensgestaltung entspringt unter Saturn weniger dem Gefühl als der Vernunft. Es wird bewußter angestrebt.

♅ **Uranus** bringt blitzartige künstlerische Einfälle, Talente besonderer Art, auch ungewöhnliche Ansichten über Liebe und Ehe.

♆ **Neptun** symbolisiert Feinfühligkeit, Intuition, einen sicheren oder in schlechter Position einen verworrenen Geschmack. In diesem Falle sind die gesellschaftlichen Kontakte auch enttäuschend, Intrigen werden begünstigt, Schwächen von anderen Menschen ausgenützt.

Skorpion

Skorpion ist ein weibliches, festes Wasserzeichen. Es wird von Mars regiert, doch gilt heute Pluto als eigentlicher Herrscher. Skorpion ist das problematischste Zeichen, da es einige scheinbare Widersprüche ausdrückt.

Einerseits sind die vom Skorpion Beeinflußten körperlich und geistig bis an die Grenze des Erträglichen belastbar, zu tiefster Selbsterkenntnis befähigt und stark introvertiert.

Andererseits äußern sie sich hervorragend, sei es in Worten oder Taten. Ihr Mut kann zum Übermut werden, Furchtlosigkeit in Jähzorn ausarten. Streitsucht kann ihnen zum Verhängnis werden. Skorpionbeeinflußte analysieren ihr eigenes Seelenleben ebenso schonungslos wie das anderer Menschen, was sehr oft Grund zu Auseinandersetzungen gibt, bei denen sie rücksichtslos aufs Ganze gehen.

Wird die Energie in gute Bahnen gelenkt, gleichsam kanalisiert, ist bei einigermaßen guten Aspekten zum MC ein großer Lebenserfolg sicher. Er wird durch Vitalität, Energie und eine starke physische Regenerationskraft ermöglicht.

Dem geistig-seelischen Höhenflug steht der Sturz in den Abgrund und in die Niederungen menschlicher Unzulänglichkeiten gegenüber. Der Heilige und der Verbrecher sind beide vom Skorpion her deutbar. In keinem Zeichen ist Positives und Negatives so nah und doch so kontrovers wie beim Skorpion. Tiefe Leidenschaften kön-

m nen denn auch umschlagen in böse Eifersucht und Selbstquälerei. Liebe kann zu Haß werden.

Die Konstitution ist kräftig, der Körper nicht immer gut proportoniert. Meistens ist der Oberkörper stärker entwickelt, so daß die Beine zu kurz wirken.

Krankheiten des Skorpion betreffen vor allem die Geschlechts- und Ausscheidungsorgane. Harn- (bes. Steinleiden) werden oft beobachtet. In der Ehe spielt das Sexualleben eine große Rolle. Das Verlangen nach sinnlichen Genüssen erfordert einen ähnlich gestimmten Partner. Dann ist auch Treue möglich.

Berufe dieses Zeichens werden im Bereich der Technik, der Chemie, der Medizin gefunden. Psychologen, Kritiker, Soldaten, aber auch Astrologen sind oft von diesem Zeichen her geprägt. Man findet Skorpionbeeinflußte oft in Vertrauensstellungen.

Nach der Überlieferung entspricht dem Skorpion die Zahl 9. Es ist ihm der Dienstag zugeordnet. Als beste Himmelsrichtung gilt Südwest. Dem Zeichen entsprechen ferner glutvolle Farben, besonders dunkelrot, Rubin und Granat, an Tieren Schlange, Spinne und Feuersalamander, sowie der sagenhafte Vogel Phönix. Unter den Pflanzen symbolisieren die mit Stacheln bewehrten das Wesen dieses Tierkreiszeichens, ferner Brennessel, Schwertlilie und Roter Fingerhut.

☉ Die **Sonne** in diesem Zeichen macht gesundheitlich noch widerstandsfähiger, zeigt auch mehr Formgefühl an und bedeutet einen ausgreifenden Verstand.

☽ Der **Mond** steigert die erotische Empfindsamkeit, verinnerlicht, kann aber in schlechter Stellung Eifersucht und Sinnlichkeit verstärken.

☿ **Merkur** symbolisiert Scharfsinn und eine Beobachtungsgabe, die sich vor allem seelischer Probleme annimmt. Die Gefahr einer egoistischen Handlungsweise liegt oft nahe, auch das Übertreiben von Kritik und zuviel Schärfe im Argumentieren. Diese Menschen haben Sinn für Ironie und Satire.

♀ **Venus** ist hier ein Anzeichen für mögliche sexuelle Verirrungen, für eine Neigung zu rohem oder perversem Verhalten in der Partnerbegegnung.

♂ **Mars** steigert Fleiß und Einsatzfreude bis zum Raubbau an der eigenen Gesundheit, weist aber in kritischen Aspekten auf Rachsucht, zerstörende Energie und auf einen bedenklichen Mangel an Zucht.

♃ **Jupiter** begabt mit der Freude am Wohlleben und am Genuß, mit Hang zur Lebensfreude, mit Sinn für Religion und für okkulte Probleme. Schlechte Aspekte mindern das Gute, vergröbern das materialistische Denken und begünstigen Ausschweifungen.

♄ **Saturn** bringt mehr Ausdauer, macht aber unzugänglicher bzw. deutet auf tyrannische Herrschsucht.

♆ Der Art des **Neptun** entsprechend, muß eine positive Stellung im Skorpion als verfeinernd für die Sinne gelten, negativ aber Verwirrung und Täuschungen anzeigen.

Schütze

Schütze ist ein männliches, bewegliches Feuerzeichen. Jupiter ist hier in seinem eigenen Herrschaftsbereich.

Im allgemeinen weist das Zeichen Schütze auf einen sanften, friedliebenden und ehrlichen Charakter. Die idealistische Einstellung erlaubt Verinnerlichung. Dennoch ist die Devise: „Leben und leben lassen!"

Dies trifft vor allem auf die gute Position dieses Zeichens zu, geht auch niemals auf Kosten der Gerechtigkeit. Meistens sind auch religiöse Anlagen vorhanden.

Dem fairen und selbstbewußten Auftreten entspricht eine sportliche Haltung, zu der auch Offenheit und Naturliebe gut passen.

Überwiegen die kritischen Aspekte, können aus Frömmigkeit Frömmelei, aus Freiheitsliebe Egoismus und aus Lebenslust Leichtsinn werden. Die Neigung zum Stimmungswechsel erschwert eine geradlinige Lebensführung, zumal auch wichtige Entschlüsse spontan gefaßt werden. Belehrungen und Hilfsangebote werden oft mißverstanden und bewirken dann Trotz und Mutwillen.

Die Konstitution ist kräftig, die Figur meistens stattlich, harmonisch gegliedert und in der Jugend schlank. Im Laufe des Lebens wird Jupiters „Fülle" auch körperlich und damit äußerlich sichtbar.

Die Nase ist meistens kräftig, das Haar voll und der Bartwuchs bemerkenswert.

Schütze-Krankheiten sind Ischias, Rheuma, Leber-, Gallenleiden und Diabetes und eine überdurchschnittliche Unfallneigung. Die Schenkelregion gilt als besonders anfällig.

Die optimistische Einstellung und seine Begeisterungsfähigkeit lassen den Schützebeeinflußten die Begegnung mit dem anderen Geschlecht suchen. Es wird auch neben der Ehe gern geflirtet, was häufiger zu Trennungen oder zur Scheidung führt. In den meisten Fällen wird dann bald wieder eine Zweitehe geschlossen. Berufe aus den Bereichen Justiz, Militär, Religion, eine sportliche Tätigkeit, als Naturforscher, Jäger oder ein Repräsentantenposten liegen den Schützen am besten.

Nach der Überlieferung ist dem Schützen die Zahl 3 zugeordnet. Sein Tag ist der Donnerstag, die Glücksrichtung Südwest. Die Schützenfarbe ist vor allem purpur, als Glücksmetall gilt das Zinn. Türkis, aber auch Smaragd und Saphir werden als Talismansteine bevorzugt.

Tiersymbole dieses Jupiter-Zeichens sind das Pferd, der Elefant, der Bär, aber auch die Falter.

An Pflanzen unterstehen dem Schützen Walnußbaum, Edelkastanie, Rotbuche und Glockenblume. Sachsymbol ist das Hufeisen.

⊙ **Sonne** im Schützen bedeutet besonders Stolz, Würde, Sinn für Gerechtigkeit.

☽ Der **Mond** in diesem Zeichen läßt den Wechsel lieben. Solche Geborene neigen zu Ortsveränderungen, zu Reisen, sind aber auch launische und unbeständige Naturen.

Das Wesen wird feinfühlender, die Sinne werden beeindruckbarer. Zu philosophischen Interessen gesellen sich künstlerische Ambitionen.

☿ **Merkur** kann – je nach Aspektverbindungen – verinnerlichen oder mehr Oberflächlichkeit anzeigen. Ähnlich ist es auch mit den weitgehenden Beziehungen, die im Positiven eine Erweiterung der Interessen bewirken, negativ aber als Gefahr der Zersplitterung oder als ein Mangel an Geduld zu interpretieren sind.

♀ **Venus** in diesem Zeichen kann bei positiver Einstrahlung veredelnd gedeutet werden und Lebenserleichterungen anzeigen. Dem sorgenfreien Leben steht eine gewisse Launenhaftigkeit oder der Mangel an innerem Halt gegenüber.

♂ **Mars** drückt stets ein Bedürfnis nach sportlicher Betätigung aus, kommt Militärpersonen zugute und begünstigt das Durchsetzen der eigenen Ansichten. Solche Beeinflußte sind immer freimütig und unkompliziert. Ist Mars kritisch gestellt, kann das Auftreten frech und aggresiv sein.

♃ **Jupiter** steht im eigenen Zeichen immer stark, was jedoch nicht unbedingt als glücklich angesehen werden darf. Auch bei seiner Position ist auf die Aspektpartner und die Qualität der Konstellation zu achten. Ist diese günstig, wird der so Betroffene um glückliche Auswege selten verlegen sein, ist die Gestirnung jedoch kritisch, wird man zu Spekulationen und Abenteuern neigen.

♄ **Saturn** befähigt zu ernster und sittlicher Lebensführung, kann aber kritischer und argwöhnisch sein lassen. Mißtrauen beeinträchtigt in böser Stellung die Kontaktfähigkeit.

♅ **Uranus** weist auf Reformeifer, Naturphilosophie, jedoch auch auf Interessen an technischen Fragen. Er begünstigt plötzliche Entschlüsse oder Sinneswandel.

♆ **Neptun** bedeutet einen erweiterten geistigen Horizont, schenkt Aufgeschlossenheit für geistige Probleme, die über das vernunftmäßig Faßbare hinausgeht. Solche Menschen interessieren sich für Grenzprobleme oder Mystik, finden aber auch im humanitären Wirken eine innere Befriedigung.

Steinbock

Steinbock ist ein weibliches, kardinales Erdzeichen. Saturn ist hier Regent.

Wirklichkeitsbezug, realistisches Denken und Handeln, Konsequenz, Verantwortungsbewußtsein und Sinn für geduldige Pflichterfüllung lassen Steinbocknaturen zwar langsam, aber desto sicherer im Leben „klettern".

Nur selten wird das Ziel aus den Augen verloren. Auf die Treue und auf ihr Stehvermögen darf man zählen. Angeborene Vorsicht läßt Risiken meiden und diplomatische Wege schätzen.

Die oft zu ernste Lebensauffassung und Gefahr, in Depressionen und Pessimismus zu verfallen, beeinträchtigen die Erfolgschancen. Erst Lebenserfahrung vermag das Minus auszugleichen. Die Dynamik dieses Typs entfaltet sich weniger in die Breite als in die Tiefe. Aus Vorsicht und dem Bestreben nach Sicherung des Besitzes kann Egoismus werden.

In schlechter Position neigen „Steinböcke" zu Geiz, auch zum rücksichtslosen Einsatz aller zu Gebote stehender Machtmittel und zu fanatischem Festhalten an einem einmal gefaßten Entschluß, selbst wenn Vernunftgründe dagegen sprechen. Das erschwert den Umgang mit ihnen, vor allem, da diese Menschen dann negativ wirken, gefühlskalt und verschlossen sind.

Die Steinbockkonstitution ist schwach, die Figur eher hager und selten harmonisch. Körperliche Defekte scheinen häufiger beobachtet zu werden. Das Gesicht ist oft länglich, der Mund schmal und durchaus nicht sinnlich, die Nase scharf ausgeprägt.

Krankheiten dieses Zeichens betreffen oft die Gelenke, das Knochengerüst oder die Haut. Gicht und Verkalkungen gelten als typisch. Die Ehe wird von Steinbockbeeinflußten selten früh geschlossen und wird erst mit den Jahren glücklich. Kinder sind kaum zahlreich. Berufe der Steinbocksphäre haben traditionell mit Grund und Boden zu tun, findet man daher im Bergwesen und auch überall, wo es um Grundbesitz geht. In weltanschaulicher Hinsicht werden Traditionen fortgeführt, daher Interesse an der Geschichte, aber auch an Philosophie.

Schicksalsschläge werden zwar unter diesem Zeichen öfter vermerkt, auch Verzögerungen wichtiger Angelegenheiten ergeben sich immer wieder, doch kann das eine Steinbocknatur nicht aus dem Geleis werfen. Die Haltung wird nur noch fester, unnachgiebiger und entschlossener.

Die eigentliche Erfolgsperiode ist für diesen Typ die zweite Lebenshälfte.

Nach der Überlieferung untersteht dem Steinbock die Zahl 8. Samstag gilt als bester Tag der Woche. Die Glücksrichtung ist Süden. An Farben wird vor allem schwarz die saturnische Art ausdrücken, doch gelten dunkle Töne als sinnbildlich. Blei ist das saturnische Metall, der Onyx ist Symbolstein. Unter den Tieren gelten Wolf,

Eisbär, Kamel und Esel als dem Steinbock unterstellt, bei den Pflanzen sind es Tanne, Fichte, Zypresse, Eibe, Zeder, auch Kümmel und Klette.

☉ Die **Sonne** im Steinbock drückt Ehrgeiz aus, gibt Sinn für Politik und stärkt Mut und Entschlossenheit.

☽ Der **Mond** verhärtet besonders die Gefühle und läßt dadurch auch egoistischer wirken. Diese Menschen sind oft schüchtern und gehemmt. Sie haben es schwer, aus sich herauszugehen, Kontakte mit anderen zu finden und sich ihnen zu eröffnen.

☿ **Merkur** ist hier an einem guten Platz. In diesem Zeichen befähigt er zu logischem, abstraktem und wissenschaftlichem Denken und erleichtert das Verwerten der erworbenen Kenntnisse und Erfahrungen, was der Lebenstüchtigkeit zugute kommt. Ist der Planet kritisch gestellt, werden diese Fähigkeiten oder Anlagen unredlich ausgenützt werden: List, Tücke, Argwohn und Geiz sind sicher zu beobachten.

♀ **Venus** erlaubt es, die eigenen Triebe zu beherrschen, treu zu sein, sofern nicht andere Aspekte das Gegenteil anzeigen. In unguter Position ist Venus ein Hinweis auf Eifersucht, ungesunde Sinnlichkeit, die zwischen Frigidität und Perversion schwanken kann.

♂ **Mars** deutet auf unbeugsame Energien, die sich je nach Aspekten positiv oder negativ einsetzen lassen. Große Ziele werden ins Auge gefaßt und Ideen um jeden Preis realisiert. Mitunter kann das durch List und Tücke erfolgen.

♃ **Jupiter** weitet den Horizont, stimmt milder, großzügiger und bringt auch durch einen dementsprechenden Umgang Erfolge. Organisationsfähigkeit und diplomatisches Geschick lassen Gewinne erzielen.

♄ **Saturn** steht im eigenen Zeichen, weshalb der Typ dadurch reiner zur Ausprägung kommt.

♅ **Uranus** muß als blinder Reformeifer gedeutet werden, der sich vor allem in der Bewältigung von Technischem äußert.

Wassermann

Wassermann ist ein männliches, festes Luftzeichen. Früher galt Saturn als Herrscher. Heute sieht man allgemein Uranus als Regent an.

Uranisch sind denn auch die Hauptwesenszüge: Sinn für das Moderne, für Reformen, Verständnis für Revolutionen, Erfindungs- und Ideenreichtum, Originalität, aber auch Teilnahmefreude, Kontaktstreben, das durch Hilfsbereitschaft, Menschenkenntnis und durch die Beachtung guter Umgangsformen erleichtert wird.

Gefahren für diesen Typ liegen in einer gewissen Exaltiertheit und Exzentrizität. Man kann das am Durchsetzenwollen überspannter Pläne oder an unkonventionellen Einstellungen sehen, die leicht ausufern. Geisteswissenschaften, Okkultismus, Interessen an der Kunst, wo Inspiration und Intuition zu neuem Schaffen anregen; aber auch Technisches gehört zu diesem Zeichen.

Die Konstitution ist mittelkräftig, die Figur oft schlank. Krankheiten betreffen die Unterschenkel. Eine Neigung zu Durchblutungsstörungen kann zu Krampfadern führen, man stellt Venenentzündungen fest, doch ist oft auch der gesamte Kreislauf betroffen. Herzkrankheiten, Neurasthenie oder nervöse Störungen sind unter diesem Zeichen häufiger anzutreffen.

In der Liebe stimmt dieses Zeichen idealistisch, so daß seelische und geistige Werte des Partners hochgeschätzt werden.

Beruflich sind das Erfinden und Neuerungen typisch für das Zeichen. So gibt es unter den Wassermannbeeinflußten Neuerer, Techniker, Erfinder, jedoch auch Nervenärzte, Journalisten, Tätigkeiten bei Presse, Funk und Fernsehen. Aber auch Selbständige, die eine unbekümmerte Entfaltung der eigenen Persönlichkeit brauchen, sind typisch. Man findet darunter Vertreter der modernen Kunstrichtungen, aber auch Archäologen, Angehörige religiöser Sekten, Hellseher, Astrologen.

Nach der Überlieferung gelten für den Wassermann die Zahl 10, der Freitag, Südosten als Glücksrichtung, die Farbe violett und alle irisierenden oder heliotropen Farbtöne. Platin ist das Metall, Aquamarin, Amethyst sind die bevorzugten Talismansteine. Zobel, Silberfuchs, Gemse und Reiher werden als die Wassermann-Tiere angesehen. An Pflanzen sind dem Zeichen Alpenveilchen, Orchideen, Farne, Moose, Rosmarin und Thymian zugeordnet.

☉ Die **Sonne** läßt auf Intuition, Idealismus und auf eine großzügige weltbürgerliche Einstellung schließen.

☽ Der **Mond** drückt die Wandelbarkeit in den Gefühlen aus. Der Eigner eines solchen Kosmogramms denkt meistens sozial. Die Handlungen sind dann stark vom Wunschdenken bestimmt, was sich als Betriebsamkeit auswirken dürfte.

☿ **Merkur** verstärkt den Lerneifer und läßt zu einem Denken disponiert sein, das Neuerungen willig aufgreift und das eigene Erfahrungen mit Nutzen verarbeitet.
Ist der Planet in kritische Aspekte verwickelt, bleibt vieles in der Planung stecken. Es ist undurchführbar, weil schlecht durchdacht.

♀ **Venus** läßt in Partnerbeziehungen gern unabhängig sein. Von solcher Konstellation betroffene Menschen vertreten in der Liebe gern eigenwillige Auffassungen, die man nicht mit der Elle bürgerlicher Moralvorstellungen messen kann. Partnerwünsche führen meistens schnell zu Kontakten, doch sind diese häufig unbeständig.

♂ **Mars** befähigt dazu, Neuerungen mit viel Eifer durchzusetzen. Meistens haben solche Menschen auch praktische Fähigkeiten und sind manuell geschickt. Dies gilt auch für den technischen Bereich. Allerdings wächst unter solcher Konstellation auch die Unfallneigung.

♃ **Jupiter** fördert das Bemühen aller, die sich um das seelische Wohl kümmern, stimmt weise und gütig, vertrauensvoll.

♄ **Saturn** dämpft die Unbekümmertheit, stärkt dagegen die Geduld und zeigt Erfolge in Unternehmungen an, die einer sorgfältigen Überlegung entspringen und gut geplant sein wollen.

♅ **Uranus** verstärkt die Unbeständigkeit des Typs, läßt an Abenteuern Gefallen finden, überspannt, übertreibt und läßt von einem Extrem ins andere fallen.

Fische

Fische ist ein weibliches, bewegliches Wasserzeichen.
Jupiter war früher alleiniger Herrscher, doch hat man gefunden,

daß Neptun die innere Natur besser darstellt. Deswegen muß er mindestens als Mitregent angesehen werden.

Der sensitiven, leicht beeindruckbaren und empfänglichen Natur entspricht das gläubige Wollen, das zum aktiven Einsatz weniger prädestiniert. Eher lassen sich damit Erwartung und Hingabe verbinden, die zu Bequemlichkeit oder Nachlässigkeit werden können, sofern nicht andere Aspekte fördernd zu berücksichtigen sind. Der humorvollen Fischenatur ist Sinn für Harmonie und Musik eigen. Zu humanitären Aufgaben befähigen Menschenliebe und Mitleid. Häufig ist auch eine mathematische Begabung festzustellen. In negativer Hinsicht gilt dieser Typ als zu nachgiebig, schadet sich durch Haltlosigkeit und die Neigung, alles geheim zu halten. Andere nützen die Großzügigkeit aus. Rausch und Genußgifte können einen stark Fischebeeinflußten völlig aus der Bahn bringen, in die er aus eigener Kraft nur selten zurückfindet.

Die Konstitution gilt als schwach, der Körperbau ist vorwiegend pyknisch, wenig harmonisch, das Gesicht meistens weich, der Augenausdruck eher verträumt, das Haar weich, der Bartwuchs selten stark. Die Füße sind groß. Neben diesem Typ gibt es auch einen grazilen, der gern tanzt und zu beschwingter Gymnastik neigt. Fußleiden, Erkältungskrankheiten, eine Anfälligkeit für Verdauungsstörungen und Darmleiden sowie Hang zu Genuß- und Rauschgiften gelten als typisch für dieses Zeichen.

Für seinen Liebespartner opfert sich der Fischebeeinflußte auf. Er hat es gern, wenn der andere eine aktive Natur ist, die ihn dirigiert. Verführungskünsten erliegt er rasch, kann dann untreu sein. Berufe, bei denen es um das Helfenkönnen geht, sind beliebt: Arzt, Betreuer, Schwester, Erzieherin, ferner Gastwirte, Schauspieler, Tänzer und Beamte, die sich einer gesicherten Position erfreuen.

Nach der Überlieferung ist die Zahl 11 diesem Zeichen zugeordnet. Samstag gilt als günstiger Tag und Südosten als die Glücksrichtung. An Farben werden schwer definierbare Töne bevorzugt. Perle, Koralle, Mondstein haben als Talismansteine Bedeutung. Tiersymbole sind Schildkröte, Möwe und alle Wassertiere.

Das Schneeglöckchen, die Seerose und der Mohn, ferner Tabak, Jasmin und Malve haben als Pflanzensymbole Bedeutung.

Der Regenbogen ist das Natursymbol des Fischezeichens.

☉ Die **Sonne** in den Fischen deutet auf religiöses Interesse, das aber nicht konfessionell gebunden sein muß, auf Intuition und Liebe zu Tieren.

Der Wahlspruch dieser Menschen, die so beeinflußt sind, könnte die Devise sein: Wer im Verborgenen lebt, hat gut gelebt.

☽ Der **Mond** in diesem Zeichen betont das Gefühlsleben, die Phantasie. Er drückt große Einfühlungsgabe aus, die sich zur Medialität steigern kann, bringt aber auch die Gefahr, sich gehen zu lassen und dann zu versumpfen.

☿ **Merkur** läßt nach einem schönen Ausdruck in Wort und Schrift streben, beeinträchtigt aber etwas das scharfe und kritische Denken, sofern nicht andere Konstellationen helfend eingreifen.

♀ **Venus** weckt das Zärtlichkeitsverlangen, läßt sich nach Liebe und Wärme sehnen, kann aber auch sorglos machen oder Genüssen zu sehr zugetan sein lassen.

♂ **Mars** bringt zwar Energie ins Spiel, doch ist diese selten konstant und wechselt auch das Ziel. So wird nur etwas erreicht werden können, wenn Jupiter- und Saturnaspekte hinzutreten, die mäßigen, Geduld und Ausdauer fördern und das Konzentrationsvermögen stärken.

♃ **Jupiter** drückt eine altruistische Haltung und Menschenliebe aus. Solche Menschen haben viel soziales Verständnis und streben nach Gerechtigkeit. Jupiter kann aber auch zu genießerisch machen, was sich als „Fülle" im Körperlichen ausdrückt oder durch finanzielle Schwierigkeiten sich dokumentieren mag.

♄ **Saturn** schränkt die Sehnsucht, das Bedürfnis nach Weite ein, macht schüchtern und gehemmt. Menschen mit solcher Konstellation fühlen sich oft einsam und unverstanden. Bisweilen werden sie das Opfer von Intrigen oder erliegen mißgünstigen Feinden.

♅ **Uranus** zielt zwar in die gleiche Richtung wie Saturn, doch gibt es im Leben solcher Menschen immer wieder Perioden, in denen mit Gewalt ungünstige Zustände oder Verhältnisse geändert werden sollen. Das kann dann unnormal, exzentrisch wirken, so daß man dann rasch von Sonderlingen spricht, zu rasch, um der wirklichen Natur gerecht zu werden.

Die Häuser des Horoskops
Sektoren oder Ereignisebenen

Auf die sehr interessante Entwicklungsgeschichte kann nicht eingegangen werden. Sie erfolgte in der zweiten Hälfte des ersten vorchristlichen Jahrtausends. Ursprünglich kannte man nur die vier Eckpunkte. Die Babylonier beachteten nur

Aszendent
Deszendent
Medium Coeli
Imum Coeli.

Heute versucht zwar die eine oder andere astrologische Schule, ohne die zwölf Häuser auszukommen und stützt sich dabei wieder nur auf die Ecken. Das bedeutet einen schwerwiegenden Verzicht auf die eigentlichen Ereignisbereiche; damit entfallen wertvolle Deutungsmöglichkeiten. Sofern ein solches Unterfangen motiviert würde, daß man Astrologie vereinfachen möchte, ginge das noch an. Diese Neuerer müssen sogar ohne Häuser auskommen, wenn sie den auf klassische Weise in 360 Grad geteilten Kreis nicht mehr berücksichtigen und einen 90-Grad-Kreis zur Berechnung verwenden, wie das geschieht.

Nicht umsonst hat die „klassische" Astrologie mehr als 2000 Jahre diese Häuser oder Sektoren beibehalten.

Morin de Villefranche, der geniale Astrologe und Berater des französischen Staatsmannes Richelieu, hat das System verfeinert. Als *Spitze* jedes Hauses gilt nicht die Mitte des Feldes, sondern *der erste Grad* des Sektors, der über dem Horizont aufsteigt. So ist es zu verstehen, daß der Aszendent die Spitze des 1. Hauses ist, der Deszendent die Spitze des 7. darstellt, während die Achse MC – IC die Spitzen des 10. bzw. des 4. Hauses bildet. Planeten an der jeweiligen Häuserspitze haben die stärkste „Wirkung". Man darf die Häuser ebensowenig für sich betrachten wie die Zeichen. Ist ein Haus „leer", d. h. von keinem Planeten besetzt, so fallen doch Aspekte in dieses Feld, was besonders wichtig ist, wenn sie die Spitze exakt treffen.

Ferner muß man untersuchen, wo der *Hausherr* im Horoskop steht. Dann ist auch sein kosmischer Zustand beachtenswert.

Dies ergibt eine ungeheure Vielzahl von Kombinationsmöglichkeiten. Morin hat diesen Sachverhalt in seiner „Astrologia gallica" dargestellt, einem Werk mit 600 Seiten.

Leider muß in unserem Buch, das zunächst für den Anfänger oder den weniger Fortgeschrittenen bestimmt ist, darauf verzichtet werden, Hinweise auf die Bedeutung der „*Dispositoren*" zu geben. Wenn z. B. die Spitze eines Hauses in das Zeichen Stier fällt, so wird die Regentin dieses Zeichens ♀ zum Dispositor des betreffenden Hauses.

Nehmen wir an, es handle sich um das 2. Haus, das mit seiner Spitze im Venuszeichen Stier liegt.

Stünde im Kosmogramm Venus nun im 1. Haus, werden die materiellen Interessen, die das 2. Haus stets ausdrückt, die Basis für die wichtigsten schicksalhaften Aktionen des betreffenden Menschen bilden.

Befindet sich der Dispositor des 2. Hauses dagegen im 3. Sektor, so wird der Horoskopeigner seine Finanzen durch die Belange des 3. Hauses aufbessern können, also durch Studium, Vermittlung, Reisetätigkeit, doch werden auch Nahverwandte für ihn in dieser Beziehung wichtig werden.

Anders wäre der Fall zu sehen, wenn der Dispositor eines 2. Hauses im 4. Sektor der Nativität seine Position hat. Dann müßte man darauf schließen, daß der Horoskopeigner von den elterlichen Mitteln sehr abhängig ist.

Nun darf man aber solche Auslegungen auch nicht zu eng fassen. Man könnte z. B. ebensogut sagen, daß ein solcher Geborener materiell stark in der Heimat wurzelt, was mit anderen Worten den gleichen Symbolgehalt beschreibt, denn der 4. Sektor ist eben nicht nur das Elternhaus, er ist auch Heimat.

Daraus mögen Sie, liebe Leserin, und Sie, lieber Leser, ersehen, daß es kein noch so dickes Buch geben kann, daß sämtliche vorkommenden Möglichkeiten berücksichtigt. Es hilft nur kombinieren. Die Durchforstung des eigenen Horoskops wird Ihnen die Zusammenhänge gewiß einsichtiger machen.

Die zwölf Häuser müssen auch immer im Hinblick auf die zwölf

Zeichen des Tierkreises beurteilt werden, dies gilt vor allem körperlich.

Es entspricht das

1. Haus dem 1. Zeichen Widder, bezieht sich daher auf den Kopf,
2. Haus dem 2. Zeichen Stier, bezieht sich daher auf Hals und Kehle,
3. Haus dem 3. Zeichen Zwillinge, bezieht sich daher auf Brust und Lungen,
4. Haus dem 4. Zeichen Krebs, bezieht sich daher auf den Magen,
5. Haus dem Zeichen Löwe, bezieht sich daher auf das Herz,
6. Haus dem Zeichen Jungfrau, bezieht sich daher auf die Eingeweide,
7. Haus dem Zeichen Waage, bezieht sich daher auf die Nieren,
8. Haus dem Zeichen Skorpion, bezieht sich daher auf Geschlechts- und Ausscheidungsorgane,
9. Haus dem Zeichen Schütze, bezieht sich daher auf die Oberschenkel,
10. Haus dem Zeichen Steinbock, bezieht sich daher auf die Knie,
11. Haus dem Zeichen Wassermann, bezieht sich daher auf die Unterschenkel,
12. Haus dem Zeichen Fische, bezieht sich daher auf die Unterschenkel.

Z. B. wird man die Position des Saturn in einem 9. Haus immer ähnlich zu beurteilen haben wie die Stellung im 9. Zeichen (Schütze), was man als eine Disposition zu Brüchen oder Gehbehinderungen auffassen kann.

1. Haus

Es ist ein Eckhaus, das wichtigste des ganzen Horoskops, weil es das Wesen der Persönlichkeit kennzeichnet. Vor allem kann man aus der Spitze dieses Sektors, dem Aszendenten, Hinweise über Mentalität, den Willen und die Art entnehmen, wie der Betreffende auftritt, welche Manieren er hat, wie er überhaupt „in Form" ist. Daher auch der Bezug auf das Körperliche, auf die Konstitution und die Gesundheit.

Der Herr des Aszendenten-Zeichens ist stets der „Geburtsgebieter", der über die Physis eines Geborenen entscheidende Aussagen erlaubt. In der Natur des 1. Hauses liegt auch die Begründung, warum der Aszendent eine größere Beachtung verdient als der Stand der Sonne innerhalb der zwölf Zeichen des Zodiaks.

Ist Jupiter der Geburtsgebieter oder der „Stern der Geburt", so begabt er mit „Fülle", sowohl körperlich wie seelisch-geistig. Er wird dann das ganze Wesen harmonisieren. Nur ein Zuviel an „Jupiter", d. h. ein Planet, der viele schlechte Aspekte empfängt, könnte dann Überfülle bedeuten, des Guten zuviel anzeigen, was negative Konsequenzen wahrscheinlich macht.

Venus wird allgemein lebenserleichternd wirken, rasch Sympathien erwerben lassen usw.

Mars als Geburtsgebieter oder am Aszendenten stehend, stimmt aggressiv und ermuntert zu stoßweisem Energieeinsatz. Er wird heftig reagieren lassen und alles jenes ins Spiel bringen, was er symbolisch ausdrückt.

Bei Merkur würden es mehr die geistigen Gaben sein, die einem Geborenen Profil geben. Das kann Sprachentalent sein, kaufmännisches Geschick, in schlechter Position aber auch den Betrüger bedeuten. Man beachte, daß ein Planet in dieser Eckenstellung immer seine Natur, seine „Eigenheiten" wird ausdrücken können, wobei die Aspekte entscheiden, wie das geschieht, ob gut oder ungünstig.

 Haus

Man könnte sagen, daß es sich dabei um die „materiellen Reserven" handelt, die ein Mensch zu seinem Lebensvollzug mitbekommen hat oder über die er verfügen kann.

Dabei denkt man sofort an Geld oder Besitz, weshalb man in der Laienastrologie diesen astrologischen Ort auch das Geldhaus nennt. Dies geschieht zwar nicht zu Unrecht, doch ist dabei zu überlegen, daß es sich hier nicht um finanzielle Werte handeln muß. Auch Energie, Arbeitsamkeit könnte man noch darunter verstehen, was im Einzelfall ja auch ein beträchtliches „Kapital" sein dürfte.

Selbst ein gutgestellter Saturn ist in dieser Situation nicht so schlimm, wie man es in der Laienastrologie gern darstellt. Nur wird die Vermehrung des Besitzes entsprechend der Natur des Planeten erfolgen. Saturn „sammelt", d. h. es geht langsam voran und spät, wohl erst in der zweiten Lebenshälfte ist dann die gewünschte Sicherheit in Aussicht gestellt. Wahrscheinlich aber werden die „Reserven" ökonomisch, d. h. wirtschaftlich verwaltet und nicht leichtsinnig verschleudert, wie das der Fall sein würde, wenn ein schlechtgestellter Jupiter im 2. Haus seinen Platz hätte. Stets ist dabei natürlich auch zu sehen, in welchem Zeichen sich der Planet befindet. Ein rückläufiger Saturn im Krebs wird als Hausherr vom 2. Haus kritischer zu würdigen sein, als wenn er im Steinbock in Würden steht und von der Sonne durch ein Trigon unterstützt wird.

Jedoch kann es als eine Hilfe für das Leben angesehen werden, wenn ein Jupiter „in Würden" über das 2. Haus regiert.

③. Haus

Man urteilt aus diesem Sektor seit jeher über Nahverwandte oder Nachbarn, auch über kurze Reisen, über alles, was uns mit unserer Umwelt verbindet und uns hilft, sie zu verstehen. So gehören auch das Studium in den Bereich dieses Sektors, der Verstand, den man dazu braucht, die Verträge, die uns an die Personen binden, mit denen wir es zu tun haben, die Briefe, die wir schreiben, die Reden, die wir halten.

Wem das zu ungereimt klingt, sieht vielleicht klarer, wenn er den Bezug zum Zeichen Zwillinge, dem 3. des Zodiaks, herstellt. Merkur, der im 3. Zeichen herrscht, muß demnach auch als Protektor des 3. Hauses gesehen werden, weshalb es auch für alles Aussagen erlaubt, was als merkurisch gilt.

Z. B. symbolisiert Merkur die Jugend. Deshalb ist es auch gerechtfertigt, über diese Lebensspanne das 3. Haus zu befragen. Merkur will auch immer „dazwischen" sein, daher die vielfältigen Interessen, die Neugier, der Wissensdurst.

Auch das gegenüberliegende Haus muß mit berücksichtigt werden. Wie zwischen den gegenüberliegenden Zeichen im astrologischen

System eine Verbindung oder eine Brücke gegeben scheint, so ist es auch mit den Häusern. Immer gehören die sich gegenüberliegenden zusammen, wie zwei Schalen, die, aufeinandergefügt, erst das Ganze erkennen lassen. Das Verbindungsglied ist stets die Hausachse. Im vorliegenden Beispiel verknüpft sie das 3. mit dem 9. Haus. Stellt das 3. Haus die Nähe dar, so ist das 9. Haus bezeichnend für die Ferne, sei diese örtlich zu verstehen oder als Symbol für das Weite in geistiger Hinsicht, für das Innere, wenn man es seelisch sieht.

Vom Nahen zum Entfernten, das ist z. B. ein didaktisches Prinzip, das Erziehung, Bildung, Ausbildung überhaupt erst möglich macht. Deswegen wird aus dem 3. Haus auch über die Erziehung geurteilt. Auf das Kind wirken Brüder oder Schwestern stark formend ein. Auch die Nachbarskinder haben ihren Platz im Nahbereich, der Welt des Kindes, die im Elternhaus oder vor dessen Tür liegt. Schließlich wird vom 3. Haus auch die Schule erfaßt, in die das Kind eintritt, um seine intellektuellen Fähigkeiten nach und nach auszubilden. Schule – Studium, alles hat hier seinen Aussageort. Selbstverständlich ist es immer ein Vorzug, wenn der Hausherr im Haus auch anwesend ist. Wäre z. B. in einem Kosmogramm Merkur in den Zwillingen und stünde zugleich im 3. Haus, müßte das gravierend sein. Man müßte dann auf einen Menschen schließen, der mit der Umwelt rasch in besten Kontakt kommt, dem es gegeben ist, seinen Lebenskreis verstandesmäßig zu durchleuchten und der seine geistigen Gaben auch richtig einzuschätzen weiß und sie für einen erfolgreichen Schicksalsablauf auch gezielt einsetzen wird. Stünde dagegen ein Zwillingsmond im 3. Haus, wäre der Kontakt zu anderen sicher gefühlsbedingt, bei guten Aspekten könnte man auf Popularität hoffen (Mond = Volk).

Zu ganz anderen Schlußfolgerungen müßte man dagegen kommen, wenn der Mond im Krebs stünde und zugleich für das 3. Haus Bedeutung haben sollte.

Immer gilt es, die Natur des Planeten zu sehen und auch die Charakteristik, die er durch den jeweiligen Zeichenstand hat, zu berücksichtigen. Damit muß dann die Bedeutung des Hauses abgestimmt werden, wobei der kosmische Zustand angibt, ob man die positiven Seiten oder die negativen wird beachten müssen.

Zu solchem Kombinieren wird nur in der Lage sein, wer sich die Grundbedeutungen einprägen kann.

❹ Haus

Es beginnt in der Tiefe des Himmels, hat daher Geltung für die Schlußfolgerungen über das Herkommen, über die „Wurzeln" unserer Existenz. Deswegen auch die Bezugnahme auf Elternhaus und Heimat. Man kann aus dem 4. Haus auch auf Ererbtes schließen, auf ererbte Anlagen.
Das 4. Haus läßt ferner über das Alter urteilen, in dem sich der Lebenskreis rundet.
Die Wurzeln und die Zukunft – zwei Begriffe, die ihrer tiefsten Natur nach unbekannt sind. Deswegen vielleicht schließt man aus diesem Feld auch auf das Verborgene, auf das Okkulte oder auf Geheimnisse.

❺ Haus

Zunächst sieht man die Verbindung zum 5. Zeichen, dem Löwen. Deswegen hat es auch Bedeutung für das Herz, den Mut, die Selbstbehauptung.
So stellt das 5. Haus auch alles dar, was aus dem Herzen und aus den Sinnen kommt, was mutvoll ist.
Dazu zählen die Lust zum Abenteuer, die Sinnenfreude, wie sie aus der Liebe oder der Partnerbegegnung erwächst, die Leidenschaften, der Spieltrieb. Auch über die Kinder wird hier geurteilt. Es ist das Haus des Glücks und der Freude. Man sollte auch Beziehungen zum Geistigen sehen. Kinder sind für eine Frau oft die eigentliche Lebenserfüllung. Wem ein gutgestelltes 5. Haus gegeben ist, kann als Lehrer oder Erzieher über sich hinauswachsen. Er wird weniger durch die Schärfe des Intellekts auf seine Schutzbefohlenen wirken, als durch die Güte seines Herzens. Auch Schauspieler können ein gutes 5. Haus gebrauchen, das es ihnen erlaubt, sehr menschlich und mit dem Herzen ihre Rolle zu spielen.

⑥ Haus

Es gilt als „dunkles Feld", da es entsprechend dem sinnverwandten Zeichen Jungfrau das Notwendige verkörpert. Das Unerläßliche muß mit Pflicht und Gehorsam, mit dem Dienen, auch mit jenen Arbeitsverhältnissen, die nur Gelderwerb sind und nicht Beruf aus Berufung, in Zusammenhang gebracht werden.

Durch diese Lebensumstände kann auch der Körper besonderen Belastungen ausgesetzt sein, was der Gesundheit schadet. Vielleicht ist das 6. Haus deshalb auch zum „Gesundheitshaus" geworden. Zwar stellt auch der Aszendent den Körper und damit die Gesundheit dar, doch in anderer Weise.

Im 6. Haus ist die Gesundheit als das vom Ich, von unserer Natur Abhängige zu begreifen. Gerade deswegen hat es bezug auf die Indispositionen, auf das körperliche Unvermögen, das uns behindert. Deshalb ist es logisch, aus dem 6. Haus über Krankheiten zu urteilen.

Ist das „dunkle" 6. Haus von unguten Planeten besetzt, haben die Planeten, die hier stehen, keine Aspektverbindungen mit dem MC, wird der Horoskopeigner es schwer haben aufzusteigen. Bestenfalls wird er es zum ewigen „zweiten Mann" bringen oder tiefer in Abhängigkeiten verstrickt sein.

Das muß nicht als böses Omen aufgefaßt werden. Vielmehr ist es durchaus denkbar, daß bei entsprechender Veranlagung ein Mensch im Dienen und in der Pflichterfüllung seine Lebensaufgabe findet. Gerade im Bereich des Gesundheitswesens kann auf den Dienst am Mitmenschen, der aus Idealismus geschieht, nicht verzichtet werden.

Deswegen findet man das gutbesetzte 6. Haus auch im Kosmogramm von Ärzten, Schwestern oder jenen Menschen, die am Gesundheitswesen starken Anteil nehmen.

Wie dieses Beispiel zeigt, darf man die Bedeutung eines Sektors nie so eng auslegen, wie es die Laienastrologie tut, wenn sie wie in diesem Falle einfach vom Krankheitshaus spricht. Man sollte sich aber andererseits doch davor hüten, die Auslegungen zu weit zu fassen.

So urteilte man früher aus dem 5. Haus eines Geborenen über seine

Lehrer, aus dem 6. Haus über Onkel und Tante. Das mag zwar im Einzelfall zugetroffen sein, doch sollte man stets im Auge haben, daß ein Horoskop nur über denjenigen direkt Aussagen erlaubt, für den es aufgestellt wurde.

⑦ Haus

Das eben Gesagte muß sogleich wieder relativiert werden, denn das 7. Haus läßt nicht nur über den Partner Vermutungen anstellen, es zwingt dazu. Allerdings sind die Voraussetzungen doch anders. Der Partner, besonders der Ehepartner, steht in einem anderen Verhältnis zum eigenen Ich als Onkel und Tante.

Das 7. Haus ist das Feld des Du. Es liegt dem 1. Haus, dem Ich-Bereich, genau gegenüber.

Der Mensch ist nach Aristoteles ein zoon politikon, d. h. ein geselliges Wesen. Darum bedürfen wir auch so sehr der Partner, um uns entfalten zu können. An den Ehegefährten stellen wir besondere Ansprüche. Nur wenn Ich und Du zu einer Einheit verschmelzen, kann jeder der beiden Partner die Erfüllung in diesem Lebensbereich finden.

Es genügt keinesfalls, das 7. Haus nur als „Ehehaus" abzustempeln. Partner haben auch in anderer Hinsicht für den einzelnen Bedeutung. Durch unsere Partner stehen wir in direkter Verbindung zur Öffentlichkeit. Deswegen kann auch über die Beziehungen eines Geborenen zur Öffentlichkeit geurteilt werden, bzw. über seine Chancen, sich öffentlich zu bewähren.

Noch aus einem anderen Grund sei der Begriff Ehe im Zusammenhang mit diesem Sektor mit Vorsicht gebraucht.

Es gibt kein himmlisches Standesamt. Anders ausgedrückt, man kann aus dem 7. Haus niemals über das Formale urteilen. „Ehe" in astrologischem Sinne ist deshalb jede langdauernde, feste Beziehung, sei sie legal oder nicht. Entscheidend ist das Faktum, wie der Geborene selbst dazu steht.

Auch über das 7. Haus muß man aus dem Herrn des Zeichens schließen und aus den Planeten, die anwesend sind. Deswegen wird die Eheeignung der beiden Partner auch meistens verschieden ausfallen. Sie ist ja auch nur ein Teil der allgemeinen Veranlagung. Bei Partnervergleichen sollte man prüfen, ob die beiden Hausherren in guten Aspekten zueinander stehen, was eigentlich die Voraussetzung dafür ist, daß sich die beiden Menschen auch so verstehen, daß eine Ehe wünschenswert sein könnte.

⑧ Haus

Läßt der 2. Sektor auf den materiellen Rückhalt schließen, auf die Reserven, so bedeutet das „dunkle" 8. Haus deren Auflösung. Es gilt als „Todeshaus".
Allerdings ist es heute nicht mehr üblich, die Todesarten zu ermitteln und schlüssig über die Zeit des Ablebens zu urteilen. Ganz ausdrücklich sei davor gewarnt, sich diesbezüglich irgendwelche Prognosen auszudenken oder Schicksal in dieser Richtung ergründen zu wollen.
Noch strikter ist davor zu warnen, derartige „Prognosen" anderen – gefragt oder ungefragt – mitzuteilen.
Man begnüge sich, auf das weite Feld der Bewußtseinsübergänge einzugehen. Dieses Haus beinhaltet auch alles, „was nach dem Tode kommt". Deswegen kann man hier über Mystisches, Verborgenes sprechen.
Auch Erbschaften haben mit dem Tode zu tun, so daß eine gute Besetzung in diesem Sinne zu interpretieren wäre.
Schließlich hat das 8. Haus aber auch Beziehungen zum 8. Zeichen, dem marsisch-plutonischen Skorpion, der das „Stirb und Werde" symbolisiert. Eine gute Konstellation in diesem Sektor darf daher auch als Hinweis auf Tiefenschau, auf Verinnerlichung oder in esoterischem Sinn auf Karma und Wiedergeburt gedeutet werden. Wie der Skorpion die Möglichkeiten zu geistiger und seelischer Höherentwicklung einschließt, so gilt dies auch für das 8. Haus. Ohne den Tod ist kein Leben vorstellbar, und gerade das Nachdenken über die letzten Dinge vermag vielen Menschen Trost und Hilfe zu sein.

9. Haus

Es repräsentiert – ähnlich wie das Jupiterzeichen Schütze – Weisheit, Religiosität, Gerechtigkeit. Damit ergänzt es den geistigen Bereich des gegenüberliegenden 3. Feldes.

Die Welt der Gedanken wird hier ausgeweitet, was in praktischer Form durch Reisen oder Auslandsbeziehungen geschieht. So ist es zu erklären, daß es sowohl als „Reisehaus" gilt, aber auch für die Weltanschauung besonders aus religiöser Sicht wichtig ist. Religio bedeutet ja auch die Verbindung mit Gott, mit dem ganz Fernen und doch so Nahem.

Gott aber ist die Gerechtigkeit, die in der Astrologie durch Jupiter versinnbildlicht wird. Deswegen muß das 9. Haus auch auf Justiz, d. h. auf die irdische Gerechtigkeit bezogen werden, spezieller also auf Amt, Behörde, Recht und Gesetz, Begriffe, die im Sinne einer Symbolkette Jupiter unterstehen.

10. Haus

Es ist nach dem ersten Haus das wichtigste. Es beginnt am MC, der Himmelsmitte. Meint das gegenüberliegende 4. Haus das Woher des Menschen, so drückt das 10. Haus das Wohin aus.

Sind gute Aspekte zum MC vorhanden, stehen an dessen Spitze kräftige oder fördernde Gestirne, kann das als ein Anzeichen für die Möglichkeiten zu einem sozialen Aufstieg verstanden werden. Solche Menschen werden immer etwas aus ihrem Leben machen können, es wird ihnen gegeben sein, ihre Kräfte im Sinne einer sichtbaren Höherentwicklung einzusetzen.

Man kann aus dem 10. Haus auf das Ansehen schließen, auf den Umfang der Ehre, deren man teilhaftig wird, auf Repräsentation und auf „Darstellung".

Menschen mit gutkonstelliertem MC werden aus sich und aus ihrem Leben etwas machen können. Was in der Jugend noch gar nicht spürbar sein mag, wird in der Reifezeit zum Durchbruch kommen. Dann wird es sich zeigen, ob sich ein Mensch in einer bestimmten Richtung „berufen" fühlt und wie sich das ausdrückt.

Es ist gewiß beglückend und wünschenswert, wenn die Gesamtheit aller Anlagen und Strebungen in eine bestimmte Richtung weist und der Geborene sich zu einer Tätigkeit veranlaßt sieht, die für ihn im Sinne des Wortes „Beruf" ist.

Es ist heute den meisten Menschen nicht vergönnt, nach ihren Neigungen zu leben, dem inneren Ruf zu folgen. Dennoch wird jeder – mehr oder weniger – versuchen, seinen Intentionen nachzugehen. Wie und mit welchen Aussichten das geschieht, sagt das 10. Haus. Die Skala von dessen Bedeutungen muß man aber auch nach der Seite eines sittlichen und im sozialen Gefüge bestimmbaren Standpunktes sehen, also kann man aus dem 10. Haus auch über die Stellung „in der Welt" oder, kurz gesagt, über Erfolg oder Mißerfolg im Leben als Tendenz urteilen.

Ehrgeiz und Selbstbewußtsein kommen dann besonders zum Tragen. Fähigkeiten und Begabungen sind unter diesem Blickwinkel zu sehen, und ob es einer zu etwas bringen wird, ist nach seiner Energie abzuschätzen, gleichfalls, ob diese sich im Alltag aufbrauchen wird oder im Hinblick auf ein großes Ziel eingesetzt werden kann. Dies mag wiederum als ein Beispiel gelten, daß man einen Lebensbereich niemals für sich betrachten darf, sondern daß man untersuchen muß, wie weit aus anderen Sektoren Voraussetzungen für die Verwirklichung des Vermuteten zu ersehen sind.

⑪ Haus

Wie der Mensch von seiner Umwelt oder der Öffentlichkeit abhängt, muß er sich auch mit Freunden oder Gegnern auseinandersetzen.

Bezeichnet das 5. Haus Glück im eigentlichen, engeren Sinne, so deutet das gegenüberliegende 11. Haus auf umfassendere Glücksmöglichkeiten. Es läßt Schlüsse über Wohltaten, Hilfen und Förderungsmöglichkeiten zu. Dazu gehören u. a. auch die wirklichen, die guten Freunde.

Eine solche Freundschaft muß nicht an Personen gebunden sein, sie kann sogar zu leblosen Gegenständen bestehen. Können nicht Bücher Freunde sein, die uns ermuntern und uns helfen? Natürlich braucht man eine diesbezüglich geltende Glücksbegabung. Auch Kunst kann erfreuen und uns beschäftigen, Musik, Tanz, Malerei, alle unsere Hobbys gehören in diese Reihe.

Vieles hat das 11. Haus mit dem Zeichen Wassermann gemeinsam. Es drückt wie dieses auch Sehnsucht, Wunsch und Hoffnungen aus.

⑫ Haus

Das letzte Haus berührt wieder den Aszendenten und schließt so einen Kreis. Daher läßt es über die Auflösung, d. h. das Ende urteilen.

Das Ende kann der Tod sein, aber auch die langsame Auflösung, der Verfall. Ihn verursachen schwere Krankheiten, große Sorgen, bitteres Leid, Einsamkeit, das abgeschlossene Leben hinter Gittern oder Gefängnismauern, widrige Lebensumstände, Trennungen, der langsame körperliche Verfall im Greisenalter.

Da alle diese Abbauprozesse für das Bewußtsein schmerzvoll sind, ist dieses Haus ein weiteres „dunkles Feld", ein Haus der feindlichen Planeten, die kurz vor der Geburt im Osten aufgestiegen sind. Sie stehen daher noch zu sehr im Dunstkreis des Horizontes, als daß sie Glück verkünden könnten.

Dennoch hat auch dieses Haus sein Gutes: Leid klärt, Schicksalsschläge lassen uns Abstand gewinnen und reifen.

Der Verzicht auf materielle Güter oder fragwürdige Werte ist gewollte Entäußerung. Damit kann auch dieses Feld zu einer innerlichen Bereicherung führen. Es stimmt ein auf den letzten Weg.

Gute Gestirne in guten Aspekten mögen eine positive Bewertung zulassen, böse Planeten dagegen Leerlauf oder das Auslaufen der Lebenskräfte symbolisieren, oder aber sie deuten auf trotziges, doch vergebliches Aufbäumen gegen Unerbittlichkeiten des Schicksals.

Dem 12. Haus entspricht sehr gut das 12. Zeichen, die Fische. Diese sind das Christussymbol und weisen auf die Zeit der Urchristen, die eine Welt der Märtyrer, aber auch der Heiligen gewesen war, in der Verfolgung und Sklaverei drohten, in der aber auch Glaube und Hoffnung auf die Erlösung stärker gewesen sein müssen als in jeder anderen Epoche.

Deutung eines Partnervergleichs

Um festzustellen, ob zwei Menschen in Liebe zueinander finden und auch auf die Dauer zusammenbleiben können, vergleiche man ihre Kosmogramme miteinander.
Man zeichne in ein Horoskopformular die Gestirnpositionen, Asz. und MC der Dame. Auf dem Außenring trage man die Daten des Partners ein.
Hat man jedes Kosmogramm für sich gedeutet, untersuche man systematisch, ob Aspekte aus dem Horoskop des Herrn zu den Planeten, bzw. Asz. und MC des Horoskops der Dame vorliegen. Jedoch ist nur ein Orbis von höchstens 3° zulässig!
Die beste seelisch-geistige Harmonie ist zu erwarten, wenn Sonne und Mond in harmonischen Aspekten stehen oder wenn sie ihre Plätze vertauscht haben, d. h. wenn die Sonne des einen Kosmogramms im Ort des Mondes des anderen Horoskops steht. Merkuraspekte bedeuten immer geistige Übereinstimmung oder Ergänzung. Man berücksichtige aber auch jedes Kosmogramm für sich. Dann läßt es sich leicht abschätzen, ob z. B. ein Quadrat Ergänzung oder unüberwindliche Spannung signalisiert.
Jupiter in besten Aspekten darf immer als Hinweis für das Streben nach Legalisierung aufgefaßt werden. Saturn fördert auf seine Weise durch Treue und Beständigkeit, wenn er in guten Aspekten steht. Die „große Liebe" bringt die Oppositionsstellung von Asz. und Desz. aus beiden Horoskopen.
Gefährlich sind die kritischen Aspekte von Mars und Saturn, besonders zu Sonne und Mond. Die daraus erkennbaren Gefahren können, je nach der Natur der Planeten, die baldige Trennung oder die „Zeitbombe" erkennen lassen.
Nur zwischen Mars und Venus dürfen Quadrate und Oppositionen als „heiße Liebe" günstig gedeutet werden. .
Man beginne den Vergleich, indem man erst nach kritischen Konstellationen suche. Sind diese nicht vorhanden, wird das Zusammenkommen bzw. das Zusammenbleiben möglich. Die Intensität der Bindung läßt sich dann aus den anderen Aspekten erschließen.

255

Deutungsbeispiel für einen Partner(Ehe-)vergleich

Das Vergleichskosmogramm zeigt innen das Geburtsbild der Dame, geb. am 30. 10. 1952 um 19^{h}30^m in Heidelberg. Die Horoskopdaten wurden als Beispiel Nr. 3 – ab Seite 166 – berechnet. Der Außenring enthält die Gestirnpositionen, sowie Asz. und MC des Ehemannes, geb. am 22. 12. 1950 um 4^{h}40^m Nähe Leipzig.

Jeder Partnervergleich muß damit beginnen, daß man zunächst jedes der Geburtsbilder für sich untersucht.

Die *Dame* wurde geboren, als die letzten Grade des Zwillingszeichens (♊) aufstiegen. Es ist günstig, daß Saturn und Neptun sowohl zum Aszendenten als auch zum MC harmonische Aspekte bilden. Dadurch wird die Oberflächlichkeit des Zwillingsnaturells eingedämmt. Das Wesen wird tiefgründiger, fester. So kann die Skorpionsonne, vor allem da sie durch ein Mars-Sextil (☉ ✳ ♂) gestützt wird, positiv gedeutet werden. Es steht nicht zu befürchten, daß durch die Betonung der Wasserzeichen die Geborene in einen Strudel unkontrollierter Gefühle geraten könnte. Das schöne Trigon von Mars-Jupiter (♂ △ ♃) signalisiert die Fähigkeit, entschieden handeln zu können. Damit ist die Möglichkeit gegeben, sozial aufzusteigen, und zwar aus eigener Kraft. Allerdings wird es einige Zeit dauern, bis der intuitiv als richtig erkannte Weg zu greifbaren Erfolgen führt (♆ △ MC und ♄ △ MC). Plötzliche Chancen werden erkannt und wahrgenommen (♃ ✳ ♅). Auf Grund der Betonung der Kardinalzeichen darf angenommen werden, daß durchaus der Wille vorhanden ist, nach außen zu wirken.
Vor allem aber besteht in jüngeren Jahren die Gefahr, sich durch Ungeduld und Unduldsamkeit zu schaden. Das Quadrat von Mond und Mars (☽ □ ♂) und die Opposition von Mars und Uranus (♂ ☍ ♅) sind „Unfallkonstellationen" auch im übertragenen Sinn. Heftige Reaktionen liegen ohnedies im Skorpionnaturell, erfahren aber hier eine Steigerung. Deswegen wird diese Dame erst vollen Lebenserfolg haben, wenn sie sich innerlich zur Toleranz durchgerungen hat. Diese muß auch darin bestehen, das Temperament zu zügeln. Da die Opposition entspannt ist, wird die Geborene in der

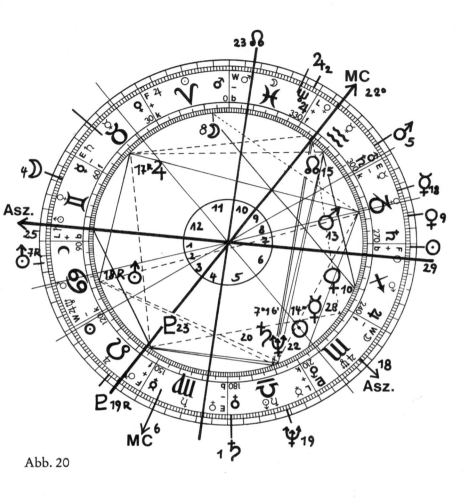

Abb. 20

Beispielhoroskop Nr. 3
außen Konstellationen des Ehemannes

257

Lage sein, große Energie aufzubringen, wenn sie dazu motiviert wird.

Pluto im IC macht es möglich, aus der „Masse" herauszutreten. Venus und Jupiter in Rezeption wertet die beiden Planeten auf, wodurch ein gewisses Maß an Glücksbegabung vorhanden ist. Allerdings werden die Quadrate Jupiters und des Merkur zum MC Lebensglück nicht mühelos schenken. Da Jupiter als Herr des 7. Hauses auch Ehesignifikator ist, als Dispositor des Ehehauses aber im 12. Feld steht, wird die Ehe nicht unproblematisch sein. Sorgen werden jedenfalls nicht ausbleiben. Sie sind aber eher im Bereich des Schicksalhaften zu suchen als durch den Partner bedingt.

Der *Ehemann* ist ein Schützegeborener mit Aszendent Skorpion und den Mond in den Zwillingen. Somit finden sich in seinem Naturell die gleichen Wesenselemente, nur in anderer Verteilung bzw. Schichtung. Geburtsherrscher ist Mars (als Herr des aufgehenden Skorpion im durchlaufenden Trigon mit Mond und Saturn verbunden). Daraus resultiert die Fähigkeit zu bewußter Daseinsgestaltung durch eigenes Tun. Scharfe Sinne, rasches Erkennen einer Chance und der Mut, eine Gelegenheit auszunützen, sind gute Voraussetzungen für den Erfolg. Jupiter nahe der Meridianachse und vor allem Venus (durch Rezeption mit Saturn noch aufgewertet) lassen nie ohne Glück sein. Gefahren ergeben sich aus einer gewissen Lust oder mindestens Unbekümmertheit in Spekulationen. Mars als Herr des 5. Hauses unterstreicht die Triebhaftigkeit dieses Naturells. In der Opposition Venus-Uranus ist der Glücksplanet stärker. So bleibt zwar das stete Verlangen nach erotischen Anregungen, jedoch besteht kaum die Gefahr, die bei Skorpionbeeinflußten immer denkbar ist, ins Unmoralische abzugleiten.

Aus Schillers „Wallenstein" ist die im vorliegenden Falle vorkommende Achsenstellung des Mars zwischen Jupiter und Venus bekannt: „Die beiden Segenssterne, Jupiter und Venus, nehmen den verderblichen, den tück'schen Mars in ihre Mitte, zwingen den alten Schadensstifter mir zu dienen."

Der *Vergleich* der beiden Horoskope zeigt neben einer ähnlichen Veranlagung (im weitesten Sinne) vor allem, daß Erotik und Sexualität im Leben beider Menschen ein wesentliches Faktum sind.

Deswegen fällt sofort die Konjunktion von Mars w mit Venus m im Steinbock auf. Zwar ist der Orbis mit 4° etwas weit, in diesem Falle aber sicher noch zulässig: Es ist *die* Liebeskonstellation, das stürmische Verlangen von beiden Seiten nach intimer Verbindung. Man darf mit Sicherheit annehmen, daß es „Liebe auf den ersten Blick" war, jedoch kein Strohfeuer, sondern daß die Partner immer aufs neue einander anziehend finden werden.

Weiterhin fällt auf, daß beide Monde im harmonischen Sextil zueinander stehen. Damit wird ein gewisser Gleichklang im Vegetativen sichtbar. Beide Partner haben einen ähnlichen Lebens- und Erlebensrhythmus. Ebenfalls werden sie im Gemütvollen übereinstimmen, was neben der Sexualität eine weitere Basis für diese Ehe ist.

Zählt man die harmonischen und die disharmonischen Konstellationen im Vergleich, ergibt das ein Verhältnis von 18:3. Qualitativ ist aber das Ergebnis noch eindeutiger günstig.

Man kann sagen, daß die Ehe dieser beiden Menschen ganz sicher auch gegen äußere Widerstände zustande gekommen wäre. Es fragt sich nur, ob sie auch Aussicht auf Fortbestand hat.

Diese Frage kann bejaht werden.

Es stehen die Herren der jeweiligen „Ehehäuser", Jupiter und Venus, in günstigen Aspekten.

Ferner muß man sehen, daß die Sonne des Mannes sich in der Opposition zum Aszendenten der Frau befindet, was sehr oft ein deutlicher Hinweis auf Eheglück ist.

Langweilig wird diese Ehe allerdings nicht werden. Mars aus dem männlichen Kosmogramm verletzt durch Quadrat die Sonne im weiblichen Horoskop. Damit sind Spannungen, Differenzen, die bis zum handfesten Streit gehen können, latent gegeben. Die in beider Naturell begründete Bereitschaft zu heftigen Reaktionen dürfte schon bei geringfügigen Anlässen zu Explosionen führen.

Dennoch besteht nicht die Gefahr eines Scheiterns dieser Ehe. Jupiter w in Opposition zum Asz. m (♃ w ☍ Asz. m) ist einer der vielen „kittenden" Faktoren. Deswegen werden sich Gewitterwolken am Ehehimmel meistens bald wieder verziehen. Es gibt keine Hinweise darauf, daß hitzige Meinungsverschiedenheiten zu einer Entfremdung oder zu einer so tiefen Verbitterung führen müßten, daß man nicht wieder zusammen kommen könnte.

Die Technik der Prognose

Es wäre sicherlich falsch und unergiebig, wollte man ohne hinreichende Kenntnis des astrologischen Systems darangehen, eine Prognose anzufertigen. Die Strukturelemente sollten eingeübt sein; die Bedeutungen der Planeten, der Tierkreiszeichen, der Aspekte und Häuser sollte man im Kopf haben.

Man beginne stets mit der Durcharbeitung des Geburtshoroskops, das bereits viele in die Zukunft zeigende Lebenstendenzen aufweist und das immer die Grundlage für jede Vorausschau ist. Der nächste Schritt sollte sein, die eigene Vergangenheit astrologisch aufzuhellen, d. h. an Hand der Prognose-Richtlinien Bezüge zwischen dem tatsächlich durchlebten Schicksal und den Konstellationen aufzufinden.

Erst dann beschäftige man sich mit der eigentlichen Prognose.

Grundsätzlich lassen sich zwei große Techniken unterscheiden, die *Direktionen* und die *Transite.* (Siehe Kap. „Zeit und Raum", Seite 57) Direktionen werden immer aus dem Geburtsbild selbst berechnet, bzw. aus der Ephemeride oder Gestirnstandstabelle des Geburtsjahres.

Transite sind die Übergänge der „laufenden" Planeten über Gestirnorte des Radix. Um sie zu ermitteln, benötigt man Ephemeriden des Jahres, für welches die Prognose ausgearbeitet werden soll.

Bei den *Direktionen* geht es immer darum, einen „Signifikator", d. h. Anzeiger, also z. B. MC, Asz., Sonne oder Mond des Geburtsbildes so in der Folge der Tierkreiszeichen weiterzuschieben oder zu „dirigieren", daß ein Aspekt zu einem Radixplaneten oder zum

Radix-MC oder -Asz. fällig wird. Dieser Punkt heißt „Promissor" oder Versprecher.

Dabei wird von dem als beweglich gedachten Punkt oder Gestirn eine Wegstrecke zurückgelegt. Dieser durchmessene Raum muß nach einem Zeitschlüssel in Zeit umgerechnet werden. Man berücksichtigt dabei den zurückgelegten Weg im Zodiakus, was eine Strecke „in Länge" bedeutet, oder man mißt die zurückgelegte Entfernung auf dem Äquator, was etwas komplizierter ist, da man die Gestirnpositionen in Rektaszension umrechnen muß. Auf die zuletzt genannte Art und Weise werden die *Primärdirektionen* ermittelt.

Primärdirektionen heißen so, weil die primäre, d. h. die erste Bewegung der Erde, die Drehung um die eigene Achse, die sog. Rotation, die Grundlage dieser Direktionen ist.

Ein Beispiel:

Nehmen wir an, die Geburtssonne eines Mannes stünde in 10° Widder in seinem Horoskop, der Mond habe in 15° Stier seine Position. Der Unterschied beträgt im Tierkreis gemessen 35°, was man auf dem Horoskopformular leicht abzählen kann.

Auf dem Äquator in Rektaszension gemessen sind es aber nur 33° 21'. Es kommt nun darauf an, wie man die Strecke von 35° bzw. 33° 21' in Lebenszeit umsetzt, damit man den Zeitpunkt ermittelt, wann die Konjunktion stattfinden würde, d. h. wann die Sonne im Ort des Mondes zu stehen käme.

Primärdirektionen lassen die großen Ereignisse erkennen, die auf den Horoskopeigner zukommen, z. B. einschneidende Krankheiten, Todesfälle Verwandter, die sehr nahe gehen, ein größeres Unglück u. ä. m.

Primärdirektionen können im Rahmen dieses Buches nicht behandelt werden.

Einfacher sind die *Sekundärdirektionen* zu handhaben, die man auch Progressionen nennt. Wie schon erwähnt, benötigt man dazu die Ephemeride des Geburtsjahrganges oder einen entsprechenden Gestirnstandsauszug, Abb. 17, Seite 165.

Es ist eine altbewährte Annahme, die hier nicht näher erläutert werden soll, da es allein um praktische Dinge geht, daß 1 Tag nach der Geburt gleichzusetzen ist mit 1 Jahr nach der Geburt. Dementsprechend kann man aus der Ephemeride die Konstellationen z. B. für den 10. oder den 35. Tag nach der Geburt entnehmen und diese Konstellationen zur Grundlage von Aussagen über das 10. oder 35. Lebensjahr machen.

Sekundärdirektionen haben ihren Namen nach der zweiten oder sekundären Bewegung der Erde, nämlich nach ihrem Fortschreiten im Tierkreis.

Sekundärdirektionen lassen Schlüsse auf alle jene großen Ereignisse zu, die aus der freien Entscheidung des Menschen stammen, die also in seinem ureigensten Wesen begründet sind. Dabei kann es sich um Berufs- oder Liebesangelegenheiten handeln oder um jene Angelegenheiten, die aus dem Willen, aus der Veranlagung, aus dem Charakter ihre tiefere Ursache ableiten lassen.

Primär- und Sekundärdirektionen ergänzen einander.

Es gibt Astrologen, die bevorzugen ferner die *Sonnenbogendirektionen.*

Man arbeitet wie bei den Sekundärdirektionen mit der Ephemeride des Geburtsjahrganges, stellt aber beispielsweise nur für die Sonne fest, um wieviel Grade und Minuten sie sich auf der Ekliptik, also durch den Zodiak weiterbewegt hat. Und genau um diesen Kreisbogen bewegt man nun alle anderen astrologischen Gestirne ebenfalls voran.

Ähnlich werden auch die *vorgeschobenen Positionen* gehandhabt. Es ist entschieden die einfachste Direktionsart, die sehr leicht zu erlernen ist.

Dem Anfänger sei angeraten, mit dieser Direktionsmethode die ersten Erfahrungen zu sammeln. Der Zeitschlüssel ist einfach.

1° im Tierkreis = 1 Lebensjahr.

An unserem Beispiel hieße das, daß von der Geburt bis zur Konjunktion der „vorgeschobenen" Sonne mit dem Radix-Mond 35 Jahre liegen, da die zurückgelegte Strecke 35° ausmacht. Wenn man das aufschriebe, müßte man notieren ☉ ᵛ ♂ ☽ ʳ oder ☉ ♂ ☽. Zuerst steht immer der direktionäre Faktor, an zweiter Stelle der Radixfaktor. Man könnte auch sagen, daß der Signifikator (der weiterrückende Planet) an erster Stelle steht, an zweiter der Promissor (der als stillstehend gedachte Planet).

Ohne große Mühe läßt sich eine Rechenscheibe anfertigen, die es erleichtert, einen größeren Zeitraum nach Schwerpunkten zu durchforschen.

Man zeichne sich in ein Horoskopformular Planetenpositionen, Achsen und Häuser ein. Dann schneide man sorgfältig die weiße Scheibe mit den Symbolen aus. Diese Scheibe lege man auf ein völlig gleiches Horoskopformular, auf dem man ebenfalls das Horoskop eingezeichnet hat, diesmal aber auf dem Außenring. Steckt man durch den Mittelpunkt eine Stecknadel, kann man die innere Scheibe gut drehen.

Zunächst bringe man die beiden Horoskope zur Deckung, so daß die Symbole innen genau in denselben Graden liegen wie die außen, also Asz. auf Asz., MC auf MC.

Will man nun den Fortschritt für 35 Jahre feststellen, dreht man die innere Scheibe so in der Tierkreiszeichenfolge, daß alle Positionen 35° vorrücken. In unserem Fall würde man bei 35° = 35 Jahre feststellen, daß die Sonne die Konjunktion mit dem Mond hat. Geht man auf diese Weise einmal die letzten Jahre seines bisherigen Lebens durch, werden sich Konstellationen finden, die man sogleich mit dem Erlebten in Zusammenhang bringen kann.

Wenn man sich zuvor die Mühe gemacht hat, nicht nur die Gestirnpositionen, sondern alle Aspektpunkte von allen Planeten einzutragen (was zweckmäßigerweise wieder farbig, nämlich mit grün = günstig und rot = ungünstig geschieht), sieht man auf einen Blick, welche Konstellationen in welchem Jahr fällig werden. Dies notiere man sich in der angegebenen Art.

Wer sich schon ein bißchen im astrologischen System auskennt, wird in unserem Beispiel diesen Aspekt auch sogleich richtig deuten können: Sonne und Mond entsprechen Mann und Frau. Das würde also heißen, daß im Alter von 35 Jahren dieser Geborene sehr stark auf eine Partnerin fixiert ist. Man kann daraus bei einem Junggesellen z. B. die Tendenz zu einer Heirat ableiten.

Oder aber, dieser Aspekt bringt eine entscheidende Lebenswendung. Sie wird im guten Sinne angenommen, wenn im Radix zwischen Sonne und Mond eine zumindest halbwegs gute Verbindung gegeben ist, z. B. genügt in diesem Falle schon ein plaktisches Sextil.

Die im nächsten Kapitel aufgeführten Deutungsbeispiele mögen eine erste Anleitung zum Kombinieren sein und weiterhelfen.

Nun ist es aber nicht gesagt, daß in unserem Falle dieser Junggeselle auch tatsächlich im Alter von 35 Jahren zum Standesamt gehen wird. Zunächst bedenke man, was über Ehe nach astrologischem Verständnis gesagt wurde. Sodann bleibt zu überlegen, daß die in diesem Buch angeführten Tabellen gerundete und vereinfachte Werte enthalten, so daß man sich nicht auf das Jahr genau festlegen darf, wohl aber auf die Lebensperiode, die etwa 1 bis 3 Jahre umfassen mag. Grundsätzlich gilt auch noch eine andere Erwägung. Solche Direktionen dürfen 1. niemals für sich allein gesehen werden. Es sollen also noch andere Direktionen in die gleiche Richtung weisen. 2. bedürfen Direktionen zu ihrer Verwirklichung immer der Unterstützung gleichsinniger Transite. Nun kann es sein, daß ein sehr glücklicher Transit etwa für das Alter von 36 Jahren festzustellen ist. In diesem Falle ist damit zu rechnen, daß sich die Direktion nicht mit 35, sondern erst mit 36 Jahren realisieren wird.

Ganz besonders vorsichtig muß man mit Direktionen sein, an denen Asz. oder MC beteiligt sind. Ein Unterschied von nur 4 Zeitminuten bei der Geburt kann dann bereits eine Verschiebung von einem ganzen Jahr ausmachen.

Allerdings kann man z. B. mit Hilfe der Primärdirektionen rückrechnend die Entsprechung zu bestimmten Ereignissen auffinden und das Kosmogramm danach „korrigieren".

Obwohl der Zeitschlüssel $1° = 1$ Lebensjahr simpel anmutet, ist es doch erstaunlich, daß man zu vielen einschneidenden Ereignissen die passenden Konstellationen auffindet. Man vergesse aber nie, immer auch in den vereinfachten Ephemeriden in diesem Buch nach Transiten zu suchen, welche die Auflösung gebracht haben bzw. die Voraussetzung schufen, daß sie zustandekommen konnten.

Hat sich der Anfänger mit dem System der vorgeschobenen Planetenpositionen vertraut gemacht, gehe er einen Schritt weiter.

Für das jüngere Lebensalter wird der Zeitschlüssel $1° = 1$ Jahr meistens genügen.

Ältere Personen sollten aber einen anderen Zeitschlüssel anwenden, der nach einem Astrologen „Naibod-Schlüssel" genannt wird. Man nehme nicht 1° für 1 Lebensjahr, sondern 59′ 08″. Um 59′ 08″ bewegt sich die Sonne durchschnittlich im Tierkreis pro Tag vorwärts, vor allem aber sind 59′ 08″ eine Bogenstrecke, die, in Zeit umgerechnet, $3^m 56^s$ ausmacht. $3^m 56^s$ ist dem Leser schon als der tägliche Sternzeitfortschritt bekannt.

Um mit dem Naibodschlüssel arbeiten zu können, muß man die Anzahl der Lebensjahre, für die eine Aussage direktionär getroffen werden soll, mit 59′ 08″ malnehmen.

Für 35 Jahre wären das 59′ 08″ mal 35 = 34° 29′ 40″.

Aber solch genaues Rechnen hat nur Zweck, wenn man mit der Ephemeride oder einem Gestirnstandsauszug arbeitet, so daß man für die Radixplaneten minutengenaue Werte als Unterlage hat. Da zudem bei 35 Jahren die Differenz nur $^1/_2°$ beträgt und man ohnehin die verfrühte oder verspätete Auslösung durch Transite berücksichtigen muß, kann man für die jüngeren Jahre auf den Naibodschlüssel verzichten. Für 78 Jahre dagegen beträgt der Bogen nach Naibod 76° 52′ 24″, was schon ein Unterschied ist.

Hat man sich in diese einfachen Direktionen eingearbeitet, wird der nächste Schritt sein, die Sekundärdirektionen zu berechnen.

Hierzu ist aber eine Ephemeride des Geburtsjahrganges nötig. Wenn man gegen Ende des Jahres geboren wurde, kann es passieren, daß man bei einem entsprechenden Lebensalter in das nächste Jahr kommt, so daß die Gestirnstandstafeln für dieses notwendig werden.

Als Jahrgangsephemeriden sind die aus dem Rohm-Verlag 712 Bietigheim sehr zu empfehlen, die ab 1950 lieferbar sind. Diese Ephemeriden haben einen großen Druck, sind übersichtlich aufgemacht und enthalten eine Reihe Hilfstabellen, was die Arbeit sehr erleichtert. Für die zurückliegenden Jahre ist die Deutsche Ephemeride zu empfehlen, die es aber nur für jeweils 10 Jahre gibt und die daher entsprechend teuer ist.

Notfalls behelfe man sich mit einem Gestirnstandsauszug. Der in Abb. 17, S. 165 dargestellte enthält neben den Radixdaten (1. u. 2. Spalte) die sekundären Positionen für das nächste Lebensjahr. – Wenn man eine Ephemeride zur Hand hat, rechne man nach dem Muster des folgenden Beispiels.

Nehmen wir an, eine Geburt sei am 6. 4. 1938 erfolgt. Gewünscht ist eine Prognose aufgrund von Sekundärdirektionen für das 36. Lebensjahr. Man muß also zunächst zum Geburtstag ‚soviele Tage hinzuzählen, wie Jahre vergangen sind. Das 36. Lebensjahr beginnt, wenn volle 35 Lebensjahre zurückgelegt worden sind.

$$
\begin{array}{rcl}
6.\,4.\,1938 & = & 6.\,4.\,1938 \\
+\,35 \quad\text{Tage} & & +\,35 \text{ Jahre} \\
\hline
41.\,4.\,1938 & = & 6.\,4.\,1973
\end{array}
$$

Da der April aber nur 30 Tage hat, muß das Datum berichtigt werden, weshalb wir auf den 11. Mai 1938 kommen. Dies ist der „progressive Tag". Ermitteln wir nun nach der Ephemeride des Jahres 1938 die Gestirnpositionen für diesen Tag – und zwar für die Geburtszeit nach Weltzeit! –, so bekommen wir Planetenpositionen, die wir zu denen des Geburtshoroskops in Beziehung setzen können, d. h., wir müssen die exakten Aspekte bestimmen. Diese hätten dann als Sekundärdirektionen eine Aussagekraft für die Zeit vom 6. 4. 1973 bis 6. 4. 1974.

Ergeben sich in diesem Jahr keine gleichsinnigen Transite, so ist mit einem früheren oder einem späteren Realisieren der Aspekte zu rechnen (Verschiebung 1–2 Jahre, da wir ja mit genauen Daten gerechnet haben; 3 Jahre wäre dann etwas weitgefaßt, aber noch möglich). Wie gesagt, man muß die Planetenstände immer auf die Geburtszeit berechnen. Wäre also die Geburt am 6. 4. 1938 um $17^{\mathrm{h}}30^{\mathrm{m}}$ MEZ erfolgt (was $16^{\mathrm{h}}30^{\mathrm{m}}$ Weltzeit entspricht), so müßten die progressiven Gestirnstände für den 11. Mai 1938 ebenfalls für $16^{\mathrm{h}}30^{\mathrm{m}}$ Weltzeit ermittelt werden.

Zu beachten ist, daß Asz. und MC, also die Häuser niemals nach den sekundären Direktionen berechnet werden können, da sie nicht durch die sekundäre Bewegung der Erde zustande kommen, sondern durch die Rotation. Sie gehören demnach in das System der Primärdirektionen. (Vgl. H. Kündig, Astrol. Prognose, Zürich 1955) Hat man die Gestirnstände für die Geburtszeit nach Weltzeit berechnet, so gelten die Direktionen von einem Geburtstag bis zum anderen, wie bereits dargelegt wurde.

Da aber das Umrechnen auf den Geburtstag umständlich ist, kann man sich die Sache vereinfachen, indem man den sog. „Indextag" bestimmt, was empfehlenswert ist, wenn man für mehrere Jahre rechnet. Ist der Indextag bekannt, kann man die progressiven Positionen direkt aus der Ephemeride herausschreiben, was natürlich die Arbeit sehr erleichtert. Allerdings gelten diese Konstellationen dann nicht mehr von Geburtstag bis Geburtstag, sondern von Indextag zu Indextag. Wir überlegen:

24 Stunden eines Tages = 12 Monate (1 Jahr)
 2 Stunden eines Tages = 1 Monat
 1 Stunde eines Tages = $^1/_2$ Monat = 15 Tage
30 Minuten eines Tages = $^1/_4$ Monat = 7 Tage

Nehmen Sie eine Ephemeride zur Hand, die auf 12^h Weltzeit basiert, so erfolgte die Geburt vom 6. 4. 1938 16 Uhr 30 Min. Weltzeit, demnach 4 $^1/_2$ Stunden später als die Werte der Ephemeride es angeben. Will man diese aber direkt übernehmen, so müssen wir vom Geburtstag diese $4^1/_2$ Stunden, umgerechnet 2 Monate und 7 Tage, abziehen. Damit kommen wir auf den 30. 1. 1938 als Indextag.

Das heißt, daß die Gestirnstände von 12 Uhr mittags, die Sie aus der Ephemeride direkt entnehmen können, vom 30. 1. 1973 bis 30. 1. 1974 Geltung haben.
Unsere Formel wäre dann:

$$
\begin{array}{rclcl}
6.\,4.\,1938 & & = & & 30.\,1.\,1938 \\
+\,35 & \text{Tage} & & & +\,35 \text{ Jahre} \\
\hline
41.\,4.\,1938 & & = & & 30.\,1.\,1973 \\
11.\,5.\,1938 & & & & 30.\,1.\,1973 \\
\end{array}
$$

Müssen Sie mit einer Ephemeride arbeiten, welche die Gestirnpositionen für 00^h Weltzeit angibt, also für Mitternacht, so ergibt sich zwischen der Geburtszeit von 16^h30^m Weltzeit und 00 Uhr Weltzeit eine Differenz von 7 Stunden 30 Minuten, was wiederum in Monate und Tage umgerechnet werden muß: 3 Monate 20 Tage. Der Indextag wäre dann der 18. 12. 1937.
Die Formel zur Berechnung der progressiven Daten wäre dann

$$
\begin{array}{rclcl}
6.\,4.\,1938 & & = & & 18.\,12.\,1937 \\
+\,35 & \text{Tage} & & & +\,35 \text{ Jahre} \\
\hline
41.\,4.\,1938 & & = & & 18.\,12.\,1972 \\
11.\,5.\,1938 & & & & \\
\end{array}
$$

Das heißt, daß Sie aus der Mitternachtsephemeride durchaus die

Gestirnstände entnehmen können, in unserem Fall wären es für das 36. Lebensjahr (= vollendete 35 Jahre) der 11. 5. 1938. Diese progressiven Daten wären dann gültig vom 18. 12. 1972 bis 18. 12. 1973.

Merken Sie sich bitte: Liegt die Geburtszeit *nach* dem Mittag, so ist der Indextag bei der Mittagsephemeride immer *vor* dem Geburtstag zu suchen. Liegt die Geburtszeit vor dem Mittag, so ist der Indextag nach dem Geburtstag zu finden.

Das Rechnen mit dem Indextag ist immer dann günstig, wenn man Sekundärdirektionen für mehrere Jahre bestimmen will. Legt man einen Gestirnstandsauszug zugrunde, hat man in derselben Zeit, bis man den Indextag bestimmt hat, auch die Gestirnstände auf die Geburtszeit ausgerechnet.

Bei der Deutung der Direktionen ist zu berücksichtigen, daß keine Direktion mehr erbringen kann, als im Radix angedeutet ist. Allerdings kommt es sehr häufig vor, daß ein im Radix enthaltener plaktischer Aspekt in den Direktionen exakt wird. Dies kann dann die Auslösung des Radixaspektes ergeben.

Zwischen den Direktionen und den Transiten steht das *Solar* oder Sonnenhoroskop.

Um mit ihm arbeiten zu können, muß man eine Ephemeride des Jahres haben, für das das Solar berechnet werden soll. Man errichtet dann ein Horoskop für jenen Zeitpunkt, wenn die Sonne genau auf den Ort im Tierkreis zurückkommt, den sie bei der Geburt innehatte. Es genügt dabei nicht die Bestimmung nach Graden, sondern es muß der Sonnenstand sekundengenau festliegen.

Für die Zeit der Rückkehr der Sonne zum Radixort wird nun ein Horoskop errechnet, und zwar mit Aszendent und Häusern usw. Dieses wird dann mit dem Kosmogramm der Geburt in Beziehung gebracht, und daraus werden Schlußfolgerungen gezogen.

Findet man im Solar Hinweise, die in die gleiche Richtung gehen wie Direktionen, so ist die Wahrscheinlichkeit, daß sich diese verwirklichen werden, um so größer.

Eigentlich gehören die Solare schon in den Bereich der Transite, denn ein Sonnenhoroskop zeigt ja die Konstellationen des laufenden Kalenderjahres zur Zeit an, wenn die Sonne in ihre Geburtstagsposition zurückkehrt.

Transite ermöglichen nun detailliertere Hinweise, besonders aber eben die zeitliche Fixierung der mutmaßlichen Auslösung der Direktionen. Anfänger überschätzen die Transite oft und wundern sich, wenn diese bisweilen gar nichts ergeben. Manchmal, vor allen Dingen zusammen mit Direktionen, „bringen" sie verblüffende Ergebnisse. Ein Transit ist ein „Übergang", und zwar über einen Radixort oder über dessen Aspektpunkt.

Hat jemand den Mond seines Kosmogramms (oder einen anderen Planeten) in 15° Fische, so kann er aus der Ephemeride des Jahres 1974 ersehen, daß der Planet Jupiter Ende Mai über 15 Grad Fische gehen wird, d. h. er befindet sich dann in einer Konjunktion mit dem Radix-Mond. Man würde schreiben ♃ t ☌ ☽ r oder kürzer ♃ ☌ ☽. Das ist ohne Zweifel eine sehr förderliche Konstellation. Die „Deutungshilfe für Direktionen und Transite" kann helfen, diese Konstellation einzuschätzen. Würde es sich um eine Direktion handeln, wäre diese Konjunktion wahrscheinlich länger anhaltend. Als Transit kann sie nur wirksam sein für die Zeit, die der Planet braucht, um etwa 1° zu durchwandern. Aus der Ephemeride ist zu ersehen, daß man etwa eine Woche lang diesen fördernden Transit spüren wird. Nun hängt wieder alles davon ab, wie Jupiter und Mond im Radix zueinander stehen. Befinden sie sich in einem exakten Trigon oder gar in der Konjunktion, so kann dieser Übergang dem Geborenen einen verheißungsvollen Auftrieb geben, etwa im Sinne der Bedeutungen, die der Text nennt: Glückliche Zeit, Gesundheit, materielle Erfolge, gut für Wechsel, Popularität. Der Ausdruck „sozialer Aufstieg" wird mehr bei einer Direktion zutreffen. Es ist durchaus nicht gesagt, daß sich alles Erwähnte realisieren wird, aber in dieser Richtung darf man Vermutungen anstellen. Es kommt auch sehr darauf an, durch welches Haus Jupiter gerade wandert. Ist es das 2., so werden die materiellen Belange gut stehen, ist es das 7., kann die Ehe oder die Öffentlichkeitsarbeit Freude bereiten; wäre die Konstellation in einem 10. Horoskophaus, müßte man diese mehr im Sinne des Berufes deuten.

Ende Mai 1974 wird aber für den Betroffenen nicht nur die Konjunktion zum Mond fällig. Der Planet bildet ja stets auch Aspekte, Trigone, die gerade bei Jupiter sehr wichtig sind, Sextile, Quadrate und Oppositionsaspekte.

Es kommt dann häufig vor, daß zugleich andere Aspekte fällig werden. Hier zeigt sich wieder die Übereinstimmung mit dem Radixhoroskop, denn in diesem sind diese Aspekte dann auch schon enthalten, leben somit gewissermaßen auf. Man merke sich, daß auch Transite nie mehr signalisieren können, als im Radix vorgegeben ist. Stehen in einem Geburtskosmogramm Sonne und Saturn im Quadrat, so kann die Konjunktion des Saturn ebenso böse werden, wie eine Wiederholung der Quadratur. Riskant bleibt dann selbst das Trigon, weil im Geburtsbild die beiden Gestirne ungünstig miteinander verknüpft waren.

Hat man sich mit den Direktionen eingehender befaßt, werden die Transite keine Schwierigkeiten bringen.

Dieses Buch enthält die monatlichen Positionen der großen Planeten bis einschließlich Mars auch für die nächsten Jahre. Somit kann man sich die bemerkenswerten Zeiten herausschreiben (S. 324).

Pluto bewegt sich sehr langsam durch den Tierkreis. Deswegen haben sehr viele Menschen die gleichen Konstellationen im Horoskop. Treffen seine Aspekte die individuellen Punkte des Geburtsbildes, also die Achsen, (Aszendent, MC) oder handelt es sich um Konjunktionen mit ihnen oder mit Planeten, wird man seine Wirkung oft spüren. Andererseits liegt es in der Natur dieses Planeten, daß er für ganze Generationen bedeutsam ist und sein Lauf im individuellen Geburtsbild mitunter daher kaum hervortritt.

Neptun wird in Transiten spürbar werden, wenn der Geborene Neptun im Radix an hervorragender Position hat.

Uranus dagegen kann plötzliche Umschwünge bringen.

Spürbar ist sicher Saturn, vor allem seine Konjunktionen und Quadrate.

Jupiter kann sich in guter Stellung den Namen „Glücksplanet" verdienen, wenn er durch seine Radixposition Glück überhaupt erhoffen läßt.

Mars aktiviert im guten wie im schlechten Sinn. Bei ihm ist typisch, daß sich seine Transite, die meistens nur ein bis zwei Tage wirksam sind, bereits am Tage vor der exakten Fälligkeit auslösen. Venus und Merkur können unberücksichtigt bleiben, der Mond ist selten wirksam.

Die Sonnentransite dagegen können wiederum andere Transite, die in diesen Tagen exakt werden, auslösen.

Sonnentransite sind übrigens ganz leicht zu ermitteln, da die Sonne jedes Jahr fast am gleichen Tag in dieselben Positionen gelangt. Um die Übergänge der Sonne über wichtige Radixpunkte festzustellen, bediene man sich der beigefügten Tabelle über den Sonnenlauf und schreibe sich die Tage auf, an denen ein Transit fällig wird. Es läßt sich auf die Weise auch bestimmen, wann die Sonne durch die verschiedenen Horoskophäuser zieht. Diese dürften dann mehr als zu anderen Zeiten für den Horoskopeigner Bedeutung erlangen.

Um mit den Direktionen und Transiten praktisch arbeiten zu können, sind *schriftliche Aufzeichnungen* unerläßlich. Dazu sind die vom Verlag herausgebrachten Formulare eine Hilfe. (Direktionsformular ohne Abb., Transitformular als Ausschnitt abgebildet.)

In das *Direktionsformular* trage man den für jedes Gestirn fälligen Direktionsort in dessen senkrechter Spalte ein, und zwar in jenes Feld, das zu dem betreffenden Lebensjahr (links vermerkt) gehört. In den oberen Teil eines jeden Feldes notiere man mit schwarzem Kugelschreiber die jeweils erreichte vorgeschobene Position, in den unteren Teil schreibe man mit blauem Kugelschreiber die progressive Position (Sekundärdirektionen).

Für den Mond ist die letzte Spalte vorgesehen. In diese schreibe man sich auch das Haus auf, durch das der Mond wandelt.

Nun untersuche man, welche Konstellationen sich durch vorgeschobene oder progressive Positionen zum Radix ergeben. Diese vermerke man wieder mit grüner oder roter Farbe, so daß man gleich den Überblick hat, welche harmonischen oder disharmonischen Direktionen fällig werden.

Das *Transitformular* enthält die Monate des Jahres und senkrechte Spalten für die einzelnen astrologischen Gestirne, und zwar sind es jeweils die laufenden Planeten.

Ist beispielsweise Ende Mai 1974 eine Konjunktion des laufenden Jupiter mit dem Radixmond fällig, notiere man in der waagrechten Reihe des Monats Mai im letzten Drittel der Spalte des Jupiter mit schwarzem Kugelschreiber eine kleine 26, denn am 26.

dieses Monats beginnt der Transit, der bis zum 2. Juni anhalten dürfte.

Deswegen schreibe man in das erste Drittel der Juni-Rubrik eine kleine 2 und verbinde die 26 und die darunterstehende 2 durch einen schwarzen Strich. Neben diesen Strich schreibe man das Symbol für Konjunktion und für den Mond.

Hat man auf diese Weise den gewünschten Zeitraum durchgearbeitet, kann man bei Mars, Venus, Merkur und Sonne die Tage hinschreiben und daneben die Konstellation vermerken.

Ist diese Transitübersicht auf diese Weise vorbereitet, nehme man den grünen Kugelschreiber und ziehe die senkrechten Linien nach, die günstige Aspekte anzeigen, und unterstreiche die Tage, die in den jeweiligen Gestirnspalten als harmonisch bezeichnet werden sollen. Sodann nehme man den roten Kugelschreiber und verfahre ebenso bei den ungünstigen Transiten.

Jetzt kann man gut überschauen, welche Transite vorkommen, wie diese direktionär gestützt werden, bzw. welche Tage Entscheidungen zu bringen vermögen.

Deutungshilfen für Direktionen und Transite

Diese Übersicht kann nicht vollständig sein, soll jedoch als eine Art Erste Hilfe eigene Überlegungen wecken und fördern.

Man beachte, daß z. B. bei + (günstig) ein Sextil nur halb so kräftig zu beurteilen sein wird wie ein Trigon.

Ist eine Direktion zu deuten, werden die Stichworte ein anderes Gewicht haben als bei Transiten.

Je langsamer die Planeten laufen, um so gravierender wird ein Transit einzuschätzen sein.

Stets habe man das Kosmogramm der Geburt im Auge. Sind in diesem zwei Gestirne nicht im Aspekt, wird auch die Direktion zueinander nur wenig erbringen und ein Transit kaum spürbar sein. Man achte ferner darauf, aus welchem Haus ein Transit fällig wird und in welches Haus er fällt.

Sonne und Mond ☉–☽

+ : Erfolg, Gesundheit, Partnerschaft, harmonische Entwicklung.
— : Sorge, Depression, geschwächte Gesundheit, Trennung, Entfremdung.
K: Wenn die Verbindung im Radix gut ist, Heirat oder Lebenswendung, sonst allgemein sehr günstig.

Sonne und Merkur ☉–☿

+ u. K: Reise, Veränderung, günstig für Studium, Geschäft, geistige Spannkraft.
— : Nervosität, berufliche oder geschäftliche Schwierigkeiten, Zersplitterung der Kräfte, ungünstig für Reise oder Studium.

Sonne und Venus ☉–♀

+ : Annehmlichkeiten, günstig für Freundschaft, Kontakte, Herzenssachen, Familienereignisse.

—: Schlecht für Finanzen, Freundschaften. Ist Venus Geburtsgebieter, kann es sich um eine Krankheit handeln.

K: Inniger Kontakt (Verlobung, Heirat), materielle Erfolge.

Sonne und Mars ☉-♂

+ : Erfolge oder Gewinne durch Energie, rasche Entscheidung, triebhafte Bindung, positive Spannungen.

—: Mißerfolge, Unfall- oder Operationsgefahr, Aufregung, Differenzen, Auseinandersetzungen, Übereilung.

K: Radix beachten, jedoch meistens verstärkt ungünstig.

Sonne und Jupiter ☉-♃

+ u. K: Harmonische Zeit, glückliches Erleben, Freude, fördernde Lebensumstände, gute Gesundheit, Vertrag oder Legalisierungstendenzen, juristischer Erfolg.

—: Nachteile durch Prozeß, Vertrag, Behörden, Ausgaben, Verlusttendenz, Krankheitsneigung, eventuell durch zu üppiges Leben.

Sonne und Saturn ☉-♄

+ : Langsamer Fortschritt, gut für den Beginn von Unternehmungen, die Ruhe, Geduld und Konzentration erfordern.

— u. K: Sorgen, schwierigere Lebensumstände, Verzögerungen, vereinsamen, erkranken, Tendenz zur Trennung.

Sonne und Uranus ☉-⛢

+ : Plötzlich größere Wendungen, eventuell glücklicher „Zufall", Ausweg, neue Idee.

—: Voreiligkeit, Panne, plötzlicher Widerstand oder Mißgeschick, Unfallneigung.

K: Plötzliche Gefahr oder plötzliche Trennung.

Sonne und Neptun ☉-♆

+ : Hervortretende geistige Interessen, Sinn für Kultur und Kunst, Neigung zu Reisen, Sensitivität.

— und meistens auch K: Schwäche, Irrtum, enttäuscht sein, täuschen und getäuscht werden.

Sonne und Pluto ☉-♇

Insgesamt ähnlich wie Mars. Oft sind seine Transite kaum spürbar.

Sonne und Mondknoten ☉-☊

+ u. K: Neigung zu Kontakten, Partnerbeziehung.
—: Tendenzen der Trennung, ungünstig für Zusammenarbeit.

Sonne und Aszendent ☉-A_{SZ}

+ u. K: Gesundheit, Vorteile aus dem Milieu, günstige Weiterentwicklungen.
–: Nachteile, Schwächen, besonders gesundheitlich.

Sonne und MC ☉-MC

+ u. K: Ansehen, soziales Prestige, beruflicher Vorteil.
—: Beruflich ungünstig, schlecht für wichtige Unternehmungen.

Mond und Merkur ☽-☿

+ u. K: Geistige Beweglichkeit, Erfolge in Wort und Schrift, günstig für Reise, Beruf, Geschäft, Kontakte.
—: Nervosität, ungünstig für Wechsel im Ort, für Reisen, Berufliches, Zusammenarbeit, Geschäft und Vertrag.

Mond und Venus ☽-♀

+ u. K: Annehmlichkeit, gesellschaftlicher Erfolg, günstig für Freundschaft und Liebe, Harmonie.

—: Gesellschaftlicher Mißerfolg, finanzielle Belastung, Liebeskummer, ungünstig für Freundschaften und Familie.

Mond und Mars $\quad\quad\quad\quad\quad\quad\quad\quad ☽-♂$

+ : Energische Unternehmungen können zu einem Wechsel führen, Entfaltung von Leidenschaften, Reiselust, Triebhaftigkeit im positiven Sinne.
—: Starke negative Spannungen in der Gefühlsebene, Aufregungen oder Neigung zu Streit in Partnerschaft.
K: Ungünstig zu beurteilen, jedoch stärker wirksam.

Mond und Jupiter $\quad\quad\quad\quad\quad\quad\quad\quad ☽-♃$

+ u. K: Gesundheit, materieller Erfolg, gut für schnelles Ergreifen einer Chance und für Wechsel, Popularität, allgemein glückliche Zeit; sozialer Aufstieg.
—: Gesundheitlich ungünstig, kaum Vorteile durch Wechsel oder Veränderung, Tendenz zu Trennung, ungünstig für Justizangelegenheit und für legale Verbindungen.

Mond und Saturn $\quad\quad\quad\quad\quad\quad\quad\quad ☽-♄$

+ : Lebensernst, Stabilisierung, langsame Entwicklung im Sinne einer Veränderung, ernstgemeinte Verbindung.
— u. K: Hemmung, Verzögerung, Sorge, Depression, Verlusttendenzen, Einschränkung.

Mond und Uranus $\quad\quad\quad\quad\quad\quad\quad\quad ☽-♅$

+ : Plötzliche günstige Gelegenheit zu einer Veränderung, Hilfe durch den „Zufall".
— u. K: Plötzliche starke Spannungen, Unfall- oder Operationsgefahr, Auseinandersetzung.

276

Mond und Neptun ☽–♆

+ : Gesteigerte seelische Empfindlichkeit, Phantasie, Reichtum an Plänen, Hoffnungen, Wünschen, Intuition, künstlerische Anregung.
— : Verlustgefahr durch Betrug, Heimlichkeit, Lüge, Intrige. Bereitschaft zur Enttäuschung.
K: Radix beachten, meistens jedoch ungünstig.

Mond und Pluto ☽–♇

+ : Ähnlich wie Mars, in den Direktionen eventuell stärker spürbar, in Transiten unwesentlich.
— u. K: Ungut für Gefühle, Veränderungen, Reisen.

Mond und Mondknoten ☽–☊

+ u. K: Gefühlsmäßige, triebhafte Verbindung.
— : Trennungsgedanken, ungut für Zusammenarbeit und Zweisamkeit.

Mond und Aszendent und MC ☽–A_{SZ}–MC

+ u. K: Wechsel in Lebensumständen oder im Milieu, Beruf
— : Ähnlich wie +, jedoch negative Tendenz.

Merkur und Venus ☿–♀

+ u. K: Harmonische geistige Entwicklung, Kontakte in Herzensangelegenheiten, günstig für Gesellschaft, Freunde, auch für Reisen.
— : Verschwendung, Ausgabe, gesellschaftlicher Mißerfolg, schwierigere Verständigungsmöglichkeiten in Partnerschaften. Ungut für künstlerische Bemühungen.

Merkur und Mars ☿-♂

+ : Gedankenschärfe, beruflich-geschäftlicher Erfolg, rasche Entscheidungen, Aktivität, intensives geistiges Bemühen.
— u. K: Fehlschlag durch Übereilung, Streit, Nervenbelastung, unangebrachte Kritik. Ungut für Reise.

Merkur und Jupiter ☿-♃

+ u. K: Berufserfolg, Geschäft, gute Zeit für Reise, Bemühungen um Realisierung eines Vertrages und Legalisierung einer Verbindung, Vermittlertätigkeit.
—: Fehlschlag in Beruf oder Geschäft, Lösung eines Vertrages, falsches Urteil, Unaufrichtigkeit.

Merkur und Saturn ☿-♄

+ : Langsame Verwirklichung eigener Gedanken, besonders in Beruf, Geschäft, Vermittlungs- oder Reisetätigkeit, sachliche Kontakte von Dauer. Gute Zusammenarbeit.
— u. K: Trennung, schlecht für Partnerschaft und Zusammenarbeit, sich Sorgen machen, Einbußen erleiden, Nervenbelastung und damit verbunden gesundheitliche Störung.

Merkur und Uranus ☿-♅

+ : Brillante Idee, Glücksfall im Beruf, Wendung, Wechsel.
—: Unruhe, Nervosität, Hast, Zersplitterung, Unfallneigung.
K: Beurteilung nach dem Radixaspekt. Im günstigen Falle größere Wendung.

Merkur und Neptun ☿-♆

+ : Wirklichkeitsbezogene Phantasie, viele Wünsche und Hoffnungen.

— u. K: Verwirrung im seelischen Bereich, Täuschung, Betrug, Krankheitsneigung oder Schwäche.

Merkur und Pluto ☿-♇

+ : Materieller, geschäftlicher Gewinn, Durchsetzungskraft im Geistigen.
— : Konflikt, Widerstände, eventuell Mißgeschicke in Beruf und Geschäft.
K: Radix beachten!

Merkur und Mondknoten ☿-☊

+ u. K: Gut für sachliche, geschäftliche Kontakte.
— : Erschwerte berufliche oder geistige Zusammenarbeit.

Merkur und Aszendent und MC ☿-Asz-MC

+ u. K: Erfolge als Persönlichkeit und im Beruf.
— : Ungut für größere Veränderungen, Irrtümer, Mißerfolge im Milieu oder Beruf.

Venus und Mars ♀-♂

+ : Glückliche Zeit, Zweisamkeit, Liebe, Leidenschaften, finanziell günstig.
— : Konfliktreiche Zeit besonders in Herzensangelegenheiten, Spannungen in der Ehe, finanzieller Mißerfolg, Krankheitsneigung.
K: Eher ungünstig.

Venus und Jupiter ♀-♃

+ u. K: Glück und Lebensfreude, Vorteile und Hilfen, gesellschaftliche Erfolge, Annehmlichkeit, Gewinnchancen, wenn Radix dies möglich macht. Heiteres Leben.

—: Sorgen durch Unachtsamkeit, Unmoral oder zu große Ausgaben, oberflächliche Lebensführung mit unangenehmen Folgen.

Venus und Saturn ♀-♄

+ : Langsamer Aufstieg, gedämpfter Optimismus, Verbindung von Dauer.

— u. K: Sorgen, Trennung, Vereinsamung. Schlecht für Partnerbeziehungen, Freundschaften, Finanzielles.

Venus und Uranus ♀-⛢

+ : Künstlerischer Erfolg, Glück in Freundschaften, plötzliche Bekanntschaft, vorübergehende Partnerbeziehung.

— u. K: Plötzliche Spannungen oder Trennung in der Liebe, eventuell übersteigerte Sinnlichkeit, Gefahr eines Skandals.

Venus und Neptun ♀-♆

+ : Schwärmerei, angenehme seelische Erlebnisse, Freude, Sehnsucht, Reiselust.

— u. K: Unklarheiten auf seelischem Gebiet, Verwirrung, sich in Erwartungen getäuscht sehen.

K: Für Künstler unter Umständen günstig.

Venus und Pluto ♀-♇

+ : Günstiger Aspekt für Liebe oder soziale Unternehmungen.

— u. K: Überborden der Gefühle, Gefahr einer Trennung.

Venus und Mondknoten ♀-☊

+ : Liebesglück, Glück in Freundschaftsbeziehung.

—: Trennungsgedanken, Lösungstendenzen.

Venus und Aszendent und MC   ♀-A_{sz}-MC

+ u. K: Glückliche Verbindung, Sympathie erwerben, Erfolge, die
der positiven Wirkung der Persönlichkeit zugeschrieben werden
können. Lebenserleichterungen.
—: Wie +, jedoch mit negativer Bedeutung.

Mars und Jupiter   ♂-♃

+ : Initiative, Vorteil durch energisches Vorgehen, Anerkennung,
materielle Interessen durchsetzen, Fortschritt, Zielstrebigkeit, Erfolgsperiode.
—: Gefahr von Verlusten, Konflikt, Gesetzesübertretung, Schaden
durch Voreiligkeit.
K: Beurteilung richtet sich nach den Radixaspekten.

Mars und Saturn   ♂-♄

+ : Hartnäckiger, kämpferischer Einsatz, ein Ziel erst nach Mühen
erreichen können.
— u. K: Mißerfolg, Sturheit, Neigung zu Gewaltlösung, Verzicht,
Krankheitsgefahr, Trauer.

Mars und Uranus   ♂-♅

+ : Tatendrang, revolutionäre Haltung, Initiative mit der Gefahr
von Überspannung der Kräfte.
— u. K: Unfallneigung, Operationsgefahr, alles auf eine Karte setzen wollen, kritische Zeit.

Mars und Neptun   ♂-♆

+ : Phantasie mit realistischer Grundeinstellung, jedoch bleibt vieles in der Planung stecken.
— u. K: Verworrenheit, Schwäche, Irrtum, Krankheitsneigung.

Mars und Pluto   ♂-♇

Insgesamt eine kaum günstige Konstellation, da viel Gewalt und Unbeherrschtheit ins Spiel kommen.

Mars und Mondknoten   ♂-☊

+ : Triebhafte Verbindung, sich in einer Gemeinschaft durchsetzen.
— : Trennung oder Zerstörung einer Verbindung, sich von jemanden losreißen oder mit Gewalt getrennt werden.

Mars und Aszendent und MC   ♂-Asz-MC

+ : Selbstbewußtsein, beruflicher oder persönlicher Erfolg.
— : Verlusttendenzen, Überspannung, Krankheitsneigung.
K : Radixaspekte beachten!

Jupiter und Saturn   ♃-♄

+ : Geduld, Konzentration, Einsicht, günstige Erledigung einer Sache, die zu ihrer Erledigung Zeit braucht, Vorteile durch Besitz, in Wohnungsangelegenheit oder in Geldsachen.
— : Verlust an Geld, Besitz, Ansehen, Protektion, Sorgen.
K : Bei guter Radixbeziehung: Lebensernst und günstig.

Jupiter und Uranus   ♃-♅

+ : Glücksfall, unvermutete Wendung zum Besseren, Neuigkeit, Hilfe erhalten. Etwas Neues planen können. Chance.
— : Plötzlicher Verlust, unvermutete Wendung zum Ungünstigen, mitunter aber doch günstiger Neubeginn möglich.
K : Radix beachten, bei günstigen Aspekten: Glückhafte Veränderung.

Jupiter und Neptun ♃–♆

+ u. K: Harmonische Zeit, innere Ausgeglichenheit, künstlerisches Empfinden, Anregungen, Seelenfrieden.
—: Geistiger Irrtum, Unsicherheit in weltanschaulicher Hinsicht, ungünstig für Reisen und Auslandsbeziehungen, Enttäuschung

Jupiter und Pluto ♃–♇

Ob es eine Zeit materieller Erfolge wird, hängt von den Aspekten im Radix ab.

Jupiter und Mondknoten ♃–☊

+ u. K: Glückliche Verbindung mit dem Streben nach Legalisierung.
—: Ungut für Protektionswünsche, Trennung oder Lösung eines Kontaktes.

Jupiter und Aszendent ♃–A_{sz}

+ u. K: Sehr glückliche Zeit, persönliche Erfolge, Gesundheit, schöne Umwelt.
—: Bei guter Radixstellung ebenfalls günstig, jedoch erst nach Überwindung von Schwierigkeiten.

Jupiter und MC ♃–MC

+ u. K: Ehre, Erfolg, sozialer Aufstieg, Anerkennung.
—: Berufliche Nachteile, Einbuße von Ansehen oder der Stellung.

Saturn und Uranus ♄–♅

+ : Größere Wendung nach gut vorbereiteter Aktion.
— u. K: Innere und äußere Schwierigkeiten, Widerstände. Schlechte Lebensbedingungen, Krankheitsgefahr.

Saturn und Neptun ♄-♆

+ : Günstig für ernste Vorhaben und für seelische oder vertiefte Kontakte.
— u. K: Schwäche, Krankheitsneigung, Verlustgefahr, Unklarheit im Seelenleben.

Saturn und Mondknoten ♄-☊

+ : Festigung von Kontakten, Dauerverbindung.
— u. K: Vereinsamung, seelische Belastung durch Trennung, Trauer.

Saturn und Aszendent ♄-Asz

+ : Langsam gesunden, langsame Besserung der Verhältnisse, Umweltbeziehungen stabilisieren sich.
— u. K: Schwierige Lebensumstände, Einschränkungen, Verluste werden möglich, Sorgen.

Saturn und MC ♄-MC

+ : Langsame berufliche Besserung, aufsteigen können.
— u. K: Sturz, Gefahr, die Stelle oder das Ansehen zu verlieren, man muß gegen Widerstände angehen.

Uranus und Mondknoten ♅-☊

+ : Plötzliche Verbindung, interessante Begegnung.
— u. K: Unvermutet getrennt werden.

Uranus und Aszendent ♅-Asz

+ : Fortschritte, plötzlicher Milieuwechsel, glücklicher Zufall kann Lebenswendung bringen.
— : Plötzliche Verlustgefahren, ungünstige Lebenswendung, Unfallneigung.

284

Uranus und MC

+ : Chance zu plötzlichem Aufstieg, Wendung zum Besseren.
—: Aufregung, Stellenverlust, unvermutete Schwierigkeit.

Neptun und Aszendent

+ : Anregung erhalten, seelisch aufgeschlossen sein.
—: Verlustgefahr durch Intrigen, körperliche Schwäche, Schaden durch Gifte oder Ansteckung.

Neptun und MC

+ : Viele Pläne machen, die beruflich voranbringen sollen, Neigung zu größerer Reise, Sehnsucht nach neuen Lebenszielen.
— u. K: Hintergehung, Untergrabung des Rufes, Fehlschlag, sich täuschen lassen, einer Schwäche nachgeben.

285

4. Teil

Tabellen

Geographische Positionen Berechnungskarte Nr. ④ und ⑤

Orte	Nördl. Breite	Länge in Zeit	Orte	Nördl. Breite	Länge in Zeit
		h m s			h m s
Aachen	50° 46'	0 24 18	Interlaken	46° 41'	0 31 28
Augsburg	48° 21'	0 43 37	Jena	50° 55'	0 46 21
Aussig	50° 39'	0 56 11	Karlsruhe	49° 00'	0 33 36
Bautzen	51° 11'	0 57 40	Kassel	51° 18	0 37 36
Berlin	52° 30'	0 53 35	Kiel	54° 20'	0 40 35
Bern	46° 57'	0 29 44	Königsberg	54° 42'	1 22 00
Bielefeld	52° 01'	0 34 14	Köln	50° 56'	0 27 50
Bonn	50° 43'	0 28 23	Krakau	50° 03'	1 19 50
Bregenz	47° 30'	0 39 06	Leipzig	51° 20'	0 49 34
Bremen	53° 04'	0 35 15	Lindau	47° 32'	0 38 45
Breslau	51° 06'	1 08 09	Magdeburg	52° 08'	0 46 35
Brünn	49° 11'	1 06 27	Marburg/Steierm.	46° 34'	1 02 52
Budapest	47° 28'	1 16 13	München	48° 08'	0 46 26
Cham	47° 11'	0 33 48	Neutitschein	49° 35'	1 12 04
Czernowitz	48° 18'	1 43 43	Nürnberg	49° 27'	0 44 20
Danzig	54° 21'	1 14 39	Osnabrück	52° 16'	0 32 10
Darmstadt	49° 52'	0 34 38	Paris	48° 50'	0 09 20
Dortmund	51° 31'	0 29 52	Posen	52° 28'	1 07 44
Dresden	51° 03'	0 54 56	Regensburg	49° 01'	0 48 22
Eisenach	50° 58'	0 41 21	Rostock	54° 05'	0 48 32
Emden	53° 22'	0 28 50	Saarbrücken	49° 13'	0 27 58
Essen	51° 27'	0 28 05	Salzburg	47° 47'	0 52 12
Frankfurt a. M.	50° 06'	0 34 45	St. Gallen	47° 26'	0 37 33
Frankfurt a. O.	52° 22'	0 58 13	Schneidemühl	53° 09'	1 07 00
Fulda	50° 33'	0 38 41	Straßburg	48° 35'	0 31 05
Görlitz	51° 09'	1 00 00	Stuttgart	48° 46'	0 36 43
Gumbinnen	54° 34'	1 28 56	Temesvar	45° 45'	1 25 00
Hannover	52° 22'	0 38 58	Villach	46° 36'	0 55 25
Heidelberg	49° 24'	0 34 48	Warschau	52° 13'	1 24 07
Hof	50° 19'	0 47 41	Wien	48° 12'	1 05 30
Husum	54° 28'	0 36 13	Würzburg	49° 47'	0 39 44
Innsbruck	47° 16'	0 45 36	Zürich	47° 23'	0 34 12

Die Sommerzeiten in Deutschland
Berechnungskarte Nr.⑥

30. 4. 1916 23 Uhr bis 1. 10. 1916 01 Uhr
16. 4. 1917 02 Uhr bis 17. 9. 1917 03 Uhr
15. 4. 1918 02 Uhr bis 16. 9. 1918 03 Uhr
 1. 4. 1940 02 Uhr bis 2. 11. 1942 03 Uhr (1941 und 1942 durchgehend!)
29. 3. 1943 02 Uhr bis 4. 10. 1943 03 Uhr
 3. 4. 1944 02 Uhr bis 2. 10. 1944 03 Uhr
 2. 4. 1945 02 Uhr bis 16. 9. 1945 02 Uhr (Westzonen)
 2. 4. 1945 02 Uhr bis 18. 11. 1945 02 Uhr (Ostzone)
14. 4. 1946 02 Uhr bis 7. 10. 1946 03 Uhr
 6. 4. 1947 03 Uhr bis 11. 5. 1947 03 Uhr
11. 5. 1947 03 Uhr bis 29. 6. 1947 03 Uhr (Doppelte Sommerzeit!)
29. 6. 1947 03 Uhr bis 5. 10. 1947 03 Uhr
18. 4. 1948 02 Uhr bis 3. 10. 1948 03 Uhr
10. 4. 1949 02 Uhr bis 2. 10. 1949 03 Uhr

Als die Deutsche Sommerzeit galt, mußten alle Uhren um *eine* Stunde vorgestellt werden. (MEZ + 1 Std. = Sommerzeit).

Nur vom 11. 5. 1947 bis 29. 6. 1947 war Doppelte Sommerzeit. Gegenüber der Normalzeit in Deutschland, der MEZ = Mitteleuropäische Zeit, betrug der Zeitunterschied *zwei* Stunden.

Die Uhren, die damals nach Sommerzeit gingen, wurden am 11. 5. 1947, 03 Uhr um eine weitere Stunde vorgestellt. (Sommerzeit + 1 Std. = Doppelte Sommerzeit). Um die Angaben für Weltzeit zu erhalten (Greenwich Zeit), muß man von der Sommerzeit daher *2 Std.*, von der Doppelten Sommerzeit *3 Std.* abziehen, da ja der Unterschied zwischen Weltzeit und MEZ bereits 1 Std. ausmacht.

Aufpassen muß man bei Zeitangaben zwischen 24. 5. 1945 und dem 24. 9. 1945 bei Orten in der DDR, da damals durch die sowjetische Besatzungsmacht vielfach Doppelte Sommerzeit eingeführt worden war.

Die Angaben für die Zeiten während des Zweiten Weltkrieges gelten auch für Österreich, die Tschechoslowakei und die eingegliederten bzw. besetzten Gebiete im Osten.

Im Saarland galt vom 1. 10. 1920 bis 28. 2. 1935 Westeuropäische Zeit = Weltzeit. Die Sommerzeiten 1948 und 1949 galten für das Saarland nicht.

Sternzeittabelle

Sternzeit 1938 angegeben für 12 h mittags Weltzeit (Greenwich)

	Jan.	Feb.	März	April	Mai	Juni
1	18 41 55	20 44 8	22 34 32	0 36 45	2 35 1	4 37 15
2	18 45 52	20 48 5	22 38 28	0 40 41	2 38 58	4 41 11
3	18 49 48	20 52 1	22 42 25	0 44 38	2 42 55	4 45 8
4	18 53 45	20 55 58	22 46 22	0 48 35	2 46 51	4 49 4
5	18 57 41	20 59 54	22 50 18	0 52 31	2 50 48	4 53 1
6	19 1 38	21 3 51	22 54 14	0 56 28	2 54 44	4 56 57
7	19 5 34	21 7 48	22 58 11	1 0 24	2 58 41	5 0 54
8	19 9 31	21 11 44	23 2 8	1 4 21	3 2 37	5 4 51
9	19 13 27	21 15 41	23 6 4	1 8 17	3 6 34	5 8 47
10	19 17 24	21 19 37	23 10 1	1 12 14	3 10 30	5 12 44
11	19 21 21	21 23 34	23 13 57	1 16 10	3 14 27	5 16 40
12	19 25 17	21 27 31	23 17 54	1 20 7	3 18 24	5 20 37
13	19 29 14	21 31 27	23 21 50	1 24 3	3 22 20	5 24 33
14	19 33 10	21 35 23	23 25 47	1 28 0	3 26 17	5 28 30
15	19 37 7	21 39 20	23 29 43	1 31 57	3 30 13	5 32 26
16	19 41 3	21 43 17	23 33 40	1 35 53	3 34 10	5 36 23
17	19 45 0	21 47 13	23 37 37	1 39 50	3 38 6	5 40 20
18	19 48 56	21 51 10	23 41 33	1 43 46	3 42 3	5 44 16
19	19 52 53	21 55 6	23 45 30	1 47 43	3 45 59	5 48 13
20	19 56 50	21 59 3	23 49 26	1 51 39	3 49 56	5 52 9
21	20 0 46	22 3 0	23 53 23	1 55 36	3 53 53	5 56 6
22	20 4 43	22 6 56	23 57 19	1 59 32	3 57 49	6 0 2
23	20 8 39	22 10 52	0 1 16	2 3 29	4 1 46	6 3 59
24	20 12 36	22 14 49	0 5 12	2 7 26	4 5 42	6 7 55
25	20 16 32	22 18 46	0 9 9	2 11 22	4 9 39	6 11 52
26	20 20 29	22 22 42	0 13 6	2 15 19	4 13 35	6 15 49
27	20 24 25	22 26 39	0 17 2	2 19 15	4 17 32	6 19 45
28	20 28 22	22 30 35	0 20 59	2 23 12	4 21 28	6 23 42
29	20 32 19		0 24 55	2 27 8	4 25 25	6 27 38
30	20 36 15		0 28 52	2 31 5	4 29 22	6 31 35
31	20 40 12		0 32 48		4 33 18	

Sternzeittabelle

Sternzeit 1938 angegeben für 12 h mittags Weltzeit (Greenwich)

	Juli	Aug.	Sept.	Okt.	Nov.	Dez.
1	6 35 32	8 37 45	10 39 58	12 38 14	14 40 28	16 38 44
2	6 39 28	8 41 41	10 43 54	12 42 11	14 44 24	16 42 41
3	6 43 25	8 45 38	10 47 51	12 46 7	14 48 21	16 46 37
4	6 47 21	8 49 34	10 51 47	12 50 4	14 52 17	16 50 34
5	6 51 18	8 53 31	10 55 44	12 54 1	14 56 14	16 54 30
6	6 55 14	8 57 27	10 59 41	12 57 57	15 0 10	16 58 27
7	6 59 11	9 1 24	11 3 37	13 1 54	15 4 7	17 2 24
8	7 3 7	9 5 21	11 7 34	13 5 50	15 8 3	17 6 20
9	7 7 4	9 9 17	11 11 30	13 9 47	15 12 0	17 10 17
10	7 11 0	9 13 14	11 15 27	13 13 43	15 15 57	17 14 13
11	7 14 57	9 17 10	11 19 23	13 17 40	15 19 53	17 18 10
12	7 18 54	9 21 7	11 23 20	13 21 36	15 23 50	17 22 6
13	7 22 50	9 25 3	11 27 16	13 25 33	15 27 46	17 26 3
14	7 26 47	9 29 0	11 31 13	13 29 30	15 31 43	17 29 59
15	7 30 43	9 32 56	11 35 10	13 33 26	15 35 39	17 33 56
16	7 34 40	9 36 52	11 39 6	13 37 22	15 39 36	17 37 53
17	7 38 36	9 40 49	11 43 3	13 41 19	15 43 32	17 41 49
18	7 42 33	9 44 46	11 46 59	13 45 16	15 47 29	17 45 46
19	7 46 29	9 48 43	11 50 56	13 49 12	15 51 26	17 49 42
20	7 50 26	9 52 39	11 54 52	13 53 9	15 55 22	17 53 39
21	7 54 23	9 56 36	11 58 49	13 57 5	15 59 19	17 57 35
22	7 58 19	10 0 32	12 2 46	14 1 2	16 3 15	18 1 32
23	8 2 16	10 4 29	12 6 42	14 4 59	16 7 12	18 5 28
24	8 6 12	10 8 25	12 10 39	14 8 55	16 11 8	18 9 25
25	8 10 9	10 12 22	12 14 35	14 12 52	16 15 5	18 13 22
26	8 14 5	10 16 19	12 18 32	14 16 48	16 19 1	18 17 18
27	8 18 2	10 20 15	12 22 28	14 20 45	16 22 58	18 21 15
28	8 21 58	10 24 12	12 26 25	14 24 41	16 26 55	18 25 11
29	8 25 55	10 28 8	12 30 22	14 28 38	16 30 51	18 29 8
30	8 29 52	10 32 5	12 34 18	14 32 34	16 34 48	18 33 4
31	8 33 48	10 36 1		14 36 31		18 37 1

Korrekturtabelle der Sternzeit

Jahr	1.1.–28.2.		1.3.–31.12.		Jahr	1.1.–28.2.		1.3.–31.12.	
	m	s	m	s		m	s	m	s
1900	+ 0	49	+ 0	49	1933	+ 0	50	+ 0	50
1901	− 0	09	− 0	09	1934	− 0	07	− 0	07
1902	− 1	05	− 1	05	1935	− 1	05	− 1	05
1903	− 2	04	− 2	04	1936*	− 2	02	+ 1	55
1904*	− 3	02	+ 0	55	1937	+ 0	57	+ 0	57
1905	− 0	03	− 0	03	1938	−	−	−	−
1906	− 1	00	− 1	00	1939	− 0	58	− 0	58
1907	− 1	58	− 1	58	1940*	− 1	55	+ 2	01
1908*	− 2	55	+ 1	01	1941	+ 1	04	+ 1	04
1909	+ 0	04	+ 0	04	1942	+ 0	06	+ 0	06
1910	− 0	53	− 0	53	1943	− 0	51	− 0	51
1911	− 1	50	− 1	50	1944*	− 1	49	+ 2	07
1912*	− 2	47	+ 1	09	1945	+ 1	10	+ 1	10
1913	+ 0	12	+ 0	12	1946	+ 0	13	+ 0	13
1914	− 0	45	− 0	45	1947	− 0	44	− 0	44
1915	− 1	42	− 1	42	1948*	− 1	41	+ 2	15
1916*	− 2	39	+ 1	18	1949	+ 1	18	+ 1	18
1917	+ 0	21	+ 0	21	1950	+ 0	21	+ 0	21
1918	− 0	37	− 0	37	1951	+ 0	37	+ 0	37
1919	− 1	34	− 1	34	1952*	+ 1	33	+ 2	25
1920*	− 2	31	+ 1	25	1953	+ 1	27	+ 1	27
1921	+ 0	28	+ 0	28	1954	+ 0	29	+ 0	29
1922	− 0	30	− 0	30	1955	− 0	28	− 0	28
1923	− 1	28	− 1	28	1956*	− 1	25	+ 2	31
1924*	− 2	25	+ 1	31	1957	+ 1	34	+ 1	34
1925	+ 0	34	+ 0	34	1958	+ 0	37	+ 0	37
1926	− 0	24	− 0	24	1959	− 0	21	− 0	21
1927	− 1	21	− 1	21	1960*	− 1	19	+ 2	38
1928*	− 2	18	+ 1	38	1961	+ 1	40	+ 1	40
1929	+ 0	41	+ 0	41	1962	+ 0	43	+ 0	43
1930	− 0	16	− 0	16	1963	− 0	15	− 0	15
1931	− 1	13	− 1	13	1964*	− 1	12	+ 2	44
1932*	− 2	10	+ 1	46	1965	+ 1	47	+ 1	47

Schaltjahre sind mit * gekennzeichnet.

Hinweise zum Gebrauch der Sternzeittabelle

Die Sternzeit ist nicht in allen Jahren gleich, doch sind die Schwankungen geringfügig.

Die Tabelle auf Seite 290–291 enthält die Angaben für das Jahr 1938. Für alle anderen Jahre ist eine Korrektur notwendig.

Alle Angaben der nebenstehenden Korrekturtabelle beziehen sich auf die Sternzeit des Jahres 1938.

Benötigen Sie zur Berechnung eines Horoskops die Sternzeit des Jahres 1931, suchen Sie in der Korrekturtabelle das Jahr 1931. Sie finden als Korrekturwert „-1^m 13^s".

Somit müssen Sie 1 Minute 13 Sekunden von der Sternzeit des Jahres 1938 abziehen. Dies gilt für alle Daten.

Wollen Sie die Sternzeit für 12^h mittags Weltzeit (Greenwich) für den 10. Mai 1931 wissen, entnehmen Sie der Tabelle den Wert, in diesem Falle 3^h 10^m 30^s minus Korrekturwert 1^m 13^s. Sie finden als Sternzeit für den 10. Mai 1931: 3^h 19^m 17^s.

Aufpassen müssen Sie bei den mit * gekennzeichneten Schaltjahren. Sie müssen außer der Korrektur für das Jahr für den 29. Februar noch 3^m 56^s addieren.

Gesucht ist die Sternzeit für 12^h mittags Weltzeit für den 29. Februar 1924:

Sternzeit für den 28. Februar laut Tabelle	22^h 30^m 35^s
Korrektur für 1924: –	-00^h 02^m 25^s
ergibt korrigierte Sternzeit für den 28. Februar 1924:	22^h 28^m 10^s
dazu 3^m 56^s für den 29. Febr.	$+$ 03^m 56^s
	22^h 31^m 66^s

Das Ergebnis wird verwandelt, da $66^s = 1^m$ 06^s sind.

Somit Sternzeit für den 29. Februar 1924: $\qquad$ 22^h 32^m 06^s

Häusertabelle für 51° nördl. Breite

Sternzeit	10. Feld	11. Feld	12. Feld	1. Feld	2. Feld	3. Feld	Sternzeit	10. Feld	11. Feld	12. Feld	1. Feld	2. Feld	3. Feld
h m s	0	0	0	0 '	0	0	h m s	0	0	0	0 '	0	0
	♈	♉	♊	♋	♌	♍		♉	♊	♋	♌	♍	♎
0 00 00	00	09	22	26 10	12	02	2 50 07	15	24	29	26 28	16	12
0 03 40	01	10	23	26 51	13	03	2 54 07	16	25	29	27 10	17	12
0 07 20	02	11	24	27 31	14	04	2 58 07	17	26	♌0	27 52	18	13
0 11 00	03	12	25	28 12	14	05	3 02 08	18	27	01	28 34	18	14
0 14 41	04	13	25	28 52	15	06	3 06 09	19	28	02	29 17	19	15
0 18 21	05	14	26	29 32	16	07	3 10 12	20	28	03	29 59	20	16
0 22 02	06	15	27	♌0 13	17	07	3 14 15	21	29	03	♍0 42	21	17
0 25 42	07	16	28	00 53	17	08	3 18 19	22	♋0	04	01 25	22	18
0 29 23	08	17	29	01 33	18	09	3 22 23	23	01	05	02 08	22	19
0 33 04	09	18	29	02 12	19	10	3 26 29	24	02	06	02 51	23	20
0 36 45	10	19	♋0	02 52	20	11	3 30 35	25	03	07	03 34	24	21
0 40 26	11	20	01	03 32	20	12	3 34 41	26	04	07	04 18	25	22
0 44 08	12	21	02	04 12	21	12	3 38 49	27	05	08	05 01	26	23
0 47 50	13	22	03	04 52	22	13	3 42 57	28	06	09	05 45	27	24
0 51 32	14	23	04	05 32	22	14	3 47 06	29	07	10	06 29	27	25
0 55 14	15	25	05	06 11	23	15	3 51 15	♊0	08	11	07 13	28	26
0 58 57	16	26	06	06 51	24	16	3 55 25	01	09	11	07 57	29	26
1 02 40	17	27	06	07 31	25	16	3 59 36	02	10	12	08 41	♎0	27
1 06 23	18	28	07	08 11	25	17	4 03 48	03	11	13	09 25	01	28
1 10 07	19	29	08	08 51	26	18	4 08 00	04	11	14	10 10	02	29
1 13 51	20	♊0	09	09 30	27	19	4 12 13	05	12	15	10 55	02	♏0
1 17 35	21	01	10	10 10	28	20	4 16 26	06	13	16	11 39	03	01
1 21 20	22	02	10	10 50	28	21	4 20 40	07	14	16	12 24	04	02
1 25 06	23	03	11	11 30	29	22	4 24 55	08	15	17	13 09	05	03
1 28 52	24	04	12	12 10	♍0	23	4 29 10	09	16	18	13 54	06	04
1 32 38	25	05	13	12 50	00	24	4 33 26	10	17	19	14 39	07	05
1 36 25	26	06	14	13 30	01	25	4 37 42	11	18	20	15 25	08	06
1 40 12	27	07	14	14 10	02	25	4 41 59	12	19	21	16 10	08	07
1 44 00	28	07	15	14 50	03	26	4 46 16	13	20	21	16 56	09	08
1 47 48	29	08	16	15 31	04	27	4 50 34	14	21	22	17 41	10	09
1 51 37	♉0	09	17	16 11	04	28	4 54 52	15	22	23	18 27	11	10
1 55 27	01	10	18	16 51	05	29	4 59 10	16	23	24	19 13	12	11
1 59 17	02	11	18	17 32	06	♎0	5 03 29	17	24	25	19 59	13	12
2 03 08	03	12	19	18 12	07	01	5 07 49	18	25	26	20 45	13	13
2 06 59	04	13	20	18 53	07	02	5 12 09	19	25	26	21 31	14	14
2 10 51	05	14	21	19 33	08	02	5 16 29	20	26	27	22 17	15	15
2 14 44	06	15	22	20 14	09	03	5 20 49	21	27	28	23 03	16	16
2 18 37	07	16	22	20 55	10	04	5 25 09	22	28	29	23 49	17	17
2 22 31	08	17	23	21 36	10	05	5 29 30	23	29	♍0	24 35	18	17
2 26 25	09	18	24	22 18	11	06	5 33 51	24	♌0	01	25 21	19	18
2 30 20	10	19	25	22 59	12	07	5 38 12	25	01	02	26 08	20	19
2 34 16	11	20	25	23 41	13	08	5 42 34	26	02	03	26 54	20	20
2 38 13	12	21	26	24 23	14	09	5 46 55	27	03	03	27 40	21	21
2 42 10	13	22	27	25 04	14	10	5 51 17	28	04	04	28 27	22	22
2 46 08	14	23	28	25 46	15	11	5 55 38	29	05	05	29 13	23	23

Sternzeit	10. Feld	11. Feld	12. Feld	1. Feld	2. Feld	3. Feld	Sternzeit	10. Feld	11. Feld	12. Feld	1. Feld	2. Feld	3. Feld
h m s	0	0	0	0 '	0	0	h m s	0	0	0	0 '	0	0
	♋	♌	♍	♎	♎	♏		♌	♍	♎	♏	♐	♑
6 00 00	00	06	06	00 00	24	24	9 09 53	15	18	14	03 32	01	06
6 04 22	01	07	07	00 47	25	25	9 13 52	16	19	15	04 14	02	07
6 08 43	02	08	08	01 33	26	26	9 17 50	17	20	16	04 56	03	08
6 13 05	03	09	09	02 20	26	27	9 21 47	18	21	16	05 37	04	09
6 17 26	04	10	09	03 06	27	28	9 25 44	19	22	17	06 19	04	10
6 21 48	05	11	10	03 52	28	29	9 29 40	20	23	18	07 01	05	11
6 26 09	06	12	11	04 39	29	♐0	9 33 35	21	24	19	07 42	06	12
6 30 30	07	12	12	05 25	♏0	01	9 37 29	22	25	20	08 24	07	13
6 34 51	08	13	13	06 11	01	02	9 41 23	23	26	20	09 05	08	14
6 39 11	09	14	14	06 57	02	03	9 45 16	24	27	21	09 46	08	15
6 43 31	10	15	15	07 43	03	03	9 49 09	25	27	22	10 27	09	16
6 47 51	11	16	15	08 29	03	04	9 53 01	26	28	23	11 07	10	17
6 52 11	12	17	16	09 15	04	05	9 56 52	27	29	23	11 48	11	18
6 56 31	13	18	17	10 01	05	06	10 00 42	28	♎0	24	12 28	11	19
7 00 50	14	19	18	10 47	06	07	10 04 33	29	01	25	13 09	12	19
7 05 08	15	20	19	11 33	07	08	10 08 23	♍0	02	26	13 49	13	20
7 09 26	16	21	20	12 19	08	09	10 12 12	01	03	26	14 29	14	21
7 13 44	17	22	21	13 04	08	10	10 16 00	02	04	27	15 10	15	22
7 18 01	18	23	22	13 50	09	11	10 19 48	03	04	28	15 50	15	23
7 22 18	19	24	22	14 35	10	12	10 23 35	04	05	29	16 30	16	24
7 26 34	20	25	23	15 21	11	13	10 27 22	05	06	29	17 10	17	25
7 30 50	21	26	24	16 06	12	14	10 31 08	06	07	♏0	17 50	18	26
7 35 05	22	27	25	16 51	13	15	10 34 54	07	08	01	18 30	19	27
7 39 20	23	28	26	17 36	13	16	10 38 40	08	09	02	19 10	19	28
7 43 34	24	29	27	18 21	14	17	10 42 25	09	10	02	19 50	20	29
7 47 47	25	♍0	27	19 05	15	18	10 46 09	10	11	03	20 30	21	♒0
7 52 00	26	01	28	19 50	16	18	10 49 53	11	11	04	21 09	22	01
7 56 12	27	02	29	20 35	17	19	10 53 37	12	12	05	21 49	23	02
8 00 24	28	02	♎0	21 19	18	20	10 57 20	13	13	05	22 29	23	03
8 04 35	29	03	01	22 03	18	21	11 01 03	14	14	06	23 09	24	04
8 08 45	♌0	04	02	22 47	19	22	11 04 46	15	15	07	23 49	25	05
8 12 54	01	05	03	23 31	20	23	11 08 28	16	16	07	24 28	26	06
8 17 03	02	06	03	24 15	21	24	11 12 10	17	17	08	25 08	27	08
8 21 11	03	07	04	24 59	22	25	11 15 52	18	17	09	25 48	28	09
8 25 19	04	08	05	25 42	22	26	11 19 34	19	18	10	26 28	28	10
8 29 26	05	09	06	26 26	23	27	11 23 15	20	19	10	27 08	29	11
8 33 31	06	10	07	27 09	24	28	11 26 56	21	20	11	27 48	♑0	12
8 37 37	07	11	07	27 52	25	29	11 30 37	22	21	12	28 27	01	13
8 41 41	08	12	08	28 35	26	29	11 34 18	23	22	12	29 07	02	14
8 45 45	09	13	09	29 18	27	♐0	11 37 58	24	22	13	29 47	03	15
8 49 48	10	14	10	♏0 01	27	01	11 41 39	25	23	14	♐0 28	04	16
8 53 51	11	15	11	00 43	28	02	11 45 19	26	24	15	01 08	04	17
8 57 52	12	16	12	01 26	29	03	11 49 00	27	25	15	01 48	05	18
9 01 53	13	17	12	02 08	♐0	04	11 52 40	28	26	16	02 29	06	19
9 05 53	14	17	13	02 50	00	05	11 56 20	29	27	17	03 09	07	20

Häusertabelle für 51° nördl. Breite

Sternzeit	10. Feld	11. Feld	12. Feld	1. Feld	2. Feld	3. Feld	Sternzeit	10. Feld	11. Feld	12. Feld	1. Feld	2. Feld	3. Feld
h m s	0	0	0	0 '	0	0	h m s	0	0	0	0 '	0	0
	♎	♎	♏	♐	♑	♒		♏	♐	♐	♑	♓	♈
12 00 00	00	28	18	03 50	08	21	14 50 07	15	05	22	09 54	01	16
12 03 40	01	28	18	04 30	09	23	14 54 07	16	06	23	10 57	03	18
12 07 20	02	29	19	05 11	10	24	14 58 07	17	07	24	12 02	04	19
12 11 00	03	♏0	20	05 52	11	25	15 02 08	18	08	25	13 07	06	20
12 14 41	04	01	20	06 33	12	26	15 06 09	19	08	25	14 14	07	22
12 18 21	05	02	21	07 15	13	27	15 10 12	20	09	26	15 22	09	23
12 22 02	06	02	22	07 56	14	28	15 14 15	21	10	27	16 31	11	24
12 25 42	07	03	23	08 38	15	29	15 18 19	22	11	28	17 42	12	25
12 29 23	08	04	23	09 20	16	♓0	15 22 23	23	12	29	18 54	14	27
12 33 04	09	05	24	10 02	17	02	15 26 29	24	13	♑0	20 08	16	28
12 36 45	10	06	25	10 44	18	03	15 30 35	25	14	01	21 24	18	29
12 40 26	11	06	25	11 27	19	04	15 34 41	26	15	02	22 41	19	♉0
12 44 08	12	07	26	12 09	20	05	15 38 49	27	15	03	24 00	21	01
12 47 50	13	08	27	12 52	21	06	15 42 57	28	16	04	25 21	23	03
12 51 32	14	09	28	13 36	22	07	15 47 06	29	17	05	26 44	24	04
12 55 14	15	10	28	14 19	23	09	15 51 15	♐0	18	06	28 08	26	06
12 58 57	16	11	29	15 03	24	10	15 55 25	01	19	07	29 35	28	07
13 02 40	17	11	♐0	15 48	25	11	15 59 36	02	20	08	♒1 04	29	08
13 06 23	18	12	00	16 32	26	12	16 03 48	03	21	09	02 36	♈1	10
13 10 07	19	13	01	17 17	27	14	16 08 00	04	22	10	04 09	03	11
13 13 51	20	14	02	18 02	28	15	16 12 13	05	23	11	05 45	05	12
13 17 35	21	15	03	18 48	29	16	16 16 26	06	24	12	07 24	07	13
13 21 20	22	16	04	19 34	♒0	17	16 20 40	07	25	13	09 05	09	15
13 25 06	23	16	04	20 20	01	18	16 24 55	08	26	14	10 49	10	16
13 28 52	24	17	05	21 07	02	20	16 29 10	09	27	15	12 35	12	17
13 32 38	25	18	06	21 55	04	21	16 33 26	10	28	16	14 24	14	18
13 36 25	26	19	07	22 42	05	22	16 37 42	11	29	18	16 16	16	19
13 40 12	27	20	07	23 31	06	23	16 41 59	12	♑0	19	18 11	18	21
13 44 00	28	21	08	24 20	07	25	16 46 16	13	01	20	20 09	19	22
13 47 48	29	21	09	25 09	09	26	16 50 34	14	02	21	22 10	21	23
13 51 37	♏0	22	10	25 59	10	27	16 54 52	15	03	22	24 13	23	24
13 55 27	01	23	10	26 49	11	28	16 59 10	16	04	23	26 20	24	25
13 59 17	02	24	11	27 40	12	29	17 03 29	17	05	25	28 29	26	26
14 03 08	03	25	12	28 32	14	♈1	17 07 49	18	06	26	♓0 42	28	28
14 06 59	04	26	13	29 24	15	02	17 12 09	19	07	27	02 57	29	29
14 10 51	05	26	14	♑0 18	16	04	17 16 29	20	08	28	05 15	♉1	♊0
14 14 44	06	27	14	01 11	18	05	17 20 49	21	09	29	07 35	03	01
14 18 37	07	28	15	02 06	19	06	17 25 09	22	10	♒1	09 58	05	03
14 22 31	08	29	16	03 01	21	07	17 29 30	23	11	02	12 23	06	04
14 26 25	09	♐0	17	03 58	22	09	17 33 51	24	12	04	14 50	08	05
14 30 20	10	00	18	04 55	24	10	17 38 12	25	13	05	17 19	09	06
14 34 16	11	01	18	05 52	25	11	17 42 34	26	14	07	19 49	11	07
14 38 13	12	02	19	06 51	27	13	17 46 55	27	15	08	22 21	13	08
14 42 10	13	03	20	07 51	28	14	17 51 17	28	16	10	24 23	14	09
14 46 08	14	04	21	08 52	29	15	17 55 38	29	17	11	27 27	16	10

Berechnungskarte Nr. ⑬ ⑭

Sternzeit h m s	10. Feld 0	11. Feld 0	12. Feld 0	1. Feld 0 ° 0 '	2. Feld 0	3. Feld 0
	♑	♑	♒	♈	♉	♊
18 00 00	00	18	13	00 00	17	12
18 04 22	01	19	14	02 33	19	13
18 08 43	02	21	16	05 07	20	14
18 13 05	03	22	17	07 39	22	15
18 17 26	04	23	19	10 11	23	16
18 21 48	05	24	20	12 41	25	17
18 26 09	06	25	22	15 10	26	18
18 30 30	07	26	24	17 37	27	19
18 34 51	08	27	25	20 02	29	20
18 39 11	09	28	27	22 25	♊0	21
18 43 31	10	29	29	24 45	01	22
18 47 51	11	♒1	♓0	27 03	03	23
18 52 11	12	02	02	29 18	04	24
18 56 31	13	03	04	♉1 31	05	25
19 00 50	14	04	05	03 40	06	26
19 05 08	15	06	07	05 47	08	27
19 09 26	16	07	09	07 50	09	28
19 13 44	17	08	11	09 51	10	29
19 18 01	18	09	12	11 49	11	♋0
19 22 18	19	10	14	13 44	12	01
19 26 34	20	12	16	15 36	13	02
19 30 50	21	13	18	17 25	15	03
19 35 05	22	14	19	19 11	16	04
19 39 20	23	15	21	20 55	17	05
19 43 34	24	17	23	22 36	18	06
19 47 47	25	18	25	24 15	19	07
19 52 00	26	19	27	25 51	20	08
19 56 12	27	20	28	27 24	21	09
20 00 24	28	22	♈0	28 56	22	10
20 04 35	29	23	02	♊0 25	23	11
20 08 45	♒0	24	04	01 52	24	12
20 12 54	01	25	05	03 16	25	13
20 17 03	02	27	07	04 39	26	13
20 21 11	03	28	09	06 00	27	14
20 25 19	04	29	11	07 19	28	15
20 29 26	05	♓0	12	08 36	29	16
20 33 31	06	02	14	09 52	♋0	17
20 37 37	07	03	16	11 06	01	18
20 41 41	08	04	17	12 18	02	19
20 45 45	09	06	19	13 29	03	20
20 49 48	10	07	21	14 38	04	21
20 53 51	11	08	22	15 46	04	21
20 57 52	12	09	24	16 53	05	22
21 01 53	13	11	26	17 58	06	23
21 05 53	14	12	27	19 03	07	24

Sternzeit h m s	10. Feld 0	11. Feld 0	12. Feld 0	1. Feld 0 ° 0 '	2. Feld 0	3. Feld 0
	♒	♓	♈	♊	♋	♋
21 09 53	15	13	29	20 06	08	25
21 13 52	16	15	♉0	21 08	09	26
21 17 50	17	16	02	22 09	10	27
21 21 47	18	17	03	23 09	11	28
21 25 44	19	19	05	24 08	11	28
21 29 40	20	20	06	25 05	12	29
21 33 35	21	21	08	26 02	13	♌0
21 37 29	22	23	09	26 59	14	01
21 41 23	23	24	11	27 54	15	02
21 45 16	24	25	12	28 49	16	03
21 49 09	25	26	13	29 42	16	04
21 53 01	26	28	15	♋0 36	17	04
21 56 52	27	29	16	01 28	18	05
22 00 43	28	♈0	17	02 20	19	06
22 04 33	29	01	19	03 11	19	07
22 08 23	♓0	03	20	04 01	20	08
22 12 12	01	04	21	04 51	21	09
22 16 00	02	05	23	05 40	22	09
22 19 48	03	06	24	06 29	23	10
22 23 35	04	08	25	07 18	23	11
22 27 22	05	09	26	08 05	24	12
22 31 08	06	10	27	08 53	25	13
22 34 54	07	12	29	09 40	26	14
22 38 40	08	13	♊0	10 26	26	14
22 42 25	09	14	01	11 12	27	15
22 46 09	10	15	02	11 58	28	16
22 49 53	11	16	03	12 43	29	17
22 53 37	12	18	04	13 28	29	18
22 57 20	13	19	05	14 12	♌0	18
23 01 03	14	20	06	14 57	01	19
23 04 46	15	21	07	15 41	01	20
23 08 28	16	22	08	16 24	02	21
23 12 10	17	24	09	17 08	03	22
23 15 52	18	25	10	17 51	04	23
23 19 34	19	26	11	18 33	04	23
23 23 15	20	27	12	19 16	05	24
23 26 56	21	28	13	19 58	06	25
23 30 37	22	29	14	20 40	07	26
23 34 18	23	♉1	15	21 22	07	27
23 37 58	24	02	16	22 04	08	28
23 41 39	25	03	17	22 45	09	28
23 45 19	26	04	18	23 27	09	29
23 49 00	27	05	19	24 08	10	♍0
23 52 40	28	06	20	24 49	11	01
23 56 20	29	07	21	25 30	12	02

Sonnenstandstabelle (1915, 12 h Wezt) Berechnungskarte ⑮

	Jan.	Feb.	März	April	Mai	Juni	Juli	Aug.	Sept.	Okt.	Nov.	Dez.
1	10°00' ♑	11°33' ♒	09°49' ♓	10°41' ♈	10°01' ♉	09°54' ♊	08°33' ♋	08°08' ♌	07°57' ♍	07°13' ♎	07°58' ♏	08°12' ♐
2	11°01'	12°34'	10°50'	11°40'	11°00'	10°51'	09°30'	09°06'	08°55'	08°12'	08°58'	09°13'
3	12°02'	13°35'	11°50'	12°39'	11°58'	11°49'	10°27'	10°03'	09°53'	09°11'	09°59'	10°14
4	13°03'	14°36'	12°50'	13°38'	12°56'	12°46'	11°25'	11°00'	10°51	10°10'	10°59'	11°15'
5	14°04'	15°36'	13°50'	14°37'	13°54'	13°44'	12°22'	11°58'	11°49'	11°09'	11°59'	12°16'
6	15°05'	16°37'	14°50'	15°36'	14°52'	14°41'	13°19'	12°55'	12°48'	12°08'	12°59'	13°17'
7	16°07'	17°38'	15°50'	16°35'	15°50'	15°39'	14°16'	13°53'	13°46'	13°08'	13°59'	14°18'
8	17°08'	18°39'	16°50'	17°34'	16°48'	16°36'	15°13'	14°50'	14°44'	14°07'	15°00'	15°19'
9	18°09'	19°40'	17°50'	18°33'	17 46'	17°33'	16°11'	15°48'	15°43'	15°06'	16°00'	16°20'
10	19°10'	20°40'	18°50'	19°32'	18°44'	18°31'	17°08'	16°46'	16°41'	16°05'	17°00'	17°21'
11	20°11'	21°41'	19°50'	20°31'	19°42'	19°28'	18°05'	17°43'	17°39'	17°05'	18°01'	18°22'
12	21°12'	22°42'	20°50'	21°30'	20°40'	20°25'	19°02'	18°41'	18°38'	18°04'	19°01'	19°23'
13	22°13'	23°42'	21°50'	22°28'	21°38'	21°23'	20°00'	19°38'	19°36'	19°04°	20°01'	20°24'
14	23°15'	24°43'	22°50'	23°27'	22°36'	22°30'	20°57'	20°36'	20°35,	20°03'	21°02'	21°25'
15	24°16'	25°44'	23°49'	24°26'	23°34'	23°17'	21°54'	21°34'	21°33'	21°02'	22°02'	22°26'

298

	Jan.	Feb.	März	April	Mai	Juni	Juli	Aug.	Sept.	Okt.	Nov.	Dez.
16	25°17' ♑	26°44' ♒	24°49' ♓	25°25' ♈	24°32' ♉	24°15' ♊	22°51' ♋	22°31' ♌	22°32' ♍	22°02' ♎	23°03' ♏	23°27' ♐
17	26°18'	27°45'	25°49'	26°23'	25°30'	25°12'	23°49'	23°29'	23°30'	23°02'	24°03'	24°28'
18	27°19'	28°45'	26°49'	27°22'	26°27'	26°09'	24°46°	24°27'	24°29'	24°01'	25°04'	25°29'
19	28°20'	29°46'	27°48'	28°21'	27°25'	27°07'	25°43'	25°24'	25°27'	25°01'	26°04'	26°30'
20	29°21'	00°46' ♓	28°48'	29°19'	28°23'	28°04'	26°40'	26°22'	26°26'	26°00'	27°05'	27°31'
21	00°22' ♒	01°47'	29°47'	00°18' ♉	29°21'	29°01'	27°38'	27°20'	27°24'	27°00'	28°05'	28°32'
22	01°23'	02°47'	00°47' ♈	01°16'	00°18' ♊	29°58'	28°35'	28°18'	28°23'	28°00'	29°06'	29°33'
23	02°25'	03°48'	01°47'	02°15'	01°16'	00°56' ♋	29°32'	29°16'	29°22'	28°59'	00°07' ♐	00°34' ♑
24	03°26'	04°48'	02°46'	03°13'	02°14'	01°53'	00°29' ♌	00°13' ♍	00°21' ♎	29°59'	01°07'	01°36'
25	04°27'	05°48'	03°45'	04°12'	03°11'	02°50'	01°27'	01°11'	01°19'	00°59' ♏	02°08'	02°37'
26	05°28'	06°49'	04°45'	05°10'	04°09'	03°47'	02°24'	02°09'	02°18'	01°59'	03°09'	03°38'
27	06°28'	07°49'	05°44'	06°08'	05°06'	04°44'	03°21'	03°07'	03°17'	02°59'	04°09'	04°39'
28	07°29'	08°49'	06°44'	07°07'	06°04'	05°42,	04°19'	04°05'	04°16'	03°58'	05°10'	05°40'
29	08°30'	-	07°43'	08°05'	07°01'	06°39'	05°16'	05°03'	05°15'	04°58'	06°11'	06°41'
30	09°31'	-	08°42'	09°03'	07°59'	07°36'	06°13'	06°01'	06°14'	05°58'	07°12'	07°42'
31	10°32'	-	09°41'	-	08°56'	-	07°11'	06°59'	-	06°58'	-	08°44'

Diurnal- und Proportional-Logarithmen

Minuten	Grade oder Stunden											
	0	1	2	3	4	5	6	7	8	9	10	11
0	3.1584	1.3802	1.0792	9031	7781	6812	6021	5351	4771	4260	3802	3388
1	3.1584	3730	0756	07	63	6798	09	41	62	52	3795	82
2	2.8573	3660	0720	8983	45	84	5997	30	53	44	88	75
3	6812	3590	0685	59	28	69	85	20	44	36	80	69
4	5563	3522	0649	35	10	55	73	10	35	28	73	62
5	2.4594	1.3454	1.0614	12	7692	41	61	00	26	20	66	55
6	3802	3388	0580	8888	74	26	49	5289	17	12	59	49
7	3133	3323	0546	65	57	12	37	79	08	04	52	42
8	2553	3258	0511	42	39	6698	25	69	4699	4196	45	36
9	2041	3195	0478	19	22	84	13	59	90	88	38	29
10	2.1584	1.3133	1.0444	8796	04	70	02	49	82	80	30	23
11	1170	3071	0411	73	7537	56	5890	39	73	72	23	16
12	0792	3010	0378	51	70	42	78	29	64	64	16	10
13	0444	2950	0345	28	52	28	66	19	55	56	09	03
14	0122	2891	0313	06	35	14	55	09	46	49	02	3297
15	1.9823	1.2833	1.0280	8683	18	00	43	5199	38	41	3695	91
16	9542	2775	0248	61	01	6587	32	89	29	33	88	84
17	9279	2719	0216	39	7484	73	20	79	20	25	81	78
18	9031	2663	0185	17	67	59	09	69	11	17	74	71
19	8796	2607	0154	8595	51	46	5797	59	03	09	67	65
20	1.8573	1.2553	1.0122	73	34	32	86	49	4594	02	60	58
21	8361	2499	0091	52	17	19	74	39	85	4094	53	52
22	8159	2445	0061	30	05	05	63	29	77	86	46	46
23	7966	2393	0030	09	7384	6492	52	20	68	79	39	39
24	7782	2341	1.0000	8487	68	78	40	10	59	71	32	33
25	1.7604	1.2289	0.9970	66	51	65	29	00	51	63	25	27
26	7434	2239	9940	45	35	51	18	5090	42	55	18	20
27	7270	2188	9910	24	18	38	06	81	34	48	11	14
28	7112	2139	9881	03	02	25	5695	71	25	40	04	08
29	6960	2090	9852	8382	7286	12	84	61	16	32	3597	01
30	1.6812	1.2041	0.9823	61	70	6398	73	51	08	25	90	3195
31	6670	1993	9794	41	54	85	62	42	4499	17	83	89
32	6532	1946	9765	20	38	72	51	32	91	10	77	83
33	6398	1899	9737	00	22	59	40	23	82	02	70	76
34	6269	1852	9708	8279	06	46	29	13	74	3995	63	70
35	1.6143	1.1806	0.9680	59	7190	33	18	03	66	87	56	64
36	6021	1761	9652	39	74	20	07	4994	57	79	49	57
37	5902	1716	9625	19	59	07	5596	84	49	72	42	51
38	5786	1671	9597	8199	43	6294	85	75	40	64	35	45
39	5673	1627	9570	79	28	82	74	65	32	57	29	39
40	1.5563	1.1584	0.9542	59	12	69	63	56	24	49	22	33
41	5456	1540	9515	40	7097	56	52	47	15	42	15	26
42	5351	1498	9488	20	81	43	41	37	07	34	08	20
43	5249	1455	9462	01	66	31	31	28	4399	27	01	14
44	5149	1413	9435	8081	50	18	20	18	90	19	3495	08
45	1.5051	1.1372	0.9409	62	35	05	09	09	82	12	88	02
46	4956	1331	9383	43	20	6193	5498	00	74	05	81	3096
47	4863	1290	9356	23	05	80	88	4890	65	3897	75	89
48	4771	1249	9330	04	6990	68	77	81	57	90	68	83
49	4682	1209	9305	7985	75	55	66	72	49	82	61	77
50	1.4594	1.1170	0.9279	66	60	43	56	63	41	75	55	71
51	4508	1130	9254	47	45	31	45	53	33	68	48	65
52	4424	1091	9228	29	30	18	35	44	24	60	41	59
53	4341	1053	9203	10	15	06	24	35	16	53	35	53
54	4260	1015 ·	9178	7891	00	6094	14	26	08	46	28	47
55	1.4180	1.0977	0.9153	73	6885	81	03	17	00	38	21	41
56	4102	0939	9128	54	71	69	5393	08	4292	31	15	35
57	4025	0902	9104	36	56	57	82	4799	84	24	08	28
58	3949	0865	9079	18	41	45	72	89	76	17	01	22
59	3875	0828	9055	00	27	33	61	80	68	09	3395	16

Diurnal- und Proportional-Logarithmen

Minuten	Grade oder Stunden											
	12	13	14	15	16	17	18	19	20	21	22	23
0	3010	2663	2341	2041	1761	1498	1249	1015	0792	0580	0378	0185
1	04	57	36	36	56	93	45	11	88	77	75	82
2	2998	52	30	32	52	89	41	07	85	73	71	79
3	92	46	25	27	47	85	37	03	81	70	68	75
4	86	41	20	22	43	81	34	0999	77	66	64	72
5	2980	2635	2315	2017	1738	1476	1229	96	0774	0563	0361	0169
6	74	29	10	12	34	72	25	92	70	59	58	66
7	68	24	05	08	29	68	21	88	66	56	55	63
8	62	18	00	03	25	64	17	84	63	52	52	60
9	56	13	2295	1998	20	60	13	80	59	49	48	57
10	2950	07	89	93	1716	1455	1209	0977	0756	0546	0345	0153
11	45	02	84	88	11	51	05	73	52	42	42	50
12	38	2596	79	84	07	47	01	69	49	39	39	47
13	33	91	74	79	02	43	1197	65	45	35	35	44
14	27	85	69	74	1698	38	93	62	42	32	32	41
15	2921	2580	2264	1969	94	1434	89	0958	0738	0529	0329	0138
16	15	75	59	65	89	30	85	54	34	25	26	35
17	09	69	54	60	85	26	82	50	31	22	22	32
18	03	64	49	55	80	22	78	47	27	18	19	29
19	2897	58	44	50	76	17	74	43	24	15	16	25
20	91	2553	2239	1946	1671	1413	1170	0939	0720	0511	0313	0122
21	85	47	34	41	67	09	66	35	17	08	09	19
22	80	42	29	36	63	05	62	32	13	05	06	16
23	74	36	23	32	58	01	58	28	09	01	03	13
24	68	31	18	27	54	1397	54	24	06	0498	00	10
25	2862	2526	2213	1922	1649	93	1150	0920	02	95	0296	0107
26	56	20	08	17	45	88	46	17	0699	91	93	04
27	50	15	03	13	40	84	42	13	95	83	90	01
28	45	09	2198	08	36	80	38	09	92	85	87	0098
29	39	04	93	03	32	76	34	05	88	81	83	94
30	2833	2499	88	1899	1627	1372	1130	02	0685	0478	0280	0091
31	27	93	83	94	23	68	26	0898	81	74	77	88
32	21	88	78	90	19	63	23	94	78	71	74	85
33	16	83	73	85	14	59	19	91	74	68	71	82
34	10	77	68	80	10	55	15	87	70	64	67	79
35	04	2472	2164	1875	05	1351	1111	0883	0667	0461	0264	0076
36	2798	67	59	71	01	47	07	80	64	58	61	73
37	93	61	54	66	1597	43	03	76	60	54	58	70
38	87	56	49	62	92	39	1099	72	56	51	55	67
39	81	51	44	56	88	35	95	68	53	48	51	64
40	2775	2445	2139	1852	1584	1331	92	0865	0649	0444	0248	0061
41	70	40	34	48	79	27	88	61	46	41	45	58
42	64	35	29	43	75	22	84	57	42	37	42	55
43	58	30	24	38	71	18	80	54	39	34	39	52
44	53	24	19	34	66	14	76	50	35	31	35	48
45	2747	2419	2114	1829	1562	1310	1072	0846	0632	0428	0232	0045
46	41	14	09	25	58	06	68	43	29	24	29	42
47	36	09	04	20	53	02	64	39	25	21	26	39
48	30	03	2099	16	49	1298	61	35	21	18	23	36
49	24	2398	95	11	45	94	57	32	18	14	20	33
50	2719	93	90	06	1540	90	1053	0828	0614	0411	0216	0030
51	13	88	85	02	36	86	49	24	11	08	13	27
52	07	82	80	1797	32	82	45	21	08	04	10	24
53	02	77	75	93	28	78	41	17	04	01	07	21
54	2696	72	70	88	24	74	37	14	01	0398	04	18
55	91	2367	2065	1784	1519	1270	1034	0810	0597	94	01	0015
56	85	62	61	79	15	66	30	06	94	91	0197	12
57	79	56	56	74	10	61	26	03	90	88	94	09
58	74	51	51	70	06	57	22	0799	87	84	91	06
59	68	46	46	65	02	53	18	95	83	81	88	03

Der kosmische Zustand eines Planeten 1. Teil

Zeichen	Zeichenherrscher Domizil	Erhöhung	gleiches Element, verwandt		Fall	Vernichtung Exil
	+3 Punkte	+1 Punkt	+1 Punkt		−1 Punkt	−3 Punkte
♈	♂	☉	♃		♄	♀
♉	♀	☽	☿ ♄			♂
♊	☿	☊	♀ ♄ ♅			♃
♋	☽	♃	♂ ♆			♄
♌	☉		♃ ♂			♄
♍	☿		♄ ♀			♃
♎	♀	♄	♄ ♅ ☿		☉	♂
♏	♇ und ♂	♅	♃ ♆ ☽			♀
♐	♃		♂ ☉			☿
♑	♄	♂	♀ ☿		♃	☽
♒	♅ und ♄		☿ ♀			☉
♓	♆ und ♃	♀	☽ ♂			☿

Der kosmische Zustand eines Planeten 2. Teil

Positive Bewertung (+)	Punkte:	Negative Bewertung (–)
exakte Konjunktion mit Asz. exakte Konjunktion mit MC Domizil (Planet im eigenen Zeichen) Aufwertung durch Rezeption	**3**	Exil (Planet im Gegenzeichen)
Planet im 1., 10., 4. oder 7. Haus ex. Konj. (☌) oder Trigon (△) mit ☉ oder ♃ oder ♀ Trigon (△) zu Asz. oder MC	**2**	ex. Konj. (☌) oder Quadrat (□) mit ♄ oder ♂ in nicht entspannter Opposition (☍) zu ♄ oder ♂
Erhöhung oder Mitherr- schaft	**1**	Fall Rückläufigkeit

Planetenlauf 1901–1960

1901

1901	☊	♇	♆	♅	♄	♃	♂
Jan.	29♏	16♊	27♊	14♐	8♑	26♐	12♍
Feb.	28	15		16	11	3♑	10
März	26		26	17	14	8	0
April	25		27		16	12	23♌
Mai	23	16		16		13	27
Juni	21		28	15	15	12	8♍
Juli	20	17	29	14	13	8	23♍
Aug.	18	18	0♋	13	11	5	11♎
Sep.	16		1		10	3	0♏
Okt.	15			14		5	21
Nov.	13			15	11	9	13♐
Dez.	12	17		17	14	15	6♑

1904

1904	☊	♇	♆	♅	♄	♃	♂
Jan.	1♎	19♊	4♋	27♐	8♒	18♓	16♒
Feb.	0	18		28	12	24	10♓
März	28♍		3	29	15	0♈	3♈
April	27				18	8	26
Mai	25	19	4		20	15	18♉
Juni	23	20	5		21	21	10♊
Juli	22	21	6	27	20	26	1♋
Aug.	20		7	26	18	0♉	21
Sep.	18		8		16		11♌
Okt.	17				14	27♈	0♍
Nov.	15			27		23	19
Dez.	14	20		29	16	21	6♎

1902

1902	☊	♇	♆	♅	♄	♃	♂
Jan.	10♏	17♊	0♋	18♐	18♑	21♑	29♑
Feb.	8	16	29♊	20	21	29	24♒
März	7			21	24	5♒	16♓
April	5				27	11	10♈
Mai	4	17			28	15	3♉
Juni	2		0♋	20	27	17	26
Juli	0	18	1	18	26	16	17♊
Aug.	29♎	19	3	17	23	13	8♋
Sept.	27				22	9	28
Okt.	26		4	18	21	7	17♌
Nov.	24			19	22	9	5♍
Dez.	22	18	3	21	25	13	21

1905

1905	☊	♇	♆	♅	♄	♃	♂
Jan.	12♍	20♊	7♋	1♑	19♒	21♈	24♎
Feb.	10	19	6	2	22	24	9♏
März	9		5	4	25	29	20
April	8				29	5♉	25
Mai	7	20	6		1♓	12	20
Juni	6		7	3	3	20	10
Juli	4	21	8	2		26	
Aug.	2	22	9	1	1	2♊	20
Sept.	1		10	0	29♒	6	6♐
Okt.	29♌				27		25
Nov.	26			1	26	4	18♑
Dez.	24	21		3	27	0	10♒

1903

1903	☊	♇	♆	♅	♄	♃	♂
Jan.	21♏	18♊	2♋	23♐	28♑	18♒	5♎
Feb.	19	17	1	24	1♒	25	15
März	18			25	5	2♓	16
April	16	17		26	7	9	6
Mai	14	18	2	25	9	16	28♍
Juni	13		3	24		20	0♎
Juli	11	19	4	23	8	23	11
Aug.	9	20	5	22	6		27
Sept.	8		6		4	20	16♏
Okt.	6				3	16	6♐
Nov.	5			23		13	29
Dez.	3	19	5	25	5	14	22♑

1906

1906	☊	♇	♆	♅	♄	♃	♂
Jan.	23♌	21♊	9♋	5♑	29♒	27♉	4♓
Feb.	21	20	8	6	3♓		27
März	19			8	6	29	18♈
April	18				10	4♊	11♉
Mai	16	21			12	10	2♊
Juni	15		9	7	14	17	23
Juli	13	22	10	6	15	24	13♋
Aug.	11	23	11	5	14	0♋	3♌
Sep.	10		12		12	6	23
Okt.	8		13		10	10	12♍
Nov.	7				8	11	1♎
Dez.	5	22	12	7	9	9	20

Positionsangaben für den Monatsersten

1907	☊	♇	♆	♅	♄	♃	♂
Jan.	3♌	22♊	11♋	9♑	10♓	5♋	9♏
Feb.	2	21	10	10	13	2	28
März	0			12	17	1	14♐
April	29♋			13	20	3	0♑
Mai	27	22			24	7	12
Juni	25		11	12	26	13	19
Juli	24	23	12	11	27	19	15
Aug.	22	24	13	10		26	7
Sept.	20		14	9	25	3♌	11
Okt.	19		15		23	8	23
Nov.	17			10	21	12	12♒
Dez.	16		14	11		14	2♓

1910	☊	♇	♆	♅	♄	♃	♂
Jan.	5♊	25♊	18♋	21♑	17♈	13♎	18♈
Feb.	4		17	22	18	14	5♉
März	2	24		24	21	13	22
April	0			25	24	9	11♊
Mai	29♉	25			28	6	0♋
Juni	27		18		2♉	5	19
Juli	26	26	19	24	5	6	8♌
Aug.	24	27	20	23	6	10	27
Sep.	22		21	22		15	17♍
Okt.	21			21	5	21	6♎
Nov.	19		22	22	3	28	27
Dez.	18		21	23	1	4♏	17♏

1908	☊	♇	♆	♅	♄	♃	♂
Jan.	14♋	23♊	14♋	13♑	22♓	12♌	23♓
Feb.	12	22	13	14	24	8	15♈
März	11		12	16	28	5	5♉
April	9			17	1♈	4	26
Mai	8	23			5	5	16♊
Juni	6		13	16	8	9	6♋
Juli	4	24	14	15	10	14	26
Aug.	3	25	16	14		21	16♌
Sep.	1			13	9	28	5♍
Okt.	29♊		17		7	4♍	24
Nov.	28			14	4	9	14♎
Dez.	26			15	3	13	4♏

1911	☊	♇	♆	♅	♄	♃	♂
Jan.	16♉	26♊	20♋	24♑	0♉	10♍	8♐
Feb.	14			26	1	13	0♑
März	13	25	19	28	3	15	21
April	11			29	6	13	14♒
Mai	10	26			10	10	6♓
Juni	8		20		14	6	29
Juli	6	27	21	28	17	5	20♈
Aug.	5	28	22	27	19	6	11♉
Sep.	3		23	26	20	10	28
Okt.	1		24	25	19	15	9♊
Nov.	0			26	17	21	21
Dez.	28♈		23	27	15	28	29♉

1909	☊	♇	♆	♅	♄	♃	♂
Jan.	25♊	24♊	16♋	17♑	4♈	14♍	24♏
Feb.	23	23	15	18	6	13	15♐
März	21		14	20	9	9	4♑
April	20			21	13	6	24
Mai	18	24	15		16	4	14♒
Juni	17				20	6	4♓
Juli	15	25	17	19	22	10	21
Aug.	13	26	18	18	23	15	4♈
Sep.	12		19	17		21	6
Okt.	10			21		28	29♓
Nov.	8			18	18	4♎	26
Dez.	7			19	17	10	4♈

1912	☊	♇	♆	♅	♄	♃	♂
Jan.	27♈	27♊	23♋	28♑	13♉	5♐	24♉
Feb.	25			22	0♒	14	1♊
März	23	26	21	2	15	14	12
April	22			3	18	14	28
Mai	20	27			22	14	14♋
Juni	19	28	22		26	10	2♌
Juli	17		23	2	29	7	20
Aug.	15	29	24	1	2♊	6	10♍
Sep.	14		25	0	4	7	29
Okt.	12	0♋	26	29♑		11	19♎
Nov.	10	29		0♒	2	16	10♏
Dez.	9			1	0	23	1♐

Planetenlauf 1901–1960

1913	☊	♇	♆	♅	♄	♃	♂
Jan.	8 ♈	29 ♊	25 ♋	2 ♒	28 ♉	0 ♑	23 ♐
Feb.	6	28	24	4	27	6	16 ♑
März	5			5	28	12	8 ♒
April	3		23	7	0 ♊	16	2 ♓
Mai	1				4	18	25
Juni	29 ♓	29	24		8	17	18 ♈
Juli	28	0 ♋	25		12	13	10 ♉
Aug.	26		26	5	15	10	2 ♊
Sep.	25	1	27	4	17	8	22 ♊
Okt.	23		28		18	9	8 ♋
Nov.	22				17	13	21
Dez.	20	0		5	15	18	24

1914	☊	♇	♆	♅	♄	♃	♂
Jan.	18 ♓	0 ♋	27 ♋	6 ♒	13 ♊	25 ♑	16 ♋
Feb.	17	29 ♊		8	11	3 ♒	7
März	15		26	9	11	9	
April	14		25	11	13	15	16
Mai	12		26		16	20	0 ♌
Juni	10	0 ♋			20	22	16
Juli	9	1	27		24		3 ♍
Aug.	7	2	28	10	28	19	22
Sep.	6		29	9	1 ♋	15	11 ♎
Okt.	4		0 ♌	8	2	13	1 ♏
Nov.	2		0	8			23
Dez.	1		0	8	0	17	15 ♐

1915	☊	♇	♆	♅	♄	♃	♂
Jan.	29 ♒	1 ♋	30 ♋	10 ♒	28 ♊	22	8 ♑
Feb.	27	0	29	12	26	0 ♓	2 ♒
März	26		28	13	25	6	24
April	24			15	26	13	18 ♓
Mai	23	0			29	20	11 ♈
Juni	21	1		16	2 ♋	25	5 ♉
Juli	19	2	29 ♌	15	6	28	27
Aug.	18	3	0	14	10		18 ♊
Sep.	16		1	13	13	26	8 ♋
Okt.	15		2	12	15	22	26
Nov.	13		3		16	19	13 ♌
Dez.	11		2				25

1916	☊	♇	♆	♅	♄	♃	♂
Jan.	10 ♒	2 ♋	2 ♌	14 ♒	13 ♋	22 ♓	0 ♍
Feb.	8		1	15	11	28	23 ♌
März	7	1	0	17	10	4 ♈	13
April	5	2		19		11	11
Mai	3		0		12	19	19
Juni	2	3	1	20	15	25	2 ♍
Juli	0	4	2	19	19	1 ♉	17
Aug.	28 ♑	4	3	18	23	5	6 ♎
Sep.	27		4	17	26		25
Okt.	25			16	29	3	15 ♏
Nov.	24		5		0 ♌	29 ♈	8 ♐
Dez.	22				0	26	0 ♑

1917	☊	♇	♆	♅	♄	♃	♂
Jan.	20 ♑	3 ♋	4 ♌	18 ♒	28 ♋	26 ♈	24 ♑
Feb.	19		3	19	26	28	18 ♒
März	17	2		21	24	3 ♉	10 ♓
April	16		2	22		9	4 ♈
Mai	14	3		23	25	16	27
Juni	12		3	24	28	24	20 ♉
Juli	11	4	4	23	1 ♌	0 ♊	12 ♊
Aug.	9	5	5	22	5	6	3 ♋
Sep.	7		6	21	9	10	23
Okt.	6		7	20	12	12	12 ♌
Nov.	4				14	10	29
Dez.	3					6	15 ♍

1918	☊	♇	♆	♅	♄	♃	♂
Jan.	1 ♑	4 ♋	6 ♌	21 ♒	13 ♌	3 ♊	27 ♍
Feb.	29 ♐			23	11	2	3 ♎
März	28	3	5	25	9	3	29 ♍
April	26		4	26	8	8	18
Mai	25	4		27		14	14
Juni	23		5	28	10	20	21
Juli	21	5	6	27	13	27	4 ♎
Aug.	20	6	7	26	17	4 ♋	20
Sep.	18		8	25	21	10	10 ♏
Okt.	17	7	9	24	24	14	0 ♐
Nov.	15	6			27	16	23
Dez.	13				28	15	15 ♑

Positionsangaben für den Monatsersten

1919	☊	♇	♆	♅	♄	♃	♂
Jan.	12 ♐	5 ♋	9 ♌	25 ♒	28 ♌	11 ♋	10 ♒
Feb.	10		8	27	26	7	4 ♓
März	9		7	28	24	6	26
April	7			0 ♓	22	7	20 ♈
Mai	5			1	21	11	12 ♉
Juni	4			2	23	17	4 ♊
Juli	2	6	8	1	25	23	25
Aug.	0	7	9	0	29	0 ♌	16 ♋
Sep.	29 ♏		10	29 ♒	2 ♍	6	6 ♌
Okt.	27	8	11	28	6	12	25
Nov.	26				9	16	13 ♍
Dez.	24	7			11	18	1 ♎

1922	☊	♇	♆	♅	♄	♃	♂
Jan.	14 ♎	9 ♋	15 ♌	7 ♓	7 ♎	17 ♎	4 ♏
Feb.	12	8		8		19	21
März	11		14	10	6	18	5 ♐
April	9		13	11	4	14	18
Mai	7			13	2	11	25
Juni	6	9	14		1	9	22
Juli	4	10				10	13
Aug.	2		15		4	13	
Sep.	1	11	16	12	7	18	24
Okt.	29 ♍		17	11	10	24	11 ♑
Nov.	28		18	10	14	1 ♏	1 ♒
Dez.	26				17	8	23

1920	☊	♇	♆	♅	♄	♃	♂
Jan.	22 ♏	7 ♋	11 ♌	29 ♒	12 ♍	17 ♌	17 ♎
Feb.	21	6	10	1 ♓	10	13	0 ♏
März	19		9	2	8	10	8
April	18			4	6	8	7
Mai	16			5	5	9	27 ♎
Juni	14	7		6		13	21
Juli	13		10	5	7	18	27
Aug.	11	8	11		10	24	10 ♏
Sep.	9	9	12	3	14	1 ♍	28
Okt.	8		13	2	18	7	18 ♐
Nov.	6		14		21	13	10 ♑
Dez.	5	8			24	17	3 ♒

1923	☊	♇	♆	♅	♄	♃	♂
Jan.	24 ♍	10 ♋	18 ♌	10 ♓	19 ♎	13 ♏	15 ♓
Feb.	23		17	12	20	17	8 ♈
März	21	9	16	13	19	19	28
April	20		15	15	17	18	20 ♉
Mai	18			16	15	14	10 ♊
Juni	16	10	16	17	14	11	1 ♋
Juli	15	11		18	13	9	21
Aug.	13		17	17	15	10	11 ♌
Sep.	11	12	19	16	18	13	0 ♍
Okt.	10		20	15	21	18	19
Nov.	8			14	25	25	9 ♎
Dez.	7				28	1 ♐	28

1921	☊	♇	♆	♅	♄	♃	♂
Jan.	3 ♏	8 ♋	13 ♌	3 ♓	25 ♍	19 ♍	27 ♒
Feb.	1	7	12	4	24	18	21 ♓
März	0		11	6	22	14	12 ♈
April	28 ♎			8	20	11	5 ♉
Mai	27			9	18	9	27 ♑
Juni	25	8		10		10	18 ♊
Juli	23		12	9	19	13	8 ♋
Aug.	22	9	13		22	18	29
Sep.	20	10	14	8	25	25	19 ♌
Okt.	19		15	7	29	1 ♎	8 ♍
Nov.	17		16	6	3 ♎	8	27
Dez.	15				6	13	15 ♎

1924	☊	♇	♆	♅	♄	♃	♂
Jan.	5 ♍	11 ♋	20 ♌	14 ♓	1 ♏	8 ♐	18 ♏
Feb.	3		19	15	2	14	8 ♐
März	2	10	18	17		18	27
April	0			19	0	20	16 ♑
Mai	29 ♌	11		20	28 ♎	19	4 ♒
Juni	27			21	26	16	20
Juli	25	12	19			12	2 ♓
Aug.	24		20		27	10	5
Sep.	22	13	21	20	29	11	28 ♒
Okt.	20		22	19	2 ♏	14	26
Nov.	19			18	6	20	5 ♓
Dez.	17		23		9	26	20

Planetenlauf 1901–1960

1925	☊	♇	♆	♅	♄	♃	♂
Jan.	16♌	13♋	22♌	18♓	12♏	3♑	8♈
Feb.	14	12	21	19	14	10	27
März	12			21		16	15♉
April	11	11	20	23	13	20	5♊
Mai	9	12		24	11	22	25
Juni	8			25	9		14♋
Juli	6	13	21		8	19	3♌
Aug.	4	14	22			15	23
Sep.	3		23	24	10	13	12♍
Okt.	1	15	24	23	12		2♎
Nov.	0		25	22	16	17	22
Dez.	28♋	14			20	22	12♏

1928	☊	♇	♆	♅	♄	♃	♂
Jan.	18♊	16♋	29♌	30♓	14♐	27	17♐
Feb.	16		28	1♈	16	2♈	10♑
März	14	15	27	2	18	8	2♒
April	13			4	19	15	25
Mai	11		26	5	18	22	18♓
Juni	10	16	27	7	16	29	12♈
Juli	8	17			14	5♉	4♉
Aug.	6		28		13	9	25
Sep.	5	18	29	6		10	14♊
Okt.	3		0♍	5	14	9	29
Nov.	1		1	4	17	5	9♋
Dez.	0			4	20	1	7

1926	☊	♇	♆	♅	♄	♃	♂
Jan.	26♋	14♋	24♌	22♓	23	29♑	3♐
Feb.	25	13		23	25	6♒	25
März	23		23	24	26	13	14♑
April	22		22	26	25	19	7♒
Mai	20			28	24	24	28♒
Juni	18			29	21	27	21♓
Juli	17	14	23		20		11♈
Aug.	15	15	24		19	24	0♉
Sep.	13	16	25	28	21	20	14
Okt.	12		26	27	23	18	19
Nov.	10		27	26	26		12
Dez.	9			0♐	21		5

1929	☊	♇	♆	♅	♄	♃	♂
Jan.	28♉	17♋	0♍	4♈	24♐	0♉	25♊
Feb.	27			5	27	3	21
März	25	16	29♌	6	29	7	27
April	23			8	0♑	13	9♋
Mai	22			9		20	24
Juni	20	17		11	28♐	27	11♌
Juli	19	18			26	4♊	28
Aug.	17		0♍		24	10	17♍
Sep.	15	19	1			15	7♎
Okt.	14	20	2	9	25	16	27
Nov.	12		3	8	27	15	18♏
Dez.	11	19	4		0♑	12	9♐

1927	☊	♇	♆	♅	♄	♃	♂
Jan.	7♋	15♋	27♌	26♓	3♐	26♒	8♉
Feb.	5	14	26	27	6	3♓	20
März	4		25	28	7	10	4♊
April	2		24	0♈		17	21
Mai	1			2	6	24	8♋
Juni	29♊	15		3	4	29	27
Juli	27		25		2	3♈	15♌
Aug.	26	16	26		1	3	4♍
Sep.	24	17	27	2	2	1	24♍
Okt.	23		28	1	3	27♓	14♎
Nov.	21		29	0	6	24	4♏
Dez.	19			30♓	10		25

1930	☊	♇	♆	♅	♄	♃	♂
Jan.	9♉	19♋	3♍	8♈	4♑	8♊	2♑
Feb.	7	18			7	6	26
März	6		2	10	10	8	18♒
April	4	17	1	11	11	12	12♓
Mai	3	18		13	12	17	5♈
Juni	1			14	11	24	29
Juli	29♈	19		15	9	1♋	21♉
Aug.	28	20	2	15	6	8	12♊
Sep.	26		4		5	14	3♋
Okt.	24	21	5	14	6	18	20♌
Nov.	23			12	7	20	5
Dez.	21		6		10		15

Positionsangaben für den Monatsersten

1931	☊	♇	♆	♅	♄	♃	♂
Jan.	20 ♈	20 ♋	6 ♍	12 ♈	14 ♑	16 ♋	16 ♌
Feb.	18	19	5	12	17	12	5
März	16		4	13	20	10	28
April	15		3	15	22	11	1
Mai	13			17	23	15	11
Juni	12			18		20	25
Juli	10	20	4	19	21	27	12 ♍
Aug.	8	21	5	19	19	3 ♌	0 ♎
Sep.	7	22	6		17	10	20
Okt.	5		7	18		16	10 ♏
Nov.	3		8	17	18	20	1 ♐
Dez.	2			16	20	23	24

1932	☊	♇	♆	♅	♄	♃	♂
Jan.	0 ♈	21 ♋	8 ♍	15 ♈	24 ♑	22 ♌	17 ♑
Feb.	29 ♓		7	16	27	18	11 ♒
März	27	20		17	1 ♒	15	4 ♓
April	25		6	19	3	13	29
Mai	24		5	21	5		22 ♈
Juni	22	21		22		17	15 ♉
Juli	21		6	23	3	22	6 ♊
Aug.	19	22			1	28	28
Sep.	17	23	8		29 ♑	5 ♍	18 ♋
Okt.	16		9	22	28	11	6 ♌
Nov.	14	24	10	21	29	17	24
Dez.	13	23		20	1 ♒	21	8 ♍

1933	☊	♇	♆	♅	♄	♃	♂
Jan.	11 ♓	23 ♋	10 ♍	19 ♈	4 ♒	23 ♍	18 ♍
Feb.	9	22	10	20	8	22	19
März	8	21	9	21	11	19	11
April	6		8	23	14	16	2
Mai	5		7	24	16	13	3
Juni	3	22		26		14	13
Juli	1	23	8	27	15	17	27
Aug.	0		9		13	22	15 ♎
Sep.	28 ♒	24	10		11	28	4 ♏
Okt.	26	25	11	26	10	5 ♎	24 ♏
Nov.	25		12	25		11	17 ♐
Dez.	23	24		24	12	17	9 ♑

1934	☊	♇	♆	♅	♄	♃	♂
Jan.	22 ♒	24 ♋	12 ♍	23 ♈	14 ♒	21 ♎	3 ♒
Feb.	20	23	12	24	18	23	28
März	18		11	25	21	22	20 ♓
April	17		10	26	25	19	14 ♈
Mai	15			28	27	16	7 ♉
Juni	14			0 ♉	28	13	29
Juli	12	24		1		14	20 ♊
Aug.	10	25	11		26	17	11 ♋
Sep.	9		12		24	22	1 ♌
Okt.	7	26	13	0	22	28	20
Nov.	5		14	29 ♈		5 ♏	8 ♍
Dez.	4		15	28	23	11	25

1935	☊	♇	♆	♅	♄	♃	♂
Jan.	2 ♒	25 ♋	15 ♍	28 ♈	25 ♒	17 ♏	10 ♎
Feb.	1		14		28	21	21
März	29 ♑	24	13	29	2 ♓	23	25
April	27		12	0 ♉	5		18
Mai	26		12	2	8	20	8
Juni	24		12	4	10	16	7
Juli	23	25		5		14	16
Aug.	21	26	13	5	9		2 ♏
Sep.	19	27	14		7	17	20
Okt.	18		15		5	22	10 ♐
Nov.	16		16	3	4	28	3 ♑
Dez.	15		17	2		5 ♐	26

1936	☊	♇	♆	♅	♄	♃	♂
Jan.	13 ♑	27 ♋	17 ♍	2 ♉	6 ♓	12 ♐	20 ♒
Feb.	11	26	16		9	18	14 ♓
März	10	25		3	13	22	6 ♈
April	8		15	4	16	24	0 ♉
Mai	6		14	6	19		22
Juni	5	26		8	22	21	13 ♊
Juli	3			9	23	17	4 ♋
Aug.	2	27	15	9	22	15	24
Sep.	0	28	16		20		14 ♌
Okt.	28 ♐	29	17		18	18	3 ♍
Nov.	27		18	8	16	24	22
Dez.	25	28	19	6		0 ♑	10 ♎

Planetenlauf 1901–1960

1937	☊	♇	♆	⛢	♄	♃	♂
Jan.	24♐	28♋	19♍	6♉	17♓	7♑	28♎
Feb.	22	27	18		20	14	14♏
März	20			7	23	20	26
April	19		17	8	27	25	5♐
Mai	17		16	10	1♈	27	4
Juni	16			11	3		24♏
Juli	14	28	17	13	5	24	20
Aug.	12	29		14		20	27
Sep.	11		18		3	18	12♐
Okt.	9	0♌	19	13	1		1♑
Nov.	7		20	12	29♓	21	22
Dez.	6		21	11	28	26	15♒

1940	☊	♇	♆	⛢	♄	♃	♂
Jan.	26♎	2♌	25♍	18♉	24♈	1♈	28♓
Feb.	24	1			26	6	19♈
März	22			19	28	12	9♉
April	21		24	20	1♉	19	0♊
Mai	19		23	21	5	27	20
Juni	17			23	9	4♉	10♋
Juli	16	2		25	12	9	29
Aug.	14	3	24	26	14	14	19♌
Sep.	13		25		15	16	8♍
Okt.	11	4	26		14	14	28
Nov.	9		27	25	11	11	17♎
Dez.	8			24	9	7	7♏

1938	☊	♇	♆	⛢	♄	♃	♂
Jan.	4♐	29♋	21♍	10♉	29♓	3♒	8♓
Feb.	3				2♈	10	2♈
März	1	28	20		5	17	22
April	29♏		19	12	8	23	14♉
Mai	28			14	12	28	5♊
Juni	26		18	15	15	2♓	26
Juli	25	29	19	17	17		16♋
Aug.	23	0♌		18	18	0	6♌
Sep.	21	1	20		17	26♒	26
Okt.	20		22	17	15	23	15♍
Nov.	18			16	13		5♎
Dez.	16		23	15	11	26	23♎

1941	☊	♇	♆	⛢	♄	♃	♂
Jan.	6♎	4♌	28♍	23♉	8♉	6♉	28♏
Feb.	5	3	27	22		7	19♐
März	3	2		23	10	11	8♑
April	1		26	24	13	17	0♒
Mai	0		25	25	17	24	20
Juni	28♍			27	21	1♊	11♓
Juli	27	3		29	24	8	0♈
Aug.	25	4	26	0♊	27	14	15
Sep.	23	5	27		28	19	24
Okt.	22		28			21	20
Nov.	20	6	29	29♉	26		12
Dez.	18			28	24	17	14

1939	☊	♇	♆	⛢	♄	♃	♂
Jan.	15♏	1♌	23♍	14♉	12♈	1♓	13♏
Feb.	13	0			13	7	2♐
März	12		22		16	14	19
April	10	29♋	21	16	20	21	6♑
Mai	9			17	23	28	21
Juni	7	0♌		19	27	4♈	2♒
Juli	5			21	0♉	8	4
Aug.	4	1			1	9	27♑
Sep.	2	2	22	22		7	24
Okt.	0	3	24	21	29♈	3	3♒
Nov.	29♎		25	20	27	0	19
Dez.	27			19	25	29♓	8♓

1942	☊	♇	♆	⛢	♄	♃	♂
Jan.	17♍	5♌	29♍	27♉	22♉	13♊	25♈
Feb.	15	4		26		11	11♉
März	14			27	23	12	27
April	12	3	28	28	26	16	15♊
Mai	10		27	29	29	21	3♋
Juni	9	4		1♊	3♊	28	22
Juli	7	5		3	7	5♋	11♌
Aug.	6	6	28	4	10	12	0♍
Sep.	4	6	29	5	12	18	20
Okt.	2	7	0♎	4	13	23	9♎
Nov.	0		1		11	25	0♏
Dez.	29♌		2	2	9		20

Positionsangaben für den Monatsersten

1943	☊	♇	♆	♅	♄	♃	♂
Jan.	27 ♌	7 ♌	2 ♎	1 ♊	7 ♊	22 ♋	12 ♐
Feb.	26	6		1	6	18	4 ♑
März	24	5	1			15	25
April	23		0	2	8	16	18 ♒
Mai	21		29 ♍	3	11	19	11 ♓
Juni	19			5	15	24	4 ♈
Juli	18	6		7	19	0 ♌	26
Aug.	16	7	0 ♎	8	23	7	16 ♉
Sep.	15	8	1	9	25	14	5 ♊
Okt.	13		2		27	20	18
Nov.	12	9	3	8	26	24	22
Dez.	10		4	7	24	27	14

1944	☊	♇	♆	♅	♄	♃	♂
Jan.	8 ♌	8 ♌	4 ♎	6 ♊	22 ♊	27 ♌	5 ♊
Feb.	7	7		5	20	24	8
März	5		3			20	18
April	3	6		6	21	17	2 ♋
Mai	2		2	7	24	18	18
Juni	0	7		9	28	21	6 ♌
Juli	29 ♋			11	1 ♋	25	24
Aug.	27	8		12	5	1 ♍	13 ♍
Sep.	25	9	3	13	8	8	2 ♎
Okt.	24	10	4		10	14	22
Nov.	22		5	12	11	20	13 ♏
Dez.	20		6	11	9	25	4 ♐

1945	☊	♇	♆	♅	♄	♃	♂
Jan.	19 ♋	10 ♌	6 ♎	10 ♊	7 ♋	27 ♍	27 ♐
Feb.	17	9		9	5		20 ♑
März	16	8			4	24	12 ♒
April	14		5	10		20	6 ♓
Mai	12		4	11	7	18	29
Juni	11			13	10		23 ♈
Juli	9	9		15	14	21	15 ♉
Aug.	8	10		16	18	26	6 ♊
Sep.	6	11	5	17	21	2 ♎	26
Okt.	4		6		24	8	13 ♋
Nov.	3	12	7	16	25	14	27
Dez.	1		8		24	20	30 ♌

1946	☊	♇	♆	♅	♄	♃	♂
Jan.	29 ♊	11 ♌	9 ♎	14 ♊	22 ♋	25 ♎	28 ♋
Feb.	28		8		20	27	17
März	26	10		13	18		14
April	25		7	14		24	22
Mai	23	9	6	15	20	20	4 ♌
Juni	21	10		17	22	18	20
Juli	20			19	26		7 ♍
Aug.	18	11		20	0 ♌	21	25
Sep.	17	12	7	22	4	25	15 ♎
Okt.	15	13	8		7	1 ♏	5 ♏
Nov.	13		9	21	9	8	26
Dez.	12		10	20		14	18 ♐

1947	☊	♇	♆	♅	♄	♃	♂
Jan.	10 ♊	13 ♌	11 ♎	19 ♊	7 ♌	20 ♏	11 ♑
Feb.	8	12		18	5	25	5 ♒
März	7		10		3	27	27
April	5	11	9		2		22 ♓
Mai	4			19	3	24	15 ♈
Juni	2		8	21	5	20	8 ♉
Juli	1	12		23	8	18	0 ♊
Aug.	29 ♉	13	9	25	12		22
Sep.	27	14		26	16	21	12 ♋
Okt.	26		10		19	26	0 ♌
Nov.	24	15	12		22	2 ♐	17
Dez.	22		12	25	23	8	0 ♍

1948	☊	♇	♆	♅	♄	♃	♂
Jan.	21 ♉	14 ♌	13 ♎	23 ♊	22 ♌	15 ♐	7 ♍
Feb.	19			22	20	21	4
März	18	13	12		18	26	23 ♌
April	16			24	16	29	18
Mai	14		11		16		24
Juni	13		10	25	18	26	6 ♍
Juli	11			27	20	22	21
Aug.	10	14	11	29	24	19	9 ♎
Sep.	8	15	12	0 ♋	28	20	29
Okt.	6	16	13	1	1 ♍	22	19 ♏
Nov.	5		14	0	4	27	11 ♐
Dez.	3		15	29 ♊	6	3 ♑	3 ♑

Planetenlauf 1901–1960

1949	☊	♇	♆	♅	♄	♃	♂
Jan.	1 ♉	16 ♌	15 ♎	28 ♊	6 ♍	10 ♑	27 ♑
Feb.	0	15		27	4	18	22 ♒
März	28 ♈			26	2	23	14 ♓
April	27	14	14	27	0	29	8 ♈
Mai	25		13	28	29 ♌	2 ♒	1 ♉
Juni	23			0 ♋	0 ♍		24
Juli	22	15	12	1	2	0	15 ♊
Aug.	20	16	13	3	6	26 ♑	6 ♋
Sep.	19	17	14	4	9	23	26
Okt.	17	18	15	5	13		15 ♌
Nov.	15		16		17	25	3 ♍
Dez.	14		17	4	19	0 ♒	19

1950	☊	♇	♆	♅	♄	♃	♂
Jan.	12 ♈	18 ♌	17 ♎	3 ♋	19 ♍	7 ♒	2 ♎
Feb.	10	17		2	18	14	10
März	9			1	17	21	9
April	7	16	16		14	28	29 ♍
Mai	6		15	2	13	3 ♓	22
Juni	4			4		6	27
Juli	3	17		5	14	7	8 ♎
Aug.	1	18		7	17	6	25
Sep.	29 ♓	19	16	9	21	2	14 ♏
Okt.	28		17		25	28 ♒	4 ♐
Nov.	26	20	18		28		26
Dez.	24		19		1 ♎	0 ♓	19 ♑

1951	☊	♇	♆	♅	♄	♃	♂
Jan.	23 ♓	20 ♌	19 ♎	7 ♋	2 ♎	5 ♓	13 ♒
Feb.	21	19		6		11	8 ♓
März	20	18			0	18	0 ♈
April	18		18		28 ♍	26	23
Mai	16	17			26	2 ♈	16 ♉
Juni	15	18	17	8	25	8	8 ♊
Juli	13			10	26	13	28
Aug.	12	19		12	29	14	19 ♋
Sep.	10	20	18	13	2 ♎	13	9 ♌
Okt.	8	21	19	14	6	9	28
Nov.	7		20		9	6	17 ♍
Dez.	5	22	21	13	12	4	4 ♎

1952	☊	♇	♆	♅	♄	♃	♂
Jan.	3 ♓	21 ♌	21 ♎	12 ♋	14 ♎	6 ♈	21 ♎
Feb.	2			11	15	11	5 ♏
März	0	20	20	10	14	16	15
April	29 ♒	19			11	23	18
Mai	27		19	11	9	1 ♉	10
Juni	25			12	8	8	2
Juli	24	20		14		14	4
Aug.	22	21	19	16	10	19	16
Sep.	20	22	20	17	13	21	3 ♐
Okt.	19	23	21	18	17	20	22
Nov.	17		22	19	20	17	15 ♑
Dez.	16		23	18	24	13	7 ♒

1953	☊	♇	♆	♅	♄	♃	♂
Jan.	14 ♒	23 ♌	24 ♎	17 ♋	26 ♎	11 ♉	1 ♓
Feb.	12	22		15	27	12	25
März	11					16	16 ♈
April	9	21	22		25	22	9 ♉
Mai	8				22	28	0 ♊
Juni	6		21	16	21	5 ♊	21
Juli	4	22		18	20	12	12 ♋
Aug.	3	23		20	22	19	2 ♌
Sep.	1	24	22	22	24	24	22
Okt.	0		23	23	27	26	11 ♍
Nov.	28 ♑	25	24		1 ♏		0 ♎
Dez.	26		25		5	23	18

1954	☊	♇	♆	♅	♄	♃	♂
Jan.	25 ♑	25 ♌	26 ♎	22 ♋	7 ♏	19 ♊	7 ♏
Feb.	23	24		20	9	17	25
März	22	23		19			11 ♐
April	20		25		8	20	25
Mai	18	22	24		5	25	6 ♑
Juni	17		23	21	3	2 ♋	8
Juli	15			22		9	1
Aug.	14	24		24		15	26 ♐
Sep.	12	25	24	26	5	22	3 ♑
Okt.	10	26	25	27	8	27	18
Nov.	9	27	26	28	12	0 ♌	7 ♒
Dez.	7		27	27	15		28

Positionsangaben für den Monatsersten

1955	☊	♇	♆	♅	♄	♃	♂
Jan.	5 ♑	27 ♌	28 ♎	26 ♋	18 ♏	27 ♋	20 ♓
Feb.	4	26		25	20	23	12 ♈
März	2	25		24	21	20	2 ♉
April	1		27		20		24
Mai	29 ♐	24	26		18	23	14 ♊
Juni	27			25	16	28	4 ♋
Juli	26	25		27	15	4 ♌	24
Aug.	24	26		29		11	14 ♌
Sep.	23	27		0 ♌	16	17	3 ♍
Okt.	21	28	27	2	19	23	22
Nov.	19		28		22	28	12 ♎
Dez.	18		29		26	1 ♍	2 ♏

1956	☊	♇	♆	♅	♄	♃	♂
Jan.	16 ♐	28 ♌	0 ♏	1 ♌	29 ♏	1 ♍	22 ♏
Feb.	14			0	2 ♐	28 ♌	12 ♐
März	13	27	29 ♎	29 ♋	3	25	1 ♑
April	11	26		28	2	22	21
Mai	10			29	1		10 ♒
Juni	8		28	0 ♌	28 ♏	24	29
Juli	6	27		1	27	29	14
Aug.	5	28		3	26	5 ♍	23 ♓
Sep.	3	29		5	27	11	21
Okt.	2		29	6	29	18	14
Nov.	0	0 ♍	0 ♏	7	2 ♐	24	16
Dez.	28 ♏		1		6	29	28

1957	☊	♇	♆	♅	♄	♃	♂
Jan.	27 ♏	0 ♍	2 ♏	6 ♌	9 ♐	1 ♎	14 ♈
Feb.	25	29 ♌		5	12		2 ♉
März	24			4	14	29 ♍	20
April	22	28		3		25	9 ♊
Mai	20		1		13	22	28
Juni	19		0	4	11		17 ♋
Juli	17	29	29 ♎	6	9	24	6 ♌
Aug.	15		0 ♏	8	8	29	26
Sep.	14	0 ♍		9		5 ♎	15 ♍
Okt.	12	1	1	11	10	11	5 ♎
Nov.	11	2	2	12	13	18	25
Dez.	9		3		16	24	15 ♍

1958	☊	♇	♆	♅	♄	♃	♂
Jan.	7 ♏	2 ♍	4 ♏	11 ♌	20 ♐	29 ♎	7 ♐
Feb.	6	1		9	23	1 ♏	28
März	4			8	25		19 ♑
April	3	0			26	29 ♎	11 ♒
Mai	1		3		25	25	3 ♓
Juni	29 ♎		2	9	23	22	26
Juli	28			10	21		17 ♈
Aug.	26	1		12	19	24	7 ♉
Sep.	24	2		14		29	23
Okt.	23	3	3	15	20	5 ♏	2 ♊
Nov.	21	4	5	16	23	11	29 ♉
Dez.	20		6		26	18	19

1959	☊	♇	♆	♅	♄	♃	♂
Jan.	18 ♎	4 ♍	6 ♏	16 ♌	29 ♐	24 ♏	18 ♉
Feb.	16	3		14	3 ♑	29	26
März	15			13	5	2 ♐	9 ♊
April	13	2		12	7		25
Mai	12		5			29 ♏	12 ♋
Juni	10			13	5	25	0 ♌
Juli	8		4	14	3	23	18
Aug.	7	3		16	1	22	7 ♍
Sep.	6	4		18	0	25	27
Okt.	4	5	5	20	1	29	17 ♎
Nov.	2	6	6	21	3	5 ♐	8 ♏
Dez.	0		8		6	12	28

1960	☊	♇	♆	♅	♄	♃	♂
Jan.	29 ♍	6 ♍	8 ♏	20 ♌	9 ♐	19 ♐	21 ♐
Feb.	27	5	9	19	13	25	14 ♑
März	26			18	16	0 ♑	6 ♒
April	24	4	8	17	18	3	29
Mai	22						23 ♓
Juni	21		7	18	17	1	16 ♈
Juli	19			19	15	27 ♐	8 ♉
Aug.	17	5	6	21	13	24	0 ♊
Sep.	16	6	7	23	12		19 ♊
Okt.	14	7	7	24		26	5 ♋
Nov.	13	8	9	25	13	1 ♑	16 ♋
Dez.	11		10	26	16	7	18 ♋

Tabelle zur Korrektur für Ortszeit (OZ)

bzw. für Stunden nach der Geburt 12 h/0 h   Berechnungskarte Nr. ⑩

OZ	Sternzeit		OZ	Sternzeit	OZ	Sternzeit
Stunden	Minuten	Sek.	Minuten	Sek.	Minuten	Sek.
1	0	10	1	0	31	5
2	0	20	2	0	32	5
3	0	30	3	0	33	6
4	0	40	4	1	34	6
5	0	50	5	1	35	6
6	1	00	6	1	36	6
7	1	09	7	1	37	6
8	1	19	8	2	38	6
9	1	29	9	2	39	7
10	1	39	10	2	40	7
11	1	49	11	2	41	7
12	1	59	12	2	42	7
13	2	08	13	2	43	7
14	2	18	14	2	44	7
15	2	28	15	3	45	8
16	2	38	16	3	46	8
17	2	48	17	3	47	8
18	2	58	18	3	48	8
19	3	07	19	3	49	8
20	3	17	20	3	50	8
21	3	27	21	4	51	9
22	3	37	22	4	52	9
23	3	47	23	4	53	9
24	3	56,5554	24	4	54	9
			25	4	55	9
			26	4	56	9
			27	5	57	10
			28	5	58	10
			29	5	59	10
			30	5	60	10

1974	☊	♇	♆	⚷	♄	♃	♂	♀	☿	☉
Jan. 10. / 20.					3-7 ♂M 7-11 ♂♇ △♆ 16-19 △ A 21-27 □ ☿	13/14 ♂☉		8-11 ✳ ♀ 17/18 □ ☉	6 ♂ ♂ 20 □ ☉ 25 ♂ ☊ 29 ♂ MC	4 ♂ ♂ 28 □ ☉
Feb. 10. / 20.				✳ ☿			3/4 ♂ ♃	3-5 ✳ ☿ 22-25 ✳ ☿	8 △ ☉ 23 △ ☉	5 ♂ ☊ 12 ♂ MC 26 △ ☉
März 10. / 20.	19 △ ♇							12/13 □ ☉ 22 ♂ ☊ 30 ♂ MC	6-14 △ ☿ 26 △ ☉	29 ♂ ☽
April 10. / 20.	4 ✳ ♆ 25			△ Asz	9-13 △ ☉ 24-29 □ ♀	12/13 ♂ Asz			16 ♂ ☽	28 ♂ ☉
Mai 10. / 20.	13 ✳ ♄ 28				12-17 ✳ ♂	3 △ ☉ 21 ♂ ☋		1 ♂ ☉ 6 ♂ ♃ 26 ♂		8 ♂ ♃

Ausschnitt aus einer Transitübersicht.
Die positiven Aspekte werden grün, die kritischen rot
unterstrichen.
Leere Transit-Formulare DIN A 4 können vom Verlag
bezogen werden.

Gerundete Positionsangaben von Venus (♀), Merkur (☿) und

1901	♀	☿	☽	1902	♀	☿	☽	1903	♀	☿	☽	1904	♀	☿	☽
Jan.	11 ♐	28 ♐	25 ♉	Jan.	24 ♒	10 ♑	8 ♎	Jan.	18 ♑	21 ♑	8 ♒	Jan.	26 ♏	29 ♑	16 ♊
	23	12 ♑	24 ♍		29	24	26 ♑		29	6 ♒	5 ♊		6 ♐	2 ♒	27 ♎
	5 ♑	29	29 ♑		3 ♓	11 ♒	12 ♊		12 ♒	18	29 ♎		18	22 ♑	0 ♓
Febr.	20	19 ♒	16 ♋	Febr.	2	0 ♓	22 ♏	Febr.	27	13	24 ♓	Febr.	3 ♑	18	9 ♌
	1 ♒	5 ♓	7 ♏		28 ♒	5	15 ♓		8 ♓	4	29 ♋		13	24	15 ♐
	14	19	20 ♓		22	27 ♒	5 ♌		21	5	14 ♐		26	6 ♒	14 ♈
März	25	21	26 ♋	März	18	20	0 ♐	März	2 ♈	13	4 ♈	März	8 ♒	21	2 ♍
	6 ♓	14	16 ♏		18	23	24 ♓		13	24	8 ♌		19	5 ♓	6 ♑
	19	8	29 ♓		21	2 ♓	15 ♌		25	8 ♓	22 ♐		1 ♓	23	6 ♉
April	3 ♈	13	13 ♍	April	28	17	13 ♑	April	10 ♉	29	24 ♉	April	16	17 ♈	25 ♎
	15	23	0 ♑		5 ♓	2 ♈	16 ♉		21	17 ♈	0 ♎		27	5 ♉	20 ♒
	27	7 ♈	22 ♉		13	20	4 ♎		3 ♊	8 ♉	6 ♒		9 ♈	20	25 ♊
Mai	11 ♉	26	16 ♎	Mai	24	13 ♉	16 ♒	Mai	16	28	2 ♋	Mai	23	26	1 ♐
	22	14 ♉	5 ♒		3 ♈	2 ♊	25 ♊		26	10 ♊	6 ♏		4 ♉	24	22 ♓
	4 ♊	6 ♊	0 ♋		14	19	7 ♏		8 ♋	16	8 ♓		16	18	4 ♌
Juni	19	29	0 ♐	Juni	27	3 ♋	5 ♈	Juni	22	13	26 ♌	Juni	0 ♊	19	18 ♑
	0 ♋	13 ♋	26 ♓		7 ♉	6	18 ♌		2 ♌	8	23 ♐		12	26	7 ♉
	12	23	19 ♌		·19	3	22 ♐		12	8	24 ♈		24	9 ♊	27 ♍
Juli	25	26	3 ♑	Juli	1 ♊	27 ♊	12 ♉	Juli	24	17	3 ♎	Juli	7 ♋	29	21 ♒
	6 ♌	22	5 ♉		12	28	23 ♍		3 ♍	0 ♋	25 ♑		18	18 ♋	12 ♊
	19	16	23 ♍		24	7 ♋	25 ♐		12	19	0 ♊		1 ♌	9 ♌	5 ♏
Aug.	3 ♍	19	22 ♒	Aug.	8 ♋	27	6 ♋	Aug.	21	14 ♌	22 ♏	Aug.	15	0 ♍	4 ♈
	14	1 ♌	28 ♊		19	16 ♌	9 ♏		27	1 ♍	10 ♓		27	13	3 ♌
	26	19	7 ♏		1 ♌	5 ♍	11 ♓		1 ♎	18	23 ♋		9 ♍	24	25 ♐
Sept.	11 ♎	13 ♍	14 ♈	Sept.	16	26	29 ♌	Sept.	1	4 ♎	7 ♑	Sept.	24	1 ♎	20 ♉
	22	29	19 ♌		27	9 ♎	23 ♐		28 ♍	13	27 ♈		5 ♎	28 ♍	26 ♍
	4 ♏	15 ♎	21 ♐		9 ♍	22	1 ♉		23	18	17 ♍		17	18	11 ♒
Okt.	17	0 ♏	23 ♉	Okt.	23	2 ♏	5 ♎	Okt.	17	11	9 ♒	Okt.	1 ♏	20	25 ♊
	27	11	24 ♍		4 ♎	4	25 ♑		16	3	3 ♊		12	2 ♎	5 ♏
	9 ♐	19	23 ♑		16	24 ♎	10 ♊		18	8	24 ♎		24	19	13 ♓
Nov.	23	15	16 ♋	Nov.	1 ♏	20	21 ♏	Nov.	25	26	23 ♓	Nov.	9 ♐	9 ♏	16 ♌
	3 ♑	5	9 ♏		13	0 ♏	10 ♓		2 ♎	10 ♏	26 ♋		20	24	25 ♐
	14	8	12 ♓		25	15	4 ♌		11	26	12 ♐		2 ♑	9 ♐	27 ♈
Dez.	26	22	22 ♌	Dez.	9 ♐	2 ♐	24 ♐	Dez.	22	14 ♐	27 ♈	Dez.	16	26	24 ♍
	5 ♒	5 ♐	11 ♐		20	16	14 ♈		1 ♏	28	5 ♍		27	8 ♑	29 ♑
	14	21	19 ♈		3 ♑	3 ♑	11 ♍		12	13 ♑	16 ♑		9 ♒	17	0 ♊

1905	♀	☿	☽	1906	♀	☿	☽	1907	♀	☿	☽	1908	♀	☿	☽
Jan.	23 ♒	8 ♑	17 ♏	Jan.	0 ♑	18 ♐	28 ♓	Jan.	2 ♐	22 ♐	29 ♋	Jan.	6 ♒	2 ♑	6 ♐
	3 ♓	1	14 ♓		11	27	17 ♋		7	5 ♑	27 ♏		18	16	18 ♈
	15	5	19 ♋		24	10 ♑	4 ♐		14	21	19 ♈		0 ♓	3 ♒	20 ♌
Febr.	28	19	8 ♑	Febr.	9 ♒	28	12 ♉	Febr.	25	11 ♒	15 ♍	Febr.	15	24	29 ♑
	8 ♈	2 ♒	27 ♈		20	13 ♒	6 ♍		4 ♑	27	20 ♑		26	8 ♓	5 ♊
	18	17	11 ♍		2 ♓	1 ♓	26 ♑		14	15 ♓	4 ♊		8 ♈	15	5 ♎
März	26	3 ♓	17 ♑	März	14	18	19 ♉	März	24	28	25 ♍	März	20	7	22 ♒
	3 ♉	20	6 ♉		25	4 ♈	14 ♍		4 ♒	1 ♈	10 ♒		0 ♉	1	26 ♊
	10	9 ♈	19 ♍		7 ♈	17	7 ♒		15	24 ♓	12 ♊		12	3	27 ♎
April	14	0 ♉	3 ♓	April	22	17	3 ♋	April	29	18	16 ♏	April	25	14	15 ♈
	14	7	21 ♊		3 ♉	10	7 ♏		10 ♓	22	22 ♓		5 ♊	26	10 ♌
	11	5	13 ♏		16	8	24 ♓		22	2 ♈	25 ♋		15	13 ♈	17 ♐
Mai	4	28 ♈	6 ♈	Mai	0 ♊	14	7 ♌	Mai	5 ♈	18	25 ♐	Mai	26	3 ♉	21 ♉
	0	28	27 ♋		10	24	16 ♐		15	3 ♉	27 ♈		4 ♋	23	12 ♍
	28 ♈	4 ♉	21 ♐		22	8 ♉	28 ♈		27	24	28 ♌		12	14 ♊	26 ♑
Juni	2 ♉	18	20 ♉	Juni	7 ♋	1 ♊	26 ♍	Juni	12 ♉	20 ♊	18 ♒	Juni	19	3 ♋	8 ♋
	7	3 ♊	18 ♍		18	21	8 ♒		23	7 ♋	13 ♊		22	13	27 ♎
	14	24	10 ♒		0 ♌	12 ♋	12 ♊		5 ♊	22	15 ♎		21	17	19 ♓
Juli	23	17 ♋	24 ♊	Juli	13	1 ♌	4 ♏	Juli	18	4 ♌	25 ♓	Juli	16	14	10 ♌
	2 ♊	5 ♌	28 ♎		24	13	13 ♓		29	7	16 ♋		11	9	2 ♐
	12	21	13 ♓		5 ♍	23	15 ♋		11 ♋	4	22 ♏		6	9	27 ♈
Aug.	25	6 ♍	13 ♌	Aug.	19	25	28 ♐	Aug.	26	27 ♋	13 ♉	Aug.	6	21	25 ♍
	4 ♋	13	21 ♐		29	20	29 ♈		7 ♌	28	0 ♍		9	7 ♌	23 ♑
	16	13	27 ♈		10 ♎	14	2 ♍		19	10 ♌	15 ♑		14	27	16 ♊
Sept.	0 ♌	4	5 ♎	Sept.	23	20	20 ♒	Sept.	4 ♍	2 ♍	27 ♊	Sept.	23	19 ♍	10 ♏
	10	1	10 ♒		3 ♏	5 ♍	13 ♊		15	20	18 ♎		1 ♌	4 ♎	17 ♓
	22	10	11 ♊		13	23	23 ♎		28	7 ♎	8 ♓		11	19	1 ♌
Okt.	5 ♍	29	14 ♏	Okt.	23	13 ♎	25 ♓	Okt.	12 ♎	25	29 ♋	Okt.	22	3 ♏	16 ♐
	16	15 ♎	14 ♓		1 ♐	28	15 ♋		23	7 ♏	25 ♏		2 ♍	11	25 ♈
	28	2 ♏	14 ♋		8	13 ♏	2 ♐		5 ♏	20	15 ♈		14	13	3 ♍
Nov.	13 ♎	21	7 ♑	Nov.	14	0 ♐	12 ♉	Nov.	20	29	13 ♍	Nov.	28	0	7 ♒
	24	4 ♐	29 ♈		14	10	0 ♍		2 ♐	26	18 ♑		8 ♎	29 ♎	15 ♊
	7	18	3 ♍		13	15	25 ♑		14	14	3 ♊		20	10 ♏	17 ♎
Dez.	21	0 ♑	12 ♒	Dez.	6	5	14 ♊	Dez.	28	18	17 ♎	Dez.	4 ♏	27	17 ♓
	2 ♐	29 ♐	1 ♊		2	29 ♏	5 ♎		9 ♑	29	27 ♒		15	11 ♐	19 ♋
	15	17	11 ♎		29 ♏	6 ♐	2 ♓		21	14 ♐	6 ♋		27	26	21 ♏

Mond (☽) für jeden 1., 10. und 20. des Monats um 12 h Weltzeit.

1909	♀	☿	☽
Jan.	12 ♐	15 ♑	9 ♉
	23	0 ♒	3 ♍
	6 ♑	16	9 ♑
Febr.	21	28	29 ♊
	2 ♒	23	17 ♎
	14	14	2 ♓
März	26	15	8 ♋
	7 ♓	22	26 ♎
	19	4 ♓	10 ♓
April	4 ♈	22	24 ♌
	15	8 ♉	12 ♐
	28	28	4 ♉
Mai	11 ♉	21	26 ♍
	22	8 ♊	19 ♑
	5 ♊	21	11 ♊
Juni	19	27	10 ♏
	0 ♋	25	11 ♓
	13	20	29 ♋
Juli	26	20	14 ♐
	7 ♌	27	20 ♈
	19	11 ♋	2 ♍
Aug.	4 ♍	5 ♌	3 ♒
	15	24	12 ♊
	27	12 ♍	17 ♎
Sept.	11 ♎	1 ♎	27 ♓
	22	13	1 ♌
	4 ♏	23	1 ♐
Okt.	17	27	6 ♉
	28	21	5 ♍
	9 ♐	12	5 ♑
Nov.	23	21	27 ♊
	3 ♑	4 ♏	19 ♎
	14	20	25 ♒
Dez.	27	8 ♐	2 ♌
	5 ♒	22	21 ♏
	14	8 ♑	3 ♈

1910	♀	☿	☽
Jan.	23 ♒	26 ♑	18 ♍
	28	8 ♒	7 ♑
	1 ♓	11	27 ♉
Febr.	29 ♒	28 ♑	1 ♏
	24	27	27 ♒
	18	4 ♒	18 ♋
März	15	15	9 ♏
	16	28	5 ♓
	19	14 ♓	28 ♋
April	27	6 ♈	23 ♐
	4 ♓	25	28 ♈
	13	15 ♉	15 ♍
Mai	24	1 ♊	27 ♑
	4 ♈	7	7 ♊
	14	6	18 ♎
Juni	28	0	17 ♓
	8 ♉	29 ♉	28 ♋
	19	6 ♊	2 ♐
Juli	2 ♊	20	26 ♈
	13	7 ♋	3 ♍
	24	28	5 ♑
Aug.	9 ♋	22 ♌	19 ♊
	19	7 ♍	19 ♎
	2 ♌	22	23 ♒
Sept.	16	5 ♎	11 ♌
	27	11	2 ♐
	10 ♍	8	14 ♈
Okt.	23	27 ♍	16 ♍
	4 ♎	28	4 ♑
	17	11 ♎	23 ♉
Nov.	2 ♏	1 ♏	2 ♏
	13	16	20 ♒
	26	2 ♐	16 ♋
Dez.	10 ♐	19	4 ♐
	21	3 ♑	26 ♓
	4 ♑	17	22 ♌

1911	♀	☿	☽
Jan.	19 ♑	26 ♑	19 ♑
	0 ♒	19	18 ♉
	12	10	10 ♎
Febr.	28	16	7 ♓
	9 ♓	27	12 ♋
	21	10 ♒	24 ♏
März	2 ♈	24	16 ♓
	13	10 ♓	22 ♋
	26	29	1 ♐
April	10 ♉	23 ♈	7 ♉
	21	8 ♉	13 ♍
	3 ♊	17	15 ♑
Mai	16	16	16 ♊
	27	11	18 ♎
	8 ♋	9	18 ♒
Juni	22	16	9 ♌
	2 ♌	26	3 ♐
	13	13 ♊	6 ♈
Juli	24	5 ♋	16 ♍
	3 ♍	25	6 ♑
	11	14 ♌	13 ♉
Aug.	21	3 ♍	3 ♏
	26	14	21 ♒
	29	22	6 ♋
Sept.	28	22	17 ♐
	25	15	9 ♈
	18	10	29 ♌
Okt.	14	21	19 ♑
	13	6 ♎	16 ♉
	17	24	6 ♎
Nov.	24	13 ♏	3 ♓
	1 ♎	27	10 ♋
	10	12 ♐	23 ♏
Dez.	22	28	7 ♈
	1 ♏	8 ♑	19 ♌
	12	8	26 ♐

1912	♀	☿	☽
Jan.	26 ♏	25 ♐	27 ♉
	7 ♐	26	9 ♎
	19	6 ♑	10 ♒
Febr.	3 ♑	22	20 ♋
	14	5 ♒	26 ♏
	26	22	26 ♓
März	8 ♒	10 ♓	14 ♌
	19	27	16 ♐
	2 ♓	16 ♈	18 ♈
April	16	29	6 ♎
	27	28	0 ♒
	10 ♈	21	9 ♊
Mai	23	19	12 ♏
	4 ♉	24	1 ♓
	16	4 ♉	18 ♊
Juni	1 ♊	23	28 ♐
	12	11 ♊	17 ♈
	24	2 ♋	11 ♍
Juli	8 ♋	25	0 ♒
	19	10 ♌	22 ♉
	1 ♌	24	19 ♎
Aug.	16	5 ♍	15 ♓
	27	6	14 ♋
	10 ♍	0	6 ♐
Sept.	24	24 ♌	1 ♉
	6 ♎	0 ♍	8 ♍
	18	16	21 ♑
Okt.	1 ♏	6 ♎	8 ♊
	13	21	16 ♎
	25	7 ♏	23 ♒
Nov.	10 ♐	26	0 ♌
	21	8 ♐	5 ♐
	3 ♑	20	7 ♈
Dez.	16	24	9 ♍
	27	14	9 ♑
	9 ♒	8	10 ♉

1913	♀	☿	☽
Jan.	23 ♒	19 ♐	1 ♏
	4 ♓	0 ♑	23 ♒
	15	15	0 ♋
Febr.	28	4 ♒	20 ♐
	8 ♈	19	7 ♈
	18	8 ♓	23 ♌
März	26	24	29 ♐
	3 ♉	8 ♈	17 ♈
	9	11	1 ♍
April	12	3	14 ♒
	11	0	4 ♊
	7	3	24 ♎
Mai	0	14	16 ♓
	27 ♈	27	10 ♋
	26	15 ♉	1 ♐
Juni	1 ♉	10 ♊	0 ♉
	6	29	3 ♍
	14	18 ♋	19 ♑
Juli	23	4 ♌	4 ♊
	2 ♊	13	12 ♎
	12	18	22 ♒
Aug.	25	13	24 ♋
	5 ♋	7	4 ♐
	16	9	7 ♈
Sept.	0 ♌	25	18 ♍
	11	12 ♍	22 ♑
	23	0 ♎	21 ♉
Okt.	6 ♍	19	26 ♎
	17	3 ♏	25 ♒
	29	17	26 ♓
Nov.	14 ♎	2 ♐	17 ♐
	25	8	9 ♈
	8 ♏	4	17 ♌
Dez.	21	22 ♏	22 ♑
	3 ♐	27	11 ♉
	15	9 ♐	26 ♍

1914	♀	☿	☽
Jan.	0 ♑	27 ♐	7 ♓
	12	10 ♑	28 ♊
	24	26	19 ♏
Febr.	9 ♒	17 ♒	21 ♈
	21	3 ♓	18 ♌
	3 ♓	19	9 ♑
März	14	25	29 ♈
	26	19	26 ♌
	8 ♈	12	19 ♑
April	23	14	14 ♊
	4 ♉	22	19 ♎
	16	5 ♈	6 ♓
Mai	0 ♊	23	19 ♋
	11	11 ♉	27 ♏
	23	2 ♊	8 ♈
Juni	8 ♋	27	9 ♍
	18	11 ♋	19 ♑
	0 ♌	23	22 ♉
Juli	13	29	18 ♎
	24	27	23 ♒
	6 ♍	21	25 ♊
Aug.	20	20	11 ♐
	0 ♎	29	8 ♈
	11	16 ♌	13 ♌
Sept.	24	10 ♍	2 ♒
	3 ♏	26	22 ♉
	13	13 ♎	5 ♎
Okt.	23	29	7 ♓
	0 ♐	11 ♏	25 ♊
	7	20	14 ♏
Nov.	12	21	22 ♈
	12	10	11 ♌
	9	8	7 ♑
Dez.	2	20	25 ♉
	28 ♏	3 ♐	18 ♍
	27	19	13 ♒

1915	♀	☿	☽
Jan.	1 ♐	8 ♑	10 ♋
	6	22	10 ♏
	14	9 ♒	29 ♓
Febr.	25	29	28 ♌
	4 ♑	8 ♓	4 ♑
	14	3	13 ♉
März	24	24 ♒	6 ♍
	4 ♒	24	14 ♑
	16	1 ♓	21 ♉
April	0 ♓	16	28 ♎
	10	0 ♈	4 ♓
	22	17	5 ♋
Mai	5 ♈	10 ♉	7 ♐
	16	29	9 ♈
	28	18 ♊	8 ♌
Juni	12 ♉	3 ♋	0 ♒
	23	9	24 ♉
	5 ♊	8	27 ♍
Juli	19	2	6 ♓
	0 ♋	0	26 ♊
	12	6	5 ♏
Aug.	27	24	23 ♈
	8 ♌	13 ♌	11 ♌
	20	3 ♍	28 ♐
Sept.	5 ♍	24	7 ♊
	16	8 ♎	0 ♎
	29	21	21 ♒
Okt.	12 ♎	3 ♏	8 ♋
	23	6	8 ♏
	6 ♏	1	27 ♓
Nov.	21	21 ♎	23 ♌
	2 ♐	29	2 ♑
	15	13 ♏	13 ♉
Dez.	28	0 ♐	27 ♍
	10 ♑	14	10 ♒
	22	0 ♑	16 ♊

1916	♀	☿	☽
Jan.	7 ♒	19 ♑	18 ♏
	18	4 ♒	29 ♓
	1 ♓	18	1 ♌
Febr.	15	19	11 ♑
	26	9	16 ♉
	8 ♈	7	17 ♍
März	20	13	5 ♒
	1 ♉	24	6 ♊
	12	8 ♓	9 ♎
April	26	28	27 ♓
	5 ♊	16 ♈	19 ♋
	16	6 ♉	1 ♐
Mai	26	28	2 ♉
	4 ♋	11 ♊	21 ♌
	11	18	10 ♑
Juni	18	17	18 ♊
	19	12	7 ♎
	18	11	3 ♓
Juli	13	18	21 ♋
	8	0 ♋	13 ♏
	4	18	9 ♈
Aug.	4	13 ♌	5 ♍
	8	1 ♍	5 ♑
	14	17	27 ♉
Sept.	23	4 ♎	23 ♎
	1 ♌	14	29 ♒
	11	20	11 ♋
Okt.	23	16	0 ♐
	3 ♍	6	7 ♈
	14	9	12 ♌
Nov.	28	25	22 ♑
	9 ♎	10 ♏	26 ♉
	21	26	27 ♍
Dez.	4 ♏	13 ♐	1 ♓
	15	27	29 ♊
	28	13 ♑	1 ♏

Gerundete Positionsangaben von Venus (♀), Merkur (☿) und

1917	♀	☿	☽	1918	♀	☿	☽	1919	♀	☿	☽	1920	♀	☿	☽
Jan.	13 ♐	0 ♒	23 ♈	Jan.	22 ♒	14 ♑	27 ♌	Jan.	19 ♑	18 ♐	0 ♑	Jan.	27 ♏	20 ♐	9 ♉
	24	5	13 ♌		27	4	18 ♐		1 ♒	26	3 ♉		7 ♐	3 ♑	20 ♍
	6 ♑	27 ♑	21 ♐		28	6	11 ♉		13	9 ♑	19 ♍		19	19	21 ♑
Febr.	21	20	11 ♊	Febr.	25	18	11 ♎	Febr.	28	26	19 ♒	Febr.	4 ♑	8 ♒	3 ♋
	3 ♒	25	28 ♍		20	0 ♒	8 ♒		9 ♓	11 ♒	26 ♊		15	24	5 ♏
	15	6 ♒	13 ♒		15	15	1 ♋		22	28	3 ♏		27	12 ♓	8 ♓
März	26	19	19 ♊	März	13	0 ♓	19 ♎	März	3 ♈	15 ♓	27 ♒	März	9 ♒	28	27 ♋
	7 ♓	3 ♓	7 ♎		14	17	16 ♒		14	2 ♈	6 ♋		20	4 ♈	25 ♏
	20	21	22 ♒		18	6 ♈	10 ♋		26	17	11 ♏		2 ♓	29 ♓	0 ♈
April	5 ♈	14 ♈	4 ♌	April	26	28	5 ♐	April	11 ♉	21	20 ♈	April	17	21	18 ♍
	16	3 ♉	25 ♏		4 ♓	8 ♉	10 ♈		22	15	25 ♌		28	24	9 ♑
	28	19	16 ♈		13	9	26 ♌		4 ♊	10	25 ♐		10 ♈	3 ♈	22 ♉
Mai	12 ♉	29	5 ♍	Mai	24	3	10 ♑	Mai	17	14	28 ♉	Mai	24	18	23 ♎
	23	28	2 ♑		4 ♈	0	18 ♉		27	23	29 ♍		5 ♉	3 ♉	11 ♒
	5 ♊	23	22 ♉		15	4	28 ♍		9 ♋	7 ♉	29 ♑		17	22	0 ♋
Juni	20	21	20 ♎	Juni	28	17	1 ♓	Juni	22	28	20 ♋	Juni	2 ♊	18 ♊	8 ♐
	1 ♋	26	25 ♒		8 ♉	1 ♊	9 ♋		2 ♌	17 ♊	14 ♏		13	6 ♋	28 ♓
	13	7 ♊	10 ♋		20	20	12 ♏		13	9 ♋	19 ♓		25	22	24 ♌
Juli	27	26	24 ♏	Juli	3 ♊	14 ♋	11 ♈	Juli	24	29	26 ♌	Juli	9 ♋	5 ♌	11 ♑
	8 ♌	15 ♋	4 ♈		13	2 ♌	13 ♌		3 ♍	12 ♌	16 ♐		20	10	4 ♉
	20	6 ♌	12 ♌		25	19	15 ♐		11	23	27 ♈		2 ♌	8	0 ♎
Aug.	5 ♍	28	15 ♑	Aug.	9 ♋	5 ♍	4 ♊	Aug.	20	29	20 ♎	Aug.	17	1	26 ♒
	15	12 ♍	25 ♉		20	14	28 ♍		25	25	2 ♒		28	0	27 ♊
	28	24	27 ♍		2 ♌	16	3 ♒		27	18	21 ♊		10 ♍	10	17 ♏
Sept.	12 ♎	3 ♎	8 ♓	Sept.	17	9	23 ♋	Sept.	25	20	26 ♏	Sept.	25	1 ♍	14 ♈
	23	3	12 ♋		28	3	12 ♏		21	2 ♍	21 ♓		6 ♎	19	20 ♌
	5 ♏	24 ♍	12 ♏		10 ♍	9	26 ♓		15	21	12 ♌		19	7 ♎	0 ♑
Okt.	18	20	17 ♈	Okt.	24	27	28 ♌	Okt.	11	10 ♎	28 ♐	Okt.	2 ♏	24	22 ♉
	28	0 ♎	15 ♌		5 ♎	13 ♎	15 ♐		12	26	29 ♈		13	7 ♏	28 ♍
	10 ♐	17	18 ♐		18	0 ♏	5 ♉		16	11 ♏	18 ♍		25	20	2 ♒
Nov.	24	7 ♏	8 ♊	Nov.	3 ♏	19	12 ♎	Nov.	24	28	13 ♒	Nov.	10 ♐	1 ♐	15 ♋
	4 ♑	22	29 ♍		14	2 ♐	3 ♒		1 ♎	10 ♐	23 ♊		21	0	16 ♏
	15	7 ♐	9 ♒		27	17	27 ♊		10	17	4 ♏		3 ♑	18 ♏	17 ♓
Dez.	26	24	12 ♋	Dez.	10 ♐	0 ♑	15 ♏	Dez.	22	11	18 ♓	Dez.	17	19	24 ♌
	5 ♒	7 ♑	1 ♏		22	3	10 ♓		1 ♏	2	0 ♌		28	29	19 ♐
	14	18	18 ♓		4 ♑	23 ♐	3 ♌		13	6	6 ♐		10 ♒	13 ♐	21 ♈

1921	♀	☿	☽	1922	♀	☿	☽	1923	♀	☿	☽	1924	♀	☿	☽
Jan.	24 ♒	2 ♑	14 ♎	Jan.	1 ♑	13 ♑	17 ♒	Jan.	0 ♐	25 ♑	20 ♊	Jan.	8 ♒	28 ♑	1 ♏
	4 ♓	16	4 ♒		12	28	8 ♊		5	8 ♒	25 ♎		19	25	10 ♓
	16	2 ♒	11 ♊		25	15 ♒	3 ♏		14	15	9 ♓		1 ♓	14	11 ♋
Febr.	29	23	1 ♐	Febr.	10 ♒	0 ♓	1 ♈	Febr.	25	4	9 ♌	Febr.	16	16	25 ♐
	8 ♈	8 ♓	19 ♓		21	29 ♒	29 ♋		4 ♑	29 ♑	18 ♐		27	25	25 ♈
	18	17	5 ♌		4 ♓	18	22 ♐		15	4 ♒	23 ♈		9 ♈	9 ♒	28 ♌
März	25	13	10 ♐	März	15	16	10 ♈	März	25	14	17 ♌	März	21	24	19 ♑
	2 ♉	5	28 ♓		26	22	7 ♌		5 ♒	26	28 ♐		1 ♉	9 ♓	15 ♉
	8	4	14 ♌		9 ♈	3 ♓	1 ♑		16	12 ♓	1 ♉		13	28	21 ♍
April	10	14	23 ♑	April	24	20	26 ♉	April	0 ♓	3 ♈	10 ♎	April	26	22 ♈	9 ♓
	8	25	16 ♉		5 ♉	5 ♈	1 ♎		11	22	16 ♒		6 ♊	8 ♉	29 ♊
	4	10 ♈	7 ♎		17	25	16 ♒		23	12 ♉	16 ♊		16	19	13 ♏
Mai	27 ♈	0 ♉	25 ♒	Mai	1 ♊	18 ♉	2 ♋	Mai	6 ♈	0 ♊	19 ♏	Mai	26	20	14 ♈
	24	19	24 ♊		12	6 ♊	9 ♏		17	9	20 ♓		4 ♋	15	1 ♌
	25	11 ♊	13 ♏		24	21	18 ♓		29	10	21 ♋		11	12	22 ♐
Juni	0 ♉	2 ♋	10 ♈	Juni	8 ♋	0 ♋	24 ♌	Juni	13 ♉	4	11 ♑	Juni	16	17	29 ♉
	5	13	18 ♌		19	0	29 ♐		24	2	3 ♉		17	26	18 ♍
	13	20	0 ♑		1 ♌	25 ♊	1 ♉		6 ♊	6	11 ♍		15	12 ♊	15 ♒
Juli	23	19	14 ♉	Juli	14	22	3 ♎	Juli	19	18	16 ♒	Juli	9	4 ♋	1 ♋
	2 ♊	14	26 ♍		25	27	3 ♒		9 ♋	4 ♋	6 ♊		4	24	25 ♎
	13	11	3 ♒		6 ♍	9 ♋	5 ♊		13	25	19 ♎		1	13 ♌	20 ♓
Aug.	25	20	5 ♋	Aug.	20	2 ♌	25 ♏	Aug.	27	19 ♌	2 ♈	Aug.	3	3 ♍	17 ♌
	5 ♋	4 ♌	16 ♏		0 ♎	21	18 ♓		8 ♌	5 ♍	22 ♋		7	14	19 ♐
	17	24	17 ♓		11	9 ♍	24 ♋		21	20	13 ♐		13	24	6 ♈
Sept.	1 ♌	17 ♍	29 ♌	Sept.	24	29	14 ♑	Sept.	6 ♍	5 ♎	16 ♉	Sept.	23	26	5 ♎
	11	2 ♎	3 ♑		3 ♏	12 ♎	2 ♉		17	12	12 ♍		2 ♌	19	12 ♒
	23	18	3 ♉		13	23	17 ♍		29	12	4 ♒		12	13	20 ♊
Okt.	6 ♍	2 ♏	8 ♎	Okt.	23	0 ♏	18 ♒	Okt.	13 ♎	2	18 ♊	Okt.	23	21	13 ♏
	17	12	5 ♒		0 ♐	26 ♎	6 ♊		24	29 ♍	20 ♎		3 ♍	6 ♎	19 ♓
	0 ♎	16	9 ♊		6	16	26 ♎		7 ♏	10 ♎	9 ♓		15	23	22 ♋
Nov.	15	6	28 ♏	Nov.	9	20	2 ♈	Nov.	22	29	4 ♌	Nov.	29	13 ♏	7 ♑
	26	0	18 ♓		9	2 ♏	24 ♋		3 ♐	14 ♏	14 ♐		9 ♎	27	6 ♉
	8 ♏	9	1 ♌		5	18	18 ♐		15	1 ♐	24 ♈		21	12 ♐	7 ♍
Dez.	22	25	2 ♑	Dez.	29 ♏	6 ♐	5 ♉	Dez.	29	17	9 ♍	Dez.	5 ♏	28	15 ♒
	3 ♐	8 ♐	21 ♈		25	20	2 ♍		10 ♑	1 ♑	21 ♑		16	9 ♑	10 ♊
	16	24	11 ♍		25	6 ♑	23 ♑		23	16	27 ♉		28	12	11 ♎

Mond (☽) für jeden 1., 10. und 20. des Monats um 12 h Weltzeit.

1925

	♀	☿	☽
Jan.	13♐	29♐	5♈
	24	28	24♋
	7♑	6♑	3♐
Febr.	22	21	21♑
	3♒	5♒	9♍
	16	21	26♑
März	27	7♓	29♑
	8♓	24	18♍
	21	13♈	6♒
April	5♈	0♉	13♋
	17	2	8♍
	29	26♈	28♓
Mai	13♉	22	15♌
	24	25	16♐
	6♊	4♉	4♉
Juni	21	21	0♌
	2♋	8♊	9♒
	14	29	20♊
Juli	27	22♋	5♏
	8♌	8♋	17♈
	21	23	23♋
Aug.	5♍	5♏	27♐
	16	9	7♉
	28	5	7♍
Sept.	13♎	26♋	20♒
	23	29	23♊
	5♏	13♍	24♋
Okt.	18	3♋	28♓
	29	29	25♋
	10♐	5♏	1♐
Nov.	24	24	18♉
	4♑	7♐	8♍
	15	19	24♑
Dez.	26	27	22♊
	5♒	20	11♎
	13	11	2♓

1926

	♀	☿	☽
Jan.	21♒	18♐	7♌
	25	29	28♏
	26	13♑	24♈
Febr.	22	2♒	21♍
	6	17	20♑
	11	5♓	12♊
März	10	22	0♎
	12	7♈	28♑
	17	15	21♊
April	26	8	17♏
	4♊	3	22♓
	13	4	5♌
Mai	25	14	23♐
	4♈	5	0♉
	28	12♊	7♍
Juni	9♊	26	16♒
	9♉	26	20♊
	11♍	16♋	21♋
Juli	3♊	3♋	25♓
	14	14	24♋
	25	21	25♏
Aug.	10♋	18	17♉
	18	12	8♍
	3♌	10	14♑
Sept.	27	22	5♋
	29	9♍	23♎
	11♍	14	8♐
Okt.	25	17♎	9♌
	6♎	16	0♍
	18	16	16♈
Nov.	3♏	1♐	22♍
	15	10	16♑
	27	9	8♊
Dez.	21	27♏	25♎
	22	27	24♒
	5♑	8♐	13♋

1927

	♀	☿	☽
Jan.	20♑	25♐	10♐
	1♒	8♑	18♈
	14	24	28♌
Febr.	29	14♒	0♒
	10♓	1♓	13♎
	23	18	21♎
März	4♈	27	8♒
	15	24	19♏
	27	16	21♐
April	12♉	15	1♈
	22	22	7♉
	4♊	4	4♈
Mai	17	21	10♉
	22	8♉	9♑
	9♋	29	12♑
Juni	23	24♊	19♈
	3♌	10♋	23♉
	13	23	3♋
Juli	24	1♌	6♋
	2♍	2	26♍
	11	26♋	12♐
Aug.	19	22♌	22♍
	23	28	12♑
	25	13♌	5♊
Sept.	2♎	7♍	6♏
	17	24	2♓
	12	11♎	25♋
Okt.	9	27	8♐
	10	10♏	11♈
	15	21	0♏
Nov.	23	25	24♑
	1♏	16	4♊
	10	10	15♎
Dez.	9♐	21	1♏
	2♑	2♐	11♋
	13	17	17♏

1928

	♀	☿	☽
Jan.	27♏	5♑	23♈
	8♐	20	0♍
	20	7♒	1♑
Febr.	4♑	27	16♊
	15	9♈	15♌
	27	9	19♒
März	10♒	29♒	11♋
	21	26	5♏
	3♓	2♈	11♓
April	18	16	0♍
	26	29	19♐
	11♈	16♈	4♑
Mai	25	9♉	4♑
	6♉	28	22♐
	18	17♊	13♒
Juni	3♊	4♋	19♒
	14	11	10♈
	26	12	5♉
Juli	9♋	6	21♊
	20	3	18♋
	29♋	7	10♍
Aug.	17	24	7♒
	29	11♌	11♓
	11♍	2♍	26♉
Sept.	26	3♎	27♓
	7♎	7♍	4♉
	19	21	10♊
Okt.	3♏	4♍	5♋
	14	9	10♍
	26	5	11♎
Nov.	11♐	24	28♎
	22	26	27♏
	4♑	13♏	27♐
Dez.	0♒	7	6♌
	28	14	0♐
	10♒	0♏	3♈

1929

	♀	☿	☽
Jan.	24♒	19♑	26♍
	5♓	4♒	14♑
	16	18	24♋
Febr.	29	23	11♍
	8♈	14	0♓
	18	9	18♋
März	25	13	19♏
	1♉	23	9♓
	6	6♓	28♋
April	8	26	2♑
	5	12♈	29♐
	0	3♉	19♍
Mai	24♈	26	4♒
	22	10♊	11♓
	23	20	25♎
Juni	29	21	20♓
	5♉	16	0♌
	13	14	10♐
Juli	23	18	26♒
	2♊	28	8♍
	13	15♋	13♓
Aug.	26	10♌	18♊
	6♋	28	27♎
	17	19	28♏
Sept.	1♌	3♎	11♌
	12	14	12♐
	24	22	16♈
Okt.	7♍	21	19♍
	18	12	14♑
	9	9	22♋
Nov.	15	23	9♍
	26	8♏	28♒
	9♍	22	15♋
Dez.	23	11♐	12♐
	4♐	25	1♈
	17	11♑	24♌

1930

	♀	☿	☽
Jan.	2♑	29♑	27♑
	13	8♒	19♌
	26	3	16♐
Febr.	11♒	22♑	12♊
	22	25	11♋
	4♓	5♒	3♐
März	16	17	21♈
	27	1♓	20♋
	9♈	18	11♐
April	24	11♈	8♉
	5♉	0♉	14♍
	13	19	25♐
Mai	1♊	0♊	15♊
	12	3♊	21♎
	23	28♊	27♒
Juni	9♋	23	8♋
	20	27	10♏
	2♌	6♊	11♐
Juli	23	18♋	17♍
	15	12♋	14♑
	3♍	9♌	15♉
Aug.	7♎	10♌	8♍
	28	10♍	28♒
	17	11	5♋
Sept.	24	4♎	26♐
	3♏	6	13♈
	13	29♍	29♋
Okt.	22	22	18♐
	29	29	8♉
	4♐	15♎	21♍
Nov.	7♐	5♏	12♈
	6	19	8♋
	9♑	1	26♏
Dez.	25♐	22	14♈
	22	5♑	17♌
	23	18	3♐

1931

	♀	☿	☽
Jan.	29♏	20♑	0♊
	5♐	9	10♎
	13	7	19♒
Febr.	4♑	11♒	20♋
	17	28	1♐
	15	13♒	3♈
März	23	28	29♋
	5♒	14♓	10♐
	17	3♈	12♒
April	1♓	27	22♍
	11	9♉	27♌
	23	13	27♏
Mai	7♈	8	0♏
	17	4	29♒
	25	3♊	5♐
Juni	13♉	16	21♐
	25	29	13♒
	7♊	17♊	25♉
Juli	20	11♋	26♑
	1♋	0♌	15♈
	13	17	4♉
Aug.	26	5♌	12♋
	9♌	14	2♋
	15	20	27♏
Sept.	6♍	15	26♐
	0♎	7	23♑
	0	9	16♓
Okt.	14	24	28♉
	25	10♎	10♍
	7♏	27	20♒
Nov.	22	17♏	16♋
	3♐	0♐	25♏
	16	15	4♈
Dez.	0♑	29	23♑
	11	6	2♑
	23	0♑	6♉

1932

	♀	☿	☽
Jan.	8♒	20♐	16♎
	19	25	20♒
	2♓	6♑	21♏
Febr.	16	25	9♐
	25	9♒	4♈
	9♈	23	9♋
März	21♈	14♒	3♑
	2♉	1♈	24♈
	13	18	2♍
April	26	25	21♍
	16	6♊	9♏
	16	14	25♎
Mai	26	16	25♓
	3♋	23	13♋
	10	6♌	3♐
Juni	15	27	9♋
	14	16♊	2♍
	12	8♋	28♐
Juli	6	29	11♊
	1	13♋	10♎
	29♋	24	0♍
Aug.	1♌	0	28♍
	6	0	3♐
	13	22♌	16♈
Sept.	23	21	18♍
	2♌	2♍	25♑
	11	7	29♋
Okt.	24	10♎	25♉
	4♍	15	1♋
	15	11♎	2♍
Nov.	28	28	20♐
	10♎	10♏	17♑
	22	19	18♒
Dez.	5♐	17	27♑
	17	6♐	20♌
	29	7	24♍

Gerundete Positionsangaben von Venus (♀), Merkur (☿) und

1933	♀	☿	☽
Jan.	14 ♐ 25 8 ♑	21 ♐ 3 ♑ 18	16 ♓ 4 ♋ 16 ♏
Febr.	23 4 ♒ 16	8 ♒ 23 12 ♓	1 ♉ 21 ♌ 10 ♑
März	28 9 21	27 7 ♈ 5	8 ♉ 29 ♌ 20 ♑
April	6 ♈ 17 0 ♉	26 ♓ 26 3 ♈	22 ♊ 19 ♎ 11 ♓
Mai	13 24 7 ♊	16 0 ♉ 19	24 ♋ 28 ♏ 16 ♈
Juni	22 2 ♋ 15	15 ♊ 4 ♋ 21	11 ♍ 21 ♑ 1 ♊
Juli	28 9 ♌ 21	5 ♌ 12 13	17 ♎ 29 ♒ 3 ♋
Aug.	6 ♍ 17 29	5 2 9	9 ♐ 17 ♈ 18 ♌
Sept.	13 ♎ 24 6 ♏	29 16 ♍ 4 ♎	3 ♒ 2 ♊ 6 ♎
Okt.	19 29 11 ♐	22 6 ♏ 19	11 ♓ 4 ♋ 14 ♏
Nov.	24 4 ♑ 15	2 ♐ 4 24 ♏	29 ♈ 18 ♌ 7 ♑
Dez.	26 4 ♒ 13	19 28 12 ♐	3 ♊ 21 ♍ 16 ♒

1934	♀	☿	☽
Jan.	20 ♒ 23 23	0 ♑ 14 0 ♒	17 ♋ 10 ♏ 6 ♈
Febr.	18 13 9	21 6 ♓ 19	2 ♍ 2 ♑ 23 ♉
März	8 11 17	19 10 6	11 ♍ 12 ♑ 1 ♊
April	26 4 ♓ 13	13 24 8 ♈	29 ♎ 5 ♓ 15 ♋
Mai	25 4 ♈ 15	28 16 ♉ 8 ♊	7 ♐ 13 ♈ 16 ♌
Juni	29 9 ♉ 21	0 ♋ 13 22	0 ♒ 1 ♊ 1 ♎
Juli	4 ♊ 14 26	24 19 14	9 ♓ 4 ♋ 6 ♏
Aug.	10 ♋ 21 3 ♌	19 2 ♌ 21	29 ♈ 19 ♌ 27 ♐
Sept.	18 29 12 ♍	14 ♍ 0 ♎ 16	16 ♊ 4 ♎ 20 ♒
Okt.	25 6 ♎ 19	1 ♏ 12 19	18 ♋ 9 ♏ 29 ♓
Nov.	4 ♏ 15 28	12 3 8	2 ♍ 0 ♑ 19 ♉
Dez.	12 ♐ 23 5 ♑	23 6 ♐ 22	4 ♎ 9 ♒ 24 ♊

1935	♀	☿	☽
Jan.	21 ♑ 2 ♒ 15	11 ♑ 26 13	21 ♏ 2 ♈ 9 ♌
Febr.	0 ♓ 11 23	0 ♓ 3 24 ♒	11 ♑ 22 ♉ 23 ♍
März	4 ♈ 15 28	19 22 2 ♓	19 ♑ 1 ♊ 2 ♎
April	12 ♉ 23 5 ♊	18 3 ♈ 22	13 ♓ 17 ♋ 19 ♏
Mai	18 28 10 ♋	15 ♉ 4 ♊ 20	22 ♈ 19 ♌ 25 ♐
Juni	23 3 ♌ 13	2 ♋ 4 0	12 ♊ 3 ♎ 17 ♒
Juli	24 2 ♍ 10	25 ♊ 27 8 ♋	17 ♋ 5 ♏ 26 ♓
Aug.	18 22 23	29 17 ♌ 7 ♍	2 ♍ 22 ♐ 19 ♉
Sept.	19 13 8	27 11 ♎ 23	16 ♎ 14 ♒ 7 ♋
Okt.	7 9 14	2 ♏ 2 21 ♎	19 ♏ 22 ♓ 10 ♌
Nov.	23 1 ♎ 11	20 1 ♏ 16	7 ♑ 16 ♉ 24 ♍
Dez.	22 2 ♏ 14	3 ♐ 18 3 ♑	15 ♒ 22 ♊ 26 ♏

1936	♀	☿	☽
Jan.	28 ♏ 8 ♐ 20	23 ♑ 7 ♒ 17	8 ♈ 9 ♌ 11 ♐
Febr.	5 ♑ 16 28	10 2 5	1 ♊ 24 ♍ 0 ♒
März	10 ♒ 21 3 ♓	14 26 11 ♓	24 ♊ 15 ♎ 22 ♒
April	18 0 ♈ 12	2 ♈ 20 11 ♉	12 ♌ 29 ♏ 16 ♈
Mai	25 6 ♉ 18	1 ♊ 11 14	15 ♍ 4 ♑ 24 ♉
Juni	3 ♊ 14 27	9 6 8	29 ♎ 23 ♒ 15 ♋
Juli	10 ♋ 21 3 ♌	19 3 ♋ 23	1 ♐ 2 ♈ 20 ♌
Aug.	18 29 12 ♍	18 ♌ 4 ♍ 20	18 ♑ 26 ♉ 5 ♎
Sept.	26 8 ♎ 20	6 ♎ 14 16	8 ♓ 17 ♋ 19 ♏
Okt.	3 ♏ 14 27	7 2 10	17 ♈ 22 ♌ 22 ♐
Nov.	11 ♐ 22 5 ♑	28 13 ♏ 29	11 ♊ 8 ♎ 9 ♒
Dez.	18 29 11 ♒	16 ♐ 0 ♑ 16	17 ♋ 10 ♏ 16 ♓

1937	♀	☿	☽
Jan.	25 ♒ 5 ♓ 16	0 ♒ 0 18 ♑	6 ♍ 24 ♐ 9 ♉
Febr.	29 8 ♈ 17	18 26 9 ♒	20 ♎ 11 ♒ 2 ♋
März	25 1 ♉ 5	22 7 ♓ 25	28 ♎ 19 ♒ 12 ♋
April	5 2 26 ♈	19 ♈ 6 ♉ 20	12 ♐ 10 ♈ 2 ♍
Mai	21 19 22	24 20 16	15 ♑ 19 ♉ 6 ♎
Juni	28 5 ♉ 13	18 26 10 ♊	2 ♓ 12 ♋ 21 ♏
Juli	24 3 ♊ 13	1 ♋ 20 10 ♌	9 ♈ 19 ♌ 23 ♐
Aug.	26 6 ♋ 18	1 ♍ 14 24	1 ♊ 7 ♎ 8 ♒
Sept.	2 ♌ 12 24	0 ♎ 25 ♍ 16	24 ♋ 22 ♏ 27 ♓
Okt.	8 ♍ 19 1 ♎	20 3 ♎ 21	2 ♍ 23 ♐ 5 ♉
Nov.	16 27 10 ♏	11 ♏ 25 10 ♐	20 ♎ 7 ♒ 28 ♊
Dez.	23 5 ♐ 17	27 8 ♑ 16	23 ♍ 11 ♓ 6 ♌

1938	♀	☿	☽
Jan.	2 ♑ 14 26	5 ♑ 29 ♐ 6 ♑	7 ♑ 1 ♉ 26 ♍
Febr.	11 ♒ 23 5 ♓	20 3 ♒ 19	23 ♒ 24 ♊ 13 ♏
März	16 28 10 ♈	4 ♓ 21 11 ♈	1 ♓ 4 ♋ 20 ♏
April	25 6 ♉ 18	0 ♉ 6 2	20 ♈ 27 ♌ 4 ♑
Mai	2 ♊ 13 25	26 ♈ 26 3 ♉	28 ♉ 4 ♎ 6 ♒
Juni	9 ♋ 20 2 ♌	19 5 ♊ 26	21 ♋ 21 ♏ 22 ♓
Juli	15 26 7 ♍	19 ♋ 6 ♌ 22	0 ♍ 24 ♐ 27 ♈
Aug.	21 1 ♎ 12	6 ♍ 12 11	20 ♎ 9 ♒ 18 ♊
Sept.	24 ♎ 3 ♏ 13	1 0 11	6 ♐ 25 ♓ 12 ♌
Okt.	22 28 3 ♐	1 ♎ 17 3 ♏	8 ♑ 0 ♉ 20 ♍
Nov.	5 3 27 ♏	22 5 ♐ 19	21 ♒ 22 ♊ 10 ♏
Dez.	21 20 21	29 27 14	24 ♓ 0 ♌ 14 ♐

1939	♀	☿	☽
Jan.	28 ♏ 4 ♐ 13	18 ♐ 28 11 ♑	11 ♉ 23 ♍ 29 ♑
Febr.	25 4 ♑ 15	0 ♒ 14 2 ♓	2 ♋ 13 ♏ 14 ♓
März	25 6 ♒ 17	19 5 ♈ 17	11 ♋ 21 ♏ 22 ♓
April	1 ♓ 12 24	14 7 6	4 ♍ 7 ♑ 9 ♉
Mai	7 ♈ 18 0 ♉	13 24 10 ♉	13 ♎ 9 ♒ 16 ♊
Juni	14 25 7 ♊	3 ♊ 23 13 ♋	3 ♐ 22 ♓ 9 ♌
Juli	21 2 ♋ 14	2 ♌ 14 22	7 ♑ 25 ♈ 18 ♍
Aug.	29 10 ♌ 22	23 17 12	22 ♒ 13 ♊ 10 ♏
Sept.	7 ♍ 18 1 ♎	21 6 ♍ 25	6 ♈ 5 ♌ 27 ♐
Okt.	14 26 8 ♏	14 ♎ 29 14 ♏	10 ♉ 14 ♍ 0 ♒
Nov.	23 4 ♐ 17	0 ♐ 10 14	29 ♊ 6 ♏ 14 ♓
Dez.	0 ♑ 12 24	2 28 ♏ 7 ♐	7 ♌ 13 ♐ 15 ♈

1940	♀	☿	☽
Jan.	9 ♒ 20 2 ♓	23 ♐ 6 ♑ 22	1 ♎ 0 ♒ 1 ♊
Febr.	17 28 10 ♈	12 ♒ 28 16 ♓	22 ♏ 14 ♓ 20 ♋
März	22 2 ♉ 13	29 29 21	15 ♐ 5 ♈ 13 ♌
April	27 6 ♊ 16	17 23 4 ♈	2 ♒ 20 ♉ 7 ♎
Mai	26 3 ♋ 9	21 7 ♉ 28	5 ♓ 25 ♊ 15 ♏
Juni	13 13 9	23 ♊ 10 ♋ 24	19 ♈ 16 ♌ 6 ♑
Juli	2 28 ♊ 27	3 ♌ 5 0	21 ♉ 25 ♍ 10 ♒
Aug.	0 ♋ 5 13	25 ♋ 29 13 ♌	8 ♋ 18 ♏ 25 ♓
Sept.	23 2 ♌ 12	6 ♍ 23 10 ♎	0 ♍ 8 ♑ 10 ♉
Okt.	24 4 ♍ 16	27 10 ♏ 21	8 ♎ 13 ♒ 13 ♊
Nov.	0 ♎ 11 23	28 21 12	1 ♐ 28 ♓ 1 ♌
Dez.	6 ♏ 17 0 ♐	19 1 ♐ 16	8 ♑ 0 ♉ 8 ♍

Mond (☽) für jeden 1., 10. und 20. des Monats um 12 h Weltzeit.

1941	♀	☿	☽
Jan.	15 ♐ 26 8 ♑	5 ♑ 19 6 ♒	25 ♒ 14 ♊ 1 ♏
Febr.	23 5 ♒ 17	27 10 ♓ 13	10 ♈ 2 ♌ 24 ♐
März	28 9 ♓ 22	4 29 ♒ 2 ♓	18 ♈ 10 ♌ 4 ♑
April	7 ♈ 18 0 ♉	15 27 14 ♈	2 ♊ 1 ♎ 23 ♒
Mai	14 25 7 ♊	5 ♉ 25 15 ♊	5 ♋ 9 ♏ 27 ♓
Juni	22 3 ♋ 15	4 ♋ 12 16	23 ♌ 3 ♑ 11 ♉
Juli	29 10 ♌ 22	11 7 8	0 ♎ 9 ♒ 13 ♊
Aug.	6 ♍ 17 29	22 8 ♌ 29	24 ♏ 27 ♓ 29 ♋
Sept.	14 ♎ 24 6 ♏	21 ♍ 6 ♎ 20	16 ♑ 11 ♉ 18 ♍
Okt.	19 0 ♐ 11	3 ♏ 11 10	23 ♒ 13 ♊ 25 ♎
Nov.	25 4 ♑ 15	28 ♎ 29 11 ♏	10 ♈ 28 ♋ 19 ♐
Dez.	26 4 ♒ 12	28 12 ♐ 27	13 ♉ 3 ♍ 27 ♑

1942	♀	☿	☽
Jan.	19 ♒ 21 20	17 ♑ 1 ♒ 17	28 ♊ 23 ♎ 16 ♓
Febr.	14 9 6	27 19 12	13 ♌ 16 ♐ 2 ♉
März	6 10 16	14 22 5 ♓	22 ♌ 27 ♐ 10 ♉
April	25 4 ♓ 14	23 10 ♈ 0 ♉	11 ♎ 19 ♒ 24 ♊
Mai	25 5 ♈ 16	23 9 ♊ 21	19 ♏ 26 ♓ 26 ♋
Juni	29 10 ♉ 21	26 23 18	13 ♑ 12 ♉ 12 ♍
Juli	4 ♊ 15 27	19 27 13 ♋	21 ♒ 15 ♊ 18 ♎
Aug.	11 ♋ 22 4 ♌	7 ♌ 25 13 ♍	10 ♈ 29 ♋ 10 ♐
Sept.	19 0 ♍ 12	2 ♎ 13 23	26 ♉ 15 ♍ 4 ♒
Okt.	26 7 ♎ 20	26 17 11	27 ♊ 21 ♎ 12 ♓
Nov.	5 ♏ 16 29	22 5 ♏ 22	11 ♌ 13 ♐ 1 ♉
Dez.	12 ♐ 24 6 ♑	9 ♐ 23 9 ♑	14 ♍ 22 ♑ 5 ♊

1943	♀	☿	☽
Jan.	21 ♑ 3 ♒ 15	27 ♑ 8 ♒ 9	1 ♏ 14 ♓ 19 ♋
Febr.	0 ♓ 11 24	26 ♑ 26 5 ♒	23 ♐ 3 ♉ 4 ♍
März	5 ♈ 16 28	16 29 15 ♓	3 ♑ 11 ♉ 13 ♍
April	13 ♉ 24 6 ♊	8 ♈ 27 16 ♉	26 ♒ 26 ♊ 0 ♏
Mai	18 29 10 ♋	0 ♊ 6 3	4 ♈ 28 ♋ 7 ♐
Juni	24 3 ♌ 14	28 ♉ 28 6 ♊	24 ♉ 12 ♍ 0 ♒
Juli	24 2 ♍ 10	21 8 ♋ 0 ♌	27 ♊ 15 ♎ 9 ♓
Aug.	17 20 20	23 8 ♍ 22	12 ♌ 4 ♐ 0 ♉
Sept.	15 10 5	5 ♎ 9 5	27 ♍ 26 ♑ 18 ♊
Okt.	5 7 13	25 ♍ 28 12 ♎	1 ♏ 5 ♓ 20 ♋
Nov.	22 1 ♎ 11	3 ♏ 17 3 ♐	21 ♐ 27 ♈ 3 ♍
Dez.	22 2 ♏ 14	20 4 ♑ 17	29 ♑ 3 ♊ 5 ♎

1944	♀	☿	☽
Jan.	28 ♏ 9 ♐ 21	25 ♑ 15 9	23 ♓ 20 ♋ 21 ♏
Febr.	5 ♑ 16 29	16 27 11 ♒	14 ♉ 4 ♍ 11 ♑
März	11 ♒ 22 4 ♓	27 13 ♓ 2 ♈	6 ♊ 25 ♍ 4 ♒
April	19 0 ♈ 12	26 10 ♉ 16	23 ♋ 11 ♏ 28 ♓
Mai	26 7 ♉ 19	13 8 8	25 ♌ 16 ♐ 6 ♉
Juni	4 ♊ 15 27	17 28 16 ♊	8 ♎ 8 ♒ 26 ♊
Juli	11 ♋ 22 4 ♌	10 ♋ 28 17 ♌	11 ♏ 17 ♓ 1 ♌
Aug.	19 0 ♍ 12	5 ♍ 15 22	29 ♐ 10 ♉ 15 ♍
Sept.	27 8 ♎ 20	19 11 10	20 ♒ 0 ♋ 0 ♏
Okt.	4 ♏ 15 27	24 9 ♎ 27	28 ♓ 4 ♌ 4 ♐
Nov.	12 ♐ 23 5 ♑	17 ♏ 0 ♐ 15	22 ♉ 18 ♍ 22 ♑
Dez.	18 29 11 ♒	0 ♑ 8 5	28 ♊ 20 ♎ 0 ♓

1945	♀	☿	☽
Jan.	25 ♒ 5 ♓ 16	23 ♐ 27 8 ♑	15 ♌ 4 ♐ 24 ♈
Febr.	29 8 ♓ 17	24 8 ♒ 25	0 ♎ 22 ♑ 16 ♊
März	24 0 ♉ 3	11 ♓ 29 17 ♈	8 ♎ 0 ♒ 26 ♊
April	3 29 ♈ 22	28 26 19	22 ♏ 21 ♓ 14 ♌
Mai	18 17 20	18 23 5 ♉	26 ♐ 0 ♉ 17 ♍
Juni	27 4 ♉ 13	24 13 ♊ 4 ♋	15 ♒ 23 ♊ 1 ♏
Juli	24 3 ♊ 14	26 11 ♌ 24	23 ♓ 29 ♋ 3 ♐
Aug.	27 7 ♋ 18	4 ♍ 4 27 ♌	16 ♉ 17 ♍ 19 ♑
Sept.	2 ♌ 13 25	22 0 ♍ 17	8 ♋ 1 ♏ 8 ♓
Okt.	8 ♍ 19 2 ♎	7 ♎ 23 9 ♏	15 ♌ 3 ♐ 16 ♈
Nov.	17 28 10 ♏	27 9 ♐ 20	1 ♎ 19 ♑ 10 ♊
Dez.	24 5 ♐ 18	22 11 8	4 ♏ 24 ♒ 17 ♋

1946	♀	☿	☽
Jan.	3 ♑ 14 27	19 ♐ 1 ♑ 16	18 ♐ 15 ♈ 6 ♍
Febr.	12 ♒ 23 6 ♓	5 ♒ 21 9 ♓	4 ♒ 8 ♊ 22 ♎
März	17 28 11 ♈	25 7 ♈ 9	12 ♒ 19 ♊ 0 ♏
April	26 7 ♉ 19	0 28 ♓ 3 ♈	2 ♈ 11 ♌ 14 ♐
Mai	3 ♊ 13 25	15 28 16 ♉	10 ♉ 17 ♍ 17 ♑
Juni	10 ♋ 21 3 ♌	12 ♊ 1 ♋ 19	3 ♋ 2 ♏ 3 ♓
Juli	16 26 8 ♍	5 ♌ 13 16	11 ♌ 5 ♐ 10 ♈
Aug.	21 1 ♎ 12	11 5 8	0 ♎ 19 ♑ 3 ♊
Sept.	24 3 ♏ 13	26 13 ♍ 2 ♎	15 ♏ 6 ♓ 26 ♋
Okt.	21 27 1 ♐	20 4 ♍ 18	17 ♐ 12 ♈ 4 ♍
Nov.	2 29 ♏ 23	2 ♐ 7 0	1 ♒ 4 ♊ 22 ♎
Dez.	18 17 20	21 ♏ 27 10 ♐	4 ♓ 13 ♋ 25 ♏

1947	♀	☿	☽
Jan.	27 ♏ 4 ♐ 13	28 ♐ 12 ♑ 28	23 ♈ 5 ♍ 9 ♑
Febr.	25 5 ♑ 16	18 ♒ 4 ♓ 19	14 ♊ 23 ♎ 24 ♒
März	26 6 ♒ 18	23 16 9	25 ♊ 1 ♏ 3 ♓
April	2 ♓ 13 24	14 23 6 ♈	18 ♌ 16 ♐ 21 ♈
Mai	8 ♈ 18 1 ♉	25 13 ♉ 4 ♊	26 ♍ 18 ♑ 28 ♉
Juni	15 26 8 ♊	28 12 ♋ 23	14 ♏ 2 ♊ 21 ♋
Juli	21 2 ♋ 15	27 24 18	18 ♐ 6 ♈ 0 ♍
Aug.	29 10 ♌ 22	19 0 ♌ 17	2 ♒ 25 ♉ 21 ♎
Sept.	8 ♍ 19 1 ♎	11 ♍ 28 14 ♎	17 ♓ 18 ♋ 7 ♐
Okt.	15 26 9 ♏	0 ♏ 11 20	22 ♉ 27 ♌ 9 ♑
Nov.	24 5 ♐ 17	18 7 8	12 ♊ 19 ♎ 23 ♒
Dez.	1 ♑ 12 25	21 5 ♐ 20	21 ♋ 24 ♏ 25 ♓

1948	♀	☿	☽
Jan.	10 ♒ 21 3 ♓	9 ♑ 23 10 ♒	15 ♍ 10 ♑ 11 ♉
Febr.	18 28 10 ♈	29 6 ♓ 0	5 ♏ 25 ♒ 2 ♋
März	22 3 ♉ 14	22 ♒ 24 2 ♓	27 ♏ 16 ♓ 26 ♋
April	27 6 ♊ 16	18 2 ♈ 21	12 ♑ 2 ♉ 20 ♍
Mai	25 2 ♋ 8	14 ♉ 3 ♊ 20	14 ♒ 7 ♊ 28 ♎
Juni	11 10 5	4 ♋ 7 5	28 ♓ 29 ♋ 17 ♐
Juli	29 ♊ 25 25	29 ♊ 29 8 ♋	1 ♉ 9 ♍ 21 ♑
Aug.	29 5 ♋ 12	28 16 6 ♍	18 ♊ 1 ♏ 6 ♓
Sept.	23 2 ♌ 12	27 10 ♎ 23	11 ♌ 20 ♐ 20 ♈
Okt.	24 5 ♍ 16	3 ♏ 5 26 ♎	20 ♍ 24 ♑ 25 ♉
Nov.	0 ♎ 11 23	21 1 ♏ 16	12 ♏ 8 ♓ 14 ♋
Dez.	7 ♏ 18 0 ♐	3 ♐ 17 3 ♑	18 ♐ 9 ♈ 23 ♌

Gerundete Positionsangaben von Venus (♀), Merkur (☿) und

1949	♀	☿	☽	1950	♀	☿	☽	1951	♀	☿	☽	1952	♀	☿	☽
Jan.	15 ♐ 26 9 ♑	22 ♑ 6 ♒ 19	5 ♒ 24 ♉ 16 ♎	Jan.	17 ♒ 19 17	0 ♒ 4 23 ♑	8 ♊ 8 ♎ 27 ♒	Jan.	22 ♑ 3 ♒ 16	11 ♑ 2 6	14 ♎ 25 ♒ 29 ♊	Jan.	29 ♏ 9 ♐ 21	18 ♐ 27 10 ♑	6 ♓ 1 ♋ 2 ♏
Febr.	24 5 ♒ 18	15 6 6	20 ♓ 12 ♋ 7 ♐	Febr.	10 5 3	19 25 7 ♒	24 ♋ 1 ♐ 12 ♈	Febr.	1 ♓ 12 24	19 1 ♒ 16	6 ♐ 13 ♈ 15 ♌	Febr.	6 ♑ 17 29	28 12 ♒ 29	26 ♈ 15 ♌ 24 ♐
März	29 10 ♓ 23	14 25 9 ♓	28 ♓ 20 ♋ 17 ♐	März	4 9 15	20 4 ♓ 22	2 ♌ 11 ♐ 20 ♈	März	6 ♈ 17 29	1 ♓ 18 8 ♈	17 ♐ 21 ♈ 23 ♌	März	11 ♒ 23 5 ♓	18 ♓ 5 ♈ 18	17 ♉ 6 ♍ 18 ♑
April	8 ♈ 19 1 ♉	0 ♈ 17 8 ♉	13 ♉ 13 ♍ 4 ♒	April	25 4 ♓ 14	16 ♈ 4 ♉ 20	22 ♍ 3 ♒ 4 ♊	April	13 ♉ 24 6 ♊	29 8 ♉ 7	10 ♒ 5 ♊ 11 ♎	April	20 1 ♈ 13	18 12 9	2 ♋ 22 ♎ 11 ♓
Mai	15 26 8 ♊	29 11 ♊ 17	17 ♊ 22 ♎ 7 ♓	Mai	25 5 ♈ 16	27 26 20	0 ♏ 7 ♓ 7 ♋	Mai	19 29 11 ♋	0 29 ♈ 4 ♉	18 ♓ 8 ♋ 18 ♏	Mai	27 8 ♉ 20	15 24 9 ♉	4 ♌ 28 ♏ 19 ♈
Juni	23 4 ♋ 16	14 10 9	6 ♌ 14 ♐ 20 ♈	Juni	0 ♉ 10 22	20 26 8 ♊	24 ♐ 23 ♈ 25 ♌	Juni	24 3 ♌ 14	17 2 ♊ 22	5 ♉ 22 ♌ 12 ♑	Juni	5 ♊ 16 28	2 ♊ 21 12 ♋	18 ♍ 21 ♑ 8 ♊
Juli	0 ♌ 10 23	18 1 ♋ 20	15 ♍ 20 ♑ 22 ♉	Juli	5 ♊ 15 27	28 17 ♋ 8 ♌	2 ♒ 25 ♉ 2 ♎	Juli	24 2 ♍ 9	16 ♋ 4 ♌ 20	8 ♊ 27 ♍ 21 ♒	Juli	11 ♋ 22 5 ♌	2 ♌ 14 24	21 ♎ 0 ♓ 12 ♋
Aug.	7 ♍ 18 0 ♎	15 ♌ 2 ♍ 18	8 ♏ 7 ♓ 9 ♋	Aug.	12 ♋ 23 5 ♌	0 ♍ 12 24	20 ♓ 9 ♋ 25 ♏	Aug.	16 18 17	6 ♍ 13 15	22 ♋ 17 ♏ 11 ♈	Aug.	20 1 ♍ 13	27 22 15	9 ♐ 22 ♈ 26 ♌
Sept.	14 25 7 ♏	5 ♎ 14 19	0 ♑ 21 ♈ 29 ♌	Sept.	19 1 ♍ 13	2 ♎ 0 21 ♍	5 ♉ 26 ♌ 18 ♑	Sept.	12 6 3	6 2 10	8 ♍ 10 ♑ 27 ♉	Sept.	28 9 ♎ 21	21 5 ♍ 24	2 ♒ 11 ♊ 11 ♎
Okt.	20 0 ♐ 11	13 4 9	6 ♒ 24 ♉ 7 ♎	Okt.	27 8 ♎ 20	20 1 ♎ 18	7 ♊ 2 ♎ 25 ♒	Okt.	3 6 13	28 14 ♎ 1 ♏	13 ♎ 19 ♒ 29 ♊	Okt.	5 ♏ 16 28	14 ♎ 28 14 ♏	11 ♓ 14 ♋ 16 ♏
Nov.	25 5 ♑ 15	26 11 ♏ 27	21 ♓ 10 ♋ 0 ♐	Nov.	5 ♏ 17 29	8 ♏ 23 8 ♐	21 ♋ 25 ♏ 12 ♈	Nov.	22 1 ♎ 11	20 3 ♐ 17	4 ♐ 10 ♈ 13 ♌	Nov.	13 ♐ 24 6 ♑	0 ♐ 11 17	3 ♉ 27 ♌ 6 ♑
Dez.	26 4 ♒ 11	14 ♐ 28 14 ♑	23 ♈ 16 ♌ 8 ♑	Dez.	13 ♐ 24 7 ♑	25 7 ♑ 17	25 ♌ 4 ♑ 15 ♉	Dez.	23 3 ♏ 14	0 ♑ 2 20 ♐	13 ♑ 15 ♉ 15 ♍	Dez.	19 0 ♒ 12	7 0 7	9 ♊ 29 ♍ 15 ♒

1953	♀	☿	☽	1954	♀	☿	☽	1955	♀	☿	☽	1956	♀	☿	☽
Jan.	♒ 6 ♓ 17	23 ♐ 6 ♑ 21	25 ♋ 14 ♏ 8 ♈	Jan.	4 ♑ 15 28	3 ♑ 17 4 ♒	28 ♏ 0 ♈ 16 ♌	Jan.	26 ♏ 4 ♐ 13	14 ♑ 29 16 ♒	6 ♈ 15 ♌ 19 ♐	Jan.	10 ♒ 21 4 ♓	26 ♑ 8 ♒ 13	27 ♌ 21 ♐ 24 ♈
Febr.	29 8 ♈ 17	11 ♒ 27 15 ♓	10 ♍ 3 ♑ 29 ♉	Febr.	13 ♒ 24 7 ♓	24 9 ♓ 16	14 ♑ 23 ♉ 1 ♎	Febr.	25 5 ♑ 16	29 26 16	29 ♉ 3 ♎ 5 ♒	Febr.	18 29 11 ♈	1 28 ♑ 4 ♒	16 ♎ 5 ♒ 15 ♊
März	24 28 1 ♉	29 3 ♈ 26 ♓	18 ♍ 11 ♑ 8 ♊	März	18 29 11 ♈	10 3 3	22 ♑ 3 ♊ 10 ♎	März	26 7 ♒ 18	15 22 3 ♓	10 ♊ 11 ♎ 12 ♒	März	23 3 ♉ 14	16 29 15 ♓	7 ♏ 26 ♒ 10 ♋
April	0 25 ♈ 19	20 23 3 ♈	3 ♏ 4 ♓ 24 ♋	April	26 7 ♉ 20	13 26 11 ♈	13 ♓ 24 ♋ 25 ♏	April	2 ♓ 13 25	21 7 ♈ 27	2 ♌ 26 ♏ 2 ♈	April	27 6 ♊ 16	7 ♈ 25 15 ♉	22 ♐ 13 ♈ 3 ♍
Mai	15 16 20	19 4 ♉ 24	8 ♐ 13 ♈ 26 ♌	Mai	3 ♊ 14 26	2 ♉ 21 12 ♊	21 ♈ 28 ♌ 28 ♐	Mai	8 ♈ 19 1 ♉	20 ♉ 7 ♊ 21	9 ♍ 28 ♐ 9 ♉	Mai	25 2 ♋ 7	2 ♊ 8 8	23 ♑ 19 ♉ 11 ♎
Juni	27 4 ♉ 13	20 ♊ 8 ♋ 23	29 ♑ 5 ♊ 10 ♎	Juni	11 ♋ 21 3 ♌	3 ♋ 13 19	15 ♊ 12 ♎ 16 ♒	Juni	16 27 9 ♊	29 27 22	26 ♎ 13 ♒ 3 ♋	Juni	9 7 2	1 1 7	8 ♓ 12 ♋ 29 ♏
Juli	24 3 ♊ 14	4 ♌ 8 5	7 ♓ 11 ♋ 12 ♏	Juli	16 27 8 ♍	16 11 10	22 ♋ 14 ♏ 24 ♓	Juli	22 3 ♋ 15	21 27 10 ♋	28 ♏ 18 ♓ 11 ♌	Juli	26 ♊ 23 23	21 7 ♋ 28	11 ♈ 21 ♌ 2 ♑
Aug.	27 7 ♋ 19	28 ♋ 29 11 ♌	1 ♉ 27 ♌ 29 ♐	Aug.	22 2 ♎ 12	20 5 ♌ 26	10 ♍ 29 ♐ 18 ♉	Aug.	0 ♌ 11 23	4 ♌ 22 11 ♍	12 ♑ 9 ♉ 1 ♎	Aug.	28 4 ♋ 12	22 ♌ 8 ♍ 21	0 ♊ 13 ♎ 16 ♒
Sept.	3 ♌ 14 26	3 ♍ 20 8 ♎	22 ♊ 11 ♎ 19 ♒	Sept.	25 3 ♏ 12	18 ♍ 4 ♎ 19	25 ♎ 16 ♒ 10 ♋	Sept.	8 ♍ 20 2 ♎	0 ♎ 12 23	28 ♒ 3 ♋ 17 ♏	Sept.	23 2 ♌ 13	6 ♎ 12 10	22 ♋ 1 ♐ 2 ♈
Okt.	9 ♍ 20 2 ♎	25 8 ♏ 21	26 ♋ 14 ♏ 28 ♓	Okt.	21 26 0 ♐	3 ♏ 12 14	27 ♏ 23 ♓ 16 ♌	Okt.	16 27 9 ♏	29 24 14	4 ♈ 11 ♌ 19 ♐	Okt.	25 5 ♍ 17	29 29 12	2 ♍ 3 ♑ 7 ♉
Nov.	17 28 11 ♏	0 ♐ 27 ♏ 16	11 ♍ 1 ♑ 22 ♉	Nov.	29 ♏ 25 19	3 29 10	11 ♑ 16 ♉ 3 ♎	Nov.	24 6 ♐ 18	20 3 ♏ 19	25 ♉ 1 ♎ 3 ♒	Nov.	1 ♎ 12 24	2 ♏ 17 3 ♐	24 ♎ 17 ♒ 27 ♊
Dez.	25 6 ♐ 19	19 0 ♐ 14	13 ♎ 7 ♒ 28 ♊	Dez.	15 15 19	26 10 ♐ 25	16 ♒ 24 ♊ 6 ♏	Dez.	2 ♑ 13 25	6 ♐ 20 6 ♑	4 ♋ 6 ♏ 6 ♓	Dez.	7 ♏ 18 1 ♐	20 3 ♑ 18	0 ♐ 19 ♓ 6 ♌

Mond (☽) für jeden 1., 10. und 20. des Monats um 12 h Weltzeit. Ab 1961 Positionsangaben um 00 h Weltzeit.

1957	♀	☿	☽	1958	♀	☿	☽	1959	♀	☿	☽	1960	♀	☿	☽
Jan.	16 ♐	27 ♑	15 ♑	Jan.	15 ♒	26 ♐	17 ♉	Jan.	23 ♑	18 ♐	28 ♏	Jan.	29 ♏	26 ♐	17 ♒
	27	20	4 ♉		16	27	22 ♍		4 ♒	0 ♑	6 ♒		10 ♐	9 ♑	11 ♊
	10 ♑	11	29 ♍		13	6 ♑	7 ♒		16	14	9 ♊		22	25	15 ♎
Febr.	25	17	0 ♓	Febr.	6	22	4 ♋	Febr.	1 ♓	3 ♒	21 ♏	Febr.	6 ♑	16 ♒	6 ♈
	6 ♒	27	23 ♊		2	6 ♒	15 ♏		13	18	23 ♓		17	2 ♓	25 ♋
	18	11 ♒	20 ♏		1	22	22 ♓		25	6 ♓	25 ♋		0 ♒	18	8 ♐
März	0 ♓	25	9 ♓	März	3	8 ♓	12 ♋	März	6 ♈	23	2 ♐	März	12	26	27 ♈
	11	10 ♓	2 ♋		8	26	25 ♏		17	7 ♈	1 ♈		23	21	16 ♌
	23	29	28 ♏		15	15 ♈	0 ♈		0 ♉	13	3 ♌		5 ♓	13	3 ♑
April	8 ♈	23 ♈	24 ♈	April	25	29	4 ♍	April	14	5	24 ♑	April	20	15	11 ♊
	19	9 ♉	26 ♌		4 ♓	0 ♉	14 ♑		25	1	16 ♉		1 ♈	23	3 ♎
	2 ♉	18	14 ♑		14	24 ♈	15 ♉		7 ♊	4	22 ♍		14	6 ♈	26 ♒
Mai	15	18	29 ♉	Mai	26	20	12 ♎	Mai	19	14	0 ♓	Mai	27	24	13 ♋
	26	13	5 ♎		6 ♈	24	18 ♒		0 ♋	26	18 ♊		8 ♉	11 ♉	10 ♏
	9 ♊	10	16 ♒		17	4 ♉	19 ♊		11	13 ♉	0 ♏		20	3 ♊	2 ♈
Juni	23	17	20 ♋	Juni	0 ♉	22	6 ♐	Juni	24	8 ♊	16 ♈	Juni	5 ♊	28	28 ♌
	4 ♋	27	26 ♏		11	9 ♊	2 ♈		4 ♌	28	4 ♌		16	12 ♋	3 ♑
	17	13 ♊	0 ♈		22	1 ♋	8 ♌		14	17 ♋	24 ♐		29	24	19 ♉
Juli	0 ♌	6 ♋	29 ♌	Juli	5 ♊	24	12 ♑	Juli	24	4 ♌	18 ♉	Juli	12 ♋	0 ♌	2 ♎
	11	25	1 ♑		16	9 ♌	4 ♉		2 ♍	14	10 ♍		23	28 ♋	12 ♒
	23	14 ♌	2 ♉		28	23	16 ♍		9	19	2 ♒		5 ♌	22	22 ♊
Aug.	8 ♍	4 ♍	22 ♎	Aug.	12 ♋	5 ♍	0 ♓	Aug.	15	16	2 ♋	Aug.	20	21	22 ♏
	19	15	17 ♒		23	8	19 ♊		16	9	1 ♏		1 ♍	0 ♌	3 ♈
	1 ♎	23	19 ♊		5 ♌	3	10 ♏		14	9	21 ♓		14	17	6 ♌
Sept.	15	24	12 ♐	Sept.	20	25 ♌	15 ♈	Sept.	8	24	19 ♌	Sept.	28	10 ♍	15 ♑
	26	16	2 ♈		1 ♍	29	7 ♌		3	10 ♍	25 ♐		9 ♎	27	21 ♉
	7 ♏	11	11 ♌		13	15 ♍	2 ♑		0	29	6 ♉		22	13 ♎	22 ♍
Okt.	20	22	17 ♑	Okt.	27	5 ♎	17 ♉	Okt.	1	18 ♎	24 ♍	Okt.	5 ♏	0 ♏	24 ♒
	1 ♐	7 ♎	5 ♉		9 ♎	20	13 ♍		5	2 ♏	3 ♒		16	11	23 ♊
	12	24	19 ♍		21	7 ♏	7 ♒		12	18	9 ♊		29	21	27 ♎
Nov.	25	14 ♏	1 ♓	Nov.	6 ♏	25	2 ♋	Nov.	22	2 ♐	16 ♏	Nov.	13 ♐	22	15 ♈
	5 ♑	28	22 ♊		17	8 ♐	7 ♏		1 ♎	9	23 ♓		24	12	6 ♌
	15	13 ♐	12 ♏		0 ♐	20	23 ♓		11	6	23 ♋		6 ♑	9	19 ♐
Dez.	26	29	3 ♈	Dez.	14	26	7 ♌	Dez.	23	24 ♏	25 ♐	Dez.	19	21	20 ♉
	3 ♒	9 ♑	29 ♋		25 ♑	17	15 ♐		3 ♏	27	27 ♈		0 ♒	4 ♐	8 ♍
	10	10	19 ♐		8	9	25 ♈		15	8 ♐	27 ♌		12	19	28 ♑

1961	♀	☿	☽	1962	♀	☿	☽	1963	♀	☿	☽	1964	♀	☿	☽
Jan.	25 ♒	7 ♑	0 ♋	Jan.	4 ♑	19 ♑	1 ♏	Jan.	25 ♏	29 ♑	13 ♓	Jan.	10 ♒	18 ♑	1 ♌
	5 ♊	22	18 ♎		15	4 ♒	7 ♓		3 ♐	6 ♒	19 ♋		21	7	25 ♏
	16	9 ♒	13 ♓		28	18	21 ♋		12	0	23 ♏		4 ♓	6	1 ♈
Febr.	29	29	14 ♌	Febr.	13 ♒	21	18 ♐	Febr.	25	21	7 ♉	Febr.	18	17	19 ♍
	7 ♈	8 ♓	7 ♐		24	11	0 ♉		4 ♑	25	6 ♍		29	29	9 ♑
	16	5	3 ♉		7 ♓	7	6 ♍		16	5 ♒	8 ♑		11 ♈	14 ♒	23 ♉
März	22	26 ♒	23 ♌	März	18	13	27 ♐	März	26	17	17 ♉	März	23	1 ♓	10 ♎
	27	25	18 ♐		29	23	9 ♉		6 ♒	1 ♓	15 ♍		3 ♉	17	29 ♑
	29	1 ♓	11 ♉		11 ♈	7 ♓	15 ♍		18	18	16 ♑		13	6 ♈	18 ♊
April	27	16	8 ♎	April	26	26	17 ♒	April	3 ♓	22 ♈	9 ♋	April	27	28	25 ♏
	21	29	11 ♒		7 ♉	13 ♈	28 ♊		13	0 ♉	0 ♏		6 ♊	9 ♉	16 ♓
	16	17 ♈	28 ♊		20	4 ♉	29 ♎		25	18	5 ♓		15	11	10 ♌
Mai	13	9 ♉	13 ♏	Mai	3 ♊	26	26 ♓	Mai	8 ♈	29	14 ♌	Mai	24	5	27 ♐
	14	29	20 ♓		14	10 ♊	2 ♌		19	0 ♊	3 ♐		1 ♋	2	23 ♈
	18	18 ♊	0 ♌		26	19	3 ♐		1 ♉	25 ♉	14 ♈		5	5	17 ♍
Juni	26	4 ♋	5 ♑	Juni	10 ♋	19	20 ♉	Juni	16	22	0 ♎	Juni	7	17	12 ♒
	4 ♉	10	11 ♉		21	15	16 ♍		27	26	19 ♑		4	1 ♊	17 ♊
	13	10	13 ♍		3 ♌	12	23 ♑		9 ♊	6 ♊	8 ♊		29 ♊	20	4 ♏
Juli	24	4	13 ♒	Juli	16	17	26 ♊	Juli	22	24	2 ♏	Juli	21	14 ♋	16 ♓
	3 ♊	1	16 ♊		27	28	17 ♎		3 ♋	12 ♋	24 ♒		20	2 ♌	25 ♋
	14	7	16 ♎		8 ♍	16 ♋	1 ♓		15	4 ♌	15 ♋		22	19	6 ♐
Aug.	27 ♋	24	7 ♈	Aug.	22	11 ♌	14 ♌	Aug.	2 ♌	26	16 ♐	Aug.	27	6 ♍	7 ♉
	6	12 ♌	1 ♌		1 ♎	29	2 ♐		11	10 ♍	17 ♈		3 ♋	14	16 ♍
	19	2 ♏	3 ♐		12	16 ♍	24 ♈		24	23	4 ♍		12	18	20 ♑
Sept.	3 ♌	24	27 ♉	Sept.	24	3 ♎	29 ♍	Sept.	8 ♍	4 ♎	2 ♒	Sept.	23	11	0 ♋
	14	8 ♎	16 ♑		3 ♏	14	20 ♑		20	5	10 ♊		2 ♌	5	4 ♏
	26	21	25 ♑		11	21	16 ♊		2 ♎	27 ♍	20 ♎		12	9	6 ♓
Okt.	9 ♍	3 ♏	1 ♋	Okt.	20	19	1 ♏	Okt.	16	21	7 ♓	Okt.	24	26	8 ♌
	20	8	19 ♌		25	9	27 ♒		27	29	18 ♋		5 ♍	12 ♎	6 ♐
	2 ♎	3	4 ♓		27	8	22 ♋		9 ♏	15 ♎	23 ♏		17	0 ♏	11 ♈
Nov.	17 ♎	22 ♎	15 ♌	Nov.	26 ♏	23 ♎	17 ♐	Nov.	24 ♏	5 ♏	0 ♉	Nov.	1 ♎	19 ♏	0 ♎
	28	29	7 ♐		22	8 ♏	20 ♈		6 ♐	20	7 ♍		12	2 ♐	20 ♑
	11 ♏	13 ♏	26 ♈		16	24	7 ♍		18	5 ♐	7 ♑		24	17	2 ♊
Dez.	25	0 ♐	17 ♍	Dez.	12	11 ♐	22 ♑	Dez.	2 ♑	22	8 ♊	Dez.	7 ♏	1 ♑	5 ♏
	6 ♐	14	14 ♑		13	26	29 ♉		13	5 ♑	11 ♎		18	5	22 ♒
	19	0 ♃	3 ♊		17	11 ♑	9 ♎		25	18	11 ♒		1 ♐	25 ♐	11 ♋

Gerundete Positionsangaben von Venus (♀), Merkur (☿) und Mond (☽) für jeden 1., 10. und 20. des Monats um 00 Uhr Weltzeit

	1965 ♀	☿	☽	1966 ♀	☿	☽	1967 ♀	☿	☽	1968 ♀	☿	☽
Jan.	16♐	19♐	20♐	13♒	20♐	21♈	23♑	0♑	6♏	29♍	11♑	21♑
	26	26	9♈	13	3♑	28♌	4♒	14	10♑	10♐	26	15♉
	10♑	9♑	4♍	10	19	11♑	17	0♒	12♉	22	13♒	23♍
Febr.	25	26	4♒	3	8♒	8♊	2♓	21	29♋	6♑	0♓	10♑
	6♒	11	29♈	28♑	24	21♎	12	7♈	27♒	17	1♓	29♊
	18	28	24♋	28	12♓	26♒	25	18	28♊	0♒	21♒	15♍
März	0♓	14♓	13♒	1	27	17♊	6♈	16	9♏	12	17	0♈
	11	2♈	10♊	6	5♈	0♏	17	8	6♓	23	22	19♋
	17	17	1♍	14	2	5♓	0♉	5	6♓	5♓	3♓	10♐
April	8♈	23	29♋	25	23♈	9♌	14	13	0♑	20	20	15♐
	19	17	3♑	3♓	24	18♐	25	23	20♐	1♈	5♈	7♍
	2♉	12	17♐	14	2♈	20♈	7♊	8♈	27♌	14	24	2♒
Mai	15	15	4♉	25	16	18♍	19	28	5♒	27	18♉	17♊
	26	23	12♍	5♉	1♉	21♑	0♋	17♈	23♉	8♉	6♊	14♎
	9♊	6♈	19♑	17	20	24♉	11	8♊	5♒	21	21	8♓
Juni	23	28	26♊	0♉	16♊	11♏	24	0♉	20♊	5♊	1♋	3♌
	4♋	17	2♏	10	5♋	5♓	3♌	12	10♋	16	2	7♐
	17	8♋	3♓	22	21	14♋	13	20	29♍	29	27♊	24♉
Juli	0♌	29	4♋	5♊	4♋	17♐	23	21	22♈	12♋	23	8♍
	11	13♌	7♐	16	11	7♈	0♍	16	16♋	23	27	16♑
	23	24	7♈	28	10	22♌	8	12	6♑	5♌	9♋	26♉
Aug.	8♍	0♍	28♍	12♋	2	4♒	19	19	6♊	20	2♌	29♎
	19	27♌	22♑	23	1	22♉	14	2♌	9♎	1♍	29	7♐
	1♎	20	25♉	5♌	9	16♎	11	21	25♒	14	9♍	10♋
Sept.	15	20	17♏	29	29	19♓	5	15♍	22♋	28	29	22♐
	26	2♍	6♓	1♍	17♍	11♋	0	1♎	2♐	10♎	12♋	24♈
	7♏	16♋	16♋	13	5♎	7♐	27♌	16	11♈	22	23	26♑
Okt.	20	10♎	21♐	27	23	22♈	0♍	1♍	28♋	5♍	1♍	1♒
	0♐	21	9♈	8♎	6♏	18♌	4	11	10♑	16	29♋	26♉
	12	11	26♋	21	19	12♑	10	17	13♉	29	18	1♋
Nov.	25	28♏	5♒	6♏	6	8♊	22	9♍	20♋	13♐	20♍	21♊
	4♏	10♐	28♉	17	2	12♎	0♎	1	28♍	24	2♍	10♋
	15	18	18♎	0♐	21♏	27♒	11	8	28♊	6♑	18	23♍
Dez.	25	14	6♓	14	19	14♑	23	23	29♍	19	5♐	25♈
	2♒	4	5♋	25	28	20♏	3♍	7♐	1♈	0♒	20	13♌
	9	6	25♏	8♑	12	29♓	15	22	2♌	2♐	12	5♎

	1969 ♀	☿	☽	1970 ♀	☿	☽	1971 ♀	☿	☽	1972 ♀	☿	☽
Jan.	26♒	25	10♊	4♑	29♐	11♋	25♏	2♑	28♒	11♒	17♐	12♋
	6♓	8♒	0♎	16	27	20♒	3♐	28♐	1♋	22	28	4♍
	17	16	24♒	28	16	8♏	12	5♑	2♏	4♓	12♑	14♈
Febr.	29	6	25♋	13♒	17	29♍	25	20	21♈	19	0♒	0♍
	7♈	0	21♍	24	26	12♐	5♑	3♒	12♉	0♈	15	19♐
	15	5	13♈	7♈	9♒	16♑	16	19	18♐	11	3♓	8♉
März	21	14	3♋	19	22	9♐	26	5♈	0♉	23	21	20♍
	25	26	2♐	0♈	7♈	20♍	7	22	26♌	3♈	7♈	9♑
	27	12♓	21♈	12	25	25♌	19	11♈	27♐	14	16	2♊
April	23	3♈	19♍	27	20♈	1♒	3♈	29	21♑	27	10	5♒
	18	21	25♑	8♉	7♉	8♓	14	4♉	10♎	6♊	5	27♐
	12	12♉	7♊	20	19	10♋	26	19♈	9♑	15	5	24♋
Mai	11	1♊	24♎	4♊	22	10♓	9♈	23	25♋	24	14	8♐
	12	10	4♓	15	18	11♋	20	25	13♍	0♋	26	15♍
	17	12	9♋	27	13	14♏	2♉	3♉	27♑	4	12♉	28♌
Juni	26	6	17♐	11♋	17	2♈	16	19	10♍	1	6♊	24♑
	3♉	3	23♈	22	25	25♌	27	5♊	4♑	14	8	14♎
	13	7	24♌	4♌	10♊	5♑	9♊	26	20♉	25♊	16♋	14♎
Juli	24	18	26♑	17	2♌	25♋	23	20♋	11♎	20	3♋	29♒
	3♊	3♋	27♉	27	21	27♍	4♋	6♌	7♏	18	14	7♋
	14	24	27♍	9♍	11♋	13♒	16	22	20♐	20	21	16♍
Aug.	28	19♌	18♊	22	1♍	25♏	1♌	5♍	25♏	26	20	21♈
	8♋	5♍	12♋	2♎	13	13♑	12	10	0♐	3♋	14	27♑
	19	20	16♏	12	24	7♈	24	8	16♌	11	11	0♓
Sept.	3♌	17	7♍	24	3♐	9♍	9♍	29♌	12♑	23	22	15♊
	14	13	26♑	3♏	22	2♓	20	29	3♒	2♎	8♍	16♒
	26	14	9♑	11	14	28♉	3♎	12	1♈	13	27	16♍
Okt.	10♍	10	10♊	19	20	2♐	16	1♍	18♒	25	16♎	13♋
	21	0	0♎	23	4♒	10♍	28	17	0♋	5♍	1♏	16♍
	3♎	10	18♒	25	21	25♑	10♏	4♍	3♏	17	16	21♑
Nov.	18	29	24♋	23	11♏	29♏	25	22♍	11♈	1♎	1♐	1♐
	29	14♏	18♍	18	25	7♈	6♐	5♐	10♉	12	10	22♓
	12♏	0♐	10♈	12	11♐	17♑	19	11	19♐	24	11	6♈
Dez.	25	17	26♑	10	2♑	5♑	2♑	28	20♉	8♍	28♏	15♑
	7♐	1♐	2♐	11	8♑	11♉	14	24	21♍	19	28	13♉
	19	16	16♉	16	14	18♍	26	13	24♑	2♐	8♐	3♎

324

Planetenlauf 1973–1980

1973	Juli	Aug.	Sept.	1974	Jan.	Febr.	März	April	Mai	Juni
♂	7 ♈	24 ♈	7 ♉	♂	3 ♉	16 ♉	1 ♊	19 ♊	6 ♋	25 ♋
♃	11 ♒	7 ♒	4 ♒	♃	14 ♒	22 ♒	28 ♒	5 ♓	11 ♓	16 ♓
♄	26 ♊	0 ♋	3 ♋	♄	29 ♊	28 ♊	28 ♊	29 ♊	1 ♋	5 ♋
⛢	19 ♎	19 ♎	21 ♎	⛢	27 ♎	28 ♎	27 ♎	26 ♎	25 ♎	24 ♎
♆	5 ♐	5 ♐	5 ♐	♆	7 ♐	7 ♐	8 ♐	8 ♐	7 ♐	7 ♐
♇	2 ♎	2 ♎	3 ♎	♇	7 ♎	7 ♎	6 ♎	5 ♎	5 ♎	4 ♎
☊	8 ♑	6 ♑	4 ♑	☊	28 ♐	26 ♐	25 ♐	23 ♐	22 ♐	20 ♐

1973	Okt.	Nov.	Dez.	1974	Juli	Aug.	Sept.	Okt.	Nov.	Dez.
♂	8 ♉	29 ♈	25 ♈	♂	13 ♌	3 ♍	22 ♍	12 ♎	3 ♏	23 ♏
♃	2 ♒	4 ♒	8 ♒	♃	18 ♓	17 ♓	14 ♓	10 ♓	8 ♓	9 ♓
♄	5 ♋	4 ♋	3 ♋	♄	8 ♋	12 ♋	16 ♋	18 ♋	19 ♋	18 ♋
⛢	22 ♎	24 ♎	26 ♎	⛢	24 ♎	24 ♎	25 ♎	27 ♎	29 ♎	0 ♏
♆	5 ♐	6 ♐	7 ♐	♆	7 ♐	7 ♐	7 ♐	7 ♐	8 ♐	9 ♐
♇	4 ♎	5 ♎	6 ♎	♇	4 ♎	4 ♎	6 ♎	7 ♎	8 ♎	9 ♎
☊	3 ♑	1 ♑	0 ♑	☊	18 ♐	17 ♐	15 ♐	13 ♐	12 ♐	10 ♐

Planetenlauf 1973–1980

1975	Jan.	Febr.	März	April	Mai	Juni	1976	Jan.	Febr.	März
♂	15 ♐	7 ♑	28 ♑	21 ♒	15 ♓	8 ♈	♂	17 ♊	15 ♊	23 ♊
♃	13 ♓	19 ♓	26 ♓	3 ♈	10 ♈	17 ♈	♃	16 ♈	19 ♈	24 ♈
♄	16 ♋	13 ♋	12 ♋	12 ♋	14 ♋	17 ♋	♄	1 ♌	29 ♋	27 ♋
⛢	2 ♏	2 ♏	2 ♏	1 ♏	0 ♏	29 ♎	⛢	6 ♏	7 ♏	7 ♏
♆	10 ♐	11 ♐	12 ♐	12 ♐	11 ♐	10 ♐	♆	11 ♐	12 ♐	12 ♐
♇	9 ♎	9 ♎	9 ♎	8 ♎	7 ♎	7 ♎	♇	12 ♎	12 ♎	11 ♎
☊	9 ♐	7 ♐	5 ♐	4 ♐	2 ♐	1 ♐	☊	20 ♏	18 ♏	16 ♏

1975	Juli	Aug.	Sept.	Okt.	Nov.	Dez.	1976	April	Mai	Juni
♂	0 ♉	21 ♉	10 ♊	25 ♊	2 ♋	28 ♊	♂	6 ♋	21 ♋	8 ♌
♃	21 ♈	24 ♈	24 ♈	21 ♈	17 ♈	15 ♈	♃	1 ♉	8 ♉	16 ♉
♄	21 ♋	25 ♋	28 ♋	1 ♌	3 ♌	3 ♌	♄	26 ♋	27 ♋	0 ♌
⛢	28 ♎	29 ♎	0 ♏	1 ♏	3 ♏	5 ♏	⛢	6 ♏	5 ♏	4 ♏
♆	9 ♐	9 ♐	9 ♐	9 ♐	10 ♐	11 ♐	♆	12 ♐	12 ♐	11 ♐
♇	7 ♎	7 ♎	8 ♎	9 ♎	10 ♎	11 ♎	♇	10 ♎	10 ♎	9 ♎
☊	29 ♏	27 ♏	26 ♏	24 ♏	23 ♏	21 ♏	☊	14 ♏	13 ♏	11 ♏

1976	Juli	Aug.	Sept.	1977	Jan.	Febr.	März	April	Mai	Juni
♂	26 ♌	15 ♍	5 ♎	♂	0 ♑	23 ♑	15 ♒	9 ♓	2 ♈	26 ♈
♃	22 ♉	27 ♉	0 ♊	♃	21 ♉	22 ♉	24 ♉	29 ♉	6 ♊	13 ♊
♄	3 ♌	7 ♌	11 ♌	♄	16 ♌	14 ♌	11 ♌	10 ♌	10 ♌	12 ♌
⛢	3 ♏	3 ♏	3 ♏	⛢	11 ♏	12 ♏	12 ♏	11 ♏	10 ♏	8 ♏
♆	10 ♐	10 ♐	10 ♐	♆	13 ♐	14 ♐	14 ♐	14 ♐	14 ♐	13 ♐
♇	8 ♎	9 ♎	10 ♎	♇	14 ♎	14 ♎	14 ♎	13 ♎	12 ♎	12 ♎
☊	10 ♏	8 ♏	6 ♏	☊	0 ♏	28 ♎	27 ♎	25 ♎	24 ♎	22 ♎

1976	Okt.	Nov.	Dez.	1977	Juli	Aug.	Sept.	Okt.	Nov.	Dez.
♂	25 ♎	16 ♏	7 ♐	♂	18 ♉	10 ♊	0 ♋	17 ♋	2 ♌	10 ♌
♃	1 ♊	28 ♉	24 ♉	♃	20 ♊	26 ♊	2 ♋	5 ♋	6 ♋	4 ♋
♄	14 ♌	16 ♌	17 ♌	♄	15 ♌	19 ♌	23 ♌	26 ♌	29 ♌	0 ♍
⛢	6 ♏	8 ♏	10 ♏	⛢	8 ♏	8 ♏	9 ♏	10 ♏	12 ♏	14 ♏
♆	10 ♐	11 ♐	12 ♐	♆	12 ♐	12 ♐	12 ♐	12 ♐	13 ♐	14 ♐
♇	11 ♎	13 ♎	14 ♎	♇	11 ♎	12 ♎	13 ♎	14 ♎	15 ♎	16 ♎
☊	5 ♏	3 ♏	2 ♏	☊	20 ♎	19 ♎	17 ♎	15 ♎	14 ♎	12 ♎

Planetenlauf 1973–1980

1978	Jan.	Febr.	März	April	Mai	Juni	1979	Jan.	Febr.	März
♂	9 ♌	28 ♋	22 ♋	27 ♋	8 ♌	23 ♌	♂	15 ♑	9 ♒	1 ♓
♃	0 ♋	27 ♊	26 ♊	29 ♊	3 ♋	9 ♋	♃	7 ♌	3 ♌	0 ♌
♄	29 ♌	27 ♌	25 ♌	23 ♌	23 ♌	25 ♌	♄	13 ♍	12 ♍	9 ♍
♅	15 ♏	16 ♏	16 ♏	16 ♏	15 ♏	13 ♏	♅	20 ♏	21 ♏	21 ♏
♆	15 ♐	16 ♐	17 ♐	17 ♐	16 ♐	15 ♐	♆	17 ♐	18 ♐	19 ♐
♇	17 ♎	17 ♎	16 ♎	15 ♎	15 ♎	14 ♎	♇	19 ♎	19 ♎	19 ♎
☊	11 ♎	9 ♎	7 ♎	6 ♎	4 ♎	3 ♎	☊	21 ♍	20 ♍	18 ♍

1978	Juli	Aug.	Sept.	Okt.	Nov.	Dez.	1979	April	Mai	Juni
♂	9 ♍	28 ♍	18 ♎	8 ♏	29 ♏	21 ♐	♂	25 ♓	18 ♈	12 ♉
♃	16 ♋	23 ♋	29 ♋	5 ♌	8 ♌	9 ♌	♃	29 ♋	1 ♌	5 ♌
♄	28 ♌	1 ♍	5 ♍	9 ♍	12 ♍	13 ♍	♄	7 ♍	6 ♍	7 ♍
♅	12 ♏	13 ♏	13 ♏	14 ♏	16 ♏	18 ♏	♅	20 ♏	20 ♏	18 ♏
♆	15 ♐	14 ♐	14 ♐	14 ♐	15 ♐	16 ♐	♆	19 ♐	18 ♐	18 ♐
♇	14 ♎	14 ♎	15 ♎	16 ♎	17 ♎	18 ♎	♇	18 ♎	17 ♎	17 ♎
☊	1 ♎	29 ♍	28 ♍	26 ♍	24 ♍	23 ♍	☊	16 ♍	15 ♍	13 ♍

1979	Juli	Aug.	Sept.	1980	Jan.	Febr.	März	April	Mai	Juni
♂	4 ♊	25 ♊	15 ♋	♂	14 ♍	14 ♍	4 ♍	26 ♌	29 ♌	10 ♍
♃	11 ♌	17 ♌	24 ♌	♃	10 ♍	8 ♍	5 ♍	1 ♍	0 ♍	2 ♍
♄	10 ♍	13 ♍	17 ♍	♄	27 ♍	25 ♍	23 ♍	21 ♍	20 ♍	20 ♍
♅	17 ♏	17 ♏	18 ♏	♅	24 ♏	25 ♏	26 ♏	25 ♏	24 ♏	23 ♏
♆	17 ♐	16 ♐	16 ♐	♆	19 ♐	20 ♐	21 ♐	21 ♐	21 ♐	21 ♐
♇	16 ♎	17 ♎	18 ♎	♇	22 ♎	22 ♎	21 ♎	21 ♎	20 ♎	19 ♎
☊	12 ♍	10 ♍	8 ♍	☊	2 ♍	0 ♍	29 ♌	27 ♌	25 ♌	24 ♌

1979	Okt.	Nov.	Dez.	1980	Juli	Aug.	Sept.	Okt.	Nov.	Dez.
♂	4 ♌	21 ♌	5 ♍	♂	25 ♍	12 ♎	2 ♏	22 ♏	14 ♐	7 ♑
♃	0 ♍	6 ♍	9 ♍	♃	6 ♍	12 ♍	18 ♍	25 ♍	1 ♎	6 ♎
♄	21 ♍	24 ♍	26 ♍	♄	22 ♍	25 ♍	28 ♍	2 ♎	6 ♎	8 ♎
♅	19 ♏	21 ♏	22 ♏	♅	22 ♏	21 ♏	22 ♏	23 ♏	25 ♏	27 ♏
♆	16 ♐	17 ♐	18 ♐	♆	20 ♐	19 ♐	19 ♐	18 ♐	19 ♐	19 ♐
♇	19 ♎	20 ♎	21 ♎	♇	19 ♎	19 ♎	20 ♎	21 ♎	22 ♎	23 ♎
☊	7 ♍	5 ♍	4 ♍	☊	22 ♌	21 ♌	19 ♌	17 ♌	17 ♌	16 ♌

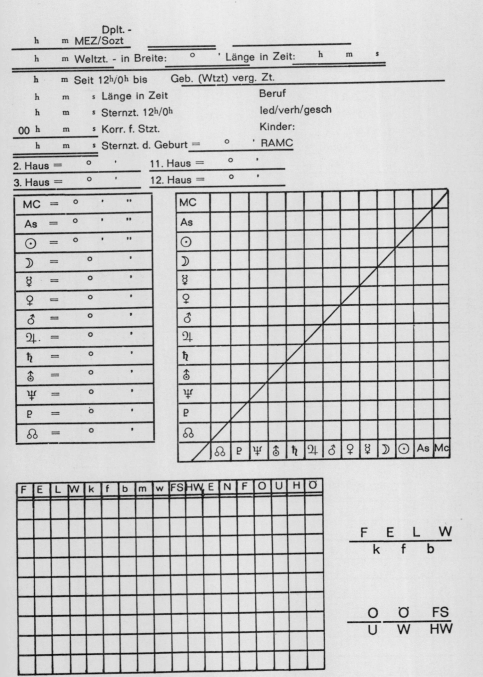

Dplt. -

h m MEZ/Sozt

h m Weltzt. - in Breite: ° ' Länge in Zeit: h m s

h m Seit 12h/0h bis Geb. (Wtzt) verg. Zt.

h m s Länge in Zeit — Beruf

h m s Sternzt. 12h/0h — led/verh/gesch

00 h m s Korr. f. Stzt. — Kinder:

h m s Sternzt. d. Geburt = ° ' RAMC

2. Haus = ° ' — 11. Haus = ° '

3. Haus = ° ' — 12. Haus = ° '

MC	=	°	'	"
As	=	°	'	"
☉	=	°	'	"
☽	=		°	'
☿	=		°	'
♀	=		°	'
♂	=		°	'
♃	=		°	'
♄	=		°	'
♅	=		°	'
♆	=		°	'
♇	=		°	'
☊	=		°	'

MC													
As													
☉													
☽													
☿													
♀													
♂													
♃													
♄													
♅													
♆													
♇													
☊													
	☊	♇	♆	♅	♄	♃	♂	♀	☿	☽	☉	As	Mc

F	E	L	W	k	f	b	m	w	FS	HW	E	N	F	O	U	H	Ö

F E L W
k f b

O Ö FS
U W HW

Herr/Frau/Fräulein:

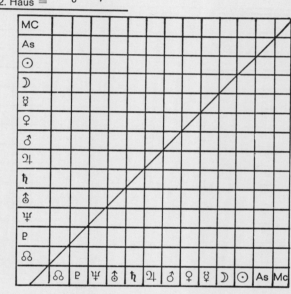

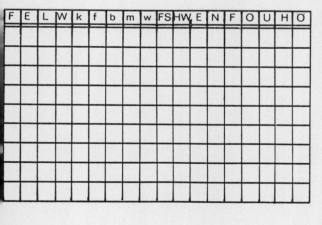

Dplt. -

h   m   MEZ/Sozt

h   m   Weltzt. - in Breite: °   '   Länge in Zeit: h   m   s

h   m   Seit 12h/0h bis   Geb. (Wtzt) verg. Zt.

h   m   s   Länge in Zeit   Beruf

h   m   s   Sternzt. 12h/0h   led/verh/gesch

00 h   m   s   Korr. f. Stzt.   Kinder:

h   m   s   Sternzt. d. Geburt =   °   ' RAMC

2. Haus =   °   '   11. Haus =   °   '

3. Haus =   °   '   12. Haus =   °   '

MC = ° ' "

As = ° ' "

☉ = ° ' "

☽ = ° '

☿ = ° '

♀ = ° '

♂ = ° '

♃ = ° '

♄ = ° '

☊ = ° '

♅ = ° '

P = ° '

☊ = ° '

331

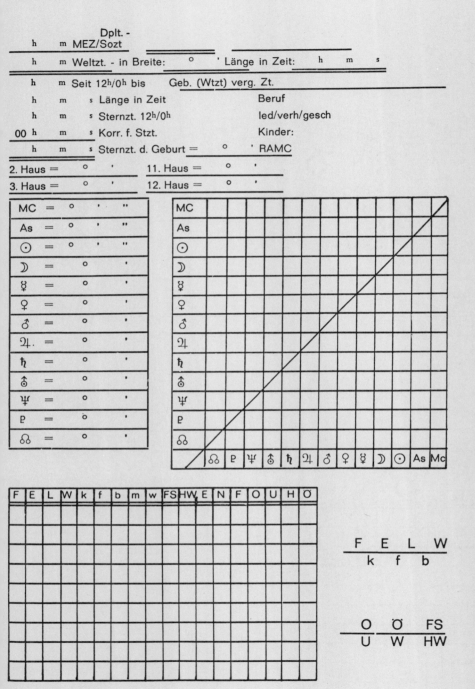

Dplt. -
h   m MEZ/Sozt

h   m Weltzt. - in Breite: °   ' Länge in Zeit: h   m   s

h   m Seit 12ʰ/0ʰ bis   Geb. (Wtzt) verg. Zt.

h   m   s Länge in Zeit   Beruf

h   m   s Sternzt. 12ʰ/0ʰ   led/verh/gesch

00 h   m   s Korr. f. Stzt.   Kinder:

h   m   s Sternzt. d. Geburt =   °   ' RAMC

2. Haus =   °   '   11. Haus =   °   '

3. Haus =   °   '   12. Haus =   °   '

MC = ° ' "	MC												
As = ° ' "	As												
☉ = ° ' "	☉												
☽ = ° '	☽												
☿ = ° '	☿												
♀ = ° '	♀												
♂ = ° '	♂												
♃ = ° '	♃												
♄ = ° '	♄												
☊ = ° '	☊												
♅ = ° '	♅												
P = ° '	P												
☋ = ° '	☋												
		☋	P	♅	☊	♄	♃	♂	♀	☿	☽	☉	As Mc

F	E	L	W	k	f	b	m	w	FS	HW	E	N	F	O	U	H	Ö

F   E   L   W
k   f   b

O   Ö   FS
U   W   HW

332

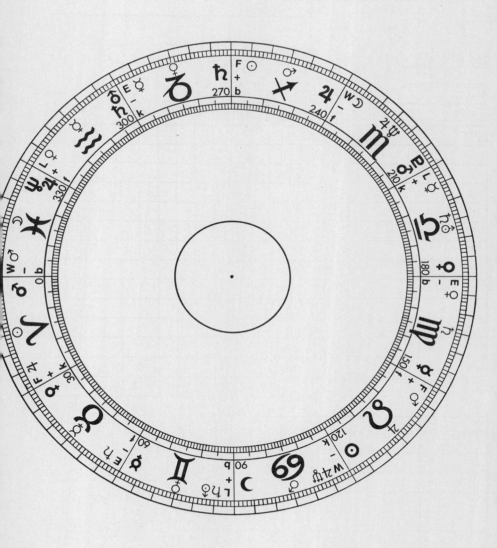

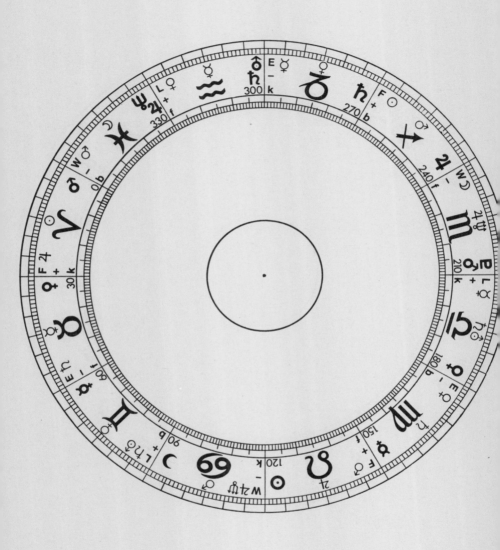

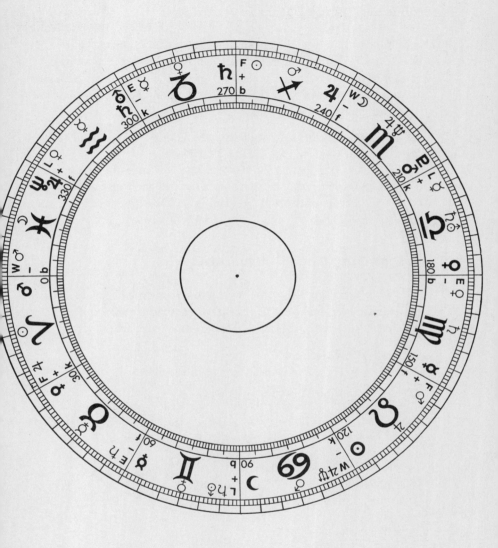

Arthur Schult, Astrosophie

2 Bde. zus. 718 S. je Bd. DM 36,–

Der weiten Kreisen bekannte Autor, der sich selbst jahrzehntelang mit Wesen, Sinn und Bedeutung der kosmischen Signaturlehre vom Menschen befaßte, hat mit dieser Darstellung der Astrologie ein Standardwerk geschaffen, das in einer Zeit überwiegend materiell verstandener Astrologie einen nahezu einmaligen geisteswissenschaftlichen Rang besitzt.

Dr. med. G. Jakob, Das medizinische Pendel

Ringbuch, 102 Tafeln, 36 S. Text, DM 38,–

„Seit ich mit dem Pendel zu arbeiten verstehe, sowohl diagnostisch als auch therapeutisch, erziele ich weit bessere Resultate als früher." (d. Verf.) Dieses Buch zeigt, wie der Verf. heute nach langen Versuchen seine Diagnose und seine Therapie mit Hilfe des Pendels bewältigt.

A. Rosenberg, Durchbruch zur Zukunft

262 S. Ln. DM 22,80

Die Welt von morgen – wie wird sie aussehen? Hier ein ebenso spannender, kühner wie wohlbegründeter Bericht über die neue, von der Wassermann-Mentalität geprägte Weltepoche.

Dr. med. A. Rosendorff,
Neue Erkenntnisse in der Naturheilbehandlung

54 Ts. 160 S. Ln. DM 14,80

Das Beste aller Naturheilrichtungen wird hier von einem genialen Naturarzt zu praktischem Gebrauch dargeboten. Ein „klassisches Buch" der Naturheilkunde. Es sollte in keinem Haus fehlen.

Vanselow-Feist, Die Leisenkur

160 S. m. vielen Pflanzentab. DM 14,80

Hier wird gezeigt, wie die schlackenbedingten Krankheiten zielsicher nicht nach Symptomen, sondern von der unmittelbaren Ursache her zu heilen sind.

L. Kuhne, Die neue Heilwissenschaft

336 S. m. Abb. DM 26,80

Die arznei- und operationslose Heilung.